JN275713

マイノリティの国際法

マイノリティの国際法

――レスプブリカの身体からマイノリティへ――

窪　誠　著

信山社

はしがき
──謝　辞──

　本書は、フランス・ストラスブール・ロベールシューマン大学に提出した法学博士学位論文『レスプブリカの身体からマイノリティへ──国際法におけるマイノリティ概念の歴史的研究── *DU CORPS DE LA "RES PUBLICA" A LA MINORITE : Etude historique sur la notion de minoritéen droit international*』を邦訳修正したものである。

　本書執筆にあたっては、数多くの方々のご助力をいただきました。ここに感謝の意を表します。

　まず、フランス・ストラスブール・ロベールシューマン大学に著者を受け入れ、博士学位論文作成のために辛抱強く指導していただいた、国立科学研究所（*CNRS*）名誉研究主任、元ストラスブール国際人権研究所副所長、元ストラスブール大学教授、アレクサンドル・キス *Alexandre KISS* 先生。また、元欧州審議会副事務総長、元ストラスブール大学教授ハインリッヒ・クレベス *Heinrich KLEBES* 先生には、学位論文公開審査の審査員に加わっていただいたばかりでなく、キス先生とともに本書序文も頂戴しました。

　その他3名の審査員の先生方にも、建設的な批判と励ましをいただきました。以下にそのお名前を記して、感謝の意を申し述べます。元フランス憲法裁判所判事、元ストラスブール国際人権研究所所長、ジャック・ラチャ先 *Jacques LATSCHA* 先生。元国連事務局人権部長、国連人種差別撤廃委員会委員、オランダ・マストリヒト大学名誉教授、テオ・ファン・ボーヴェン *Theo Van Boven* 先生。ストラスブール国際人権研究所事務総長、パリ第二大学教授、ジャン＝フランソワ・フロース *Jean-François FLAUSS* 先生。

　ストラスブール国際人権研究所客員研究員として著者を迎え入れ、キス先生を紹介して下さったのは、当時の研究所事務総長である、

v

はしがき

国立科学研究所研究主任ジャン゠ベルナール・マリ Jean-Bernard MARIE 先生です。また、当時の同研究所専任研究員、現在ストラスブール「国際人道法教育・人権教育のためのアラブセンター」所長モハメド・アミン・アルミダニ Mohammed Amin AL MIDANI 先生には、著者が渡仏したばかりの頃、さまざまなアドバイスをいただきました。

欧州審議会の方々にもお世話になりました。元欧州人権裁判所図書館長ジークフリート・バイン Sigfried BEIN 先生。欧州人権裁判所法務官ヴァンサン・ベルジェ Vincent BERGER 先生。欧州審議会事務官のクラウディア・ルチアーニ Claudia LUCIANI 先生、フランク・シュテッケテ Frank STEKETEE 先生。

渡仏前から著者を励まし続けてくださった以下の先生方に、心からお礼申し上げます。国連規約人権委員会委員、同志社大学教授、安藤仁介先生。元ユネスコ事務総長官房アジア太平洋担当主任、同志社女子大学教授、岡島貞一郎先生。元アジア・太平洋人権情報センター所長、龍谷大学名誉教授、金東勲先生。神戸大学名誉教授、愛知学院大学教授、芹田健太郎先生。

日常の研究教育に追われがちな著者に、本書執筆を促し続けていただいた大阪産業大学教授、斉藤日出治先生ならびに関西大学教授、高増明先生。

ストラスブール・マルクブロック大学講師のルイ・フベルティ Louis HUBERTY 先生とフランソワ・トレリ François TORRELLI 先生の招きで、著者は1996年から現在まで、民族学専攻の修士課程学生を対象としたゼミナールとして、「マイノリティ・先住民族の権利」を担当しています。この機会が本書の考察に大きく役立ちました。

最後に、著者のフランス語原稿を読んで、表現上のアドバイスをいただいた友人のミッシェル・アブッドゥ Michèle ABUD 氏、モニク・アブッドゥ Monique ABUD 氏、パスカル・ミス Pascale MISS 氏にお礼申し上げます。

序　文

アレクサンドル・キス
（Alexandre Kiss）
国立科学研究所（CNRS）名誉研究主任
元ストラスブール国際人権研究所副所長
元ストラスブール大学教授

　これほど完成されたな論考を読む喜びを味わうことはまれである。この論考は、窪誠氏がフランス・ストラスブール・ロベールシューマン大学法学博士学位論文審査において輝かしく展開した主張を基に、国際社会に提供したものである。

　筆者はマイノリティ問題を検討するにあたって、政治哲学、憲法の歴史的発展、国際関係の進展という３つの大きな分野にまたがり、しかも、それら相互の影響を示しつつ考察を行っている。参考された驚異的な分量の資料が、三分野それぞれについての極めて豊富な考察の基礎を成している。あるいは権力によって組織され、あるいは超越的な要素によって規定され、あるいは自分たち自身の手によって運命を切り開いていく「被支配者」としてのピープルという概念に関する考察は、根本的な重要性を持っている。

　本書は政治哲学の観点からアリストテレスにまでさかのぼる。その絶大な影響が、著者による検討の中でつねに姿を見せるが、とりわけ、著者が18、19世紀のドイツ思想家を取り扱う際が顕著である。ナショナルな意識の誕生を考察する部分が本書の核心部分であり、マイノリティについての考察を準備するものである。マイノリティの出現は、著者によって20世紀に位置づけられているが、それは、とりわけ、第一次世界大戦とその結果、続いて、第二次世界

序　文

大戦後に設立された国際機関が果たした歴史的活躍によるものである。

　著者が明らかにしたように、マイノリティ問題が国際関係に出現した原因は、エスニックもしくは宗教的集団に対する迫害よりも、むしろ祖国とみなしている国から住民を引き離す政治的決定にあることは確かである。実際、マイノリティということば自体が、多くの場合、マジョリティ住民を構成する他者が押し付けた支配を意味していた。

　これもまた著者が明らかにしたように、問題は、歴史意識に属する要素を含むだけでなく、先祖代々の言語や文化を脅かす要素も含んでいるため、一層複雑である。ネイションステイトが出現し徐々に強まるにつれ、マイノリティに同化を押し付けようする動きが多く見られた。多くの国では、これに政治的行政的中央集権化が結びついてきため、少なくともこの分野で国家が果たしてきた役割が、曖昧であったことも確かである。そこで、著者とともに、以下の問いを検討することが求められることになる。ネイションステイトの行為は、言語的遺産、文化的遺産が人々の文明にもたらしてきたものを、縮小しさらには消滅させる、有害なものではなかったかと。

　さらに深刻な問題は、意識するにせよしないにせよ、グロバリゼーションの進展が、さまざまな文化の違いを消し去り、マジョリティであろうがマイノリティであろうが、さまざまな人々に画一化を押し付けているが、これは、多くの点で、貧困化の同義語とみなされうるものではないのかという問題である。

　さらに、筆者とともに考察することが求められる問題は、人権がいまだ普遍的に尊重されているところまではいかないにせよ、普遍的に宣言されている今日、マイノリティ住民の真の尊重のために、人権がどれほどの意味を持ちうるのかということである。筆者が示しているように、新たな形の国家間協力、とりわけ、国際機関をつうじた新しい形の国家間協力に、この分野における一定の希望をい

序　文

だかせるものがあることも確かである。
　こうした基本的な問題を提起し、さらに、これに回答を与えたこと、とりわけ、真正な平等と個人的アイデンティティの自由というふたつの原則を組み合わせることの重要性を強調した点において、窪氏は根本的に重要な作業をなしたばかりでなく、この分野における人権の望ましい進展への道しるべを指し示したのである。私たちはこれに感謝すべきであろう。

序　文

ハインリヒ・クレベス
（Heinrich Klebes）
元欧州審議会副事務総長
元ストラスブール大学教授

　1998年にフランス・ストラスブール・ロベールシューマン大学における窪誠氏の法学博士学位論文審査員に加わることを要請された時、私は一抹の躊躇を感じた。その理由は、マイノリティの権利およびその保護という、つねに重大な今日的課題について、私自身がささやかな文章をいくつかしたためてきたからというのではない。実に、私の最初の感想は、またもやマイノリティについての論文か、だったのである。

　1980年代末およびソビエト連邦崩壊後、ヨーロッパとりわけ東ヨーロッパにおける混乱の後に、再び「流行」になったこの問題について、すべて（もしくは、ほとんど）言い尽くされたではないかと、私は思っていたのである。

　ところが、窪誠氏の論文は、マイノリティ問題が発生した歴史の中の特定の一時期をはるかに越えていることに、私はすぐに気づいた。実際、この研究は時間と空間において大変な価値を持っているものであり、それを読みこなすことは必ずしも容易ではなく、読者には広い一般教養を、博士学位論文審査員には大変な集中力を要求するものだったのである。

　私としては、この問題に関する東洋の思想について、それが単なる知的好奇に過ぎないことはわかりながらも、触れて欲しかったという思いはある。しかし、それは問題からはずれるおそれがあるた

めに、ふさわしくないからしなかったと著者が説明してくれたのである。

とりわけ、著者は本書第二部において、ピープル、ネイション、ナショナリティの（エスニックな意味および政治的意味における）概念が、マイノリティの定義という未解決の問題にいたるまでの経緯について、大変興味深いまとめを行っている。（国連が、その特別報告者であるマリンヴェルニ Malineverni 教授の指揮の下で、およそ400ものマイノリティ定義案を収集した努力が思い起こされよう…。）

著者の広範な論考には、今一度敬服させられる。実際、著者は私たちに数々の貴重な引用をもたらしてくれている。これらは、通常、容易に入手できないものである。というのは、それらが忘れ去られてしまっているからなのである…。

窪誠氏の論考は、私が思うに、マイノリティ概念研究の歴史的および哲学的側面に、非常に価値の高い、今後必読の貢献をもたらすものである。それゆえ、いつの日か、この著書が、フランス語、日本語以外の言語でも、読まれるようになることが望まれるのである。

目　次

はしがき (v)
序　文（アレクサンドル・キス）(vii)
序　文（ハインリヒ・クレベス）(xi)

序　論 …………………………………………………………… 1

第1部　「オーガニック身体」―統治枠組の設定

第1章　レスプブリカのメタフィジック身体 ……………… 8

第1節　支配者がつくるメタフィジック身体 …………… 8

A.　「オーガニック身体」理念の形成 (8)
　(1)　アリストテレス：魂＝支配者、身体＝被支配者 (8)
　(2)　ローマ帝国：魂＝皇帝、身体＝レスプブリカ (19)

B.　「オーガニック身体」理念の発展 (25)
　(1)　教会君主制：魂＝法王　身体＝教会レスプブリカ (25)
　(2)　神聖ローマ帝国：魂＝皇帝　身体＝レスプブリカ (33)

第2節　イギリス：被支配者がつくるメタフィジック身体 …… 47

A.　神の精神が息を吹き込む身体 (49)
　(1)　フォーテスキュー：コーポレーション理論 (49)
　(2)　フッカー：コーポレーション理論の発展 (59)

B.　神の精神が、個人の精神を通して、息を吹き込む身体 (67)
　(1)　ホッブス：フィジック身体の試みとしての『リヴァイアサン』とその失敗 (67)
　(2)　ロック：コーポレーション理論の完成 (92)

目　　次

第 2 章　レスプブリカのフィジック身体 …………………………… 112

第 1 節　フランス：自然が作るフィジック身体 ………………… 112

 A.　中央集権化批判（112）
  (1)　ルイ 14 世：メタフィジック身体の全盛（112）
  (2)　モンテスキュー：国家と民族の分離（127）
  (3)　ルソー：民族の制度化（149）
 B.　中央集権化の促進（160）
  (1)　フィジオクラット：国家の文明化（160）
  (2)　フランス革命：国際的次元での民族の制度化（174）

第 2 節　ドイツ：「ナショナリティ」概念の誕生 ……………… 191

 A.　ふたつのオーガニック身体への分離（191）
  (1)　カント：メタフィジック身体たる国家の理想主義（194）
  (2)　ヘルダー：フィジック身体たる民族の理想主義（197）
 B.　「ナショナリティ」：ふたつの身体を再統合する
  願い（209）
 C.　「オーガニック身体」の科学化（212）
  (1)　ヤーン：生物的・心理的民族（212）
  (2)　ヘーゲル：生物的・歴史的民族（215）

第 2 部　「ナショナリティ」から「マイノリティ」へ

第 1 章　「ナショナリティ」概念の発展 ……………………………… 224

第 1 節　1815 年から 1860 年：ナショナリティ政策 ………… 224

 A.　統合手段としてのナショナリティ（224）
 B.　独立手段としてのナショナリティ（228）

第 2 節　1860 年から 1918 年：ナショナリティ紛争 ………… 232

 A.　メタフィジック身体とフィジック身体との間の
  知的紛争（233）
  (1)　イギリスとフランスの間の知的紛争（233）
  (2)　フランスとドイツの間の知的紛争（234）

(3)　ドイツにおける過去と現在の間の知的紛争（*240*）
　B.　ナショナリティの政治的紛争（*249*）
　　　(1)　人種主義：ナショナリティという生物的身体間の自由競争（*249*）
　　　(2)　第一次世界大戦：ナショナリティ間の生存競争（*255*）

第2章　「マイノリティ」概念の発展

第1節　1918年から1945年：列強によるマイノリティの創造 ……………………………………………… *259*

　A.　ウッドロー・ウィルソン：民族とマイノリティの創始者（*259*）
　　　(1)　ナショナリティの分離：ナショナルマイノリティとナショナルマジョリティ（*263*）
　　　(2)　「マイノリティ」概念におけるナショナルな性質の除去（*268*）
　B.　「マイノリティの歴史」創造（*272*）
　C.　常設国際司法裁判所：マイノリティの保護者（*276*）
　　　(1)　「事実的」マイノリティと「法的」マイノリティ（*276*）
　　　(2)　「コミュニティ」と「コミューン」（*279*）

第2節　1945年から1990年：国家への同化を運命づけられたマイノリティ ……………………………… *284*

　A.　国連事務総長によるマイノリティ概念の創造（*291*）
　　　(1)　「客観的かつ安定したマイノリティ」（*291*）
　　　(2)　「他のメンバーとともに」という表現に付与されたマイノリティの集団的性質（*317*）
　B.　「オーガニック身体」理念の普及（*321*）
　　　(1)　カポトルチ報告：同化に反対するマイノリティ（*321*）
　　　(2)　キトク事件：個人の不存在（*336*）

第3節　1990年から現在：「マイノリティ」概念の変容 … *341*

　A.　国際連合：客観的実体としてのマイノリティ（*341*）
　　　(1)　「ナショナル、もしくは、エスニック、宗教的および言語的マイノリティに属する者の権利宣言」（*341*）

　　　　　(2)　定義追求の継続（*344*）

　　　B.　OSCE（CSCE）と欧州審議会：個人的アイデンティティ
　　　　としてのマイノリティ（*347*）

　　　　　(1)　個人的アイデンティティとしての集団（*350*）
　　　　　(2)　国家とマイノリティとの間の対立から、国家アイデンティティ
　　　　　　と個人アイデンティティとの間の対立へ（*356*）

結　論 ……………………………………………………………………*375*

参 考 文 献（*381*）

序　論

　マイノリティとは何か。マイノリティの定義という問題は、国際法におけるマイノリティ問題に関心を抱く者にとって、避けて通ることのできない問題である。この定義の問題は、議論の出発点としてきわめて重要であることはいうまでもない。ところが、第二次世界大戦後、さまざまな定義の試みにもかかわらず、国際法におけるマイノリティの定義についての合意は現在に至るまで存在しない。[1]欧州審議会は、「現段階では欧州審議会全加盟国の一般的支持を得られるような定義に達することは不可能」であることを認めている。[2]なぜ、マイノリティの概念を定義することができないのだろうか。その理由を理解するためには、マイノリティ保護の目的に立ち返る必要があろう。その目的とは、強制的同化からの保護である。この点について意見の相違はない。意見が分かれるのは、この保護実現のために国家に課される義務の性質である。すなわち、消極的義務か積極的義務かという違いである。前者は国家が強制的同化措置をとることを慎むことであり、後者は、マイノリティ固有の性格を保持又は発展させるために、国家が特定の措置をとることである。いずれにせよ、マイノリティ問題とは、国家政策に依存していることになる。言いかえると、マイノリティはそれ自体として存在するのではなく、この政策の対象にすぎないことになる。一方、

（１）　ANDRYSEK O., *Report on the Definition of Minorities*, SIM Special No.8, 1989 参照。

（２）　CONSEIL DE L'EUROPE, Convention—cadre pour la protection des minorités et rapport explicatif, H(94)10, 1994, para.12. 本稿はフランスの大学に提出した学位論文を基にしているので、主にフランス語の文献に依拠するが、必要に応じて、国際機関の文書であれば他の公式言語、仏訳書であれば原著を参照する。なお、邦訳書の翻訳は、あくまで参考にとどめ、本稿の翻訳とは異なる場合がある。

序　論

マイノリティの権利は、人権の普遍的保護という法的文脈の中で議論されてきた。このことを踏まえるならば、マイノリティ自体を定義する必要性は存在しないことになる。定義しなくてはならないことは、マイノリティの存在自体ではなく、強制的同化政策からの保護という権利の内容のはずである。なぜなら、強制的同化政策からの保護という権利は、人権に関するほぼすべての国際文書が規定しているように、「すべての者」が対象となるはずだからである。ところが、現実は、まったくことなっている。国際機関において、定義追求の名のもとにおこなわれているのは、マイノリティ自体の定義、すなわち、マイノリティの存在の定義なのである。たとえば、パトリック・ソーンベリーは、以下のように指摘している。

　「マイノリティの"存在"は、"マイノリティ"という用語自体の定義に依存している。」[3]

存在が定義に従属している。しかも、マイノリティの存在が、国家の政策から離れて、固有の人間集団として、想定されているのである。実際、主要な国際文書はどれもほぼ同様に、「マイノリティに属する者」と規定する。これは大変奇妙であり、また矛盾を含んだ表現である。なぜなら、ある個人の権利が、集団に所属しているか否かに依存している、つまり、マイノリティが国家に先立って存在していることを想定しているからである。

さらに、マイノリティの概念は、規範的考察のみならず、歴史的考察にも由来する。ところが、今日まで行われてきたマイノリティの定義に関する議論は、規範的側面のみに偏り、歴史的側面が無視されてきた。このような均衡を欠いた、いやむしろ、無視されてきた状況が、マイノリティ概念の定義を不可能にしてきた一因であると思われる。それゆえ、歴史的研究が必要となる。ところが、現在に至るまで、こうした観点からの研究はほとんど行われてこなかっ

（3）　THORNBERRY P., *International Law and the Right of Minorities*, Clarendon Press, Oxford, 1991, p.157.

た。確かに、マイノリティ問題に関する主要文献の多くは、その歴史的側面について1章を割いているが、おのおのの論者は、自分があらかじめ想定したマイノリティのイメージを過去に投影しているにすぎない。そのため、歴史に関する章は、他の章とのつながりをもたず、マイノリティ概念を明らかにする手がかりを提供していない。

先行研究がほとんどないこのような状況の中で、この歴史研究はどこから始めるのがふさわしいのだろうか。そこで想起されるのが、マイノリティの定義に関する上述の議論に見られたふたつのアプリオリな前提である。ひとつは、存在が定義に従属するという前提であり、もうひとつは、集団が個人に先行しているという前提である。このふたつの前提は、歴史の中でどこまで遡ることができるのだろうか。それは、古代ギリシア時代、とりわけ、アリストテレスまで遡らねばならない。彼にとっては、定義が存在を規定する。

「ものの定義はそのものの本質の説明方式 [logos] であるということ、そして本質はただ実体にのみ、あるいは、すくなくとも最も主なる・第一義的・端的な意味では、実体にのみ属するものであるということ、これらのことは明白である。」[4]

集団が個人に先立つという前提についても、アリストテレスは以下のように述べている。

「自然には、国家 [Polis] は家やわれわれ個々人よりも先にある、何故なら全体は部分より先にあるのが必然だからである。」[5]

このようなアリストテレスの考え方は、マイノリティの概念に関

---

(4)　ARISTOTE, *Métaphysique*, 1031a10, Presses Pocket, Paris, 1991, p.241. アリストテレス「形而上学」、1031a10、アリストテレス全集12『形而上学』岩波書店、220 頁。

(5)　ARISTOTE, *Politique*, 1253a5-33, Gallimard, 1993, p.10. アリストテレス「政治学」1253a5-33、アリストテレス全集15『政治学　経済学』岩波書店、7 頁。

序　論

する今日の議論にもみられるように思われる。アリストテレスが、今日まで西欧の知に与えた影響は、計り知れないほど大きい。そこで、つぎのような仮説をたてることができるだろう。「マイノリティ概念は、西欧の知の歴史的産物である」と。よって、本研究の目的は、西欧の知における人間集団についての考え方が、アリストテレス以来どのように発展して、国際法で現在議論されているマイノリティという概念形成に至ったのか、その発展を叙述することである。

　アリストテレスは、国家（Polis）を正当化するために、「全体」の優位を前提した。キケロがプラトンの著書『ポリテイア Politeia』を『レスプブリカ Respublica』と訳して以来、この「全体性」を表現するために「レスプブリカ（respublica）」という言葉は西欧政治思想に広く浸透し、あらゆる人間集団のモデルを提供するものとなった。後に見るように、この「全体」は、人間の身体になぞらえて説明される。たとえば、18世紀にいたっても、ジャン゠ジャック・ルソー Jean-Jacques Rousseau は、次のように述べている。

　　「おのおのの個人がすべての他者と結びつくことによって形成されるこの公的人格は、かつてはシテ（Cité）いまはレスプブリカ（république）または政治的身体（corps politique）と名づけられている。それが受動的な面でとらえられる場合は、そのメンバーによって国家（État）と呼ばれ、能動的な面でとらえられる場合は、主権者（Souverain）と呼ばれる。」[6]

（6）　ROUSSEAU J.-J., *Du contrat social*, Livre premier, Chap.6, Éditions du Seuil, Paris, 1977, p.184. ルソー「社会契約論」『ルソー全集第5巻』白水社、1981年、122頁。しばしば、*république* は「共和国」と訳されるが、これは誤解を招く危険性がある。この文脈においてルソーは、国家一般を語っているのに対して、今日、「共和国」という言葉は、さまざまな政体の中のひとつを示しているに過ぎないからである。たとえば、岩波書店『広辞苑（第5版）』によると、「共和国」は「共和制の国家」を意味し、「共和制」の意味は以下のとおりである。「(republic) 政治形態の一。主権が国民にあり、国民の選んだ代表者たちが合議で政治を行い、国民が

序論

　「レスプブリカ res publica」という言葉の文字通りの意味は「公的な物事」であり、人間集団の概念とはほど遠い。ところが、「レスプブリカ」の名において、ある一定の人間関係を確立するために支配の意思が介入した瞬間、このレスプブリカは「全体」としての「身体」を獲得する。ルソーと同じ時代、ミラボー候爵がこう述べている。

　　「従属と権力と労働の全体と結合が公共（le public）と呼ばれるものである。そして、この公共の占める領域が、国家（l'État）と呼ばれるものである。国家とは総称名詞であり、公共の物事の大きさと身体を表現するものと受け取られている。」[7]

　「レスプブリカの身体」に依拠したこのような統治の説明様式が、まず、ローマ帝国、続いて、カトリック教会、そして、世俗君主に引き継がれていく。最後の、世俗君主による中央集権化の動きとそれに対抗する動きとの間の相互作用から、新たな人間集団概念が模索される。イギリスにおいては、「人民 people」に固有の意味づけがなされる。フランスにおいては、自然に存在基盤を置く「民族 nation, peuple」という概念が提示される。ドイツにおいては、「ナショナリティ 独 Nationalität，仏 nationalité，英 nationality」という概念が生まれることになる。そこから、20世紀になって、国際連盟において「マイノリティ」という概念が提示される。第二次世界大戦後から1990年まで、国際連合は、「マイノリティ」という概念を国家に同化されるべきものとして再生する。しかし、1990年代から、「マイノリティ」という言葉は別の新たな意味を獲得する。

　国際法において、人間集団の意味で「マイノリティ」という言葉

　　直接・間接の選挙で国の元首を選ぶことを原則とする。共和政体⇔君主制。」*république* のこうした意味が強調されるのは、フランス革命においてである。Dictionnaire Historique de la langue française, Le Robert, Paris, 2000,「REPUBLIQUE」の項参照。

（7）　MIRABEAU, Marquis de, *L'Ami des hommes ou traité de la population*, Seconde Partie, Chap. premier, Guillaumin, Paris, 1883, p.171.

序　論

が使われるようになって100年も経っていない。にもかかわらず、この言葉には、西欧法政治思想の全歴史が負わされている。そのため、本研究では、「マイノリティ」の概念自体にいたる前に、かなりの部分が歴史に割かれることになる。「マイノリティ」という概念は歴史と深く結びつき、集団概念の歴史の一部を成しているからである。よって、我々は、「レスプブリカの身体」という考え方から「マイノリティ」という概念に至るまでの発展を、古代ギリシアの時代から現代まで検討することになる。

第1部
「オーガニック身体」
── 統治枠組の設定 ──

第1部 「オーガニック身体」

第1章　レスプブリカのメタフィジック身体

第1節　支配者がつくるメタフィジック身体

A.「オーガニック身体」理念の形成
(1)　アリストテレス：魂＝支配者、身体＝被支配者

アリストテレスにとって、全体が部分よりも先行するのはなぜか。それは、「自然」によるからである。それでは、「自然」とは何か。アリストテレスは言う。

> 「自然とは何かを考察しようとすれば、それはむしろ、自然に従っているものにおいてなすべきであって、決して、堕落したものにおいてなすべきではない。」[1]

この主張は、アリストテレスの世界観をよく示している。主体としてのアリストテレスが、対象としての自然（*physis*）に先行し優位している。アリストテレスは、自然の判断者すなわち神と自己同一化したうえで、何が「自然」かを判断しているのである。ここから、ふたつの種類の「自然」が生じる。1つは、神と同一化した語り手の意思としての自然であり、もう1つは、この語り手＝神によって創造され判断される対象としての自然である。[2] ふたつめの自然からは、対象としての自然に関する知、すなわち、フィジック physique（自然学さらには後の物理学）が生まれることになる。また、

---

(1)　ARISTOTE, *Politique*, 1254a35-54b26, ibid., p.14. アリストテレス「政治学」1254a30、前掲 13 頁。

(2)　中世において、神としての自然は、能産的自然 natura naturans、神の被創造物としての自然は、所産的自然 natura naturata と呼ばれた。MARLING J.M., *The Order of Nature in the Philosophy of St. Thomas Aquinas*, Thèse, The Catholic University of America, Washington, D.C., 1934, p.9 参照。

ひとつめの自然からは、対象としての自然を超えそれに先立つ (meta) 主体としての自然に関する知、すなわち、メタフィジック métaphysique（形而上学）が生まれることになる。[3] アリストテレスは言う。

> 「もしも自然的実体があらゆる存在のうちで第1の実体であるなら、自然学があらゆる学のうちで第1の学であろう。だが、もしもある別の実体があるなら、すなわち離れて存する不動な実体があるなら、必然に、これについての学はある別の学であり、自然学よりもより先の学であり、より先のであることによって普遍的な学である。」[4]

よって、メタフィジックはフィジックに優位する。なぜなら、「ただ認識することそれ自らのゆえに認識することを選び望む者こそ最も純なる学［認識］を最も真剣に望む者」だからである。[5] 存在は、神としての語り手の承認によって始めてその存在を許されるのである。この承認がまず何よりも先にある。こうして、知は目的的なものとなる。存在は、語り手が「善」とよぶ目的に依存するのである。アリストテレスの主著の1つである『ニコスマコス倫理学』は、以下のように始まる。

> 「どのような術もどのような論究も、行為も選択もみな同じように、あるひとつの善いものを目ざしていると考えられる。そ

（3） しかしながら、アリストテレス自身は、メタフィジックという言葉を用いていない。元来、「meta」は「後」を意味する。「紀元前1世紀、ロードスのアンドロニコス Andronicus が編集した順序の中で、自然学の後にくる一連のテキストを指し示すために使ったといわれている。」Introduction de Jean-Louis POIRIER dans ARISTOTE, *Métaphysique*, op. cit., p.5. 中世になって、「meta」は、「〜を超えた」、「〜に先立つ」という意味を持つようになるが、これは、この引用部分に見られるようなアリストテレスの意図を汲んだスコラ学の用法によるものである。

（4） ARISTOTE, *Métaphysique*, 1064b10, op. cit., p.379. アリストテレス「形而上学」、1064b10、前掲、379頁。

（5） ARISTOTE, *Métaphysique*, 982a-b, op. cit., p.45. アリストテレス「形而上学」982a-b、前掲、9頁。

第 1 部 「オーガニック身体」

> れゆえ、あるひとびとが『善』を定義して『ものみなの目ざすもの』と言い表したのは当たっている。」[6]

　神である語り手の判断は言葉によって表現されるので、メタフィジックは説明のシステム以外の何ものでもない。ここから、本稿の序論で述べたアリストテレスの指摘、すなわち、存在に対する定義の優位が導かれる。再録しよう。

> 「ものの定義はそのものの本質の説明方式であるということ、そして本質はただ実体にのみ、あるいは、すくなくも最も主なる・第一義的・端的な意味では、実体にのみ属するものであるということ、これらのことは明白である。」[7]

　語り手の述べる物語が存在として降りかかってくる。彼の説明（*logos*）が存在を規定する。なるほど、今日であれば、このような主張は、ばかばかしく見えよう。定義はそれを与えた個人の言説に過ぎず、たとえ、定義についての合意がいく人かの間で成立しようとも、それは彼らの間でしか通用しない。さらに、実験または経験によって、ある定義の信憑性が確かめられる。しかし、このような現代的な判断を過去に適用してはならないだろう。重要なことは、アリストテレスの知が位置付けられていたその歴史的文脈を考慮することである。当時のギリシア社会は奴隷制の上になり立っていた。そこでは、奴隷が農業、商業などの生産活動を担っていたのであり、支配者はそのようなことに直接従事せず、ただ命令したのである。ここにおいて、知とは何よりも、支配者の、支配者による、支配者のためのものである。支配者に独占されている教育は、支配者を養成するためのものである。実際、アリストテレスは、紀元前 342 年、

---

(6)　ARISTOTE, *Ethique à Nicomaque*, 1094a, Presses Pocket, Paris, 1992, p.33. アリストテレス「ニコマコス倫理学」、1094a、『アリストテレス全集 13』、岩波書店、1973 年、3 頁。

(7)　ARISTOTE, *Métaphysique*, 1031a10, op. cit., p.241. アリストテレス「形而上学」1031a10、前掲、220 頁。

第1章　レスプブリカのメタフィジック身体

マケドニア王フィリポス2世 Philippos II に招かれ、その息子アレクサンドロス Aleksandros、つまり将来のアレクサンドロス大王の教育にあたっている。⁽⁸⁾このように、⁽⁹⁾知には、人間を支配するのに役立つためという、明確な目的があったのである。実際、当時の学問における広義の倫理学、すなわち、実践哲学と呼ばれるものは、大きく分けて、政治学と家政学と倫理学の3つから成り立っていた。⁽¹⁰⁾政治学は、統治者による国家（ポリス）統治のための知を意味した。家政学（オイコノミクス）は、家長による家（oikos）の統治のための知を意味した。家は奴隷と自由人から成り立っている。⁽¹¹⁾狭義の倫理学は、統治者の人格形成、すなわち、理性による感情の支配のための知を意味した。とりわけ、政治学は最も重要なものであり、その目的は善の追求である。アリストテレスは言う。

「そこで、行為されることの目的として、われわれがそれをそ

---

(8) DENIS H., *Histoire de la pensée économique*, Thémis Sciences économiques, Presses Universitaires de France, Paris, 1983, p.36.

(9) こうした政治状況を、ふたりの歴史家、ティンバルとカスタルドが、以下のように見事に表現している。「市民による公的生活への参加には、代償があった。すなわち、個人的自由は知られていなかった。ギリシアは個人ではなく、市民を創造したのである。すなわち、国家が、おそらくはその限られた範囲のせいで、それを要求したのである。市民は国家に属すのだから、国家に対抗する権利を持ちようがない。国家の中においてのみ、人間は真に法的存在たりえるのであり、自由と安全を発見するのである。それを証明するのがアテネの陶片追放であり、また、戦いに敗れた敵は自国の共同体から排除されて、勝者の共同体に組み入れられることもなく、奴隷になることしかできないという事実である。つまり、ギリシアは市民を発明したが、人間を完全に解放したのではなかった。」TIMBAL P.-C. et CASTALDO A., *Histoire des institutions publiques et des faits sociaux*, Dalloz, Paris, 1993, p.23.

(10) 以下を参照。DENIS H., *Histoire de la pensée économique*, ibid., p.43 ; VEYSSET P., *Situation de la politique dans la pensée de St. Thomas d'Aquin*, Cèdre, Paris, 1981, pp.102-103.

(11) 「すべての国は家々から構成されている。そして家政の部分は、家がさらにそれから組織されている部分に相応ずる。完全な家は奴隷と自由人からできている。」ARISTOTE, *Politique*, 1253a33-1253b21, op. cit., p.11. アリストテレス「政治学」1253b、前掲、9頁。

第1部 「オーガニック身体」

のもの自体のゆえに願望し、それ以外のものをそのもののゆえに願望するあるひとつの目的があるとすれば、すなわち、われわれはすべてのものをいつもそれとは異なる他のもののゆえに選ぶのではないとすれば（なぜなら、もしも、そうであるとすれば、この過程は無限に進み、欲求は空しい無駄なものとなろうから）、この目的こそ明らかに『善』であり、『最高善』であろう。とすれば、これを知ることは人生にとって重大なことではなかろうか。［…］さて、これは，もっとも専門知識の名に値する、もっとも統括的な専門知識の扱うものであると思われよう。このようなものは明らかに、政治術である。というのは、政治術はどのような専門知識がポリスにおいて求められるべきであり、各種のひとびとがどのような専門知識を、どの点まで学ぶべきかを指定するからである。」(12)

　結局、知の第1の存在理由は人間支配にある。この目的がすべてであり、すべてを説明する。メタフィジックとは、支配者の意思に他ならず、フィジックはその支配対象に他ならない。アリストテレスは、この意思と対象との関係を一切の存在に適用する。あらゆる存在は、支配部分と被支配部分から構成されているという単一かつ一貫した存在論が導かれるのである。

「多数の部分、それらは［身体のような］連続的なものでも、［主人と奴隷のような］非連続的なものでも構わぬが、それらからできて、何か共同的な1つのものになっているもののうちには、いずれにおいても支配するものと支配されるものとが現れてくるからである。そうして、このことが生あるものどものうちに現れてくるのは全体としての自然に基づいてなのである。というのは、生に与らないもののうちにさえも、例えば音調を

---

(12) ARISTOTE, *Ethique à Nicomaque*, 1094a-b, op. cit., pp.33-34. アリストテレス「ニコマコス倫理学」、1094a-b、前掲、4頁。DENIS H., *Histoire de la pensée économique*, op. cit., pp.33-34 参照。

基音が支配するように、一種の支配があるからである。」⁽¹³⁾

すべての存在は、神と同一化した語り手の支配意思によって創造される。この神の名は「ヌース」と呼ばれ、「精神」「理性」「知性」などさまざまな言葉で表現されることになる。この「ヌース」は、アリストテレスが発明したものではない。アリストテレス自身、彼以前に、クラゾメナイのヘルモティモス Hermotimos やアナクサゴラス Anaxagoras が言及していたと述べている。⁽¹⁴⁾アリストテレスによると、アナクサゴラスが「理性 [ヌース] を動物のうちに存するように自然のうちにも内在するとみて、理性 [ヌース] をこの世界のすべての秩序と配列との原因であると言ったとき、この人のみが目ざめた人で、これにくらべるとこれまでの人々はまるでたわごとを言っていたものかともみえたほどである」。⁽¹⁵⁾この「ヌース」こそが宇宙を支配する第一原理であり、原因の中の原因であり、自分自身は動くことなく、他の一切の存在に運動を与える不動の動者である。⁽¹⁶⁾既に述べたように、語り手の意思は説明 logos によって表現されるのであるから、言葉が「ヌース」自体または、理性自体と見なされることもありうる。⁽¹⁷⁾そして、法とは、この意思の表現とされていたのである。

「法律は一種の賢慮、ないし、理性から生まれる戒めとして強制力を持つ。」⁽¹⁸⁾

---

(13) ARISTOTE, *Politique*, 1254a10-35, op. cit., p.35. アリストテレス「政治学」1254a10-35、前掲、12-13 頁。
(14) ARISTOTE, *Métaphysique*, 984b, op. cit., p.52. アリストテレス「形而上学」984b、前掲、17 頁。
(15) Ibid.
(16) ARISTOTE, *Métaphysique*, 1072b, op. cit., p.414. アリストテレス「形而上学」前掲、1072b、419 頁。
(17) "Présentation" et "Index des principales notions" de BODÉÜS R. dans ARISTOTE, *De l'âme*, GF-Flammarion, Paris, 1993, pp.70 et 290 参照。
(18) ARISTOTE, *Ethique à Nicomaque*, 1180a, op. cit., p.260. アリストテレス「ニコマコス倫理学」1180a、前掲、352 頁。

第 1 部 「オーガニック身体」

さらに、
> 「法律が支配することを命ずる者は、ただ神と理性とだけが支配することを命ずるのだと思われる。」[19]

語り手と対象との関係、すなわち支配と被支配の関係が、神と宇宙との関係に投影される。アリストテレスは、この関係をある時は「魂と身体」とよぶ。

> 「［存在は］まず第 1 に魂と身体とからできていて、そのうち一方は自然によって支配するものであり、他は支配されるものである。」[20]

またある時は「形相と質料」とよぶ。

> 「質料は可能態で、形相は現実態である。」[21]

この関係性の原則が、あらゆる存在に貫徹される。その例として、アリストテレスは斧を取り上げている。彼にとって、斧それ自体は身体または質料と見なされる、一方、その用途は魂または形相と見なされる。

> 「ところで一般的に魂とは何であるかが述べられた。すなわち、それは定義に応ずる実体［＝本質］である、ちょうど仮に道具のうちのあるもの、例えば斧が自然的身体であるとすれば、魂は斧の本質のようなものである。というのは『斧であること』が斧の本質であり、そしてそれが魂であったことだろうから。」[22]

---

(19) ARISTOTE, *Politique*, 1287a8-35, op. cit., p.109. アリストテレス「政治学」1287a8-35、前掲、139 頁。

(20) ARISTOTE, *Politique*, 1254a10-35, op. cit., p.13. アリストテレス「政治学」1254a30、前掲、13 頁。

(21) ARISTOTE, *De l'âme*, 412a9-10, GF-Flammarion, Paris, 1993, p.135. アリストテレス「霊魂論」、412a10、アリストテレス全集 6『霊魂論、自然学小論集、気息について』岩波書店、1968 年、38 頁。

(22) ARISTOTE, *De l'âme*, 412b10, ibid., p.138. アリストテレス「霊魂論」412b10、前掲、40 頁。

第1章　レスプブリカのメタフィジック身体

　また、別の例として眼を取り上げる。眼自体は身体または質料であり、見えることが魂であり形相である。

　　「仮に眼が動物であったとすれば、視力が眼の魂であったことであろう。何故なら視力が定義に応ずる眼の実体［＝本質］である（しかし眼は視力の質料である）から、そしてこの視力が失われれば、もはや眼ではない。」(23)

　いずれにせよ、物それ自体に内在的価値は存在しない。なぜなら、外から語り手が物に与える意思のみが、その物の存在価値を決定するからである。世界統治という目的と意思をもったアリストテレスにとって、世界はこの目的を達成するための手段もしくは道具（organum）として映る。そのため、存在する物一切は、支配部分と被支配部分から成る「オーガニック（道具的）身体」と見なされるのである。アリストテレスは言う。

　　「支配することと支配されることはただ必然なことどもに属するばかりでなく、また有用なことどもにも属するからである。そして生まれる早々からある場合には相違があって、あるものは支配されるようにできており、またあるものは支配するようにできているからである。」(24)

　人間生活についても同様のことがあてはまる。人間集団の概念は、語り手の支配意思の対象でしかない。この集団は国家（ポリス）と呼ばれ、これがまず第一である。

　　「しかしまた自然には、国家は家やわれわれ個々人よりも先にある、何故なら全体は部分より先にあるのが必然だからである。」(25)

---

(23)　ARISTOTE, *De l'âme*, 412b15-20 et 413a1, ibid., p.139. アリストテレス「霊魂論」412b10、前掲、40頁。

(24)　ARISTOTE, *Politique*, 1254a10-35, op. cit., p.13. アリストテレス「政治学」前掲 1254a10-35、12頁。

(25)　ARISTOTE, *Politique*, 1253a5-33, op. cit., p.10. アリストテレス「政治学」前掲、1253a5-33、7頁。

第1部 「オーガニック身体」

　人間集団を特徴づけるものはその構成員ではなく、支配者の数と意思である。[26]ここから、有名な政府形態[27]もしくは統治形態[28]についてのあの有名な分類が導かれる。支配者の数によって、政府が1人の手に握られている場合、少数の人間に握られている場合、多数の者に握られている場合に分ける。支配者の意思によって、それが一般的利益に向けられた場合と、利己的利益に向けられた場合に分ける。当然、前者が正しいものであり、後者は逸脱である。このような基準から、正当な政体が3つ、君主政＝個人による統治、貴族政＝少数の者による統治、ポリス政（politie）＝多数者による統治が導かれ、それぞれに逸脱した政体が対応することになる。君主政に対して僭主政、貴族政に対して寡頭政、ポリス政に対して衆愚政。[29]これらのうち君主政が最善の政体であり、正しい政体の中での最悪はポリス政治であり、すべての中の最悪は僭主政である。語り手が認めるこのような人間集団（それは支配システムなのだが）に個人が所属することなく生きるなどということは、「自然によって」、許されないことなのである。

　「国家が自然にあるものの1つであるということ、また、人間

---

(26) 実際、現代においてすら、英語でも、フランス語でも、集団の構成員は手足（英member、仏membre）、集団の責任者は頭（英cheef、head、chaptain、仏chef、capitaine）と呼ばれている。

(27) ARISTOTE, *Politique*, 1279a16-b32, op. cit., p.86 アリストテレス「政治学」前掲、1279a16-b32、107頁；*Ethique à Nicomaque*, 1160a-b, op. cit., p.206. アリストテレス「ニコマコス倫理学」前掲、1160a-b、273頁。「アリストテレスは、この分類の上に、政治学全体を構築したのである。スピノザやモンテスキューも、前者は『神学政治論』において、後者は『法の精神』において、同じ方法をとった。この分類は政治学の前提である。マキャベリ『ローマ史』第1編第2章、ルソー『社会契約論』第3編第2、10章参照。」Jean AUBONNET, "Etude générale des constitutions", *ARISTOTE, Politique (Livres III et IV)*, Les Belles Lettres, Paris, 1971, p.198, note 6.

(28) 「統治（*constitution*）も政府（*gouvernement*）も同じものを意味する。」ARISTOTE, *Politique*, 1279a16-b3, Gallimard, Paris, 1993, p.86. アリストテレス「政治学」前掲、1279a16-b32、107頁。

(29) ARISTOTE, *Politique*, 1279a-b, ibid., pp.85-88. p.108

は自然に政治的動物であるということ、また偶然によってでなく、自然によって国をなさぬものは劣悪な人間であるか、あるいは人間より優れた者であるかのいずれかであるということである、前者はホメロスによって、『部族もなく、法もなく、炉もなき者』と非難された人間のようなものである。何故なら、自然によってこのような者は、とりもなおさずまた戦を好む者であるから、というのはこのような者はちょうど碁の孤立した石のように孤独なものだからである。」(30)

これが、アリストテレスの有名な言葉、「人間は政治的（又は社会的）動物である」(31)の文脈である。人間は「自然によって」支配従属システムへの統合を義務づけられているというのである。「自由」および「平等」といった概念もまた隷従として定義される。

「自由と平等は、各人がその思うがままに行動する権利である。（…）しかしこれはよろしくない。というのは統治に応じた生活をすることを、隷従ではなくむしろ救いだと考えなければならないからである。」(32)

支配の意思は、語り手が想定する統治枠組みの内部に止まらない。その枠組みの外の人間は、「自然によって」、語り手が想定する国家に服従しなくてはならない。

「野蛮人の間では女性と奴隷とは同じ地位にある。そしてその理由は彼らが自然の支配者をもたずに、彼らの共同体が女奴隷と男奴隷とからできているということにある、それ故に詩人たちは、『ギリシア人が野蛮人を支配するのは当然である』と言っている、これはあたかも、野蛮人と奴隷とは自然に同じで

---

(30) ARISTOTE, *Politique*, 1253a5-33, op. cit., pp.9-10. p.7
(31) ARISTOTE, *Politique*, 1252b14-1253a5, op. cit., p. 9. p.7。「人間は自然によって政治的動物である。」ARISTOTE, *Politique*, 1278b3-31, op. cit., p.84. アリストテレス「政治学」前掲、105 頁。
(32) ARISTOTE, *Politique*, 1310a5-b23, op. cit., pp.180-181. アリストテレス「政治学」前掲、227 頁。

第1部 「オーガニック身体」

あるという風な考え方である。」[33]

一方、支配者は道徳を身につけることが義務づけられる。道徳とは、宇宙に刻まれた支配従属の原理を理解し実現する能力のことである。[34]

「支配者は性格的徳の完全なものを持たなければならない（何故なら仕事というものは、絶対的な意味では、棟梁に属するのであるが、理性はその棟梁だから）。」[35]

結局、アリストテレスの知とは、支配の意思から世界を説明することにあった。一切の存在は、支配部分と被支配部分からなる「オーガニック身体」と見なされる。定義によって国家という集団を所与のものとして無前提に想定するのは、この支配の意思である。こうして、現在におけるマイノリティ概念の議論におけるふたつの特徴、すなわち、存在が定義に従属していること、および、集団がその構成員よりも先行していることを、アリストテレスが既に合わせ持っていることが確認される。

次に、「オーガニック身体」の考え方が、ローマ帝国からローマ法王支配を経て世俗君主制に至るまでに、どのような発展を繰り広げていくのかを検討しよう。

---

(33) ARISTOTE, *Politique*, 1252a21-b13, op. cit., p.8. アリストテレス「政治学」前掲、5頁。

(34) 「アリストテレスにとって、聡明さ (*phronèsis*) とは、本来、行為を命ずる知性もしくは知性の徳のことである（解釈者によって、通常、賢慮または実践的良識と呼ばれた）cf. *Ethique à Nicomaque*, VI, 5, 1140b20 ; etc. […]。 […] 徳としての聡明さが、人間自身にまれであることは明らかであるにしても、行為命令を発する単純能力としての聡明さすら認められることのない人々がいるというのである（生来の『奴隷』）(les "esclaves" naturels : cf. Politique, 1, 5, 1254b16 et sqq.).」Richard BODÉÜS dans ARISTOTE, *De l'âme*, p.93, note 2.

(35) ARISTOTE, *Politique*, op. cit., 1260a18, pp.29-30. アリストテレス「政治学」前掲、35頁。

(2) ローマ帝国：魂＝皇帝、身体＝レスプブリカ

　一切の存在と一切の価値を単一普遍の意思に従属させるアリストテレスの考え方は、ローマの政治家にとって大変役に立つものであった。ローマが帝政となる以前に、キケロ Cicero は自然法についてアリストテレスと同様の考えを示していた。

　「法律とは自然本性に内在する最高の理性であり、なすべきことを命令し、その反対のことを禁止するものである。」(36)

さらには、このように述べている。

　「わたしたちは、自然という規範によるのでなければ、善い法律と悪い法律を区別することはできない。また、法と不法のみでなく、およそ立派なことと恥ずべきことのすべてが自然に基づいて区別されることになる。というのは、自然が共通の観念をわたしたちに与え、わたしたちの心の中にそれを芽生えさせたため、立派なことは徳として、恥ずべきことは悪徳として数えられるようになったのであるから。」(37)

この自然すなわち神が、人間をして国家と呼ばれる社会にまとまるよう「強制」するのである。(38)

　「全世界を支配する最高の神にとって、少なくとも地上で行われることで、法によって結ばれた、国と呼ばれる人間の結合と集合よりもいっそう気に入るものはないからである。」(39)

神の意思が人間の集合体を創造するのであるから、人民、レスプブリカ、国家（civitas）はこの同一の集合体をさす様々な呼び名に

---

(36) CICÉRON, Des lois, I, 6, 18, DENIS H., op. cit., pp.62-63 より引用。キケロー「法律について」『キケロー選集 8』岩波書店、1999 年、193 頁。

(37) CICÉRON, Des lois, I, 16, 44, DENIS H., op. cit., p.63 より引用。キケロー「法律について」『キケロー選集 8』岩波書店、1999 年、209 頁。

(38) CICÉRON, La république, Livre premier, XXV, Les Belles Lettres, 1980, Tome I, p.222. キケロー「国家について」『キケロー選集 8』岩波書店、1999 年、38 頁。

(39) CICÉRON, La république, Livre VI, XIII, ibid., Tome II, p.107. キケロー「国家について」『キケロー選集 8』岩波書店、1999 年、162 頁）。

第 1 部 「オーガニック身体」

すぎない。

　「人民 populus 全体（すなわち、上に説いたような集団を形成する群集 multitude）、国家 ciuitas 全体（すなわち、人民を構成するもの）レスプブリカ res publica 全体（すなわち、上に述べたような、人民の物事）が、永続するためには、あるひとつの目的にしたがって導かれなくてはならない。」[40]

　政体について、アリストテレス自身が君主制を推奨しているのであるから、人間支配の正当化である「オーガニック身体」理念は、君主制に最も適していることになる。実際、ローマ帝国において、皇帝はレスプブリカの政治的身体における魂とされたのである。ネロの家庭教師であるセネカ Seneca によると、「自然が君主を作り出したのでありまして、そのことは他の動物、なかんずく蜜蜂の例から知ることができます。」[41][42] たとえば、セネカはその著書『寛容について』において、ネロに皇帝の権威を説明する際、人間の身体にたとえて以下のように説明している。

　「これは身体全部が熱心に魂に仕えるのと同じでありまして、たとえ身体がいかに魂より大きく、いかに見かけがよく、他方魂は隠れていて眼にも付かず、どこに潜んでいるかその居所も定かではなくても、手も足も眼も、魂のために働きます。体の皮膚は魂を保護します。魂の命令で、われわれは身を横たえるし、逆に、せかせかと走り廻ります。魂が命ずるとき、もしもそれが貪欲な主人であれば、われわれは富を求めて海を隈無く

---

(40) CICÉRON, *La république*, Livre premier, XXVI, ibid., Tome I, pp.222-223. キケロー「国家について」『キケロー選集 8』岩波書店、1999 年、38 頁。

(41) 蜜蜂社会の比喩については、ARISTOTE, *Politique*, 1253a5-33, op. cit., p.10 参照。

(42) SÉNÈQUE, *De la clémence*, III, xvii［I, 19］2, Les Belles Lettres, Paris, 1921, p.38. セネカ「寛容について」『セネカ道徳論集（全）』東海大学出版会、1989 年, 405 頁。「君主は、神々のみが持つ生殺与奪というこの特権的な務めを、誇りと喜びをもって行使しなくてはなりません。」SÉNÈQUE, *De la clémence*, XIX［I, 21］1. 2, ibid., p.42.

第 1 章　レスプブリカのメタフィジック身体

探しますし、もしも魂が名誉を重んずる主人であれば、われわれのうちには大分以前にも右手を炎に突っ込んだ者もありますし、あるいは自ら進んで大地の亀裂に飛び込んだ者もあります。これと同じように、かの無限の大衆は1人の命の回りにあって、その人の精神によって支配され、その人の理性によって導かれますが、もしも思慮に支えられなかったならば、自らの暴力によって自らを打ち倒し押し潰すでありましょう。」[43]

このように、人民全体を結びつけるきずなを確立するものは、皇帝の支配なのである。セネカはさらに続ける。

「王が無事であれば、すべてのものの心は1つ。王が失われれば、すべてのものは忠節を破る。」[44]

セネカは「レスプブリカを人格化する」[45]皇帝の最高権威を強調する一方、皇帝とレスプブリカの結びつきも強調する。

「実際、皇帝は、長きにわたってレスプブリカと自分とを同一視してきましたので、ふたつをわけようとすれば、両方とも滅びてしまわざるをえないほどであります。なぜなら、一方にとっては、力を失うことになり、他方にとっては、頭を失うことになるからであります。」[46]

つまり、セネカは、身体の比喩によって、皇帝の権威を称賛すると同時に、皇帝が独裁者にならないようその権限の制約を目指しているのである。

「これまで述べてきましたように、まったくもって、レスプブリカの魂はあなた自身であり、レスプブリカはあなたの身体でありますれば、あなた様の寛容がどれほど大切であるかが、ご理解いただけることと、私は望んでいるわけであります。」[47]

---

(43)　SÉNÈQUE, *De la clémence*, III, i, 5, ibid., p.17. セネカ、前掲、384 頁。
(44)　SÉNÈQUE, *De la clémence*, III, ii, 1, ibid., p.17. セネカ、前掲、384 頁。
(45)　SÉNÈQUE, *De la clémence*, III, ii, 1, ibid., p.18.
(46)　Ibid.

第1部 「オーガニック身体」

　このように、人間集団の概念とは、人間身体をモデルにした支配の説明様式に他ならない。その後、「オーガニック身体」理念は一層発展する。テオドシウス法典（Cod. Theod. 9, 14, 3）とユスチニアヌス法典（C. 9, 8, 5）が示しているように、皇帝は元老院を「我々の身体の一部（*pars corporis nostri*）」[48]と見なす。都市、裁判所、ギルドなどはどれも一個の身体と考えられていた。このような考え方は現在でも、「法人」という概念として残っている。皇帝は魂としての法、生ける法（*lex animata*）、として、さまざまな身体である人間集団に命を吹き込むのである。ユスチニアヌスはその新勅法のなかで以下のように述べている。

　　「神は皇帝を生ける法として人々の許へと遣わすことにより、
　　法それ自体を皇帝に服さしめた。」[49]

　また、「オーガニック身体」理念は、キリスト教にも影響を与えた。キリスト教は、人類全体をひとつの「オーガニック身体」、つまり、イエスキリストの身体と見なすのである。[50]たとえば、ギリシアの教養を身につけたパウロは言う。

　　「1つのからだには多くの器官があって、すべての器官が同じ
　　働きはしないのと同じように、大ぜいいる私たちも、キリスト
　　にあって一つの身体であり、ひとりひとり互いに器官なのです。」[51]

---

(47)　SÉNÈQUE, *De la clémence*, III, iii, 1, ibid., p.18.

(48)　「君主は頭である princeps fit caput」*Codex : Imperatoris Iustinani Codex*, Francoys Frandin, Lugduni, 1527, n.S ; さらに、以下を参照。KANTOROWICZ E., *Les deux corps du roi, Essais sur la théorie politique du moyen âge*, Gallimard, Paris, 1989, p.455, note 42 et p.536, note 342. エルンスト・カントーロヴィチ『王の二つの身体』平凡社、1994年、594頁、注42、691頁、注342。

(49)　*Nov.* 105, 2, 4 KANTOROWICZ E., *Les deux corps du roi*, op. cit., p.104. エルンスト・カントーロヴィチ、前掲、145頁より引用。

(50)　VON GIERKE O., *Les théories politiques du moyen âge*, Recueil Sirey, Paris, 1914, pp.135 et ss.

(51)　新訳聖書ローマ人への手紙12,4-5,。以下参照。コリント人への手紙（第1）

第1章　レスプブリカのメタフィジック身体

キリストの身体を具体的に表現するのは、教会である。

「(神はキリストを) すべての支配, 権威、権力, 主権の上に、また、今の世ばかりでなく、次にくる世においてもとなえられる、すべての名の上に高く置かれました。また、神は、いっさいのものをキリストの足の下にしたがわせ、いっさいのものの上に立つかしらであるキリストを、教会にお与えになりました。教会はキリストの身体であり、いっさいのものをいっさいのものによって満たす方の満ちておられるところです。」[52]

確かに、パウロはローマ帝国による迫害にあって殉教したが、キリスト教がローマ帝国によって公認されるやいなや、教会は「ローマ帝国を手本にして、その組織づくりを行い、領域的枠組み、行政原理、昇進規則、裁判手続きなどを採用した」[53]。法王は皇帝に対応し、教会県はローマの県に対応し、それ以下の行政区も同様である。西ローマ帝国の滅亡はゲルマン人の侵入によって早められたが、教会は「自らをカトリック、すなわち、普遍的たらんとした」[54]のである。紀元3世紀のテルトゥリアヌス Tertullianus (160-240) 以来、「オエコノミア oekonomia」という言葉は、キリスト教教義学において、神による世界統治を意味する。[55]さらに、テルトゥリアヌスによると、すべての存在物はそれぞれが身体と考えられたのである。

「存在するものはすべて、その固有の身体なのである。身体で

6, 15、10, 16-17、12, 12.27。エペソ人への手紙 4, 4.16.25、5, 30。コロサイ人への手紙 1, 18、2, 19.; Col 2, 19. さらに以下参照、KANTOROWICZ E., *Les deux corps du roi*, op. cit., p.450, note 6. エルンスト・カントーロヴィチ前掲、589頁、注6。

(52) 新訳聖書エペソ人への手紙 1, 21-23。エペソ人への手紙 5, 23参照。

(53) LE BRAS G., "Le droit romain au service de la domination pontificale", *Revue historique de droit français et étranger*, XXVII, 1949, p.380.

(54) TIMBAL P.-C. et CASTALDO A., *Histoire des institutions publiques*, op. cit., p.48.

(55) BRUNNER O., *Neue Wege der Verfassungs- und Sozialgeschichte*, Vandenhoeck & Ruprecht, Göttingen, 1968, S.126. オットー・ブルンナー『ヨーロッパ―その歴史と精神』岩波書店、1974年、181頁。

第 1 部 「オーガニック身体」

ないものは何もない。そうでないものは、存在しないのである。」(56)

　侵入してきたゲルマン人も「オーガニック身体」理念を採用することになる。西ローマ帝国の滅亡後、ゲルマン人の間の征服戦争で勝ち残ったのはフランク族であり、彼らがフランク王国を建設する。そこでは、「軍隊奉仕が名誉であり、それは自由人のみに許されていた」。(57) そのため、人間は、戦士、聖職者、平民という 3 つのカテゴリーに分類されることになる。フランク族も、ローマ帝国やカトリック教会を手本にした中央集権にもとづく統治制度を確立しようとする。そのため、地方の行政司法を監督させるために、王は臣下を派遣する。しかし、政治制度などという抽象概念に過ぎないものに忠誠を誓うことは、フランク族に思いもよらないことであった。なぜなら、フランク族の政治制度において、権威とは、主君とその臣下の間の誠実忠誠の誓いによって確立される具体的な人間関係の上に成り立っていたからである。ここでは、王国は政治制度というよりも、むしろ王の財産なのである。

　そのゆえ、アリストテレスの「オーガニック身体」理念が、この王国において実現することになるはずである。なぜなら、王が王国を創設し、統治し、法を宣言し、裁きを行うからである。ところが、現実には、そのための重大な要素がかけていた。それは、貨幣経済の発達である。実際、フランクの王は、臣下に現金による給料を与えたのではなく、臣下が監督する土地から得られるものを与えていた。そのため、この役職はまもなく終身のものとなり世襲化されるようになる。臣下の監督する土地は、彼の領土と化す。王は服従しない臣下を制裁するため、別の臣下を選んで問題の土地に派遣する

---

(56) TERTULLIANUS, *De carne Christi*, XI, HOBBES T., *Léviathan*, Sirey, 1971, p.772, note 11. ホッブズ『リヴァイアサン 4』岩波書店、2004 年、328-329 頁、注 9 より引用。

(57) TIMBAL P.-C. et CASTALDO A., op. cit., p.62.

が、今度はこの臣下が独立化してその土地の領主となってしまう。王はこの傾向を止めることができない。なぜなら、ある臣下の反乱や領主化を抑えるために、王は別の臣下の力を借りなくてはならないからである。そのためには、報酬として彼らに土地を与えなければならない。しかし、報酬を与えるためには、土地を征服しなくてはならない。そのためには、臣下の協力が必要である。このような悪循環によって、王は常に戦争をしなくてはならず、王国の領土は配分された臣下の領地に細分化されて行く。たとえば、800年、カール大帝 Charlemagne が西欧の大部分を征服し西ローマ帝国を再興するが、その領土は843年ルイ敬虔王 Louis le Pieux の3人の息子に分割されただけでなく、9世紀末には主要な臣下が独立してしまう。このような領土の細分化はさらに促進される。というのは、領主化した臣下達が今度はその部下に対しても同じように土地を報酬として与えて行くからである。こうして、社会全体が個人的な支配従属関係に収斂されてゆく。[58] 支配者は領主となり、貴族となってゆくのに対して、王国は単なる名目的なものにすぎなくなる。このような細分化状況の中で、唯一組織的な力を持っているのが、カトリック教会である。確かに、教会も細分化の波を受けるが、それでも、他の世俗の勢力に先だって中央集権化に着手するのである。教会レスプブリカの「頭」は法王である。[59]

B. 「オーガニック身体」理念の発展

(1) 教会君主制：魂＝法王　身体＝教会レスプブリカ

11世紀、法王は精神界のみならず、世俗領域も含んだ人類全体に対する優越を主張するようになる。[60] 12世紀になると、多くの教会法学者が「法王自身が真の皇帝である（*Papa ipse verus*

---

(58) マルク・ブロック『封建社会』堀米庸三監訳，1996年、岩波書店、185頁参照。
(59) TIMBAL P.-C. et CASTALDO A., op. cit., pp.178-180.
(60) VON GIERKE O., *Les théories politiques du moyen âge*, Recueil Sirey, Paris,

第1部　「オーガニック身体」

imperator）」と述べる。[61]その説明は、やはり、「オーガニック身体」理念に依拠して行われる。「魂が肉体を活かすように、霊権（sacerdotium）は王権（regnum）を構成的に調整する（constituens ordinat）」とホノリウス・アウグストドゥヌス Honorius Augustodunus（1152年後に没）は言う。[62]スコラ学者ソールズベリのヨハンネス Johannes Saresberiensis もその著書『ポリクラティクス *Polycraticus*（1159）』において、人間の身体をキリスト教レスプブリカの部分に対応させている。

　「身体の魂を宗教の奉仕者たちが形成する、それ故宗教の奉仕者たちは全身体の支配権 *principatum totius corporis* を持つ[63]。君主は頭を[64]、元老は心を[65]、廷臣は脇腹を[66]、官吏や裁判官は眼、耳および歯を[67]、農民、職人その他全ての有用な活動を行う者は脚を形成する、したがってレスプブリカは［脚の多さでは］むかでも凌駕し、これらの脚の防衛は靴を履くこ

1914, pp.103 et ss. オットー・ギールケ『中世の政治理論』ミネルヴァ書房、1985年、137頁。

(61)　VON GIERKE O., p.105, note 12. オットー・ギールケ前掲、139頁、注12。LE BRAS G., op. cit., p.394, note 7 参照。

(62)　HONORIUS AUGUSTODUNENSIS, *Summa gloria de Apostolico et Augusto sive de praecellentia sacerdotii prae regno*, c.4, VON GIERKE O., *Les théories politiques*, p.109, note 17. オットー・ギールケ、前掲、144頁、注17 より引用。

(63)　JOHANNES SARESBERIENSIS, *Polycratius sive de nugis curialium et vestigiis philosophorum libri octo*, Lugd.Bat, 1639, c.3-5, VON GIERKE O., op. cit., p.141, note 76 より引用。兼平昌昭「ヨアンニス・サレスベリエンシスとレース・プーブリカ概念」西洋史学 LXXXI、1969年、43頁参照。

(64)　JOHANNES SARESBERIENSIS, c.6 et IV c.1,3,8, VON GIERKE O., op. cit., p.141, note 76. オットー・ギールケ、前掲、174頁、注76 より引用。

(65)　JOHANNES SARESBERIENSIS, V c.9, VON GIERKE O., ibid. オットー・ギールケ、前掲より引用。

(66)　JOHANNES SARESBERIENSIS, c.19, VON GIERKE O., ibid. オットー・ギールケ、前掲より引用。

(67)　JOHANNES SARESBERIENSIS, c.11-17, VON GIERKE O., ibid. オットー・ギールケ、前掲より引用。

第1章　レスプブリカのメタフィジック身体

とであり、これらの脚の危機はレスプブリカの脚通風である。(68)」(69)

トマス・アキナス Thomas Aquinas はアリストテレスの「オーガニック身体」理念を教会に応用することによって、その政治理論を構築する。アリストテレスが行ったように、まずトマス・アキナスは神と自己を同一化し、支配の意思を普遍に投影する。そして、人間の統治は「普遍政府」を手本にしなくてはならないと説くのである。

「自然の中には、普遍政府と個別政府がある。普遍政府は、神意を以て普遍界を治め給う神の政府のもとに、すべてが包含されている政府。一方、個別政府は、真に、神の政府と大変類似しており、人間のうちには普遍政府の形態が見出されるので、小世界（minor mundus）と呼ばれる。実際、神の政府があらゆる物質的被創造物およびあらゆる霊的諸力を含んでいるように、理性が身体の手足およびその他の魂の機能を支配しているのである。こうしていわば、人間における理性と、世界における神とは、同様の働きをしているのである。」(70)

存在するものすべてはそれぞれ身体であり、神が与えた同一の原理にしたがう。

「実際、物体の世界においては、第1の物体である天体が、神意の秩序に従って、他の物体を支配する。こうして、すべての物体が理性的被創造物によって支配される。同様に、一人の人

---

(68) JOHANNES SARESBERIENSIS, VI c.20, VON GIERKE O., ibid. オットー・ギールケ、前掲より引用。

(69) VON GIERKE O., ibid. IOANNIS SARESBERIENSIS, *Episcopi carnotensis policratici sive de nvgis cvrialivm et vestigiis philosophorvm*, Minerva, Frankfurt, 1965 参照。

(70) THOMAS D'AQUIN, *Du Royaume : De Regno*, Livre premier, Chap.XII, Egloff, Paris, 1947, pp.105-106. トマス・アキナス「キプルス国王に上がり『君主の統治』を論ずるの書」『聖トマス経済学』みすず書房、1991年、279頁。

第1部 「オーガニック身体」

間においても、精神が身体を支配し、精神の諸部分の間においても癇癪や強欲は、理性によって支配される。これと同じく、身体の諸部分の間においても、心とか頭とかというように、すべてを動かす主要部分は一つである。それ故に、いかなる群集 multitude においても支配原理がなくてはならぬ。」[71]

当然のことながら、この「支配原理」が人間集団をまとめているのである。

「それ故に、もし、多人数の社会に棲むことが人間に自然的であるならば、人々の間に群集を支配する原理があることが必要である。多数の人々が生存し、各自は自分の必要を満たすことしか考えないのであるから、群集の善に関する事柄を管理する者がいなければ、群集は支離滅裂になるであろう。これはあたかも、人間およびいかなる動物の身体も、そこに手足の共通善を司る何らか共通の支配力がなければ、崩壊するのと同じである。ソロモンが『支配なければ民たおれ……（旧約聖書、箴言第11章14節）』と言ったのは、このことを考えてのことである。」[72]

人間はこの統治枠組みの中に統合されることを運命づけられている。なぜなら、人間は社会的政治的動物だからである。

「各人は、神の恵みである理性の光によって、自らの行為をなす限りにおいては、最高の王たる神の御もとにおいて、自分自身に対して自分自身の王となるであろう。しかしながら、人間にとって自然的なことは、群集の中で生きる社会的政治的動物（Animal sociale et politicum）であるということである。その程度は、他のすべての動物よりも一層高い。こうしたことは、自

---

(71) THOMAS D'AQUIN, *Du Royaume*, Livre premier, Chap.premier, ibid., p.29. トマス・アキナス前掲、第1編第1章、236頁。
(72) THOMAS D'AQUIN, *Du Royaume*, Livre premier, Chap.premier, ibid., pp.28-29. トマス・アキナス、前掲、第1編第1章、235頁。

第1章　レスプブリカのメタフィジック身体

然的必要がならしめていることなのである。」[73]
よって、全体が部分よりもつねに優先する。[74]
「不完全なものが完全なものに向かって仕向けられているように、個別的善は、全体の善すなわち神の目的に向かって仕向けられている。」[75]
そのため、部分は全体に奉仕しなくてはならない。
「個人は群集の部分であるから、およそいかなる部分も部分たるかぎり全体に属すように、いかなる人間もかれ自身、およびその所有物とともに、群集に属する。それゆえ、自然自体も、全体を救うためには、部分を犠牲にするのである。」[76]
部分がいかなる変化を被ろうと、全体にはなんらの変化もない。しかし、支配者の側に発生する変化は全体に大きな変化を与える。アリストテレスに影響を受けたトマス・アキナスにとって、人間集団の性質を決定するのは統治形態である。ここから、アリストテレスと同様の政体分類が導き出される。

「ポリス政politiaの反対は、衆愚政democratiaである。いずれも、これまで述べてきたことから明らかなように、多数により実行される統治である。貴族政の反対は、寡頭政。いずれも、少数によって実行される。君主政について言うと、これは僭主政の反対である。いずれも、ただ一人の人間によって行使され

---

(73) THOMAS D'AQUIN, *Du Royaume*, Livre premier, Chap.premier, ibid., p.26. トマス・アキナス、前掲、第1編第1章、234頁。
(74) トマス・アキナスは、「著作の中で、全体性の原理を繰り返し表明している」。VEYSSET P., *Situation de la politique dans la pensée de St Thomas d'Aquin*, Cèdre, Paris, 1981, p.18.
(75) THOMAS D'AQUIN, *Somme contre les Gentils*, I, 86, Les Éditions du Cerf, Paris, 1993, p.152. Voir VEYSSET, ibid., p.18.
(76) THOMAS D'AQUIN, *Somme théologique*, Ia IIae q.96 a.4 rép, Les Éditions du Cerf, Paris, 1984, Tome 2, p.606. トマス・アクィナス『神学大全13』創文社、1993年、115頁。VEYSSET, ibid., p.19 参照。

第1部 「オーガニック身体」

る。」[77]

アリストテレスにしたがい、トマス・アキナスも、自然の教えにより、君主政が最も優れた統治であるという。

「自然に叶うものは最善である。あらゆる物において、自然が最善のことを行うからである。すべての自然的統治は一人によって司られる。たとえば、身体の諸部分においてすべてを動かすのはひとつ、すなわち、心である。また、精神の諸部分においては、主に命令を下す唯一の力は、理性である。同様に、蜂には一匹の女王しかおらず、全宇宙には、すべてのものの創造者にして、支配者たる唯一の神しか存在しない。しかも、それは理の存するところである。すなわち、すべての集合体は一つに、発するからである。」[78]

王権は神に直接由来するのである。

「王の徳の偉大さは、王が神とたいへん似ていることに見られる。神が世界で行っていることを、王は王国で行っているのである。」[79]

キリスト教王国の王はキリストの代理人である法王なのである。

「よって、この国王の勤めは、霊的なものを地的なものと区別するため、地上の王には委ねられないで、聖職者に、主として、最高聖職者、ペテロの後継者、キリストの代理者たるローマ法王に委ねられている。であるから、キリスト教の王は皆、あたかも主イエス・キリストとその人に対するが如く、彼に服従し

---

(77) THOMAS D'AQUIN, *Du Royaume*, Livre premier, Chap.III, op. cit., p.41. トマス・アキナス「キプルス国王に上がり『君主の統治』を論ずるの書」前掲、241頁。

(78) THOMAS D'AQUIN, *Du Royaume*, Livre premier, Chap.II, op. cit. p.37. トマス・アキナス、前掲、第1編第2章、240頁。

(79) THOMAS D'AQUIN, *Du Royaume*, Livre premier, Chap.IX, op. cit. p.87. トマス・アキナス、前掲、第1編第9章、268頁。「身体が魂に服するように、世俗権力は霊的権力に服するのである。」*Somme théologique*, II-II, q.60, a.6, sol.3, 1985, Tome 3, op. cit., p.404. トマス・アクィナス『神学大全18』創文社、1985年、93頁。

第 1 章　レスプブリカのメタフィジック身体

なければならない。」(80)

このように、教会政治の理論枠組みはアリストテレス以来ローマ帝国を通して同じなのである。1302 年、ボニファティウス 8 世 Bonifatius VIII 自身もその教令『ウナムサンクタム Unam sanctam』の中で「オーガニック身体」理念により自己の優越性を主張する。

>「信仰によって、私たちは唯一カトリック教会のみを信じなくてはならない。［…］それなくして救いなし。それこそが、唯一の神秘的身体を表しているのであり、その頭はキリスト、キリストの頭は神である。」(81)

ここでは、「神秘的身体」という表現が、「政治的身体」の意味で使われている。聖パウロは教会を「キリストの身体」と呼んでいた。12 世紀から、「キリストの身体」は聖別されたパンという典礼的意味を帯び始める。逆に、現代の神学者リュバック Lubac の言い方では「奇妙な転換」(82)によって、かつて聖別されたパンを意味していた「神秘的身体」が教会を意味するようになる。(83)この新たな意味での「神秘的身体」という言葉を普及させたのが、トマス・アキナスである。

>「教会全体が、人間の自然的身体と類似していることから、さらに、教会のさまざまな活動がさまざまな手足に対応していることから、ひとつ神秘的身体と呼ばれるように、キリストは、教会の頭と呼ばれるのである。」(84)

---

(80)　THOMAS D'AQUIN, *Du Royaume*, Livre premier, Chap.XIV, op. cit., p.120. トマス・アキナス「キプロス国王に上がり『君主の統治』を論ずるの書」『聖トマス経済学』みすず書房、1991 年、286-287 頁。

(81)　KANTOROWICZ E., *Les deux corps du roi*, op. cit., p.146. エルンスト・カントーロヴィチ『王の二つの身体』平凡社、1994 年、203 頁。

(82)　DE LUBAC H., *Corpus mysticum : L'Eucharistie et l'Eglise au moyen âge*, Aubier, Paris, 1949, p.88.

(83)　KANTOROWICZ E., *Les deux corps du roi*, op. cit., p.147. エルンスト・カントーロヴィチ『王の二つの身体』平凡社、1994 年、205 頁参照。

(84)　THOMAS D'AQUIN, *Somme théologique*, III, q.8,1. トマス・アクィナス『神学

第1部 「オーガニック身体」

リュバックによると、「神秘的身体」という言葉のこのような濫用は「一種の堕落」を生みだし、「我はカエサルなり、皇帝なり（Ego sum Caesar. Ego sum Imperator）」[85]と自ら称したと言われるボニファティウス8世の側近の神学者によって広められた。[86]歴史家エルンスト・カントーロヴィチの言葉を借りるなら、「もともとは典礼上の観念であり、かつては聖餐において統合される教会を高挙するために用いられた〈神秘的身体〉は、教皇の皇帝類似の地位──『キリスト教の政治的全体を動かし規律する第一の君主』──を高挙する手段として、位階的な教会内部において用いられ始めたのである」。[87]テオドシウス法典やユスチニアヌス法典において元老院が皇帝の身体の一部（pars corporis nostri）として扱われていたように、枢機教は法王の身体の一部（pars corporis papae）として扱われる。[88]そして、法王は魂としての法または生ける法（lex animata）と呼ばれる。[89]

大全26』創文社、1999年、156頁。KANTOROWICZ E., *Les deux corps du roi*, op. cit., p.151. エルンスト・カントーロヴィチ『王の二つの身体』平凡社、1994年、209頁参照。

(85) Franc. Pipini, *Chronicon*, LE BRAS G., "Le droit romain au service de la domination pontificale", *Revue historique de droit français et étranger*, XXVII, 1949, p.395, note 7 より引用。

(86) 「法王ボニファティウス8世の周辺に集まったいく人かの神学者が、この表現を権力要求の平面において用いた用例については、よく知られている──おそらく濫用と言うべきなのだろうが──。［…］しかし、まったく『神秘的』で精神的な響きのある言葉を、このように法的かつ社会的次元に適用することによって、彼らの教義は神秘的身体の一種の堕落を記すことになり、教会権力を君主のルサンチマンや君主の側の神学者の論争にさらすことになるのである。」DE LUBAC H., op. cit., p.130.

(87) KANTOROWICZ E., *Les deux corps du roi*, op. cit., p.153. エルンスト・カントーロヴィチ『王の二つの身体』平凡社、1994年、212頁。

(88) JOHANNES ANDREAE（1348没), *Novelles*, c.4 X 2,24（Venise, 1612) KANTOROWICZ E., *Les deux corps du roi*, op. cit., p.455, note 42. エルンスト・カントーロヴィチ、前掲、594頁、注42より引用。TIERNEY B., *Foundations of the Conciliar Theory, The Contribution of the Medieval Canonists from Gratian to the Great Schism*, Cambridge University Press, Cambridge, 1955, p.184. 参照。

(2) 神聖ローマ帝国：魂＝皇帝　身体＝レスプブリカ

　教会権力と同じく、世俗権力も「オーガニック身体」理念による政治権力の説明様式に依拠する。つまり、世俗勢力の側の法学者も、教会権力に対抗するために、「神秘的身体」の概念を援用するのである。この概念はもともと聖別されたパンを意味していたのにも関わらず、13世紀中ごろ、ボーヴェのウィンケンティウス Vincentius Bellovacensis は「レスプブリカの神秘的身体（corpus reipublicae mysticum）」という表現を用いる。[90]トマス・アキナスの死からおよそ30年後、ダンテ Dante は『帝政論 Monarchia』を著す。なぜならば、「中でもいまだ解明されていないしかも重要な真理の内で、現実の帝政の知識は最も重要」だからである。[91]アリストテレスやトマス・アキナスにならってダンテも、「自然たる神」[92]に自己同一化する。

　「実際、私が行おうとしているつとめは過酷であり、自分の力を越えているので、自分自身の徳よりも、むしろ、『だれにでも惜しげなく、とがめることなくお与えになる』[93]寛大な神の光に頼ることにする。」[94]

　語り手たる神の目的は、「普遍的目的たる理性」[95]であり、これが第一原理として提示される。

---

(89) KANTOROWICZ E., *Les deux corps du roi*, op. cit., p.105, note 128. エルンスト・カントーロヴィチ、前掲、147頁、注128。

(90) Vincentius Bellovacensis, *Speculum doctrinale*, VII, c.8, KANTOROWICZ E., *Les deux corps du roi*, op. cit., p.156. エルンスト・カントーロヴィチ、前掲、216頁より引用。

(91) DANTE, "Monarchie", Livre premier, I, 5, *Œuvres complètes*, Bibliothèque de la Pléiade, Éditions Gallimard, Paris, 1965, p.634. ダンテ「帝政論」『世界思想全集哲学・文芸思想編4』河出書房、1961年、61頁。

(92) DANTE, ibid., Livre premier, III, 2, p.636. ダンテ、前掲、62頁。

(93) 新約聖書、ヤコブの手紙1, 5。

(94) DANTE, op. cit., Livre premier, I, 6, p.634. ダンテ、前掲、61頁。

(95) DANTE, op. cit., Livre premier, II, 8, p.635. ダンテ、前掲、62頁。

第1部 「オーガニック身体」

> 「究極の目的は、すべてのものの原因と原理である。なぜなら、第一要因を動かすのは目的だからである。よって、ある目的に向かう物事の理由は、すべて、その目的自体の中にあるということが導かれる。」[96]

存在するあらゆるものは宇宙に刻まれた神の意思に従う。

> 「すべてのものが第一要因すなわち神の意図に従っている時、それらは幸福な状態にあり、かつ最良なのである。[…] 宇宙全体は、まさに、神聖なる善の刻印なのである。ゆえに人類は、全力を尽くして神に似ようとする時、幸福な状態にあり、かつ最良なのである。」[97]

アリストテレス以来、神の目的は世界に秩序を与え、これをその支配の下におくことである。

> 「事実、尊敬すべきアリストテレスの権威は、以下のように主張している。すなわち、複数の物事が唯ひとつの目的に向けられる場合、それらのひとつが他を規律し支配しなくてはならず、他はそれによって規律され支配されねばならないのである。」[98]

また、神はひとつであるから、人間も同様に君主が規律する身体の中に組織されねばならない。

> 「人類が一であるのは、人類が単一の身体の中に全体が溶け込んだ時であって、これは、人類全体が唯一の君主に服従する場合にしかありえない。このことは、誰もが何の助けがなくともわかることである。」[99]

つまり、全体が部分に対してつねに優先し、部分は全体に奉仕しなくてはならない。

---

(96) DANTE, op. cit., Livre premier, II, 7, p.635. ダンテ、前掲、62頁。
(97) DANTE, op. cit., Livre premier, VIII, 1-2, pp.642-643. ダンテ、前掲、66頁。
(98) DANTE, op. cit., Livre premier, V, 3, p.640. ダンテ、前掲、64頁。
(99) DANTE, op. cit., Livre premier, VIII, 4, p.643. ダンテ、前掲、66頁。

第1章　レスプブリカのメタフィジック身体

「個人の関係については概略に止めよう。汗と貧困と追放、子供を失い、手足を失い、ついには自分の生命までも捧げて、ひたすら国の幸福を進めようとした個人たちが、公事のために尽くさなかったと、どうしていえようか。」[100]

政治形態の3分類についてもダンテはアリストテレスにならう。

「帝王が治めるとき、人間ははじめてそれ自体のために存在して、他のいかなるもののために存在はしない。そこで諸種の歪められた政体は、即ち、経験した人には誰にでもわかるように、人類を奴隷に陥れるところの煽動政治や寡頭政治や専制政治は試直され、また王たち貴族たちの政府（いわゆるオプティマテス）をはじめ、人民の自由のための熱狂者は試直されるのである。何となれば、すでにいったように、帝王は人間を最もよく愛するのであるから、すべての人間が善くなることを念頭する。このことは、曲がった支配者のもとではありえない。」[101]

ダンテによると、神聖ローマ皇帝の権威は、法王が主張するように法王に由来するのではなく、神のみに由来する。ダンテは法王にも敬意を払いつつ、この著作を以下の言葉で締めくくっている。

「カエサル（皇帝）は長子が父に致すところの尊敬をペテロ（法王）に払うべく、かくして彼は父の恩寵の光に輝かされ、諦俗の万物を主宰したもう方によってのみ支配されているこの世界をさらに強く輝かすことができよう。」[102]

このように、世俗勢力も教会勢力と同じく、「オーガニック身体」の理念を利用する。ただその違いは、頭もしくは魂が、法王から世俗の国王に変わっただけである。14世紀の中頃、ナポリの法学者ルカス・デ・ペナ Lucas de Penna はユスチニアヌスの『勅法彙纂』

---

(100)　DANTE, op. cit., Livre II, V, 8, p.675. ダンテ、前掲、81頁。
(101)　DANTE, op. cit., Livre premier, XII, 9, p.650. ダンテ、前掲、70-71頁。
(102)　DANTE, op. cit., Livre III, XVI, 18, pp.739-740. ダンテ前掲、112頁。

第 1 部 「オーガニック身体」

の最後の 3 巻 (Tres Libri) への注解を著す。⁽¹⁰³⁾彼は、我々が先に見た、ネロに対するセネカの言葉「レスプブリカの魂はあなた自身であり、レスプブリカはあなたの身体であります」を引用した後、⁽¹⁰⁴⁾次のように述べている。

> 「同じようにして、君主はレスプブリカの頭であり、レスプブリカは君主の身体である。」⁽¹⁰⁵⁾

セネカが頭と身体の相互浸透について語っていたことを想起しよう。以下に再録する。

> 「実際、皇帝は、長きにわたってとレスプブリカと自分とを同一視してきましたので、ふたつをわけようとすれば、両方とも滅びてしまわざるをえないほどであります。なぜなら、一方にとっては、力を失うことになり、他方にとっては、頭を失うことになるからであります。」⁽¹⁰⁶⁾

ルカス・デ・ペナ Lucas de Penna もこの相互浸透についてふれている。

> 「君主はレスプブリカの中にあり、レスプブリカは君主の中にある。」⁽¹⁰⁷⁾

---

(103) KANTOROWICZ E., *Les deux corps du roi*, op. cit., p.159. エルンスト・カントーロヴィチ、前掲、221 頁。カントーロヴィチは、「中世の法学者たちはソールズベリーのヨハネスをきわめて頻繁に援用していた」として、ULLMANN W., "The Influence of John Salisbury on Medieval Italian Jurists", *The English Historical Review*, Vol. LIX, 1944, pp.385 et ss. を参照している。KANTOROWICZ E., op. cit., p.459, n.66. エルンスト・カントーロヴィチ、前掲、598 頁、注 66。

(104) SÉNÈQUE, *De la clémence*, III, iii, 1, ibid., p.18.

(105) ita princeps caput reipublicae, et res publica eius corpus. LUCAS DE PENNA, *Commentaria in Tres Libros Codicis*, sur C.11,58,7, n.8, Lyon, 1597, p.564. KANTOROWICZ E., *Les deux corps du roi*, op. cit., p.160. エルンスト・カントーロヴィチ、前掲、222 頁より引用。

(106) SÉNÈQUE, *De la clémence*, III, ii, 1, ibid., p.18.

(107) princeps in republica et respublica in principe. LUCAS DE PENNA, ibid., p.563, cité par KANTOROWICZ E., *Les deux corps du roi*, op. cit., p.458, note 60. エルンスト・カントーロヴィチ、前掲、597 頁、注 60 より引用。この表現の歴史については、KANTOROWICZ E., ibid., pp.315 et ss. エルンスト・カントーロヴィチ、前掲、424

第1章　レスプブリカのメタフィジック身体

「オーガニック身体」と我々が名付けたアリストテレス的理念は、ローマ帝国において発展し、教会君主制（トマス・アキナスが主張した法王）や世俗君主制（ダンテが主張した神聖ローマ皇帝）に受け継がれたのである。

さて、これから世俗権力の発展に光を当てるにあたって、その社会的背景にある12、13世紀における権力集中化に目を向けよう。

11世紀頃からヨーロッパでは人口が増加し始める。12、13世紀の間、都市と商業が発展する。この発展は貨幣経済の進展を促し、さらには、世俗君主の権力集中化に有利に作用する。国王は臣下に土地ではなく貨幣を与えることにより、土地を手放さずにすむようになったからである。国王は発展しつつあった都市を自己の保護の下において、税を課すことにより利益を得る。こうして、都市の発展は、働く者の階層すなわち第三身分の内部に、新たな社会政治的アクターを生み出す。すなわち、ブルジョアとよばれるものである。このブルジョアが、王国の富と権力の拡大にもっとも積極的に貢献することになる。[108]

都市は、一方では君主や領主の横暴から身を守るため、また他方では自分たち自身の利益を確保するために、自分たちの「権利と自由（*jura et libertates*）」を「憲章（ラ carta、仏 charte、英 charter）」という形式で確約させようとする。このような「権利と自由」の確認は、古き慣習に由来する歴史的権利の承認の名においてなされた。領主も国王の横暴に備えて、憲章という同様の防御手段を取る。その例が、1215年、イギリス貴族とジョン失地王との間に取り交わされた大憲章（マグナカルタ *Magna Carta*）である。支配者の側は、被支配者を統制しそこから利益を得るために、また、被支配者の側

頁以下参照。

[108] 「王権の伸長とブルジョアジーの台頭とは機能的に極めて緊密な依存関係にある。」ELIAS N., *La dynamique de l'Occident*, Calmann-Lévy, 1975, pp.127-128. ノルベルト・エリアス『文明化の過程（下）』法政大学出版局、1994年、274頁。

第 1 部 「オーガニック身体」

は、支配者に対して自己を防衛し、自分たちの利益を保護するために、憲章が盛んに取り決められるようになる。こうして、支配者・被支配者の関係は、かつてのような誠実忠誠をつうじた個人間の支配従属関係から、憲章を媒介とした、支配者と集団の間の支配従属関係にしだいに移り変わって行く。憲章によって認められたものが、権利、誠実、名誉、自由、特権などと呼ばれる、契約による承認を形づくるのである。「特権とは個別法以外の何ものでもない。」[109] 一般的に適用される単一の法が存在しているのではなく、一連の権利または法がばらばらに存在しているだけなのである。こうして、君主から都市、職業団体、宗教共同体にいたるまで、中世の人間は、集団を規律する個々別々の法または権利よって組織されていたのである。[110] 国家のレスプブリカは、その内部に多様なレスプブリカ集団を含んでいたのである。それらの集団は、コープス corpus、ソシエタス societas、コミュニタス communitas、ユニヴェルシタス universitas などと呼ばれていたが、これらはどれも交換可能な同義語であった。[111] こうした政治社会構造、すなわち、個人ではなく集団に支えられる構造を、今日の研究者は、「身分制（Ständewessen）」と呼ぶ。これは、「主権的特権が多数の主体の間で契約に

---

(109) REMOND R., *Introduction à l'histoire de notre temps : I. l'Ancien Régime et la Révolution 1750-1815*, Coll. Points, Seuil, Paris, 1974, p.66.

(110) 都市生活に関して、「都市とブルジョアとの間には、ギルド集団が介在している。この集団がブルジョアを吸収し、その果たすべき役割をブルジョアに課す。ブルジョアはその従事する仕事と一体となっているので、一層自発的にその役割を果たすことになる。」「都市行政に参加するためには、法的な集団に所属しなくてはならない。政治生活は、経済生活と同様に、集団のものでしかない。すなわち、単独の個人は、どちらにも縁がないのである。」 PIRENNE H., *Les anciennes démocraties des Pays-Bas*, Paris, 1910, pp.199 et 214, DE LAGARDE G., *La naissance de l'esprit laïque au déclin du moyen âge, I : Bilan du XIIIe siècle*, E. Nauwelaerts, Louvain, 1956, p.120, note 48 より引用。

(111) ESCHMANN I.T., "Studies on the Notion of Society in St. Thomas Aquinas, I. St. Thomas and the Decretal of Innocent IV, Romana Ecclesia Ceterum", *Medieval Studies*, Vol.VIII, 1946, p.9.

よって分かち合われている状態にその基礎を置いている」。[112]この体制は何らかの計画によって構想された制度ではなく、むしろ、憲章の普及から生じた社会現象のようなものである。ジョルジュ・ドゥ・ラガルド Georges de Lagarde の言葉を借りるなら、身分とは、「自己の自由と特権を法的に承認された多数の集団もしくは社会状態」なのである。[113]彼によると、5世紀後にフランスで特権に反対して立ち上がることになる第三身分も、「それ自体、法的政治的には、特権によってのみ存在し得た」のである。[114]とはいえ、第三身分はひとつの均一な身分であったわけではない。というのは、第三身分も貴族身分と同じく、その権利と自由に応じて階層化された多様な身分を包含する集合名詞に過ぎないからである。

このように、当時の人間は、主に集団的権利体制の中に生きていたのであり、またそれゆえにこそ、「オーガニック身体」理念、すなわち、法または憲章によって表明される統治の意思が身体たる集団を支配するという考え方が広く行き渡ったのである。たとえば、トマス・アキナスは「個々のコミュニタス communitas は、何らかの法によって秩序づけられなくてはならない」という。[115]彼はさらに、以下のようにも述べている。

「人間は孤立していては生活に必要なものを得るのが十分ではないため、群衆の中で生きることがふさわしいので、群集のソシエタス societas は、それ自体が生活の必要に合致することによって、一層完全にならねばならない。ある種の生活充足、たとえば栄養摂取、子孫繁殖、その他この類の自然的行為に関わる生活の必要については、これを一家に住む一家族内で間に合

---

(112) DE LAGARDE G., op. cit, p.106.
(113) DE LAGARDE G., op. cit, p.112.
(114) DE LAGARDE G., op. cit, p.111.
(115) Omnis communitas aliqua lege ordinatur. 4. *Sent.*, 27, I, 1, sol. 3, ESCHMANN I.T., ibid., p.8, note 26 より引用。

第1部 「オーガニック身体」

わせることができよう。しかし、完全なコミュニタスである国家 perfecta communitas, civitas なら、生活に必要なすべてのものを間に合わせることができよう。」[116]

ダンテも同様のことを述べている。

「法は共通な利益のために互いに縛らなくてはならなぬからである。よってセネカもその『四種の徳についての書』[117]の中で法に関して、『法は人間社会の束縛である』と言っている。」[118]

語り (logos) が存在を規定すると考えられていた時代である。法律家が「法 (lex) という言葉は、まとめる (ligare) という言葉に由来する」と信じていたのであるから、「人間集団は法によって創造される」という考え方にはなおさら説得力があった。[119]この語

---

[116] THOMAS D'AQUIN, *Du Royaume : De Regno*, Livre premier, Chap.premier, op. cit., pp.33-34. トマス・アキナス「キプルス国王に上がり『君主の統治』を論ずるの書」第2編第3章、上田辰之助『聖トマス経済学』みすず書房 1991年、237-238頁。

[117] 『四種の徳』は従来セネカ著とされていたが、6世紀のデュミアン修道院長、後のブラッカリア司教マルティヌス Martinus de Braga のもので、正式には『誠実な生活の規範、あるいは四枢要徳論』(Formula honestae vitae sive de quatuor virtutibus cardinalibus) 。なお、四徳とは、正義 justice、賢慮 prudence、節度 tempérance、剛毅 force。以下参照、DANTE, op. cit, traduction et commentaires par André Pézard, p.674, note 3. ハンス・ケルゼン『ダンテの国家論』木鐸社、1977年、122頁、注12。

[118] DANTE, op. cit, Livre second, V, 3, p.674. ダンテ「帝政論」『世界思想全集哲学・文芸思想編4』河出書房、1961年、81頁。 VON GIERKE O., *Les théories politiques du moyen âge*, Recueil Sirey, Paris, 1914, p.133, note 63. オットー・ギールケ『中世の政治理論』ミネルヴァ書房、1985年、170頁、注63参照。

[119] 「そもそも法 lex という言葉は拘束する ligare という言葉からきているが、それというのも法は何ごとかをなすように拘束する obligare からである。」THOMAS D'AQUIN, *Somme théologique*, Ia, II ae, q. 90 a. 1, rép., Éditions du Cerf, Paris, 1984, Tome 2, p.570. トマス・アクィナス『神学大全13』創文社、1993年、3頁。「lex の語源について、聖トマスは、当時の法学者の一般的意見にしたがったのだが、今日では、lex の起源は、置く poser、定める établir を意味するインド・ヨーロッパ語の語根 lagh にあるとされる。」Note de J.-M. AUBERT dans THOMAS D'AQUIN, op. cit.

第1章　レスプブリカのメタフィジック身体

源的説明が、特にイギリスの歴史において、たいへんな威力を発揮するのを、我々は後に見ることになる。

　世俗権力の台頭によって、「オーガニック身体」を表す用語自体も世俗化されて行く。エンゲルベルト・デ・フォルケルスドルフ Engelbert de Volkersdorf（1250-1311）は、個人の「自然身体（corps naturale）」という言葉に対して、「道徳的政治的身体（corpus morale et politicum）」という言葉を対峙した。[120] また、「神秘的身体」という言葉自体、「もともとは非常に複雑な意味を持った典礼上の用語であったもの」が世俗化することによって、「格下げし陳腐に」なる。[121] 歴史家エルンスト・カントーロヴィチの言葉を借りると、「後期中世の法学者アントニウス・デ・ロセリス Antonius de Rosellis（1386-1466）は、［…］、人間社会に見られる五つの〈神秘的身体corpora mystica〉を枚挙し、村、都市、地方、王国、全世界の五つをそれぞれ〈神秘的身体 corpus mysticum〉と見なしていた」。[122] 人民もまた「神秘的身体」と見なされていたのである。とはいえ、人民は個人から成るものではなく、上から「知性によって」、「神秘的身体」として措定されるものなのである。この「知性によって」という言葉は、我々にあの「ヌース Nous」を思い起こさせる。つまり、これもアリストテレス的思考の伝統を受け継いだものなのである。

（120）　ENGELBERT DE VOLKERSDORF, *De regimine principum*, III c.19
　　　　VON GIERKE O., op. cit., p.140, note 75. オットー・ギールケ『中世の政治理論』ミネルヴァ書房、1985年、173頁、注75より引用。
（121）　KANTOROWICZ E., *Les deux corps du roi*, op. cit., p.157. エルンスト・カントーロヴィチ、前掲、218頁。
（122）　「確かに、自然的身体におけると同様に、多くの神秘的身体においても、［単一者の支配が最良の統治形態である］……また、同じことは、これ以外の統合された人々の神秘的身体についてもあてはまる。なぜならば、これらは一人の者により支配されるときに、より良いものとなるからである。アリストテレスによれば、コムニタスには5つのものがある。」ANTONIUS DE ROSELLIS, *Monarchia sive Tractatus de potestate imperatoris et papae*. II, c.6, éd Goldast, Francfort, 1668, I, p.312 をカントーロヴィチが言い直したもの。KANTOROWICZ E., *Les deux corps du roi*, op. cit., p.157. エルンスト・カントーロヴィチ、前掲、595頁。

第1部　「オーガニック身体」

たとえば、「14世紀の偉大なイタリアの法学者で法的権威であった」[123]バルドゥス・デ・ウバルディス Balde de Ubaldis（1327-1400）は言う。

> 「人民とは、集団として把握される複数の人間である。さらに、人民これは適切に言うと、人々ではなく、ある抽象的存在として想定された単一の神秘的身体の中に結合された人々の一集団なのであり、知性によってのみ把握される。」[124]

あらゆる人間の意思が、神に同化した語り手によって予め決められているのであるから、「同意」とか「契約」とかいった人間の意思行為は、統治の正当化としての意味しか持ち得ない。実際、この時代では、語り手が慣習の中に人民の意思を読みこむことは、当然のことであった。たとえば、「慣習による黙示の同意」という中世の法概念は、「ローマ法のある格言を古くから一貫して繰り返し解釈してきたものに基づいている」。[125]ローマ法は言う。

> 「古くなった慣習が法律と同様に保護されることは不当ではない。」[126]

トマス・アキナスもこの伝統的考え方（これは後に国際法の法源の一つとなる）を以下のように説明する。

> 「慣習を形成するにいたるほどきわめて数多く重ねられた行為

---

(123) フランス語版では『15世紀』となっているが、原文である英語版、および、邦訳では『14世紀』である。KANTOROWICZ E., *The King's Two Bodies : A Study in Medieval Political Theology*, Princeton University Press, Princeton, 1957, p.10. KANTOROWICZ E., *Les deux corps du roi*, op. cit., pp.23-24. エルンスト・カントーロヴィチ、前掲、28頁。

(124) BALDE, sur C.7,53,5, n.11, f°73 v°, Olivier LOYER, L'Anglicanisme de Richard Hooker, thèse présentée à l'Université de Paris III, Atelier de reproduction des thèses Université de Lille III, 1979, Tome 1, p.294. KANTOROWICZ E., Les deux corps du roi, op. cit., pp.157 et 221. エルンスト・カントーロヴィチ、前掲、218、302頁参照。

(125) LOYER O., op. cit., Tome 1, p.287.

(126) Inveterata consuetudo pro lege non immerito custoditur.（Dig. 1.3.32）Corpus Iuris Civilis, Volumen Primum, Intitutiones, Digesta, Weidmann, Hildesheim, 1988, p.34. Code Théodosien, 5.20.1 参照。

によっても、法が改変され、また解明されることがありうるのであり、さらにまた法としての効力を有するような何らかのものが生ぜしめられることもありうるのである。つまり、こうしたことは、数多く重ねられた外的行為によって、内的な意思の働き *interior voluntatis motus* や理性の思考 *conceptus rationis* が最も有効に言いあらわされるかぎりにおいて可能なのである。それというのも、ある行為が数多く重ねられると、その行為は理性の熟考を経た判断 *deliberatum rationis judicium* から出てくるもののように思われるからである。このような理由からして、慣習は法たるの力を有し、法を廃止し、かつ法の解釈者 *interpretatrix* なのである。」[127]

たとえ、語り手が「社会契約」について語ったとしても、たとえば、アェネァス・シルヴィウス Aeneas Sylvius（1405-1464、1458年より教皇ピウス2世）のように、「野生のまま森林を放浪していた人間たちによる国家社会 *societas civilis* の創設と更には［…］社会契約の侵犯の開始の結果としての王権 *regia potestas* の制定について」[128]語ったとしても、契約制定の意思は当事者と全く関わりなく、語り手が想定しているに過ぎないのである。

人民代表という考え方も同様である。たとえば、法学者の文献の中に、「人民を代表する参事会議員」、「人民の助言者であり、人民を代表する人々」という表現が見出されることがある。[129] しかし、

---

(127) THOMAS D'AQUIN, Somme théologique, Ia, IIae, q.97, a.3, rép., Éditions du Cerf, Paris, 1984, Tome 2, p.612. トマス・アクィナス『神学大全第13』創文社、1993年、132-133頁。

(128) AENEA SYLVIUS, ibid., c.2, VON GIERKE O., op. cit., p.258, note.306. オットー・ギールケ、前掲、248頁、注306. なおこの引用部分は、アェネァス・シルヴィウスの言葉を、後にギールケが言い直したもの。

(129) 「このような意味で『代表 *repræsentare*』という言葉を最初に用いたと思われるのは、13世紀末の法律家たちである。たとえば、(13世紀末の) ヤコブス・デ・アレナ Jacobus de Arena は、彼の『*Commentarii in universum jus civile*』の中で、『人民を代表する都市参事会議員 *decuriones qui populum repræsentant*』

第1部 「オーガニック身体」

集団の意思を判断するのは統治者であって、被統治者ではない。歴史家ジョルジュ・ドゥ・ラガルド Georges de Lagarde は、以下のように説明する。

> 「この機関が集団的人格という具体的な主体となる。これがあらゆる権利を行使することになるのであり、これのみがその意思を表明する。この機関が少数のブルジョアによって任命されたものに過ぎないということも、特権的な団体のある貴族階級から発したものであっても問題はなかった。中世において、代表という概念が、人民による選任という概念と結びつくことは決してなかったのである。社会についての反個人主義的もしくは団体主義的な考え方ゆえに、市民全体による選任のもとに『代表』を置くなどということは考えられないことであった。市民が都市をつくるのではなく、その反対に、都市が市民をつくっていたのである。」[130]

人民の意思を判断するのは、個々の集団の支配者なのである。歴史家E．ルウス E. Lousse も言う。

> 「個人それ自体は、ほとんどなきに等しいものである。個人はその富と力を集団から引き出すのであり、集団の法人格性の方が個人より勝っているのである。」[131]

このように、身体のイメージにたとえて語られる人間集団の概念にせよ、それにつらなる「同意」、「契約」、「代表」などの概念も支配の合理化のための説明 logos に他ならないのである。ローマ帝国の崩壊後、カトリック教会が、「オーガニック身体」理念を引き継ぎ発展させることによって、その世界統治のビジョンを正当化して

と書いている。また、アルベール・デ・ガンディノ Albert de Gandino は、『人民審議会に属し、人民を代表する者たち homines qui sunt de consilio populi, qui ræpresentant populum』と書いている。」DE LAGARDE G., op. cit, p.153, note 44.

(130) DE LAGARDE G., op. cit., p.153.

(131) LOUSSE E., La Société d'ancien Régime, Louvain, 1952, p.126, DE LAGARDE G., ibid., p.120, note 46 より引用。

第1章　レスプブリカのメタフィジック身体

きた。世俗権力は、その勢力の増大にともなって、「オーガニック身体」理念を自己の利益のために利用するようになる。既にダンテがその一歩を踏み出していたことは先に見たとおりである。貨幣経済に基礎を置く世俗王政は、土地ではなく貨幣で報酬を与えることにより、富と権力を自己の下に集中化する。一方、「所領からの収入で暮らしていて、通貨価値の下落に応じてその収入を増やすことのできない貴族は没落する」(132)。さらに、国王は貨幣による徴税を押しつけてくる。なるほど、中世初期の慣習においても、国王が「封建的援助」として、金銭を要求することはあった。それは、3つの場合である。一番目は国王が戦争で捕虜になった場合の身代金。二番目は、国王の息子の騎士叙任式。三番目は、国王の娘の持参金である。(133)しかし、14世紀になると、これに4番目の「封建的援助」が、王国防衛のための「緊急事態（*casus necessitatis*）」という名目で、課されるようになる。貨幣が比較的少ない時代において、このような課税は住民の生活を圧迫する。歴史家ノルベルト・エリアス Norbert Elias は、以下のように説明する。

　「王たちが要求する貨幣貢租は、比較的貨幣の少ない社会においては高度に商業化した社会における租税とは別の意味を持っていた。誰も貨幣貢租を永続的な制度とは考えていない。市場取引も物価水準全体も決してそれを標準としているのではない。それはいわば晴天の霹靂のごとく、異常なこと、予期せざることとして現われ、したがって多数の人々の生活を破滅させる。［…］だからこそ、そのような金銭の要求は、この社会においては、掠奪やゆすりと同じように受け取られるのである。」(134)

---

(132)　ELIAS N., La dynamique de l'Occident, Calmann-Lévy, 1975, p.133. ノルベルト・エリアス『文明化の過程(下)』法政大学出版局、1994年、279頁。

(133)　ELIAS N., op. cit, p.152. エリアス前掲、300頁。KANTOROWICZ E., Les deux corps du roi, op. cit., p.208. エルンスト・カントーロヴィチ、前掲、286頁。

(134)　ELIAS N., La dynamique de l'Occident, ibid., pp.151 et 152. ノルベルト・エリアス、前掲、299-300頁。

第1部 「オーガニック身体」

　実際、1188年、十字軍遠征のためにフィリップ尊厳王 Philippe Auguste が課した「ザーラディンの十分の一税」をはじめとする一連の税は暴動を引き起こした。翌年、この国王は課税の廃止を厳粛に宣言する。

> 「余および余の後継者が同じ誤りを犯さないために、国王の威信と王国のすべての教会及び諸侯の威信にかけて、余はこの呪うべき厚顔な行為を禁止する。もし何者かが、それが王にしろその他の誰にしろ、《無謀極まる厚顔無恥》再びこのような暴挙に出る場合には、かれの計画に賛同しないことを余は望む。」[135]

　このようにして、「中世初期にあっては、公の課税は常に例外的で、その場限りのものであった。租税は、一定期間の経過後にではなく、一定の出来事が起こるたびに人々に義務づけられたからである」。[136] しかし、この後、「緊急事態」が引き延ばされ、「やがては、出来事にではなく時間に依拠した毎年の永続的な租税に門戸を開くに至った」。[137] 神聖ローマ帝国のフリードリッヒ2世 Frédéric II de l'Empire romain、フランスのフィリップ美男王 Philippe le Bel なども同じ道を歩み、毎年課税するようになった。そしてついに、14世紀初頭の法律家オルドラドゥス・デ・ポンテ Oldradus de Ponte （1335年没）が、こう述べるまでになったのである。

> 「たとえ軍隊が毎年召集されなくても、万が一軍隊が召集されたときに、兵士たちに支払う給料が国庫に貯えられているよう準備しておくのが得策である。…というのも、軍隊の目的は公共善にあるからである。」[138]

---

[135] VUITRY, Études sur le Régime financier de la France, Paris, 1878, p.392 et ss.、ELIAS N., ibid., p.150、ノルベルト・エリアス前掲、298頁より引用。

[136] KANTOROWICZ E., Les deux corps du roi, op. cit., p.208. エルンスト・カントーロヴィチ、前掲、286頁。

[137] Ibid.

[138] OLDRADUS DE PONTE, Consilia, 98（Venise, 1621）, f°39, notes 1 et 3, KAN-

以上のような国王権力の集権化過程において、議会が国王によって召集されるようになる。議会は、聖職者、貴族、平民といった3つの主要な身分から構成される。かつて、各身分はそれぞれ憲章のまわりに結集し、国王権力に対抗した。国王権力が諸身分の権利と自由を侵害して行くにつれて、諸身分が国王に対して自分たちの利益を主張できる合法的手段はもはや議会しか残されていない。中央権力はその他の身分を食いつぶしてますます強大化する。そして、ついには、国王という唯一の「身分 estat」が、そのまま「国家 Etat」と呼ばれるようになる。「国家 Etat」という言葉は、このような「諸身分 estats」を国王が独占してゆく過程の中で現れる。[(139)] 今や、この「国家 Etat」がキヴィタス civitas やレスプブリカ respublica、イギリスではコモンウェルス commonwealth という言葉を使って、人間の身体をモデルにした統治の説明様式を語りだす。

中央集権化の動きとこれに対抗する動きとの間の相互作用の中から、人間集団の新たな概念が生まれてくる。イギリス、フランス、ドイツの順番に、そうした新しい概念が生まれてくる状況を検討しよう。

第2節　イギリス：被支配者がつくるメタフィジック身体

イギリスの歴史を特徴づけるのは、貴族身分の形成である。既に述べたように、大陸においては、貴族身分の成立は、まず何よりも君主と臣下の間の誠実忠誠の宣誓という法的行為として存在した（少なくとも法的側面が強調された）。つまり、君主は臣下によるこの

TOROWICZ E., *Les deux corps du roi*, op. cit., pp.211-212. エルンスト・カントーロヴィチ、前掲、290頁より引用。

(139)　「国家 Etat」という言葉のもう一つ別の語源である status については、KANTOROWICZ E., *Les deux corps du roi*, op. cit., pp.479-480, note 235. エルンスト・カントーロヴィチ、前掲、624頁、注235参照。

第1部　「オーガニック身体」

宣誓の見返りに、臣下に土地を与えたのである。ところがイギリスにおいてこの図式は「領主所領の所有者，戦士もしくはその隊長，国王の役人ならびに宮廷にあって恒常的に州会を代表する州騎士」[1]といった一部の貴族にしかてはまらない。その他の貴族については、貴族の第一指標としての騎士戦士であることは、武器と馬を自弁するに十分な資力を持った土地所有者に課されたのである。実際、ラテン語の esta という言葉は、大陸においては身分を表す言葉になるのに対し、英語の派生語としてのエステイト（estate）という言葉は、法的地位より前に、土地財産を意味するのである。マルク・ブロックによると、「イングランドの国土の上では，単なる自由人 freeman も、法律上は高貴な生まれの者とほとんど異なるところがない。とはいえ、自由人自体が，寡頭的支配層なのである」。[2]大陸において、国王宮廷会議が議会として、聖職者、貴族、平民という3身分に分割するのに対し、イギリスではそれに相当するものがプランタジネット朝後期に、貴族院と庶民院という2院に分割するのも、このようなイギリス貴族成立の特徴ゆえである。[3]貴族院は大バロン（barones majores）、庶民院は小バロン（barones minores）が占めることになる。後者の庶民院においては、大領主でさえもブルジョアと同席することになったのである。それゆえ、イギリス貴族はその範囲が大変不明確なものとなり、その結果、勃興しつつあった他の身分にも一層開かれる傾向があった。そのため、国王権力への対抗を組織することがより容易になったのである。確かに、拡大しつつある国王権力は、諸「身分」が自分たちの利害を

---

(1)　BLOCH M., *La société féodale : les classes et le gouvernement des hommes*, Albin Michel, Paris, 1949, pp.75-76. マルク・ブロック『封建社会』堀米庸三監訳、1996年、岩波書店、410頁。

(2)　BLOCH M., ibid., p.75. マルク・ブロック、前掲、410頁。

(3)　エドワード1世 Edward I の下での、バロンとブルジョアとの間の分裂の危機については、MAITLAND F.W., *The Constitutional History of England*, Cambridge University Press, Cambridge, 1961, pp.75 et 78 参照。

表現する機会を議会の中に封じ込めてゆくのだが、これに対して、諸「身分」は、議会を団結の場としつつ、自らを人民 people と称しながら、国王権力に対抗してゆく。この動きの中で議会側は、自分たちの利害に適した「オーガニック身体」を提示するようになる。つまり、国王という頭に支配される身体ではなく、国王という頭を含めた身体として、人民を位置づける。このようにして、身体の構成部分はすべて同等であることを主張し、国王の権威的性格を抑制することを目指すのである。[4]

A. 神の精神が息を吹き込む身体

(1) フォーテスキュー：コーポレーション理論

「ランカスター朝時代で最も偉大なイギリスの法律家である」[5] ジョン・フォーテスキュー John Fortescue は、1421 年議会に選出され、1442 年から 1461 年まで大法官をつとめた。彼は 1468 年から 1471 年にかけて『イングランド法の礼賛について De laudibus legum Angliae』を著し、これは 1545-6 年に出版された。その中で、彼は、アリストテレスの意味における『ポリス政』によって統治さ

---

(4) イギリスの貴族構成と大陸諸国の貴族構成の違いに由来する社会認識の違いは大変大きいものであり、そのため、イギリスの歴史家トレヴェリアンによると、「バークの時代のイギリス人は、フランス革命とはいったい何なのか理解することができなかった」。TREVELYAN G.M., *A Shortened History of England*, Penguin Books, London, 1987, p.156. トレヴェリアン『イギリス史1』大野真弓監訳、みすず書房、1992 年、188 頁。実際、イギリス貴族は土地所有者であることに由来するのに対して、大陸の貴族は誠実宣誓に由来する権利に由来していたので、フランス革命において貴族の権利すなわち特権が問題になった時、イギリス貴族のエドモンド・バークは、これを「古来の貴族的土地所有階級と新たな貨幣所有階級との間の」対立に、後者の側に「政治的著述家達」が加わったものととらえたのである。BURKE E., *Reflections on the Revolution in France*, Penguin Books, Middlesex, 1987, p.211. エドマンド・バーク『フランス革命の省察』みすず書房、1989 年、139 頁。

(5) KANTOROWICZ E., *Les deux corps du roi*, op. cit., p.165. エルンスト・カントーロヴィチ、前掲、p.228.

第1部　「オーガニック身体」

れる王国と、『王政』のみによって統治される王国を対比する。後者の例として、フランスを挙げる。⁽⁶⁾フォーテスキューによると、イギリスは、人民に基礎を置く『ポリス政支配と王政支配 *dominium politicum et regale*』の混合統治という。⁽⁷⁾

　フォーテスキューの説明のしかたを見てみよう。伝統的説明様式に従って、神の意思がまず前提される。その意思の表現が法である。

　「かくして私は、申命記の法のみならずあらゆる人法もまた神聖であること、ここから法がつぎのような言葉で定義されることを、あなたが知るよう望みます。すなわち、法とは正しきことを命じその反対のことを禁じる聖なる掟であると。⁽⁸⁾まことに神聖であると定義されるものは神聖であらねばならないのであります。［…］人間によって公布されたすべての法は神によって命じられたものです。なぜなら、［…］使徒［パウロ］が、すべての権能は主なる神に由来する⁽⁹⁾と述べているゆえに、神からそのために権能を与えられている人間によって作られた法は、人間によって作られてもなお神によって定められているからであります。」⁽¹⁰⁾

　聖アウグスチヌスの言葉「人民とは、法の同意と利益の共通性に

（6）　FORTESCUE J., *De Laudibus Legum Angliae*, Chap.XXXV, Cambridge Universtity Press, Cambridge, 1942, p.81. ジョン・フォーテスキュー『イングランド法の礼賛について』第35章「フランス王国における王権のみによる統治から生じる害悪」、北野かほる、小山貞夫、直江眞一共訳、法学（東北大学）、1989年、53巻、596頁。

（7）　FORTESCUE J., ibid., Chap.XXXVI, p.87. ジョン・フォーテスキュー前掲、第36章、「イングランド王国におけるポリス政と王政による統治から生じる善きこと」、53巻、599頁。

（8）　『法学提要』1.2.3. (*Glossa* sur *Institutes*, I,2,3.) へのアックルシウス Accursius による注釈。　FORTESCUE J., ibid., p.147. ジョン・フォーテスキュー前掲、53巻、416頁参照。

（9）　新約聖書、ローマ人への手紙、第13章、第1節。

（10）　FORTESCUE J., op. cit., Chap.III, pp.7 et 9. ジョン・フォーテスキュー前掲、53巻、415-416頁。

第1章　レスプブリカのメタフィジック身体

基づいて結ばれた人間の集合体である」(11)を引用した後、フォーテスキューは法によって人民が形成されることを主張する。

> 「法によって人間集団が人民となるのだが、その法は人間の肉体における神経の作用を果たします。なぜなら、身体の結合が神経によってまとめられるように、まとめるという言葉であるリガンド ligando に由来する法 legem によって、このような神秘的身体がひとつにまとめられているからであり、また、この共同体を維持する真実の堅個さを示すこの身体の手足あるいは骨は、自然の身体が神経によってそうするのと同様に、法によって固有の権利を保持するからであります。」(12)

既に見たように、法学者は「法・法律 lex」という言葉の語源を「まとめる（*ligare*）」という動詞の中に見いだしていた。フォーテスキューもこれに依拠して人民の地位を高めようとする。とはいえ、この人民は未だ身体とはなっていない。なぜなら、頭つまり国王を欠いているからである。

> 「政治的身体についても、頭なき共同体は決して身体とはならない。それゆえ、アリストテレスは、『政治学』第1巻［第5章第3節］において、多からひとつの身体が構成される場合はつねに、ある者が支配し、他の者が支配されると述べています。よって、自らを王国あるいは何らかの政治的身体へと高めようとす人民は、つねにその身体全体を統治するひとりの人間を長としなければならない。この者を［上述の］王国での例にならって、支配するということば *regendo* から、国王 *regem* とよぶのが常であります。」(13)

---

(11)　AUGUSTIN, *La Cité de Dieu*, Livre XIX, § XXIII. アウグスチヌス「神の国」『アウグスティヌス著作集15』教文館、1983年、88-89頁。
(12)　FORTESCUE J., op. cit., Chap.XIII, p.31. ジョン・フォーテスキュー、前掲、53巻、431頁。
(13)　FORTESCUE J., op. cit., Chap.XIII, p.31. ジョン・フォーテスキュー、前掲、53巻、430頁。

第 1 部 「オーガニック身体」

そして、フォーテスキューは以下のように主張するのである。

「人民から生まれた王国は、[…] 神秘的身体として存在し、頭としてのひとりの人間によって統治される。」[14]

この政治的身体においては、「人民の意思が命の源」[15]であるから、「自然の肉体の頭がその神経を取り換えることも […] できないように、政治的身体の頭である国王は、その政治的身体の法を変えることはできない」。[16]

当時、国王の神秘的身体を構成するすべてのものの同等な性格を主張したのは、フォーテスキューだけではなかった。「1430 年の議会開催に際して、オックスフォードの法学博士で神学教授であったリンドウッドのウィリアム師 William Lyndwood は——彼は後にセント・デイヴィズ司教となり、『カンタベリー教区教令集』の著者として有名になった——説教の後で慣例的な基調演説を行った。このなかで彼は、王国のオーガニックな統一性につき説明し、これを身体と手足の統一性にたとえ、さらに王国における意思の合致と相互的愛を顧慮すると、この王国が〈神秘的身体 corpus mysticum〉にもたとえらえる旨を述べている。」[17]また、1483 年の議会開会演説において、リンカン司教でイングランドの大法官であったジョン・ラッセル John Russell は、イングランドの政体を 3 つの〈身分〉から成り国王を頭とする身体として説明する中で、新訳聖書「コリント人への第一の手紙」第 12 章 12 節[18]に依拠して、「人民という集合体の神秘的ないし政治的身体においても同様である」と主張した。

---

(14) Ibid.
(15) FORTESCUE J., op. cit., Chap.XIII, p.31. ジョン・フォーテスキュー、前掲、53 巻、431 頁。
(16) Ibid.
(17) KANTOROWICZ E., Les deux corps du roi, op. cit., p.166. エルンスト・カントーロヴィチ、前掲、230 頁。
(18) 「ですから、ちょうど、からだが一つでも、それに多くの部分があり、からだの部分はたとえ多くあっても、その全部が一つのからだであるように、キリストもそれと同様です。」

(19) 1522年には、主席裁判官フィニュー Fineux は、「王と領主と平民から成る議会は一つのコーポレーション corporation」(20) であり、「コーポレーションは、頭と身体が合わさったものであり、頭だけあるいは身体だけでコーポレーションなのではない」。(21) かつて、身体とは、支配被支配関係の被支配部分を象徴するものであった。支配部分は当然魂もしくは頭によって象徴されていた。ところが、イングランド議会はこの支配被支配関係の意味あいを否定し、むしろ、平等関係を強調するために身体のもう一つの意味を強調する。つまり、頭に対立する意味での身体ではなく、頭を含む意味での身体である。これを彼らは「コーポレーション」とよぶ。こうして、議員達は国王の権威主義的身体論に対抗して、その権威性を弱めるべく「コーポレーション」の考え方を主張するのである。このコーポレーション理論は、「国王の議会の中の国王」というイングランドの政治的格言が示すように、国王を議会メンバーの一員として位置づけすることを具体的な目的としているのだが、本研究においては、混乱を避けるため、「議会」という言葉は国王とは別個のかつ国王と対立する意味で用いることにする。

　なるほど、イングランドにおける「オーガニック身体」理念に依拠した同等要求は、国王権力に対する議会側の団結の表れであることは確かなのだが、議会内部の団結が常に保たれたわけではない。ましてや、貴族のつとめは戦である。とりわけ、バラ戦争（1455-1485）では、ランカスター家（赤バラ）とヨーク家（白バラ）というふたつの王家の間で王位をめぐる争いが起こり、貴族はこれらふ

---

(19) CHRIMES S.B., *English Constitutional Ideas in the Fifteenth Century*, Cambridge, 1936, p.180, KANTOROWICZ E., *Les deux corps du roi*, op. cit., p.166. エルンスト・カントーロヴィチ、前掲、230頁より引用。

(20) KANTOROWICZ E., *Les deux corps du roi*, op. cit., p.168. エルンスト・カントーロヴィチ、前掲、233頁。

(21) KANTOROWICZ E., *Les deux corps du roi*, op. cit., p.262. エルンスト・カントーロヴィチ、前掲、355頁。

第1部 「オーガニック身体」

たつの陣営に分かれて、お互いに殺し合った。歴史家ジョージ・マコーリ・トレヴェリアン George Macaulay Trevelyan の言葉を借りれば、「バラ戦争は貴族が自分自身の身体に施した血生臭い手術だった」[22]のである。結局、この戦争は、チューダー朝の絶対王政をお迎えする赤い絨毯を敷くことになった。そして遂に、ヘンリー7世 Henry VII 治下の議会勢力は、トレヴェリアンが以下のように評することになるほど、衰退してしまうのである。

> 「イングランド史が独自の道を歩む代わりにヨーロッパ史の一分枝たるにとどまったなら、イングランド議会の衰退が継続し、ついにそれはフランスやスペインの中世の身分制議会のあとをおって忘れられてしまったであろう。」[23]

ところが、宗教改革によって議会は、再びその地位を向上する。というのは、ヘンリー8世 Henry VIII が、「自分の宗教改革、国王による宗教改革」[24]を成し遂げるための手段として、議会を利用するのである。ことの発端は、アラゴンのカトリーヌ Catherine d'Aragon との結婚解消問題にあった。彼女はもともとヘンリー8世の長兄アーサー Arthur の妻であった。アーサーの死後、ヘンリーは、外交的利害から、カトリーヌと結婚する。この結婚のため、ヘンリーは、法王ユリウス2世 Julius II から特免を得る。その後、メアリー Mary のみを残して4人の子供の死に落胆し、さらに、アン・ボーリン Anne Boleyn を愛するようになったことから、ヘンリーは、法王クレメンス7世 Clemens VII に、特免の撤回を求める。ところが、時の神聖ローマ皇帝カール5世 Karl V は、カトリーヌの甥であった。かつてイタリアの君主であった法王クレメンス7世は、ヘンリーの願いを聞き入れる訳にはいかなかった。「事実上のイタリアの支配

---

(22) TREVELYAN G.M., op. cit., p.199. トレヴェリアン『イギリス史2』大野真弓監訳、みすず書房、1992年、254頁。
(23) TREVELYAN G.M., op. cit., p.223. トレヴェリアン前掲35-36頁。
(24) TREVELYAN G.M., op. cit., p.223. トレヴェリアン前掲35頁。

第 1 章　レスプブリカのメタフィジック身体

者の気に障る」(25)ことはできなかったからである。こうして、外国勢力への依存状態に飽き飽きしたヘンリーは、議会によって、一連の法律を通過させ、ローマとの断絶、修道院の没収、教会に対する国家の優位を確立してゆく。その見返りとして、議会には、没収した土地と財産を与えたのである。

　一方の議会は、没収した土地を自分たちのエンクロージャー（囲い込み地）に取り込んでゆく。(26)すでに 14 世紀の末頃から、領主は借地農家を追い出して、耕された土地を生け垣で囲み、放牧地に替えてしまう。こうして、イギリス貴族は、毛織物の経営者となることによって、貨幣経済に適合してゆく。当初、羊毛はフランドルに輸出されていたが、エドワード 3 世 Edward III は、百年戦争で難民となったフランドルの毛織物職人をイギリスに招いて、この産業を取り入れる。この戦争難民に加えて、さらに、チューダー朝の下では、フランドルやフランスから逃れてきたユグノー難民が加わる。16 世紀、囲い込みの進展によって、人々の経済社会生活に一連の重大な結果が引き起こされる。すなわち、土地使用料の高騰、人々の逃亡、農産物の欠乏、物価の高騰、貧困と都市への人口流入である。(27)この時代の生き証人であるビーコン Becon は、囲い込み経営者を非難して、「彼らは人殺し以外の何者であろうか」と叫んだ。(28)トマス・モア Thomas More も、彼の著書『ユートピア Utopia (1516)』の中で、当時の状況を以下のように描写している。

　「この王国で特に良質の、したがってより高価な羊毛ができる

---

(25)　TREVELYAN G.M., op. cit., p.221. トレヴェリアン前掲 33 頁。
(26)　GAIRDNER J., *The English Church in the Sixteenth Century from the Accession of Henry VIII to the Death of Mary*, Macmilan, London, 1904, p.267.
(27)　この危機を回避するための政府措置については、TAWNEY R.H., *The Agrarian Problem in the Sixteenth Century*, Burt Franklin, New York, 1912, 特に pp.377 et ss. 参照。
(28)　BECON, *Works*, 1564, Vol. ii. fols. xvi., xvii, TAWNEY R.H., ibid., p.7, note 1 より引用。

第 1 部　「オーガニック身体」

> 地方ではどこでも，貴族、ジェントルマン、そしてこれ（怠惰とぜいたく）以外の点では聖人であらせられる何人かの修道院長さえもが、彼らの先代当時の土地収益や年収入だけでは満足せず、また公共のためになることをなんにもせずに怠惰でぜいたくな生活を送っているだけでも満足しなくなっており、かえって公共の害になるようなことをしています。つまり耕作地を一坪も残さずにすべてを牧草地として囲い込み，住家をとりこわし，町を破壊し，羊小屋にする教会だけしか残しません、さらに、大庭園や猟場をつくるだけでは土地をまだ占領し足りなかったかのように、こういう偉い方々はすべての宅地と耕地を荒野にしてしまいます。」[29]

織物産業の発達は、商業の発達と歩をともにする。商業は国王の統制すなわち保護の下で拡大する。これは、イギリス国内のみならず、インド、北米の植民地にも広がる。このように、国王と議会は、同じ利害を共有しつつ、互いに権力闘争を繰り返してゆく。

以上のプロセスにおいて、国王は確かに議会の協力を利用したが、その「オーガニック身体」理念は、あいかわらず権威的であった。つまり、頭への身体の服従を強調していたのである。1533 年、「上訴の制限に関する制定法」の前文において、ヘンリー 8 世は、イギリスにおける王の「身分 estat」が帝国であることを宣言する。

> 「1 人の崇高なる頭、すなわち王により統治されており、この王は、前述と同じ帝位の威厳と王位 [*royal estate*] を保持している。そして、呼称で区別され、聖と俗の名称で区別された、あらゆる種類、あらゆる階級の人々の集合体たる政治的身体は、この王に結びつけられているのである。」[30]

ローマ皇帝と法王がみずからを頭として、それぞれ、元老院と枢

---

(29) MORE T., *L'Utopie ou Le traité de la meilleure forme de gouvernement*, Livre Premier, Paris, 1987, pp.99-100. トマス・モア、二宮敬訳「ユートピア」『世界の名著エラスムス，トマス・モア 17』中央公論社、1969 年、367 頁。

第 1 章 レスプブリカのメタフィジック身体

機卿を自己の身体とみなしていたように、イギリスの国王にとって議会は彼の手足なのである。1542 年、ヘンリー 8 世は、議員の不逮捕特権を認める際、庶民院において以下のように述べる。

> 「裁判官たちによって余が告げ知らされたところによれば、議会が開かれているときほど、余が余の国家［our estate royal］において高みに昇るときはなく、議会においては、頭としての余と手足としての汝らが、一つの政治的身体へと結合し、編みあわされるのである。」[31]

エリザベス女王 Queen Elizabeth の時代において、イギリス帝国はその政治経済的絶頂期を迎える。1566 年、ロンドン取引所が開設される。1588 年、ヘンリー 8 世が創設した海軍がスペイン無敵艦隊を打ち破り、海外支配を拡大する。1600 年、東インド会社が設立される。この時期のイギリスが、商業と製造業によって特徴づけられていたことを、アダム・スミス Adam Smith がおよそ 200 年後、次のように記述することになる。

> 「エリザベスの治世の当初から、イングランドの立法府は、商業や製造業の利益について格別の注意を払っていたのであって、実際のところ、全体として法律がこういう部類の産業を好遇しているという点では、ヨーロッパ中でこの国にまさるものは一国もなく，オランダでさえもその例外ではないのである。したがって、商業や製造業は、この全期間をつうじて不断に進歩してきた。」[32]

---

(30) *Statutes of the Realm*, III, 427 sq. KANTOROWICZ E., *Les deux corps du roi*, op. cit., p.169. エルンスト・カントーロヴィチ、前掲、233-234 頁より引用。

(31) GAIRDNET J. et BRONDIE R.H., *Letters and Papers, Foreign and Domestic of the reign of Henry VIII*, Norfolk Chronicle Company, London, Vol.XVII, 1900, p.IV, note 3 et p.107, n°221, KANTOROWICZ E., *Les deux corps du roi*, op. cit., p.169. エルンスト・カントーロヴィチ、前掲、233 頁より引用。TREVELYAN G.M., op. cit., p.223. トレヴェリアン『イギリス史 2』大野真弓監訳、みすず書房、1992 年、36 頁参照。

(32) SMITH A., *Recherche sur la nature et les causes de la richesse des nations*,

第 1 部　「オーガニック身体」

　つまり、重商主義によって発達したこの帝国は、それ自体がひとつの会社に他ならない。アダム・スミスは言う。

> 「あらゆる人は、交換することによって生活し、つまりある程度商人になり、また社会そのものも，適切にいえば一つの商業社会（commercial society）に成長するのである。」[33]

　商業の成功が潤したのは、国王だけではなかった。議会もまた勢力を盛り返し、コーポレーション理論の発展を促すことになる。コモンベンチ Common Bench に訴えられたウィリオン対バークリー事件（エリザベス女王治世 3 年目）において、サウスコート Southcote 裁判官は、頭と身体を含むコーポレーションを強調する。このことは、エリザベス女王治世下に集大成されたエドマンド・プラウデン Edmund Plowden の判例集に以下のように示されている。

> 「王は 2 つの能力を有している。というのも彼は 2 つの身体を有するからである。その 1 つは自然的身体であり、これは、他のあらゆる人間と同じように自然的な手足から成り、この点で、王は他の人間と同じように感情に動かされ、死に服するのである。他の一つは政治的身体であり、その手足は王の臣民たちである。そして、サウスコートが述べたように、王と臣民が一緒になってコーポレーションを構成するのであり、王は臣民と合体し、臣民は王と合体する。王は頭であり、臣民は手足である。そして王のみが臣民たちを統治する。」[34]

　セネカは、ローマ皇帝の権威を牽制するために、頭としてのローマ皇帝と身体としてのレスプブリカが相互に合体していることを強調していた。トマス・スミス Thomas Smith は、その著書『英国論

　　　Livre III, Chap.IV, Flammarion, Paris, 1991, Tome I, p.512. アダム・スミス『諸国民の富(2)』岩波書店、1995 年、494 頁。
(33)　SMITH A., ibid., Livre I. Chap.IV, Tome 1, p.92. アダム・スミス『諸国民の富(1)』岩波書店、1995 年、133 頁。
(34)　PLOWDEN E., *Commentaire or Reports*, 233a, Londres, 1816, *Les deux corps du roi*, op. cit., pp.25-26. エルンスト・カントーロヴィチ、前掲、30 頁より引用。

De Republica Anglorum（1583）』において、王国を代表する議会が、相互合体としてのコーポレーションであることを強調する。

> 「ローマの人民が、ケントゥリア民会もしくはトリブス民会においてなしえたことはすべて、同様にイングランドの議会によってなしうるのである。議会は頭と身体両方を含めた王国全体の権力を代表し保持している。なぜなら、すべてのイギリス人が、本人もしくは委任、代理によって、いかなる地位、身分、爵位、地位の者も、イギリスの君主（王であろうと女王であろうと）から最も身分の低い者まで、そこに出席しているとみなされるからである。よって、議会の同意は、すべての者の同意と見なされる。」(35)

(2) フッカー：コーポレーション理論の発展

「国王の宗教改革」による利益を享受した聖職者「身分（estat）」は、コーポレーションの概念を君主制に都合よく利用する。英国国教会のリチャード・フッカー Richard Hooker（1553-1599）は、その著書『教会政治の法について *Of the Laws of Ecclesiastical Polity*（1593-1662）』において、王の支配（dominion）を「その2種類の敵」(36)から擁護する。ひとつは、カトリック教会の「法王僭主制」(37)であり、その頭は言うまでもなく法王である。もうひとつは、カルヴィニズムの人民統治である。これは権力を牧師団体に託し、頭としてはイエス・キリストしか認めない。(38)フッカーの方法論も、

---

(35) SMITH T., *De Republica Anglorum*, A Scolar Press Facsimile, Menston, 1970, II, i, p. 35, Olivier LOYER, L'Anglicanisme de Richard Hooker, thèse présentée à l'Université de Paris III, Atelier de reproduction des thèses Université de Lille III, 1979, Tome 1, p.306 より引用。

(36) HOOKER R., "Ecclesiastical Polity", Book VIII, Chap.ii, 4, *The Works of That Learned and Judicious Divine, Mr. Richard Hooker*, Clarendon Press, Oxford, 1890, Vol.2, p.496.

(37) HOOKER R., ibid., Préface, Chap. ii, 4, Vol.1, p.94.

(38) HOOKER R., ibid., Preface, Chap.ii, 1, Vol.1, p.90.

第1部 「オーガニック身体」

やはりアリストテレスと同じである。アリストテレスを「第一の哲学者」[39]と呼ぶフッカーにとって、「キリストは神であり、キリストはロゴスである」[40]。語り手の意思が、よき自然として表現され、語り手の意思に反するものは、堕落した自然と表現される。

「我々が考察するのは、自然がどのようにして、堕落した自然をすら正しき自然に導くのに役立つ統治の法則を発見するのかということである。」[41]

一方において、法王の権威に対して、フッカーは、イギリス王国を人民として対置する。支配権限を持つのは、語り手が想定する群集全体である。

「第1に、私にとって疑いや議論がほどんどないと思われることは、個々の独立した群集 multitude は、何らかの統治形態が確立される以前に、神という最高の権威の下で、自己に対する十分な支配をもっているということである。」[42]

こうして、フッカーは、イギリス王国を人民による統治として定義する。つまり、群集が頭と身体を含んでいるコーポレーションなのである。

「人民の国家において、群集 multitude はそれ自体が身体であり頭である。」[43]

他方において、カルヴィニストが主張する人民による統治に対しては、フッカーは、国王を対抗させる。

「彼ら［カルヴィニスト］の国家統治形態は人民的であり、これは今日も続いている。彼らの上にある権威や権力は、国王のものでも貴族のものもでもなく、毎年人民が自分たちで選んだ

---

(39) HOOKER R., ibid., Book I, Chap.x, 4, Vol.1, p.187.
(40) HOOKER R., ibid., Book VIII, Chap.iv, 6, Vol.2, p.521.
(41) HOOKER R., ibid., Book I, Chap.x, 1, Vol.1, p.185.
(42) HOOKER R., ibid., Book VIII, Chap.ii, 5, Vol.2, p.496.
(43) HOOKER R., ibid., Book VIII. Chap.iv, 7, Vol.2, p.528.

第 1 章　レスプブリカのメタフィジック身体

役人が、人々の同意に基づいてすべてのことを命じるのである。」(44)

フッカーにとって、カルヴィニストの統治は、「奇妙で、不正で、不自然な独善に過ぎず、不安をかき立てるために反乱扇動者によって広められたもの」に他ならない。(45)

支配を決めるものは、国王の「血の権利」である。(46)フッカーは言う。

「あらゆる法、衡平、理性に公然と刃向かうのでない限り、我々が認めなくてはならないことは、[…] 王国において、代々の世襲による生まれ hereditary birth が最高支配権 sovereign dominion を生み出すということである。」(47)

以上のようなふたつの矛盾する主張を、どのようにして折り合わせるのであろうか。そこで利用されるのがコーポレーション理論である。コーポレーションの生成について、フッカーはフォーテスキューにしたがう。つまり、人間は自然の法たる「リガンド ligando」によって人民にまとまるのである。

「こうして、我々の従うべき法や規則を、自然自体がどのようにして教えてくれるのかがわかる。これまで述べてきた法は、人間が人間である限り、人間をまさに絶対的に拘束する。それは、たとえ、何をすべきかすべきでないかについて、彼らの間に、フェローシップ fellowship がなくとも、厳粛な同意がなくともそうなのである。(48)しかし、我々だけでは我々の自然が望

---

(44)　HOOKER R., ibid., Preface, Chap.ii, 1, Vol.1, p.90.
(45)　HOOKER R., ibid., Book VIII, Chap.ii, 8, Vol.2, p.499.
(46)　HOOKER R., ibid., Book VIII. Chap. ii, 8, Vol.2, p.500.
(47)　HOOKER R., ibid., Book VIII, Chap.ii, 8, Vol.2, p.499.
(48)　ここでフッカーは、アリストテレスの以下の言葉に依拠する。「(共通法とは、自然に従って存在する法である。) 人々が誰でも皆、たとえお互いの間になんらの共同関係も、また何らの契約も存在していない場合にさえ、直感的に知っている、自然によって共通な、正と不正があるのである。」ARISTOTE, *Rhétorique*, Livre premier, Chap.XIII, Le Livre de Poche, Librairie Générale Française, Paris, 1991,

む生活、人間の尊厳にふさわしい生活に十分必要なものをまかなうことができない。そこで、我々が自分だけで単独かつ孤独に生活する場合の不足や不完全さを補うべく、我々は他者との共同やフェローシップ communion and fellowship を自然と求めるようになるのである。これが、人間が最初に政治社会にまとまった由であり、その社会 societies は政府 Government なくしてはありえない [...]。」[(49)]

ここで注目されるのは、フォーテスキューのコーポレーション理論にフッカーが加えた修正である。フォーテスキューにとって、「リガンド ligando」が形成する人民は、まだ政治的身体（政体）にはなっていない。政治的身体になるために、人民は「レゲンド regendo」によって王を立てなくてはならない。つまり、「リガンド ligando」はコーポレーションの誕生を意味しないのである。ところが、フッカーにおいては、自然の法が直接「政治社会」というコーポレーションを生成する。つまり、「リガンド（ligando）」はコーポレーションの誕生を意味するのである。ローマ法王の神権身体に対抗するために、フッカーは人民を政治的身体に格上げしたのである。それでは、「レゲンド（regendo）」はどう説明するのであろうか。フッカーは、「頭性（headship）」という言葉を用いる。人間集団が「頭性（headship）」を王に移譲し、これによって、王は頭（head）になるというのである。

「まだ第一の権力をある一人または数人に委譲していない集団的身体 collective body においては、必然的に全体が各部分に対する頭となる。さもなければ、その全体は、誰かある人間を頭

---

p.162. アリストテレス、「弁論術」『アリストテレス全集16』岩波書店、1968年、80頁。

(49) HOOKER R., op. cit., Book I. Chap.x, 1, Vol.1, p.184. Voir LOCKE J., "The Second Treatise of Civil Government", *Two Treatises of Government*, para.15, Hafner Publishing Company, New York, 1961.

にする権力をおそらく持ち得ないことになる。まさに頭を作る権力は、頭性に属しているからである。(the very power of making a head belongth unto headship)」⁽⁵⁰⁾

とはいえ、この説明では、今度はカルヴィニストの批判をうけることになる。彼らは唯一イエス・キリストしか頭として認めないからである。ところが、これに対してフッカーは、「この論争の真の主題は、支配権力 power of dominion なのだ」⁽⁵¹⁾と反論する。実際、カルヴィニストにおいては、牧師団体がこの権力を保持している。フッカーに言わせれば、カルヴィンが問題にしているのは、キリストの頭と王の頭というふたつの頭があることではなく、世俗の者がこの権力を保持すること自体なのである。

「その［頭という］名がそのように利用されることを彼らが厳しく批判するのは、そのような権力を国家政府に与えるのが嫌だからであるということが、私にはわかる。」⁽⁵²⁾

そこで、フッカーは「大文字のHで綴られる頭（Head）」と「小文字のhで綴られる頭（head）」を区別する。前者は、キリストによって行使される精神的権力であり、後者は人間によって行使される政治権力の意味である。こうして、キリストの権威を認めることと、君主の権威を認めることとの間に、今や何ら矛盾は生じなくなるのである。⁽⁵³⁾

ところで、身体概念の真の存在理由は権力問題に他ならないことを、フッカーはこうして自ら明らかにしてしまったわけである。それでは、「頭性（*headship*）」は、どのようにして「頭」を王に譲るのであろうか。それは、人民というコーポレーションの同意による。コーポレーションにせよ、その同意にせよ、いずれにせよ、それら

---

(50) HOOKER R., op. cit., Book VIII, Chap.iv, 7, Vol.2, p.528.
(51) HOOKER R., op. cit., Book VIII, Chap.iv, 10, Vol.2, p.532.
(52) HOOKER R., op. cit., Book VIII, Chap.iv, 8, Vol.2, p.529.
(53) HOOKER R., op. cit., Book VIII, Chap.iv, 10, Vol.2, p.533.

は相変わらず語り手が想定するものに過ぎない。

> 「ある者の過去の行為は、その人間が生きている限り有効であるのと同じように、ある人間の公共社会 public society が 500 年前に行った行為は、現在同じ社会の人間が行った行為として有効である。なぜなら、コーポレーションは不死身だからである。つまり、我々は我々の先駆者の中に生きているのであり、彼らはその後継者の中に今も生き続けているのである。」[54]

たとえ、コーポレーションが何の同意もなく、征服によって王に服従することになっても、何ら問題はない。王とコーポレーションとの間でその後に生じた一切の法関係が、語り手によって同意と解釈されるのである。

> 「実定法に示される明示の同意であれ、人間の記憶以前に遡る慣習として知られる黙示の容認であれ[…]。そのような事後同意をとおして、王国でよくあることは、遠い先祖がかつては暴力と力によって君主の権力に服すようになった人々が、たとえ少しずつでも、たいそう穏やかな国王統治に成長することである。これを哲学者たちは、『最も重要な事柄における最高権力を備えた、自主的に持続継続された王政』[55] と呼んでいる。」[56]

同意を確認するのは、同意を与えたはずの当事者ではなく、支配者である。

> 「しかし、同意が認められるのは、自分たちの声や署名や行為によって同意を直接的に表明した者によるばかりではなく、その者の名において、少なくとも当初はその者に由来する権利を通じて、別の者が同じことを行う場合である。議会や審議会や同様の会合において、我々自身が自分で主席していなくても、

---

(54) HOOKER R., op. cit., Book I, Chap.x, 8, Vol.1, p.191.
(55) ここでフッカーは、アリストテレス「政治学」第 3 巻第 1 章に依拠している。
(56) HOOKER, ibid., vol.2, Book VIII, Chap.ii, 11, p.501.

第 1 章　レスプブリカのメタフィジック身体

我々の代わりに出席している別の人々によって、我々の同意が承認されるのである。我々が別の人を通じて行うことも、我々の行為と見なされるので、あたかも自分で行ったのと同じように、我々を有効に拘束するのである。」[57]

よって、王の判断が人民の同意となる場合もある。

「たとえば、ある絶対君主が、恣意的に自分でいいと思うことを臣民に命じる場合、彼の命令は、臣民が受け入れようが拒絶しようが、法としての効力を持たないだろうか。」[58]

フッカーが語る国際法（the Law of Nations）についても同様である。国際法は、語り手が想定する、世界全体の同意を表明したものなのである。

「国家法は政治的身体全体の行為なので、同じ身体のどの部分にも優越するのと同様に、いかなるコモンウェルスも他のコモンウェルス（any one commonwealth）を侵害して全世界が同意したことを無効にすることはできないである。」[59]

たとえば、フッカーにとって、王が政治的身体（政体）に服従することは、王が政治的身体を支配することと同じ意味なのである。[60]

「国王は、［…］まさに支配権力の権利を持っているが、これは彼らが国王として支配している政治的身体全体に依存しているのである。」[61]

結論として、フッカーは、人民の同意による国王優位の正当性を理性の名において宣言する。

---

(57)　HOOKER R., op. cit., Book I, Chap.x, 8, Vol.1, p.191.
(58)　Ibid.
(59)　HOOKER R., op. cit., Book I. Chap.x, 13, Vol.1, p.196. LOCKE J., "The Second Treatise of Civil Government", para.94 参照。
(60)　「依存 dependency という言葉で私たちが意味するのは、服従と従属 subordination and subjection である。」HOOKER R., op. cit., Book VIII, Chap.ii, 10, Vol.2, p.500.
(61)　HOOKER R., op. cit., Book VIII, Chap.ii, 9, Vol.2, p.500.

第1部 「オーガニック身体」

　「最終的な結論として以下のことを打ち立てよう。自由なキリスト教の国家もしくは王国においては、ひとつの同じ人民が教会とコモンウェルス（commonwealth）をなすのであり、神がキリストを通じてその人民を導き、正しき熟達した考慮をもって、彼らの主権的な君主と統治者が、国家のことについても教会のことについても、最高権力を持つようお取り計らいになったのである。理性の光がそのようにお導きになったからである。」[62]

　コーポレーション概念の両義性ゆえに、フッカーは、この後、ロバート・フィルマー Robert Filmer のような王党派にも、ジョン・ロック John Locke のような議会派にも引用されることになる。しかし、フッカーが自分ではいかに、国王による支配は人民という政治的身体に国王が服従することであると主張して、国王支配の正当化に成功したつもりでも、そのような「言葉のアクロバット」[63]では、ますます先鋭化する国王と議会の対立を回避できない。一方で、国王は、相変わらず、その政治的身体に対する自己の権威を強調する。たとえば、1603年、ジェームズ1世 James I は彼が開いた最初の議会において、以下のように主張する。

　「『神が結び合わせたものを、いかなる人間も引き離すことはできない。』余は夫であり、この島の全土は余の合法的な妻である。余は頭であり、この島は余の身体である。余は羊飼いであり、島は余が牧する羊である。」[64]

　他方で、議会派は、国王が押し進める重商主義によって豊かになった後は、そのような国王の関与が保護ではなく障害に見えるま

---

(62) HOOKER R., op. cit., Book VIII, Chap.iii, 6, Vol.2, p.514.
(63) LOYER O., L'Anglicanisme de Richard Hooker, thèse présentée à l'Université de Paris III, Atelier de reproduction des thèses Université de Lille III, 1979, Tome 1, p.323.
(64) KANTOROWICZ E., Les deux corps du roi, op. cit., p.165. エルンスト・カントーロヴィチ、前掲、228頁。

でに成長していた。重商主義という保護政策によって、保護されているというよりも、むしろ制約されていると感じ始めていたのである。1640年、チャールズ1世 Charles I が10年間も停止されていた議会を召集する。対スコットランド戦争の準備のためである。議会は戦争を拒否する。「立憲騎士 (Constitutional Cavaliers)」⁽⁶⁵⁾のひとりであるジョン・ピム John Pym は、議会の優位を主張する。その際、彼もまた、「オーガニック身体」理念を議会に都合よく利用する。

「議会権力が政治的身体に対する関係は、魂の理性的能力が人間に対する関係に等しい。」[66]

こうして、議会派は、国家という「オーガニック身体」の魂の位置を占めようとするのに対して、王党派のロバート・フィルマーは、彼の著書『家父長制 Patriarcha (1642)』において、王の権威を擁護する。彼はフッカーを引用した後、こう主張するのである。

「議会とは国王の御前会議である。たしかに、古き制定法はどれもこれを『国王の議会の中の国王』と呼んでいた。しかし、ふたつの議院のいずれも、また両方あわせても、そのような最高会議ではない。それらは、国王を頭であり支配者とする身体の手足であり、一部分にすぎないのである。」[67]

B. 神の精神が、個人の精神を通して、息を吹き込む身体

(1) ホッブス：フィジック身体の試みとしての『リヴァイアサン』とその失敗

国王と議会の対立は、1642-46年および1648-49年のふたつの内

---

(65) TREVELYAN G.M., op. cit., p.297. トレヴェリアン『イギリス史2』みすず書房、1992年、134頁。
(66) TREVELYAN G.M., op. cit., p.295. トレヴェリアン、前傾、131-132頁。
(67) FILMER R., *Patriarcha or the Natural Powers of Kings*, Chap.III, section 16, LOCKE J.,*Two Treatises of Government*, Hafner Publishing Company, New York, 1961, p.302.

第1部 「オーガニック身体」

戦を引き起こした。1649年、議会によるチャールズ1世の処刑はさまざまな混乱を巻き起こした。1651年、トマス・ホッブスThomas Hobbesは、「一国全体を治める者 he that is to govern a whole Nation」(68)のために、中央集権に基づいた新たな政治プランを提案する。ホッブスもまた「オーガニック身体」理念に依拠する。その身体を彼は、「リヴァイアサン」と呼ぶ。

>「すなわち、技術によって、コモン-ウェルスあるいは国家(ラテン語ではキウィタス CIVITAS)とよばれる、あの偉大なリヴァイアサンが、創造されるのであり、それは人工的人間にほかならない。ただしそれは、自然人よりも形が大きくて力がつよいのであって、自然人をそれが保護し防衛するようにと、意図されている。そして、その中で、主権は身体全体に生命と運動を与えるのだから、人工の魂であって、為政者たちとその他の司法と行政の役人たちは、人工の関節である。賞罰(それによって主権の地位にむすびつけられて、それぞれの関節と手足(メンバー)は、自己の義務を遂行するために動かされる)は、神経であって、自然の身体においてと、おなじことをする。すべての個々の手足(メンバー)の富と財産は、力であり、人民の福祉 Salus Populiは、それの義務であり、それが知る必要のあるすべてのことを、それに対して提示する顧問官たちは、記憶であり、公正Equityと諸法律は、人工の理性と意思であり、和合は健康、騒乱は病気で、内乱は死である。」(69)

貨幣経済によって政治権力の集権化を促進する国家にとって、公

---

(68) HOBBES T., *Leviathan*, or The Matter, Forme, & Power of a Common-wealth ecclesiasticall and civil, London, Printed for Andrew Crooke, at the Green Dragon in St.Pauls Church-yard, 1651, p.2; HOBBES T., *Léviathan : traité de la matière, de la forme et du pouvoir de la république ecclésiastique et civile*, Introduction, Sirey, Paris, 1971, p.7. ホッブズ『リヴァイアサン1』岩波書店、2004年、40頁。

(69) HOBBES T., *Leviathan*, ibid., p.1; HOBBES T., *Léviathan*, Introduction, ibid., pp.5-6. ホッブズ『リヴァイアサン1』前掲、37-38頁。

権力は心臓であり、貨幣は「コモン‐ウェルスの血液である」。[70]

「人工的人間は、自然人との類似を維持している。かれらの血管は身体のそれぞれの部分から血液をうけとって、それを心臓に運び、そこでそれは生命あるものとされて、心臓は脈動によってふたたびそれをおくりだし、身体のすべての部分に生命を与え、それらが運動できるようにする。」[71]

国家の生殖は、「植民Plantationsまたは移民Colonies」と呼ばれる。[72]

「それは、住民が以前に退去したり、そのときに戦争によって退去させられたりした、諸外国に居住するために、指揮者または総督のもとにそのコモン‐ウェルスから送り出される多くの人びとのことである。」[73]

よって、「彼らが出てきたコモン‐ウェルスは、彼らのメトロポリスすなわち母(*their Metropolis, or Mother*)」なのである。[74]

レスプブリカの政治的身体は伝統的にそれ自体複数の身体から構成されているが、ホッブス自身、「主権的権力に従属し臣従する諸政治的身体」[75]について、「政治的身体の種類は、ほとんど無限である」[76]と断りながらも、「属州、植民地、都市の統治のための諸

---

(70) HOBBES T., *Leviathan*, ibid., p.130. HOBBES T., *Léviathan*, Chap.XXIV, ibid., p.267 et p.268, note 57, texte latin. ホッブズ『リヴァイアサン2』岩波書店、2004年、143頁。

(71) HOBBES T., *Leviathan*, ibid., p.130-131; HOBBES T., *Léviathan*, Chap.XXIV, ibid., pp.268-269. ホッブズ『リヴァイアサン2』前掲、145頁。

(72) HOBBES T., *Leviathan*, ibid., p.131; HOBBES T., *Léviathan*, Chap.XXIV, ibid., p.269. ホッブズ『リヴァイアサン2』前掲、145頁。

(73) HOBBES T., *Leviathan*, ibid., p.131; HOBBES T., *Léviathan*, Chap.XXIV, ibid., p.269. ホッブズ『リヴァイアサン2』前掲、145-146頁。

(74) HOBBES T., *Leviathan*, ibid., p. 131; HOBBES T., *Léviathan*, Chap.XXIV, ibid., p.269. ホッブズ『リヴァイアサン2』前掲、146頁。

(75) HOBBES T., *Leviathan*, ibid., p.117; ホッブズ『リヴァイアサン2』前掲、112頁。

(76) Ibid.

政治的身体」⁽⁷⁷⁾、「商人たちの政治的身体」⁽⁷⁸⁾などをあげている。ところが、中央の「公的身分 Publique State」⁽⁷⁹⁾が拡大するにつれて、その他の身体は悪く見られるようになる。都市や組合などの諸団体は、「おおきなコモン‐ウェルスの腹のなかの、多くの小コモン‐ウェルスであり、自然人の内臓のなかの寄生虫 like wormes in the entrailles of a natural man のようなものである」。⁽⁸⁰⁾

アリストテレス以来、オーガニック身体を特徴づけるものは支配者の数である。

> 「諸コモン‐ウェルスのちがいは、主権者すなわち、群衆のすべておよび各人を代表する人格の、ちがいにある。」⁽⁸¹⁾

ホッブスも、アリストテレスの分類にしたがって、政体を3種類に分類する。

> 「代表がひとりの人であるばあいには、このコモン‐ウェルスは君主政治であり、それがそこにあつまってくる意思をもつすべてのものの合議体であるばあいには、それは民主政治すなわち民衆的コモン‐ウェルスであり、それが一部だけの合議体である場合には、それは貴族政治とよばれる。」⁽⁸²⁾

アリストテレスにとっては、これら3種類のコモン‐ウェルスには、それぞれ堕落形態が付随しており、合計6種類のレスプブリカが提示されていたが、ホッブスにとっては、3つに止まっている。

---

(77) Ibid.
(78) HOBBES T., *Leviathan*, ibid., p.120; ホッブズ『リヴァイアサン2』前掲、117頁。
(79) HOBBES T., *Leviathan*, ibid., p.376; HOBBES T., *Léviathan*, Chap.XLVI, ibid., p.689. ホッブズ『リヴァイアサン4』岩波書店、2004年、126頁。
(80) HOBBES T., *Leviathan*, ibid., p.174; HOBBES T., *Léviathan*, Chap.XXIX, ibid., p.354. ホッブズ『リヴァイアサン2』前掲、254頁。
(81) HOBBES T., *Leviathan*, ibid., p.94; HOBBES T., *Léviathan*, Chap.XIX, ibid., p.192. ホッブズ『リヴァイアサン2』前掲、52頁。
(82) HOBBES T., *Leviathan*, ibid., p.94; HOBBES T., *Léviathan*, Chap.XIX, ibid., p.192. ホッブズ前掲、ホッブズ『リヴァイアサン2』前掲、52頁。

第1章　レスププリカのメタフィジック身体

なぜなら、「それらは、別の統治諸形態の名称ではなくて、おなじ諸形態の、きらわれた時の名称」にすぎないからである。[83]

「つまり、君主政治下にあってそれに不満をもつ人びとは、それを暴政とよび、貴族政治をよろこばない人びとは、それを寡頭支配とよぶのである。おなじように、民主政治のもとで自分たちがくるしめられているとおもう人びとは、それを無秩序 Anarchy（それは支配の欠如をあらわす）とよぶ。」[84]

また、語り手の想定するオーガニック身体の外部に存在する人々を、アリストテレスは、「自然の支配者が欠如している」という理由で、奴隷と同等の野蛮人とみなしていた。[85] これと同様、ホッブスもアメリカの先住民族を、「政府が欠如している」という理由で、「動物同然」の状態にあるとみなす。

「すなわち、アメリカの多くの地方における野蛮人は、自然の情欲にもとづいて和合する小家族の統治をのぞけば、まったく統治を持たず、今日でも私が前に言ったような動物同然の状態で生活している。」[86]

そこで、ホッブスは「貧しくてしかも丈夫な人びと」[87] を移植することによって、植民地化を正当化するのである。

「そこにおいて彼らは、彼らがそこでで会う人びとを絶滅すべきではなく、後者に対して、前より密接して住むように、また、見つけたものを獲得するために広大な土地を徘徊しないで、それぞれの小地片が適当な季節にかれらの生活資材を与えること

---

(83) HOBBES T., *Leviathan*, ibid., p. 95; HOBBES T., *Léviathan*, Chap.XIX, ibid., p.193. ホッブズ前掲、ホッブズ『リヴァイアサン2』前掲、53頁。

(84) HOBBES T., *Leviathan*, ibid., p. 95; HOBBES T., *Léviathan*, Chap.XIX, ibid., p.193. ホッブズ『リヴァイアサン2』前掲、53頁。

(85) ARISTOTE, *Politique*, 1252a21-b13, op. cit, p.8.

(86) HOBBES T., *Leviathan*, ibid., p.63; HOBBES T., *Léviathan*, Chap.XIII, ibid., p.125. ホッブズ『リヴァイアサン1』前掲、212-213頁。

(87) HOBBES T., *Leviathan*, ibid., p.181; HOBBES T., *Léviathan*, Chap.XXX, ibid., p.369. ホッブズ『リヴァイアサン2』前掲、273頁。

を、技術と労働によって求めるように、強制すべきである。」[88]

しかし、ホッブスがアメリカ先住民族のことを語るとき、彼は植民地化について語っているのではなく、政治権力のない仮想状態について語っているのである。このような状態を彼は「万人の万人に対する戦争 War of everyone against everyone」状態と呼ぶ。[89] これは、アリストテレスが、国家に服さない人間は、戦争を欲すると主張していたことに倣っている。ホッブスは、このアリストテレスと同様の心理構造をもって、ホッブス自身が見聞きした内戦による混乱状態を、外の人々に投影しているのである。

このように、「オーガニック身体」についてのホッブスの考え方は、アリストテレスやスコラ学者のそれとたいへん類似しているにもかかわらず、彼は「アリストテレスのメタフィジック（形而上学）から、宗教に持ち込まれた諸誤謬」を厳しく指弾する。[90]

「このようなメタフィジックとフィジックは、空虚な哲学としてしか存在しなかったのである。［…］そして、かれらの道徳と国家の哲学 Morall, and Civill Philosophy には、同じ、いやより大きな誤りがある。」[91]

ホッブスは、アリストテレスやスコラ学者の何を批判しているのであろうか。それこそ、マイノリティ問題に関する議論において、今日私たちが直面している問題、すなわち、定義の問題である。アリストテレス以来、定義は存在そのものと混同されていた。ところ

---

(88) HOBBES T., *Leviathan*, ibid., p.182; HOBBES T., *Léviathan*, Chap.XXX, ibid., pp.369-370. ホッブス『リヴァイアサン 2』前掲、273-274 頁。

(89) HOBBES T., *Leviathan*, ibid., p.62; HOBBES T., *Léviathan*, Chap.XIII, ibid.,p.124. ホッブス『リヴァイアサン 4』前掲、210 頁。

(90) HOBBES T., *Leviathan*, ibid., p.371; HOBBES T., *Léviathan*, Chap.XLVI, ibid.,p.683. ホッブス『リヴァイアサン 4』前掲、113 頁。

(91) HOBBES T., *Leviathan*, ibid., p. 376; HOBBES T., *Léviathan*, Chap.XLVI, ibid., p.689. ホッブス『リヴァイアサン 4』前掲、125 頁。

が、ホッブスにとって、定義とはひとつの考え、もしくは、ひとつの語り方にすぎない。

> 「彼らがどんな根拠にもとづいて、抽象的本質または実体的形相があるというのかを調べるために、我々は、それらの語が本来何を表すものであるかを、考察しなければならない。語の効用は、我々の心の諸思考と諸概念を、我々自身に対して記録し、他の人びとに対して明らかにすることである。」[92]

ホッブスは、自分が今、政治の問題を取り扱っているにもかかわらず、なぜ、ことばの定義の問題を扱うのかを、次のように説明する。

> 「アリストテレスの空虚な哲学のうえに築かれた、分離された諸本質についてのこの学説によって、中身のない言葉を使って彼らをおどろかして、彼らの国の諸法に服従することから遠ざけようとする、そういう人びとによって彼らが、欺かれるままになっているということが、もはや起こらないようにするためである。」[93]

定義とは、語り手の意思に他ならない。定義は、対象の存在とはまったく関係なく、対象についての説明を押しつけようとする権威の問題であるということを、ホッブスは明らかにしたのである。彼はその著書『身体（物体）論 De Corpore（1655）』において、定義の恣意的な性格を強調している。

> 「第一の真実は、物に対して初めに名前を課した者、もしくは、他者による付加から名前を受け取った者によって、恣意的に作られた。」[94]

---

(92) HOBBES T., *Leviathan*, ibid., p. 372; HOBBES T., *Léviathan*, Chap.XLVI, ibid., p.684. ホッブズ『リヴァイアサン4』前掲、115頁。
(93) HOBBES T., *Leviathan*, ibid., p.372-373; HOBBES T., *Léviathan*, Chap.XLVI, ibid., p.685. ホッブズ『リヴァイアサン4』前掲、117頁。
(94) HOBBES T., "Element of Philosophy. The First Section, concerning Body, Written in Latin by Thomas Hobbes of Malmesbury and translated into English", Chap.3,

第 1 部 「オーガニック身体」

さらにまた、こう述べている。

「定義は語りの発明者によって恣意的に構築された真実であり、よって、証明されえないものである。」[95]

ホッブスにとって、定義の権威は国家に帰するものでなくてはならない。別の著書『市民論 *De Cive*（1642）』の「いかなる定義が、いかなる推論が真であるかの判断は、国家の権威に属する」と題された項目の中で、そうした権威を以下のように述べている。

「論争が、通常使われている名詞やその他の用語の適切かつ正確な意味に関わる場合、つまり、定義に関して起こっている場合、公的平和もしくは正義の配分のために定義について知ることが必要とされる場合、これを解決するのはコモンウェルスの責任であろう。」[96]

アリストテレス以来、存在は支配者の説明によって規定されてきた。ローマ帝国の滅亡後はカトリック教会が定義の権力を独占し、存在についての説明を公式化してきた。しかし、宗教改革はこの権力に分裂を引き起こす。その分裂とは、カトリックとプロテスタントとの間であり、プロテスタント内のさまざまな宗派の間でもある。この分裂がイギリスの内戦を激化させた。[97]『リヴァイアサン』の中で、ホッブスは価値基準の喪失を嘆いている。

---

    art.8, *The English Works of Thomas Hobbes of Malmesbury*, John Bohn, London, 1839, Vol.1, p.36.

(95) HOBBES T., "Element of Philosophy", Chap.3, art.9, ibid., p.37.

(96) HOBBES T., On the Citizen, Cambridge University Press, Cambridge, 1998, p.215 ; HOBBES T., *Le citoyen ou les fondements de la politique*, Chap.XVII, § XII, Flammarion, Paris, 1982, p.313. 佐々木力「リヴァイササン、あるいは機械論的自然像の政治哲学(下)」思想、788 号、1990 年、39 頁。

(97) 「オリバー・クロムウェル Oliver Cromwell は、国王に対する容赦なき戦いを遂行するために、内戦を宗教戦争に転換し、これが 1645 年 6 月 14 日、ネーズビー Naseby における王党派敗北につながるのである。」Introduction de GOYARD-FABRE S. dans HOBBES T., *Le citoyen ou les fondements de la politique*, ibid., p.30.

第 1 章　レスプブリカのメタフィジック身体

　「当時イングランド、スコットランド、アイルランドにおいて猛威をふるっていた内乱の原因は、神学的諸問題をめぐってまずローマ教会とイングランド教会との間に、次にイギリス国教会のなかで監督［司教］派の牧師たちと長老派の牧師たちとの間に起こった、不和にほかならないと、筆者は判断していた。［…］イングランドにはもはや、異端を確認する権力は残存せず、あらゆる種類の宗派があらわれて、それらは、神学に関して、何でも好きなことを書き出版する人びとからなっていた。」[98]

価値を規定する単一の権威が、内戦という政治宗教的紛争によって失われた状況に落胆したホッブスは、主権的権力の中に価値の再統合を求める。

　「統治者はひとつでなければならず、そうでないと、その結果必ず、コモン-ウェルスの中で、教会と国家との間、霊の側の人びとと現世の側の人びととの間、正義の剣と信仰の盾とのあいだに、そして（そのうえに）おのおのキリスト教徒たる人間自身の胸のうちで、キリスト教徒と人間との間に、分派と内乱がおこってくる。」[99]

単一の主権が、すべての価値を独占すべきである。ホッブスは、法すなわち主権者の意思を強調して、公的生活への宗教権力の介入を批判する。

　「誰が諸法に従おうと努力するであろうか。あるいは、誰が、彼の主権者よりもむしろ、いな、神自身よりも、神を創ることができる祭司に、服従しようとしないであろうか。」[100]

---

(98)　HOBBES T., *Léviathan*, Appendice, Chap.III, op. cit., p.770-771. ホッブズ『リヴァイアサン 4』前掲、315 頁。

(99)　HOBBES T., *Leviathan*, ibid., p. 248; HOBBES T., *Léviathan*, Chap.XXXIX, op. cit., p.493-494. ホッブズ『リヴァイアサン 3』岩波書店、2004 年、167 頁。

(100)　HOBBES T., *Leviathan*, ibid., p. 373; HOBBES T., *Léviathan*, Chap.XLVI, op. cit., p.685. ホッブズ『リヴァイアサン 4』前掲、118 頁。

第1部 「オーガニック身体」

　ホッブスは、政治空間から宗教権力を排除する。[101]教会を揶揄した「暗黒の王国」と題した『リヴァイアサン』第4部において、彼はこう宣言する。

　　「教会権力が（どこにおいてであれ、彼らが国家に臣従するところにおいて）、彼ら自身の権利で自分たちのものとするすべては、彼らはそれを神の権利とよぶのではあるが、それは横奪にほかならない。」[102]

　こうして、ホッブスは、聖職者身分を含む他の一切の「身分（estas）」を破壊して、政治権力による価値の中央集権化を構想する。しかし、「オーガニック身体」理念を基礎づけているアリストテレス的な統治の説明様式を放棄してしまったら、ホッブスはどのようにしてリヴァイアサンを説明するのであろうか。その方法論は、まさにコペルニクス的転換であった。実際、コペルニクスの影響を受けていたのである。[103]ホッブスは、言語の構築にすぎないメタフィジックな方法論を離れて、フィジックの世界に直接迫ろうと試みる。

　　「真実と虚偽は、ことばの属性であって、ものごとの属性ではない。そして、ことばがないところには、真実も虚偽もない。」[104]

---

(101) ホッブスにとって、「教会権力とは教える権力にすぎない」HOBBES T., *Leviathan*, ibid., p. 269; HOBBES T., *Léviathan*, Chap.XLII, op. cit., p.520. ホッブス『リヴァイアサン3』前掲、207頁。

(102) HOBBES T., *Leviathan*, ibid., p. 380; HOBBES T., *Léviathan*, Chap.XLVI, op. cit., p.694. ホッブス『リヴァイアサン4』前掲、135頁。

(103) 「ホッブスの政治科学は、法学におけるガリレオ的革命に火をつけることになる。つまり、それまで何世紀にもわたって自然法哲学に息を吹き込んできた存在神学論的メタフィジック（形而上学）la métaphysique onto-théologique を豪快に否定し去ったのである。」Introduction de GOYARD-FABRE S. dans HOBBES T., *Le citoyen*, op. cit., p.44.

(104) HOBBES T., *Leviathan*, ibid., p.15; HOBBES T., *Léviathan*, Chap.IV, op. cit., p.31. ホッブス『リヴァイアサン1』前掲、74頁。

第 1 章　レスプブリカのメタフィジック身体

　ホッブスは、内在的原因を、従来のように神の意思ではなく、物すなわち対象自体の中に発見しようとする。実際、彼の方法論の源は、コペルニクス Copernicus、ガリレオ Galileo、ハーヴェイ Harvey、ケプラー Kepler、ガッサンディ Gassendi、メルセヌ Mersenne などをはじめとする自然科学の革命にあった。ホッブスによると、これらの人々の以前には、哲学は存在しなかったのである。存在したのは、「ある幻想」(105)にすぎなかった。これらの人々が、「自然哲学 Natural Philosophy」の扉を開いたのである。ホッブスは自著『市民論 De Cive』こそが、この方法論を借りて「国家哲学 Civil Philosophy」を創始するものであると高らかに宣言する。

　　「自然哲学はそれゆえ、新しいことがらである。しかし、国家哲学はなおのこと、はるかにもっと新しい。それは（私は挑発にのって、また私の論敵たちに進歩がなかったことを彼ら自ら認められるように、言う）私自身が書いた『市民論』より古くはないからである。」(106)

「自然哲学」のおかげで、ホッブスは対象に固有の原因を発見する。それは、運動である。彼の発想のもとになったのは、天体の運動についてはコペルニクスとケプラー、地球の運動についてはガリレオ、血液運動についてはハーヴェイの著書『動物の心臓ならびに血液の運動に関する解剖学的研究（1628）』などである。(107)先に見たリヴァイアサンの描写の中で、ホッブスは「主権は身体全体に生命と運動を与えるのだから、人工の魂」であると述べていた。それでは、ホッブスは「自然哲学」の運動理論をどのようにして「国家哲学」に応用するのだろうか。ここでホッブスに影響を与えたもうひとりの人物が登場する。それがフランシス・ベーコン Francis Ba-

---

(105)　HOBBES T., "Element of Philosophy", op. cit., p.ix.

(106)　HOBBES T., "Element of Philosophy", op. cit., p.ix. 佐々木力、「リヴァイササン、あるいは機械論的自然像の政治哲学(上)」思想、787 号、1990 年、57-58 頁。

(107)　HOBBES T., "Element of Philosophy", op. cit., p.viii.

conである。ベーコンは、イギリスの大法官であった。ホッブスは、秘書として彼の下で働いたことがある。ピエール・フランソワ・モロー Pierre-François Morreau の言葉を借りるなら、「ベーコンをとおして、ホッブスはベーコンのまわりの科学者の世界と接するようになった」のである。[108]こうして、ホッブスはベーコンによって新たな方法論、すなわち、フィジックの世界に固有の原理を追求する方法論を与えられたのである。[109]ベーコンは新しいものの見方を提示していた。彼はこれを科学の新しい道具として、「自然の解明 interpretatio naturae」と呼んでいる。[110]実際、この「新しい道具」は、彼の主著のタイトル『ノヴム・オルガヌム *Novum Organum*(1620)』になる。この中で、ベーコンは、アリストテレス的な物の見方を「自然の予断 anticipationes naturae」と呼ぶ。なぜなら、「自然に対して人間の推理が押しつけられる」からである。[111]こうして、彼はふたつの物の見方を比較する。

「真理を探求し発見するには2つの道があり、またありうる。ひとつの道は、感覚および個別的なものから最も一般的な命題にまで飛躍し、これらの一般的命題と不動の真理性から判断して、中間の一般的命題を発見するのであって、これが現在とられている道である。もうひとつの道は、感覚および個々的なものから一歩一歩段階的に上昇することによって、一般的命題を引き出し、最後に最も一般的な命題に達するのであって、これは

---

(108) MORREAU P.-F., *Hobbes : philosophie, science, religion*, Collection Philosophies, Presses Universitaires de France, Paris, 1989, p.12.

(109) ベーコンもやはり運動に関心を払っている。実際、彼は運動を19種類に分類している。BACON F., *Novum Organum*, Epiméthée, Livre II, Aphorisme 48, Presses Universitaires de France, Paris, 1986, pp.294-313. ベーコン「ノヴム・オルガヌム」『世界の大思想 6』河出書房、1971年、395頁。

(110) BACON F., *Novum Organum*, Livre I, Aphorisme 26, ibid, p.107. ベーコン、前掲、235頁。

(111) Ibid.

第 1 章　レスプブリカのメタフィジック身体

真の道ではあるが未だ試みられてはいない。」(112)

アリストテレス的方法においては、考察の出発点は、本稿冒頭で見たように、主体＝語り手の「感覚および個々的なもの」にあり、この主体＝語り手が、定義によって存在を規定する。これに対して、ベーコンの新しい方法論では、出発点は客体＝語られるものの「感覚および個々的なもの」にある。ホッブスは、このようなベーコンの物の見方に運動という考え方を加えて、人間社会の新たな説明方法を創造する。それは、全体から出発するのではなく、運動に還元された部分から出発する。このようなフィジックな方法論の前においては、主体＝語り手とその対象はともに運動に還元されてしまうため、両者の関係は、アリストテレス的方法論に見られたような支配従属の関係ではもはやなく、平等なものとなる。そのため、ホッブスにおいては、己を知るということは、他者を知るということであり、このことはリヴァイアサンの序文で強調されている。

「それは、汝自身を読め Nosce teipsum, Read thy self という格言であり、それが意味したのは、今日使われているように、権力をもった人びとの、その下位の人びとに対する野蛮な状態を黙認することでも、低い地位の者の、優越者に対する無礼なふるまいを奨励することでもなく、次のことを我々に教えることであった。すなわち、ある一人の人間の諸思考と諸情念が、他のひとりの人間の諸思考と諸情念に類似しているために、誰でも自分の中を見つめて、自分が思考し判断し推理し希望し恐怖し等々するときに、何をするのか、それはどういう根拠によってかを、考察するならば、彼はそうすることによって、同様な場合における他のすべての人びとの諸思考と諸情念がどういうものであるかを、読み、知るであろう、ということである。」(113)

---

(112)　BACON F., *Novum Organum*, Livre I, Aphorisme 19, ibid, p.105. ベーコン、前掲、233 頁。

(113)　HOBBES T., *Leviathan*, ibid., p.2 ; HOBBES T., *Léviathan*, Introduction, op.

第1部　「オーガニック身体」

　ある人間の思考、情念、判断、推理、希望、恐怖などが、他の人間と類似しているということを、ホッブスが断固とした調子で主張できるのも、彼にとっては、知的活動も物質的活動もともに人体内部で生じる物理的運動に他ならないからなのである。

　「われわれの思考の根源にあるのは、われわれが感覚と呼ぶものである（なぜならば、人間の心のなかの概念は、どんなものでも、はじめに感覚の諸機関に、全体としてあるいは一部ずつ、生じたのだからである）。残りのものはすべて、その根源から引き出される。」[114]

　こうして、ホッブスのフィジックな方法によって、個人の存在が発見されることになる。つまり、ホッブスは、『リヴァイアサン』第1部「人間について」第1章「感覚について」を、個人主義的かつ平等主義的方法を用いて以下のように書き始める。

　「人間の諸思考について、私はそれらを、まず単独で、そのあとで系列 Trayne において、すなわち相互依存において、考察しようと思う。」[115]

　ホッブスによる社会の説明順序は、部分から出発するものであり、これは全体から出発するアリストテレスの説明順序とは正反対である。個人の平等の発見[116]と、自身が体験した内戦状況から、さらにまた、「戦争状態」というアリストテレスのアイデアから、ホッブスは戦争状態についての彼自身の考え方を浮かび上がらせる。それは、「名誉と財産と権威をもとめる永遠の闘争」[117]によって引き

---

　　　cit., p.6. ホッブズ『リヴァイアサン1』前掲、39頁。
（114）　HOBBES T., *Leviathan*, ibid., p.3 ; HOBBES T., *Léviathan*, Chap.premier, op. cit., pp.11-12. ホッブズ『リヴァイアサン1』前掲、43頁。
（115）　Ibid.
（116）　「人は生まれながら平等である。」HOBBES T., *Leviathan*, ibid., p. 60; HOBBES T., *Léviathan*, Chap.XIII, op. cit., p.121. ホッブズ『リヴァイアサン1』前掲、207頁。
（117）　HOBBES T., *Leviathan*, ibid., p. 389; HOBBES T., *Léviathan*, Révision et conclusion, op. cit., p.713. ホッブズ『リヴァイアサン4』前掲、158頁。

第 1 章　レスプブリカのメタフィジック身体

起こされる「万人の万人に対する戦争」[118]状態なのである。

「平等から不信が生じる。[…] 不信から戦争が生じる。」[119]

確かに、ベーコンの方法論によって、ホッブスは個人を発見した。しかし、この「個人」という言葉を今日の意味で理解しようとしてはならない。当時の状況の中で理解しなくてはならない。その状況とは、すでに見たように、重商主義の成功によって一層進展した貨幣経済が、イギリスをひとつの通商産業企業体にしたことである。アダム・スミスの指摘「あらゆる人は、交換することによって生活し、つまりある程度商人になり、また社会そのものも，適切にいえば一つの商業社会（commercial society）に成長するのである」[120]を想起しよう。ホッブスの政治プログラムはこのような状況を基礎においている。よって、人間が商人と見なされるようになったといっても、実際にすべての人々が商人になったわけではない。社会のとらえ方が変わったのである。かつての社会のとらえ方は、「身分（estats）」を基盤にしていた。つまり、人間は身分という身体の手足（メンバー）と考えられていた。これに対して、今や、社会の見方は商人のそれとなり、人間を商人と考えるようになったのである。身分という価値基準を離れた今、新たな商業的価値基準は、ただ効用のみに存する。ホッブスは言う。

「哲学の目的もしくは範囲は、予見される効果を我々の利益に役立てるということなのである。[…] 知識の目的は力であり、定理の利用は（とりわけ、幾何学者にとって、諸特性を発見するのに役立つのと同じく）、問題を組み立てるのに役立つのである。それゆえ、結局、いかなる思索もその目的は、何らかの行為も

---

(118)　本書 72 頁参照。
(119)　HOBBES T., *Leviathan*, ibid., p. 61; HOBBES T., *Léviathan*, Chap.XIII, op. cit., p.122. ホッブズ『リヴァイアサン 1』前掲、208-209 頁。
(120)　SMITH A., *Recherche sur la nature et les causes de la richesse des nations*, Livre I, Chap.IV, Flammarion, Paris, 1991, Tome.I, p.92. アダム・スミス『諸国民の富 (1)』岩波書店、1995 年、131 頁。

しくはなされるべきことのの遂行なのである。」[121]

その結果、効用は予見可能性と計算可能性によって特徴づけられる。

> 「今や、人類最大の必需品は、技術である。すなわち、物質と運動を測る技術、質量ある物体を動かす技術、建築技術、航海技術、さまざまな用途のために道具を作る技術、天体の運動、星位、時間、地勢などを計算する技術である。[…] よって、哲学は、このようなあらゆる利益の原因なのである。」[122]

アリストテレス的思考において、理性とは言語であった。ところが、ホッブスにとって、理性とは計算能力としてのラティオ (ratio) である。[123] この言葉は、「ラテン人が貨幣の計算書をラティオネス Rationes」と呼んだことに由来している。[124] なぜなら、数、大

---

[121] HOBBES T., "Element of Philosophy", Chap.1, art.6, op. cit., p.7. 『リヴァイアサン』においても、同様の説明を行っている。「科学とは、諸帰結と、ひとつの事実の他の事実への依存とについての知識であり、それによって、われわれが現在できることから、何か他のことをわれわれがしたいと思うときに、あるいは類似のことを別のときに、するにはどうしたらいいかを知るのである。なぜならば、あるものごとがどういう原因にもとづいて、どのように生じるかを、われわれが知るならば、類似の原因がわれわれの手中にはいったとき、それに類似の諸結果を生み出させるには、どうしたらいいかが、わかるのだからである。」HOBBES T., *Leviathan, ibid.*, p.21; *Léviathan*, Chap.V, op. cit., p.43. ホッブズ『リヴァイアサン1』前掲、91-92頁。

[122] HOBBES T., "Element of Philosophy", Chap.1, art.7, op. cit., pp.7-8.

[123] ratio という言葉については、トマス・アキナスによる以下の主張を参照。「国家あるいは王国の創設は、世界創設のモデルにしたがって、行われることが適切であるのと同じく、[国家の] 政府の秩序 ratio は、[神の] 政府から引き出さねばならない。」THOMAS D'AQUIN, *Du Royaume : De Regno*, Livre premier, Chap.XIV, Egloff, Paris, 1947, p.115. トマス・アキナス「キブルス国王に上がり『君主の統治』を論ずるの書」『聖トマス経済学』みすず書房、1991年、283頁。

[124] 「ラテン人は、貨幣の計算書をラティオネス Rationes とよび、計算することをラティオキナティオ Ratiocinatio とよんだ。」HOBBES T., *Leviathan*, ibid., p.16; *Léviathan*, Chap.IV, op. cit., p.32. ホッブズ『リヴァイアサン1』前掲、77頁。"Element of Philosophy." の第1部「計算もしくは論理 Computation or logic」参照。「ホッブスの関心は、権力の合理化 rationalisation にあった。」WARRENDER H., "Hobbes's Conception of Morality", *Rivista critica di storia della filosofia*, Vol.17,

きさ、速さ、強さ、およびその他のものの「計算は、人類の生存と福祉 being, or well-being of mankind に必要であり」、(125)「理性とは計算（すなわち足し算と引き算）にほかならない」からである。(126) ここにおいて私たちは、なぜホッブスが人間の意思を運動に還元したのかがわかる。それは人間の価値を運動に還元することによって、計算可能なものとするためである。実際、ホッブスにとって、ある人間の価値とは、他者によって決定される価格なのである。

> 「ある人の価値 Value すなわち値打ち Worth は、他のすべてのものごとについてと同様に、彼の価格であり、いいかえれば、彼の力の使用に対して与えられる額であり、したがって絶対的なものではなくて、相手の必要と判断に依存するものである。[…] そして、他のものごとについてと同様に、人間についても、売り手ではなく買手が、その価格を決定する。すなわち、ある人が（たいていの人がするように）自分を、できるだけ高い価値で評価するとしても、その真実の価値は、他の人びとによって評価されるところを、こえないのである。」(127)

たとえば、「ある人を高い価値にみつもるのは、彼に名誉を与えることであり、低く見積もるのは、彼を不名誉にすることである」。(128) 権力もまた効用の観点から定義される。

> 「ある人の権力 Power とは、（普遍的に考えれば）、将来の利益と思われるものを獲得するための手段である。」(129)

1962, p.446.

(125) HOBBES T., *Leviathan*, ibid., p.15; HOBBES T., *Léviathan*, Chap.IV, op. cit., p.31. ホッブス『リヴァイアサン1』前掲、74頁。

(126) HOBBES T., *Leviathan*, ibid., p.18; HOBBES T., *Léviathan*, Chap.V, op. cit., p.38. ホッブス『リヴァイアサン1』前掲、85頁。

(127) HOBBES T., *Leviathan*, ibid., p.42; HOBBES T., *Léviathan*, Chap.X, op. cit., p.83. ホッブス『リヴァイアサン1』前掲、152-153頁。

(128) HOBBES T., *Leviathan*, ibid., p.42; HOBBES T., *Léviathan*, Chap.X, op. cit., pp.83-84. ホッブス『リヴァイアサン1』前掲、153頁。

(129) HOBBES T., *Leviathan*, ibid., p.41; HOBBES T., *Léviathan*, Chap.X, op. cit.,

第1部 「オーガニック身体」

　また、「召使をもつのは力であり、友人をもつのは力である。なぜなら、それらは合一された力だからである」。(130) なるほど、ホッブスは個人を発見したが、それは何の根拠もないところから生まれたのでもなければ、ましてや、今日の意味での個人を発見したのでもなかった。常に時代背景を考慮しなくてはならない。つまり、「身分」制が崩れつつはあるが、その解体がまだすべての個人には至っていないという時代背景である。「身分」制の最後の砦が依然として残っている。それは、家である。とはいえ、これも、今日の意味での家ではない。家すなわち家内統治は、肉親者からのみ成り立つのではなく、従者や召使いも含んで成り立っているのである。このような家構造は、支配従属関係に基づく「身分」の典型的構造を示していた。ホッブスにとっても、個人とは家長を意味している。たとえば、理性の用途と目的について述べるとき、ホッブスは家長を念頭においているのである。

　　「家長が計算をするにあたって、すべての費用伝票の金額を集計してひとつの金額とし、それぞれの伝票が、それを計算に入れた人びとによってどのように算出されているか、自分は何に対して支払うのかを、顧慮しないならば、彼が得る便益は、すべての会計係の手腕と正直を信頼して、計算を大ざっぱなままにしておく場合と、かわりがない。」(131)

　ホッブスは、哲学すなわち科学を、自分が生きている変動しつつある社会の要請に適合させようとしているのである。権利概念についても同様である。これも、商業の観点から説明される。

　　「人が自分の権利を譲渡しあるいはそれを放置するときはいつ

---

　　　　p.81. ホッブス『リヴァイアサン1』前掲、150頁。
（130）　HOBBES T., *Leviathan*, ibid., p.41; HOBBES T., *Léviathan*, Chap.X, op. cit., p.82. ホッブス『リヴァイアサン1』前掲、150-151頁。
（131）　HOBBES T., *Leviathan*, ibid., p.19; HOBBES T., *Léviathan*, Chap.V, op. cit., p.39. ホッブス『リヴァイアサン1』前掲、87頁。

第 1 章　レスププリカのメタフィジック身体

でも、それと交換に自分自身に譲渡される何かの権利への考慮によってか、あるいはそうすることによって自分が期待する何か他の利益のためであるかの、いずれかである。なぜなら、それは意思による行為であり、すべての人の意思による行為の目的は、自分自身に対する何らかの利益だからである。」[132]

こうした効用主義と個人主義を中心にした考え方から、個人の不可譲の権利という考え方が生まれてくる。これは 100 年後、「人権」と呼ばれるようになる。ホッブスは続ける。

「それゆえ、誰も、どんなことばまたは他のしるしによっても、それらの権利を放棄したとか譲渡したとか理解することのできないような権利がいくつかある。」[133]

たとえば、個人の生命および安全の権利は、以下のように説明される。

「人は、自分の生命を奪おうとして力ずくで自分に襲いかかる人びとに、抵抗する権利を、放棄することはできない。なぜならば、その者は、そうすることによって、自分自身のどんな利益を目指したとも、理解されえないからである。同じことは、障害、鎖による拘束、投獄についてもいえる。そのような受忍の帰結としては、他人が障害や投獄をうけることの受忍の帰結とはちがって、なんの利益もないからであり、また人は、人びとが暴力をもって自分に襲いかかってくるとき、彼らが自分の死を意図しているかどうかを、言うことができないからでもある。」[134]

---

(132) HOBBES T., *Leviathan*, ibid., pp.65-66; HOBBES T., *Léviathan*, Chap.XIV, op. cit., p.131. ホッブス『リヴァイアサン 1』前掲、220 頁。
(133) HOBBES T., *Leviathan*, ibid., p.66; HOBBES T., *Léviathan*, Chap.XIV, op. cit., pp.131-132. ホッブス『リヴァイアサン 1』前掲、220 頁。
(134) HOBBES T., *Leviathan*, ibid., p.66; HOBBES T., *Léviathan*, Chap.XIV, op. cit., p.132. ホッブス『リヴァイアサン 1』前掲、221 頁。「自分自身を防御しないと約束する協定 convention は、無効である。」HOBBES T., *Leviathan*, ibid., p.69; HOB-

第 1 部 「オーガニック身体」

　ホッブスは、国家の成員としての個人を、商人をモデルに描く。国家自体、アダム・スミスが示すことになるように、「勤労と土地の産物によって、人びとが自分たちを養い、満足して生活できる」[135]一種の「商社」なのである。この「商社」で重要なのは、地位ではなく、効用である。よって、この観点からの平等社会が構想される。

　　「人民の安全は、さらにまた、主権をもつ人または人びとに対して、裁判がすべての階層の人民について平等に運営されることを、求める。言いかえれば、富裕で有力な人格も、貧乏で無名の人格も、彼らの受けた侵害については、同じく権利を回復してもらえること、同様に上流の者が、卑賤な連中に暴力をふるったり不名誉を与えたり、その他何らかの侵害をした場合に、後者の誰かが前者の誰かにそのようなことをする場合以上の、放免の希望を持ち得ないこと、である。」[136]

　平等は、「諸租税の平等な付加」[137]にも適用される。「付加の平等は、消費する人格の財産の平等よりもむしろ、消費されるものの平等にある」[138]からである。労働は義務である。働くことのできない者については、国家の法によって慈善につとめねばならず、働

BES T., *Léviathan*, Chap.XIV, op. cit., p.139. ホッブス『リヴァイアサン 1』前掲、230 頁。「だれも自分を告訴することを義務づけられない。」HOBBES T., *Leviathan*, ibid., p.70; HOBBES T., *Léviathan*, Chap.XIV, op. cit., p.139; ホッブス『リヴァイアサン 1』前掲、231 頁。「よい法とは、人民の善 Good of the People のために必要であり、そのうえ、明確でなくてはならない。」HOBBES T., *Leviathan*, ibid., p.182; HOBBES T., *Léviathan*, Chap.XXX, op. cit., p.371. ホッブス『リヴァイアサン 2』前掲、274 頁。

(135)　HOBBES T., *Leviathan*, ibid., p.87; HOBBES T., *Léviathan*, Chap.XVII, op. cit., p.177. ホッブス『リヴァイアサン 2』前掲、32 頁。

(136)　HOBBES T., *Leviathan*, ibid., p.180; HOBBES T., *Léviathan*, Chap.XXX, op. cit., p.367. ホッブス『リヴァイアサン 2』前掲、270 頁。

(137)　HOBBES T., *Leviathan*, ibid., p.181; HOBBES T., *Léviathan*, Chap.XXX, op. cit., p.368. ホッブス『リヴァイアサン 2』前掲、272 頁。

(138)　Ibid.

くことのできる者に対しては、「彼らは、働くように強制されるべきであって、そして、仕事を見出しえないという言い訳を無効にするために、航海、農業、漁業、および労働を必要とするすべての手工業 Manufacture のような、あらゆるやりかたの技術を奨励しうる、諸法がなければならない。」[139]

貧困者が増えた場合には、

> 「彼らは、十分に住民がない諸国へ移植されるべきである。[…] そして、全世界が過剰な住民を持った場合は、すべての中での最後の救済は戦争であって、それは各人に勝利か死を与える。」[140]

ホッブスは、自分の新たな社会計画を展開するにあたって、ベーコンの方法論にしたがい、社会の部分すなわち成員から始めた。そこから、絶対平等な個人が、たとえそれが家長にとどまるとはいえ、発見された。しかし他方、彼の見方では、国家は主権もしくは絶対的権力によって規制される社会である。平等と権力という、この正反対のふたつの要請をホッブスはどのように整合させるのであろうか。部分から出発する自己の方法論に徹するホッブスは、このふたつの要請をそのまま個人内部に投影する。その上でこの命題をそれぞれ「自 然 法 (*lex naturalis*)」「自 然 権 (*jus naturele*)」と呼ぶ。[141] 自然法は統治者の要請の投影であり、自然権は被支配者の要請の投影である。

> 「法と権利のちがいは、義務と自由のちがいとまったく同じである。」[142]

---

(139) HOBBES T., *Leviathan*, ibid., p.181; HOBBES T., *Léviathan*, Chap.XXX, op. cit., p.369. ホッブス『リヴァイアサン2』前掲、273頁。
(140) HOBBES T., *Leviathan*, ibid., p.181; HOBBES T., *Léviathan*, Chap.XXX, op. cit., pp.369-370. ホッブス『リヴァイアサン2』前掲、273-274頁。
(141) HOBBES T., *Leviathan*, ibid., p.64; HOBBES T., *Léviathan*, Chap.XIV, op. cit., p.128. ホッブス『リヴァイアサン1』前掲、216頁。
(142) HOBBES T., *Leviathan*, ibid., p.64; HOBBES T., *Léviathan*, Chap.XIV, op. cit.,

第1部　「オーガニック身体」

　第1の自然法は、「平和を求めそれに従え」[143]ということであり、ここから第2の自然法が派生する。

　「人は、平和と自己防衛のためにこれが必要だと思うかぎり、他の人々もまたそうである場合には、すべてのものに対するこの権利を、進んで捨てるべきであり、他の人びとに対しては、彼らが彼自身に対して持つことを彼が許すであろうのと同じ大きさの自由をもつことで満足すべきである。というのは、各人が、何でも自分の好むことをするというこの権利を保持する限り、その間のすべての人びとは、戦争状態にあるのだからである。」[144]

　ホッブスは、個人が自己の権利を放棄するところから、政府の成立を正当化しようと試みる。しかし、これでは、彼が想定した国家独自の意思を説明するにはほど遠い。なぜなら、このような個人契約理論では、統治者と被統治者との分離が説明できないからである。結局、ホッブスは、個人主義的方法論を放棄せざるを得ない。そして、伝統的方法論にすがることになる。すなわち、神の意思によって統治される「オーガニック身体」という人格を予め想定せざるを得なくなるのである。今や、ホッブスは、神を自然法の作者として表現することになる。[145]

　「これは同意Consentや和合Concord以上のものであり、それは、

---

　　　p.128. ホッブス『リヴァイアサン1』前掲、217頁。
(143)　HOBBES T., *Leviathan*, ibid., p.64; HOBBES T., *Léviathan*, Chap.XIV, op. cit., p.129. ホッブス『リヴァイアサン1』前掲、217頁。
(144)　HOBBES T., *Leviathan*, ibid., pp.64-65; HOBBES T., *Léviathan*, Chap.XIV, op. cit., p.129. ホッブス『リヴァイアサン1』前掲、218頁。
(145)　「法の創造者である神」HOBBES T., *Leviathan*, ibid., p.175; ; HOBBES T., *Léviathan*, Chap.XXX, op. cit., p.357; ホッブス『リヴァイアサン2』前掲、259頁。「自然と道徳の法は、神の法である。」HOBBES T., *On the Citoyen*, op. cit., p.58; HOBBES T., *Le citoyen*, Chap.IV, §I, op. cit., p.129.「キリストの法が、自然の法である」HOBBES T., *On the Citoyen*, ibid.; HOBBES T., *Le citoyen*, Chap.IV, §XXIV, op. cit., p.137.

同一人格による、彼らすべての真の統一であって、この統一は、各人が各人に向かって次のように言うかのような、各人対各人の信約によってつくられる。すなわち、『私は、この人、また人々のこの合議体を権威づけ、それに自己の統治する私の権利を与えるが、それはあなたも同じようにして、あなたの権利を彼に与え、彼のすべての行為を権威づけるという、条件においてである』このことが行なわれると、こうして一人格に統一された群衆は、コモン-ウェルス、ラテン語ではキヴィタスとよばれる。これが、あの偉大なリヴァイアサンの生成である。」[146]

結局のところ、リヴァイアサンの説明は、伝統的なオーガニック身体の説明になってしまったのである。

貨幣経済によって促進された国家の政治権力集中化は、他の諸「身分」、すなわち、他のすべての政治単位を解体し、人々を個人に分断する。この貨幣経済によって「商社」となった国家は、このように分断された人々を個人的効用によって自らに再統合することになる。この時代におけるイギリスのこうした一般的傾向が、統治の新たな説明様式を必要としたのである。しかし、新たな考えは無から生じるのではなく、伝統的思考の変形から生まれる。ホッブスは時代の要請に、「オーガニック身体」の伝統的理念を発展させて、「リヴァイアサン」という機械的アイデアで応えた。従来、政治理論は支配者に焦点があてられていた。世界は、原因の原因たる神の精神によって統治されることになっていた。支配者はより良く支配するために、この支配の原理を理解することが義務づけられていた。この要請が個人の能力の平面で語られたとき、それは理性と呼ばれ、モラルの平面で語られたとき、それは徳と呼ばれた。これに対して、ホッブスの新しい理論は、被支配者に焦点があてられる。なぜなら、

---

(146) HOBBES T., *Leviathan*, ibid., p.87; HOBBES T., *Léviathan*, Chap.XVII, op. cit., p.177. ホッブス『リヴァイアサン2』前掲、33頁。

第 1 部　「オーガニック身体」

ホッブスの意味における主権的権力は既に人格ではなく制度に過ぎないものであるから、その前ではすべての者が被支配者となる。世界は、原因の原因たる運動によって、統治されることになる。被支配者はよりよく支配されるために、この運動の原理を理解することが義務づけられる。この要請が個人の能力の平面で語られたとき、それは計算（ratio）と呼ばれ、モラルの平面で語られたとき、それは義務と呼ばれる。[147]

> 「あらゆる（少なくとも、原因をもっている）物の原因はおのずから明白である。つまり、（よく言われるように）自然には知られているのである。それゆえ、方法などまったく必要ない。なぜなら、唯一の不変的な原因すなわち運動を持っているからである。なぜなら、外見の違いは、物を構成する運動の違いから生じるのであり、運動の原因は運動以外には考えられない。また、色、音、においといった感覚でとらえられる物の違いの原因は、運動しかない。運動の一部は、物の中に存在して私たちの感覚に働きかけ、もう一部はわたしたちの中に、何らかの種類の運動として明白に存在するのだが、それがいかなる種類のものであるかを知るには、計算 ratiocination によるしかないのである。」[148]

どちらの場合も、神に同化した語り手が、精神とか運動とかの言葉を用いてあらゆる人間の意思をいったん独占した上で、その後、語り手が重きを置きたいものに、その意思を再分配するという説明構造にかわりはない。精神や運動は、語り手が、それによって統治の説明をする際、人間の意思を概念上で操作することを可能にする概念道具として機能する。従来は、支配者の意思を精神という言葉で置き換えて説明するだけで十分であった。そこでは、語り手の意

---

(147)　HOBBES T., *Leviathan*, ibid., p.65; HOBBES T., *Léviathan*, Chap.XIV, op. cit., p.130. "Element of Philosophy", Chap.1, Art.9, op. cit., pp.11-12.
(148)　HOBBES T., "Element of Philosophy", Chap.VI, Part.1, Art.5, op. cit., pp.69-70.

第1章　レスプブリカのメタフィジック身体

思たるメタフィジックが、対象たるフィジックに優位していたからである。ところが、今や、説明しなくてはならないのは、被支配者についてである。被支配者を新たな「商社＝商業社会」に動員するためである。この社会は効用という新しい価値を追求する。そこでは、フィジックが優位する。なぜなら、効用に役立つのはメタフィジックではなくフィジック（対象としての自然）だからである。すでにベーコンが自然をそのように取り扱わなくてはならないと述べていた。つまり、自然を征服するために、自然に従えというのである。

> 「人間の知識と力は一致する。なぜなら、原因が知られなければ、結果は生ぜられないからである。自然を支配するためには、それに服従しなくてはならない。そうして、思索において原因と認められるものが、作業においては規則の役目をするからである。」(149)

ところが、ホッブスが提唱した統治の新しい説明方法は、あまりに新しすぎて、同時代の人々に理解されなかった。彼らは相変わらずメタフィジックな方法論に染まっていたからである。それゆえ、「彼は絶対王政の公式な理論家とは決して見なされない」。(150)後に君主となる若きチャールズ2世は、『リヴァイアサン』の献呈を拒否する。さらに過酷なことに、『リヴァイアサン狩り *The Hunting of Leviathan*』の著者ミンツ Mintz によると、ホッブスは時代の「嫌われ者」(151)であった。たとえば、ロンドンのペストや1666年の大火事は、ホッブスが原因とされた。1667年1月31日、庶民院は

---

(149)　BACON F., Livre I, Aphorisme 3, op. cit., p.101. ベーコン「ノヴム・オルガヌム」『世界の大思想　6』河出書房、1971年、231頁。

(150)　MORREAU P.-F., *Hobbes : philosophie, science, religion*, Coll. Philosophies, Presses Universitaires de France, Paris, 1989, p.17.

(151)　MINTZ S.I., *The Hunting of Leviathan : Seventheenth-Century Reactions to the Materialism and Moral Philosophy of Thomas Hobbes*, Cambridge University Press, London, 1962, p.vii.

第 1 部 「オーガニック身体」

『リヴァイアサン』を告発する。1683 年 7 月 21 日には、オックスフォード大学が『市民論』と『リヴァイアサン』を発行禁止にする。(152)

　最終的に、国王と他の支配諸「身分 (*estats*)」との間の紛争に終止符を打ったのは、メタフィジックな理論でもなければフィジックな理論でもなく、フィジックな暴力だった。1688 年、支配諸「身分 (*estats*)」は、名誉革命によって絶対君主を打ち倒す。1689 年の権利宣言は、身分制に由来する「古来の権利と自由」の再確認である。実際、宣言の中に明記されているように、「聖俗貴族および庶民は […]、このネイションの完全かつ自由な代表としてここに、召集され」、「(彼らの祖先が同様の場合に通常行ったように) 彼らの古来の権利と自由とを擁護し、主張するために、」この宣言を行なったのである。(153)

(2) ロック：コーポレーション理論の完成

　議会派が君主制という「オーガニック身体」の魂もしくは頭を代表する時がやってきた。議会が政治的優位を獲得した今や、ジョン・ロックはその著書『統治二論 *Two Treatises of Government* (1690)』において、議会のための新たな政治理論を構想する。まず、その序文において、彼はその目的を厳粛に宣明する。

　　「ここに残っている草稿は、わが国の偉大な王位再興者であり現在の国王であるウィリアムの王位を確立するにも、また人民の同意の中に彼の権原を根拠づけるためにも、充分なものであろう。というのは、人民の同意はあらゆる合法的統治の唯一の権原であり、彼ウィリアムは、キリスト教世界のどの君主よりも充分にまた明快にこの同意を受けているからである。さらに

---

(152) 以下参照。l'introduction de GOYARD-FABRE S. dans HOBBES T., *Le citoyen*, op. cit., pp.45 et ss.; MORREAU P.-F., op. cit., p.17.

(153) 樋口陽一・吉田善明編『解説世界憲法集』三省堂、1991、22 頁。

また、イングランド人民を世界に向かって正当化するにも充分なものであろう。なぜならば、自分たちの正当な自然の権利への愛と権利を守ろうとする決意とが、危うくも隷従と破滅のふちにあったネイションを救ったのだからである。」(154)

注意しなくてはならないことは、ロックのこの著作が、人民のコーポレーションに政治権力の起源を置くという点において、フォーテスキュー以来発展してきたコーポレーション理論の到達点を示しているということである。フォーテスキュー、フッカー、ロックは同じ図式の上に立っている。すなわち、「神の意思」である自然法が(155)、人々を人民にまとめ（リガンド *ligando*）、これが国家の頭もしくは魂を擁立する（*regendo*）という図式である。ロックは、これを以下のように表現している。

「立法権は（中略）、各人が社会に入る前に自然状態において持っていて、そして共同体に委ねた権力以上のものではありえない。」(156)

フォーテスキューは聖アウグスチヌスに依拠し、人民のリガンド ligando を法に対する同意と利益の共通性に基礎づけた。とはいえ、未だ、人民を政治的身体（政体）とはみなしていなかった。ロックは人民のつながりを人間の合意に基礎づける点においては、フォーテスキューに従った。一方、人民を政治的身体とみなす点について

---

(154) LOCKE J., *Two Treatises of Government*, Hafner Publishing Company, New York, 1961, p.3. ジョン・ロック『全訳統治論』柏書房、1997年、9頁。AARON R.I., *John Locke*, Oxford University Press, New York, 1937, p.165 参照。翻訳にあたっては以下参照。LOCKE J., *Deuxième traité du gouvernement civil*, Vrin, Paris, 1977 ; LOCKE J., *Traité du gouvernement civil*, Flammarion, Paris, 1992 ; LOCKE J., *Le second traité du gouvernement*, Presses Universitaires de France, Paris, 1994 ; ロック『市民政府論』岩波書店、1995年。
(155) 「自然法というのは、すなわちこの法が宣言している神の意思である。」LOCKE J., "The Second Treatise of Civil Government", *Two Treatises of Government*, op. cit., para.135. ロック前掲、251頁。
(156) LOCKE J., ibid., para.135. ロック、前掲、250頁。

第1部 「オーガニック身体」

は、ロック自身が言う「かの賢明なフッカー」[157]に従っている。

> 「自然状態にある人々が社会に入って一つの最高統治のもとに、ひとつの人民、ひとつの政治的身体をつくる。」[158]

また、regendo とは、フォーテスキューによると、「王をたてること」であったが、フッカーにおいては人民の頭性（headship）を王という頭に委ねることであった。これに対してロックは、人民の「信託（trust）」という表現を用いる。しかし、ロックにとって、この信託は王という人格的権威に与えられるものではなく、制度としての立法府に与えられるのである。[159]

> 「制度化されたコモン－ウェルス［…］には、ただひとつの最高権力しかありえない。そして、それは、立法権である。その他の権力はすべてこれに従属し、また従属しなければならない。しかし、立法権も一定の目的のために行動するように信託された権力にすぎないから、立法部がそれに委ねられた信託に反する行動をとるときには、立法部をしりぞけたり、変更したりする最高権力は、なお人民の手にある。」[160]

さらに、このようにも述べている。

> 「立法部は［…］人民から委任された権力であるから、これを持つ者も他の人に譲ることはできない。人民のみが立法府を設立し、それが誰の手中にあるべきかを定め、そうすることによってコモン－ウェルスの形態を定めることができるのである。」[161]

つまり、立法府がオーガニック身体の魂の地位を占めることになるのである。

---

(157) LOCKE J., ibid., para.5. ロック、前掲、161頁。
(158) LOCKE J., ibid., para.89. ロック、前掲、215頁。
(159) 暴君に対する人民の抵抗権については、LOCKE J., ibid, Chap.XVIII : "De la Tyrannie" et paras. 155 et 239. ロック前掲、265頁、320頁参照。
(160) LOCKE J., ibid., para.149. ロック、前掲、261頁。
(161) LOCKE J., ibid., para.141. ロック、前掲、256頁。

第1章　レスプブリカのメタフィジック身体

「この立法部においてこそ、ひとつのコモン-ウェルスの手足（メンバー）が結合し、ひとつの統一ある生ける身体にまとまるのである。これこそ、コモン-ウェルスに、形相と生命と統一を与える魂であり、立法部からそれぞれの手足（メンバー）は彼ら相互の影響、共感、関係を受けるのである。したがって、立法府がこわされたり、解体したりすれば、統治の解体と死がそれに続く。社会の本質と結合は、ひとつの意思を持つことにあるのだから、多数者 the majority によっていったん確立された立法部は、その意思を宣言し、いわばその意思を保つのである。」(162)

政府について「オーガニック身体」理念に依拠する限り、アリストテレス以来の3政体分類説に変化はない。ただ、ロックによると、「統治形態は、最高権力、つまり、立法権をどこにおくかによって決まる。[…]立法権がどこにおかれるかによって、コモン-ウェルスの形態が決まってくるのである」。(163)

「多数者 THE MAJORITY は、人びとが初めて社会 society に結合するとき、人びとの中に自然に存在する、共同体 the community の全権力を持っている。そこで、多数者は、その権力のすべてを用いて、共同体 the community のために随時、法をつくったり、自ら任命した職員によって法を執行させたりすることができる。この場合、統治の形態は完全な民主政 democracy である。また、立法権を少数の選ばれた人びとと、および、その相続人または後継者の手に委ねる場合は、寡頭政 oligarchy である。さらにまた、一人の手に委ねる場合、これは君主政 monarchy である。」(164)

そして、確かにイギリスにおいて立法府は、「国王、貴族院、庶

---

(162)　LOCKE J., ibid., para.212. ロック、前掲、304頁。
(163)　LOCKE J., ibid., para.132. ロック、前掲、247頁。
(164)　Ibid.

民院から成」$^{(165)}$りたっているが、ロックにとって、国王は国家の象徴に過ぎない。すなわち、国王は、「コモン-ウェルスの象徴、影像、代表として、法によって宣明された、社会の意思によって行動するものと見なされるのである」。$^{(166)}$

こうして、フォーテスキューによってポリス政と君主政の混合形態として提示されたコーポレーション理論は、フッカーに引き継がれ、ロックによって、まったく同一の図式を維持しつつも、人民主権に変換されたのである。アリストテレス以来、オーガニック身体の考え方は、支配者の意思に基礎を置きいていた。この支配者の意思が、最高統治者である神の意思を表現していた。フォーテスキューおよび議会派は、神の意思を被支配者に基礎づけ、これを人民 people と呼んだのである。こうするために説明しなくてはならなかったことは、どのようにして神の意思が、人民を通って支配者に到達するのかということであった。このために編み出されたのが、ポリス政政と君主政の混合である。この考えのロック版は以下のようになる。まず、神が人々に人民という社会を構成するよう命じる、次にこの人民が信託によってその権力を国家（commonwealth）という共同体に委ねる。そして今度は、国家がその権力を立法府に委ねるのである。$^{(167)}$この観念的プロセスが見事に示しているのは、語り手がそれぞれの段階に付与する権力に対応して、それぞれの観念的実体（人民、国家）が、想像＝創造されていることである。ところが、実際には、これらはすべて単なる立法府の正当化に他ならない。実際ロック自身、「社会、あるいは同じことだが、社会の立法府（*the society or, which is all one, the legislative thereof*）」$^{(168)}$と言明し、同一性を強調しているのである。

---

(165) LOCKE J., ibid., para.223. ロック、前掲、310頁。
(166) LOCKE J., ibid., para.151. ロック、前掲、262頁。
(167) LOCKE J., ibid., para.87. ロック、前掲、214頁。
(168) LOCKE J., ibid., para.89. ロック、前掲、215-216頁。

第 1 章 レスプブリカのメタフィジック身体

　ロックの主張は、議会の政治的優位を正当化するための政治的マニフェストに止まらない。それはまた、経済的マニフェストでもあった。旧来の形式の「自由（libertas）」をとおして、経済的自由を主張しているのである。既に見たように、経済的には、議会派は市場経済に結びついた「エンクロージャー（囲い込み）」にその基礎を置いていた。彼らは借地農家の犠牲の上に、イギリス「商社」の「雇用主」となった。土地を失った農民は、大土地所有者が経営するマニファクチャー（工場）において、賃金労働者として働かざるを得ないか、または、大都市に流出して労働力となり、その後の産業革命に貢献することになる。ロックはこの「囲い込み」も相変わらず神の名によって正当化する。ここでもまた、全体がまず先にある。というのは、彼によると、人類の歴史のはじめに「旧約聖書『詩編』第 115 章 16 節で、ダビデ王が、神は『地を人の子らに与えられた』と語っているように、それを全人類の共有物としてあたえた」。[169]それと同時に、神は人間に、「世界を生活の最大利益と便宜のために最もよく利用するための理性をも与えた」。[170]実際、ロックは神に同一化しているのだが、彼による神の描写は、まさに企業の社長そのものである。

　　「人間はすべて、唯一全能でこの上なく賢明なメーカー Maker の製品（*workmanship*）であり、唯一最高の支配者の命によって、彼のビジネス（*his business*）をおこなうために、この世に送られた召使である。すべての人間は神の所有物、製品（*workmanship*）であって、人間相互の好みによってではなく、神の好みによってのみ生存するように造られている。」[171]

こうして、商業社会＝会社の社長として、神は土地の最大利用を

---

(169) LOCKE J., ibid., para.25. paras 26 et 34 参照。ロック前掲、175 頁。175、180 頁参照。
(170) LOCKE J., ibid., para.26. ロック、前掲、175 頁。
(171) LOCKE J., ibid., para.6. ロック、前掲、162 頁。

第1部 「オーガニック身体」

命じる。

> 「神はそれを人間が利用し、そこから生活の最大利益を引き出し得るように、与えたのであるから、それがいつまでも共有し未開のままであっていいと神が思し召しであったとは考えられない。」[172]

土地所有を正当化するのは労働である。[173] なぜならば、それによって神の商業社会＝会社が潤うからである。

> 「労働によって土地を占有する者は、人類の共同財産（*the common stock of mankind*）を減らすのではなく、かえって増しているのである。[…] 土地を囲い込み（*encloses land*）、10エーカーの土地から、自然のままに放置された100エーカーの土地から得られるより多くの利便を得る者は、人類に対して90エーカーの土地を与えたことになると言ってよいであろう。」[174]

とはいえ、私的所有権は無制限ではない。なぜなら、神が人間に土地とその収穫物を与えたのは、その人間が使用するためなのだから、その使用を越える分については、他の人に分け与えねばならない。[175]

> 「もし、彼の所有に帰したものが、適当に利用されないで滅失し、すなわち、彼が利用する前に果実が腐ったり、鹿肉が腐敗したりするならば、彼は万人に共通な自然法に違反したことになり、処罰されねばならないのであった。」[176]

ところが、貨幣の発明によって、さらに、その使用についての「黙示の同意 the tacit agreement」[177] によって、物の価値を保存する

---

(172) LOCKE J., ibid., para.34. ロック、前掲、180 頁。
(173) LOCKE J., ibid., paras.32 et 35. ロック、前掲、179 頁、180 頁。
(174) LOCKE J., ibid., para.37. ロック、前掲、182 頁。
(175) LOCKE J., ibid., para.31. ロック、前掲、178 頁。
(176) LOCKE J., ibid., para.37. ロック、前掲、183 頁。
(177) LOCKE J., ibid., para.36. ロック、前掲、182 頁。さらに、para.50.190 頁参照。

第1章　レスプブリカのメタフィジック身体

ことができるようになり、自然法の違反を回避できるようになった。なぜなら、「正当な所有権の限界を超えたかどうかは、その財産の大きさにあるのではなく、無駄に失われたものがあるかどうかだからである」。[178] 貨幣の使用に関するこの黙示の同意から、「合意によって（by consent）」[179]、私的所有の不均衡が生じる。

> 「土地の不均等で不平等な所有も明らかに、人びとが同意した結果だということになるのである。なぜなら、余剰生産物に対して、誰も害することなく蓄積できる金銀を交換に受け取ることによって、自分がその生産物を利用し得る以上の土地を正当に所有する方法を、人びとは黙示の自発的な同意によって発見したからである。」[180]

以上見てきたことは、ロックにとって、すべて国家発生以前の自然状態の中で起こったことなのである。

> 「こういう私有財産の不平等という物の分け方は、社会の枠の外で、契約 *compact* なし、ただ金銀に価値を置き、貨幣の使用に黙示的に同意することによって可能になったのである。」[181]

こうして、神聖な自然法によって規律される自然状態という枠の中で、ロックは「世界の他の地域と通商して、その産物の販売により貨幣を獲得する望み」[182] によって動機づけられた「エンクロージャー（囲い込み）」を正当化する。ホッブスにいたるまで、政府成立以前の自然状態とは、混乱状態であり、克服されるべき、脱出するべき状態であった。なぜなら、ロック以前において、自然法は統治の正当化であったからである。人間は政治的動物として、支配者の想定するシステムに統合されることが、「自然によって」運命づ

---

(178)　LOCKE J., ibid., para.46. ロック、前掲、189頁。
(179)　LOCKE J., ibid., para.36. ロック、前掲、182頁。
(180)　LOCKE J., ibid., para.50. ロック、前掲、190頁。
(181)　Ibid.
(182)　LOCKE J., ibid., para.48. ロック、前掲、190頁。

第1部 「オーガニック身体」

けられていたのである。言いかえるなら、自然法とは、人間社会を規制する論理的秩序である。アリストテレスにとって、自然法とは対象としての自然に「meta（先立つ）」ものであったことを想起しよう。ところが、ロックはこの前提を覆す。なんと、政府成立以前の状態の法が、理想的であるというのである。あるべき状態を示すための架空の「meta（先立つ）」が、今や、論理としての「meta（先立つ）」ではなく、時間的な「meta（先立つ）」になる。つまり、自然法は論理秩序ではなく、時間秩序となるのである。自然法は国家に先立つものとして、国家をして最大利益獲得という神聖な秩序に服せしめる。自然法が論理秩序から社会に先行する時間秩序に変換された瞬間、自然状態と社会状態が分離する。自然状態は社会状態を規制しなくてはならない。ここから、議会派の主張する「自由（libertas）」のふたつの主要な正当化が生まれる。ひとつは君主制経済から市場経済の分離を主張する自由化であり、もうひとつは、家という君主制から個人の分離を主張する自由化である。

まず、君主制経済から市場経済の分離を主張する自由化について検討しよう。アリストテレス以来、「オエコノミア oekonomia」という言葉は、家長によって統治され、家族のみならず召使いや奴隷から成る家制度を意味していた。存在する一切のものは、支配部分と被支配部分から成る身体みなされた。既に指摘したように、3世紀以来、この言葉は、キリスト教の教義では、神の普遍的統治を意味していた。17世紀にいたっても、ヴォルフ・ヘルムハルト・フォン・ホーベルク Wolf Helmhard von Hohberg は、当時の家長に関する主著『篤農訓−貴族の農村生活（Georgica curiosa oder Adeliges Land- und Feldleben, 1682)』のはしがきにおいて、神は「人間を愛し給う天上の家長にして, 偉大なる世界統治（Weltoeconomia）を倦むことなく永遠にみそなわす」ものであると強調していたのである。[183]

---

(183) BRUNNER O., *Neue Wege der Verfassungs- und Sozialgeschichte*, Vanden-

第1章　レスプブリカのメタフィジック身体

この「オエコノミア oekonomia」は、自給自足経済の上になり立っていた。実際、トマス・アキナスもレスプブリカの自給自足を奨励していた。

> 「都市がその威厳をいっそう高めるのは、商人たちから物を豊かに得る場合よりも、むしろ、自己の領域内から豊かな物を引き出す場合である。」[184]

トマス・アキナスは、自給自足だけでなく、商業の制限までも奨励していたのである。なぜなら、商業はレスプブリカを腐敗に導くからという。

> 「もし市民が自ら商業にいそしむなら、数多くの悪弊に扉が開かれることになろう。なぜなら、商人たちの努力はすべて営利に向かうから詐欺が横行する。公益が蔑視されるから、各人は私利を事とする。徳の報酬たる名誉がすべての者に与えられるから、道義心が衰えることになる。それゆえ、そうした国家において、国家の生命が腐敗するのは必然である。」[185]

よって、伝統的オエコノミアは、むしろ、商業に反対していたのである。ところが、経済は家を離れて、市場にその在処を移してゆく。個人の利益追求は、ロックにおいては、神の神聖な命令であるが、トマス・アキナスにおいては、公益の冒涜に他ならなかった。議会派はこうして自分たちの経済分野を独立させるだけでなく、自然法の名において自分たちの経済的要求に国家を従わせてゆく。ここから生まれたのが市場経済自由主義である。実際、1694年、政府から独立したイングランド銀行が設立されたが、これは、「ロッ

---

hoeck & Ruprecht, Göttingen, 1968, S.126. オットー・ブルンナー『ヨーロッパ——その歴史と精神』岩波書店、1974年、181-182頁。

(184) THOMAS D'AQUIN, *Du Royaume : De Regno*, Livre deuxième, Chap.III, Egloff, Paris, 1947, pp.144-145. トマス・アキナス「キプルス国王に上がり『君主の統治』を論ずるの書」『聖トマス経済学』みすず書房、1991年、300頁。

(185) THOMAS D'AQUIN, ibid., p.146. トマス・アキナス、前掲、300頁。

第1部 「オーガニック身体」

クのいう意味で、政府を商業から分離させるということ」[186]の象徴であった。

次に、君主制的家制度からの、個人の自由化について見てみよう。この解放は、君主制からの市場経済的自由化と同じ動機に基づいていた。というのは、国家を通商産業会社に変換するためには、旧来の慣習法によって規制された集団に対する人間の忠誠を打ち破らねばならないからである。その集団の典型的な形が、家という人間支配の基本形態であった。なるほど、個人を基盤にした社会というイメージは新しいものではない。すでにホッブスが自分の機械的方法によってこの現象を理論化しようとしていたからである。ところが、彼の理論は受け入れられなかった。さらに、ホッブスにおいても、個人は家長にとどまっていた。ロックはあらゆる慣習法を排除する。もちろん、議会派の「古来の権利と自由」を例外とすることは言うまでもないが。このために欠かすことのできないのが、自然法である。

> 「自然状態には、これを支配する一つの自然法があり、すべての人はそれに拘束される。そして理性こそその法なのだが、すべての人は理性に尋ねてみさえすれば、すべて平等で独立しているのだから、誰も他人の生命、健康、自由または財産を侵害すべきでないということがわかるのである。」[187]

このように、平等という概念は、神が定める「単一の尺度（one measure）」[188]によって規律される政府と同義語なのである。このようなロックの主張は、集団に基礎を置く、旧来の「身分」制の構造を解体することを意味する。「身分」制の基本集団は家であり、

---

(186) POLANYI K., *La Grande Transformation : Aux origines politiques et économiques de notre temps*, Gallimard, Paris, 1983, p.292. カール・ポラニー『大転換』東洋経済新報社、1993 年、302 頁。
(187) LOCKE J., ibid., para.6. ロック、前掲、162 頁。さらに、para.22. 173 頁参照。
(188) LOCKE J., ibid., para.5. ロック、前掲、161 頁。

第 1 章　レスプブリカのメタフィジック身体

これは家産君主制にとって重要なイメージであった。旧来、家長は家の「政治的君主（the politic monarchs）」[189]であったが、この解体は家長の権力減少を引き起こす。ロックは「父権（paternal power）」[190]という言葉が「世間に通用している」[191]ことを認めているにもかかわらず、これを拒否し、「親権（parental power）」[192]という言葉に取って替えることを提案する。なぜなら、理性の啓示によって、母親もまた「同等の資格を持っていることがわかる」[193]からである。

「権利と自由」という概念も、かつては、憲章に基づいた支配服従契約に基づいていたが、今やそれは抽象化され、法に対する抽象的服従を意味するようになった。とはいえ、アリストテレス以来、自由が法への従属を意味することにかわりはない。ロックは言う。

　　「法のないところに自由はない。」[194]

アリストテレス以来、理性は神の意思である。ロックにとっても、理性は、服従を主体的意思に変換するための、すなわち、外的規範を内面化するための、個人的能力として主張される。

　　「人間の自由、および自分の意思にしたがって行動する自由は、その人が理性を持っているということにもとづくのであって、理性が人間に、どのように自分を統治すべきかを教え、どれだけ自分の意思の自由が許されているかを教えてくれるのである。」[195]

一方で、自然状態と社会状態との分離、および、前者の後者に対する優位は、確かに、経済および個人の自由の正当化を可能にした。

---

(189)　LOCKE J., ibid., para.76. ロック、前掲、207 頁。
(190)　LOCKE J., ibid., para.52. ロック、前掲、192 頁。
(191)　Ibid.
(192)　Ibid.
(193)　Ibid.
(194)　LOCKE J., ibid., para.57. ロック、前掲、195 頁。
(195)　LOCKE J., ibid., para. 63. ロック、前掲、198 頁。

第 1 部 「オーガニック身体」

しかし、他方において、北アメリカ植民地においても「エンクロージャー（囲い込み）」を正当化したいロックにとって、この分離は重大な問題を引き起こすことになる。⁽¹⁹⁶⁾実際、ロックは北米カロライナ州基本憲法の起草に関わった。この憲法の目的のひとつは、その前文に明記されているように、「平等にかつ混同することなしに植民地領主たちの利益を設定すること」である。⁽¹⁹⁷⁾植民地化をめざすロックの意思は、先住民族の中に政府が存在することを認めない。

> 「アメリカの多くの地域では、政府はまったく存在しなかった。」⁽¹⁹⁸⁾

神である語り手が政府の存在を認めたくないのだから、アメリカには、政府設立のために必要な、人間の同意が存在しない。

> 「すべての人は本来このような自然状態にあり、そうして自分自身の同意によっていずれかの政治社会の手足 members となるまでは、その状態にとどまっているのである。」⁽¹⁹⁹⁾

またさらに、

> 「人びとの間の自然状態を終わらせるものは、どんな契約（compact）でもよいというわけではなく、ひとつの共同体（one community）に入り、ひとつの政治的身体（one body politic）を作るという、相互の同意としての契約だけなのである。その他の約束や契約は、たとえ人がそれを結んでも、彼らは依

---

(196) 「ロック自身、アメリカに広く興味を持ち、人間の自然状態を映し出すものとしてアメリカを利用し、自分の所有権理論を発展させるにあたって、アメリカを自由な土地の純粋な例と見なしたのである。」Introduction de COOK T.I. dans LOCKE J., *Two Treatises of Government*, Hafner Publishing Company, New York, 1961, p.xxxiii.

(197) "The Fundamental Constitutions of Carolina : March 1, 1669", The Avalon Project at Yale Law School（http://www.yale.edu/lawweb/avalon/states/nc05.htm, 2006 年 3 月 17 日アクセス）.

(198) LOCKE J., ibid., para.102. ロック、前掲、226 頁。

(199) LOCKE J., ibid., para. 15. ロック、前掲、168 頁。

第 1 章　レスププリカのメタフィジック身体

然として自然状態の中にいる。」[200]

さて、ロックの論理にしたがうと、政府設立以前の状態は自然状態であるから、先住民族はこの自然状態の中にあることになる。

「今日のアメリカは、アジアやヨーロッパの初期の時代、すなわち、国土に比べて人口が少なく、人間も貨幣も不足しているために、人びとがその所有地を拡大したり、もっと広い土地を求めて争ったりしようという気持ちを起こさせなかった頃の見本のようなものである。」[201]

ところが、もしアメリカ先住民族が自然状態にあるのだとしたら、これはロックの論理では理想的状態なのだから、彼らを尊敬こそすれ、植民地化などはできないことになる。ここで、ロックは自分自身の論理の袋小路にはまってしまう。しかし、これは大した問題ではない。神である語り手は、先人から受け継いだ説明 logos、すなわち、「言葉のアクロバット」の助けによって、自分で世界を創造できるからである。ロックは、キリスト教から、「堕落」と「千年王国」の考え方を借りてきて、自然状態にニュアンスを含ませる。確かに、当初は、自然状態は神の自然法によって規律されていたが、後になって、人間の堕落のせいで自然状態が劣悪化したというのである。

「しかし、黄金時代（虚しい野心やよこしまな所有愛 amor sceleratus habendi[202]や邪悪な貪欲によって、人びとの心が堕落し、本当の権力や名誉についての誤った考えを持たせるようになる以前の時代）には、徳がもっと栄え、したがって統治者はもっと立派で、悪徳な臣民もずっと少なかった。」[203]

---

(200)　LOCKE J., ibid., para. 14. ロック、前掲、167 頁。
(201)　LOCKE J., ibid., para.108. ロック、前掲、230 頁。
(202)　「ローマの詩人オウィディウス『変形物語（A.D.1-8）』第 1 篇 131 章が、所有欲をこのような言葉で呼んだ。」LOCKE J., *Le second traité du gouvernement*, Presses Universitaires de France, Paris, 1994, p.218, note 317.
(203)　LOCKE J., op. cit., para.111. ロック、前掲、233 頁。

第 1 部 「オーガニック身体」

　理性もまた堕落を免れない。原則として、理性はすべての人に備わっているのだが、人間の堕落のためにそれを使いこなすことができないというのだ。

> 「自然法は、あらゆる理性的な被造物にとって、明白でわかりやすいものであるけれども、しかし、人間は利害関係のために偏見を持ち、自然法の研究をしていないために無智なため、それを自分たちの個々の場合にあてはめるときには、それを拘束力ある法としては、なかなか認めたがらないのである。」[204]

そして、理性なき自由は価値のないものとなる。

> 「理性の導きを持たないうちに、人間に無拘束の自由を許すということは、その本性の特権である自由を認めることではなく、むしろ人間を野獣の中に突き放し、野獣と同じように惨めな人間以下の状態に見捨てることである。」[205]

　こうして、人間は動物よりも劣った状態に陥ってしまった。その結果、確かにインディアンは自然状態にあるのだが、それは、堕落した自然状態である。なぜなら、彼らは、労働という神の命令を守らなかったからである。

> 「この点について証明するには、豊かな土地を持ちながら、あらゆる生活の便宜においては貧しいアメリカの諸ネイションほど、よい例はありえないであろう。自然は彼らに、他のどの人民 people にも劣らぬほど豊富な資源、すなわち、食物、衣服、便宜品として役立つものを豊かに生産することのできる肥沃な土地を与えたのである。しかし、それを労働によって改良することをしなかったため、われわれの享受している便宜品の 100 分の 1 ももっていない。そして、そこでは広大で豊かな領地の王が、イングランドの日雇労働者より粗末なものを食べ、貧し

---

(204) LOCKE J., ibid., para.124. ロック、前掲、242 頁。
(205) LOCKE J., ibid., para.63. ロック、前掲、198 頁。

い家に住み、粗末な服を着ているのである。」[206]

このようなレトリックを労してようやく、ロックは、自分が自然状態にあると判断した人々を、自分の欲する社会状態に統合する必要性を、躊躇することなく宣言できるのである。

「このようなわけで、人類は自然状態ではいろいろな特権があるにもかかわらず、そこに留まるかぎりは、かえって悪い状態になるので、すみやかに社会へと駆り立てられる。だからこそ、人数はどれほどでもよいし、時代はいつでもよいが、人々がこういう状態で一緒に生活した例はほとんど思い出されないのである。」[207]

以上のように、自然法が時間的秩序に変換され、自然状態と社会状態との分離をともなうことによって、イギリス国内のみならず、植民地における「エンクロージャー（囲い込み）」が正当化されたのである。この変換の効果はここに止まることなく、人間支配の説明方法全般をも変換することになった。アリストテレスやホッブスにとって、植民地化の理由は、語り手から見て、当然、自然になくてはならないものが、植民地化されるべき人々に欠如しているためであった。ところが、自然法が時間的秩序になった瞬間、語り手が植民地化したい人々はすべて自動的に過去の時間に組み入れられることになる。人類全体は、ヨーロッパを頂点とする時間的序列によって階層化されるだけでなく、さらに、神の自然社会、普遍社会に永劫回帰するために、最大利益を上げることを運命づけられる。

「この人類全体に共通の法によって、全人類はひとつの共同体となり、他のすべての被造物とはことなるひとつの社会をつくる。そして、もし、堕落した人間の腐敗と悪徳さえなければ、それ以外の別の社会をつくる必要はなかったのである。すなわち、人びとがこの偉大な自然の共同体から分離して、明文の同

---

(206) LOCKE J., ibid., para.41. ロック、前掲、185頁。
(207) LOCKE J., ibid., para.127. ロック、前掲、243頁。

第1部 「オーガニック身体」

　意によって、もっと小さく分割されたアソシエーションに結合
　する必要もなかったのである。」[208]

このように、国家もしくは人民は、神の普遍統治実現へ向けたプロセスの中の、単なる一段階にすぎないのである。アリストテレス以来、普遍統治という理念が、語り手が想定する統治を合理化するためのモデルとして利用されてきた。ところが、ロック以降、普遍統治は単なるレトリックの問題ではなく、世界支配によって現実に実現されるべき具体的なプログラムになってしまったのである。この瞬間から、人間支配の正当化に、時間の観念が取り入れられるようになった。それ以前には、トマス・アキナスの以下の言葉が典型的に示しているように、時間の観念などは完全に無視されていたのである。

　「法とは、完全な共同体を支配する首長が発する実践理性の命
　令にほかならない。よって、第1部で示されたごとく（第22問
　題第1項・第2項）、世界が神聖な摂理 divina providentia によっ
　て支配されていることを認めるならば、この宇宙世界の全共同
　体が神的理念によって統治されていることはあきらかであろう。
　それゆえに、宇宙全体の支配者としての神のうちに見いだされ
　るところの、事物の統治理念そのものは法の本質を有する。と
　ころで、〔旧約聖書—訳者〕『箴言』第8章（第23節）にいわれ
　ているごとく、神的理念における事物の把握 concipere は時間
　のうちになされるのではなく、永遠的であるからして、このよ
　うな法は永遠と呼ばれるのでなくてはならぬ。」[209]

ホッブスも同様である。彼にとって、人間支配に時間の観念は必要ですらなかった。というのは、ホッブスの構想するような計算を

---

(209)　LOCKE J., ibid., para. 128. ロック、前掲、244頁。
(209)　THOMAS D'AQUIN, *Somme théologique*, Ia IIae q.91 a.1, rép, Les Éditions du Cerf, 1984, Tome 2, p.573. トマス・アクィナス『神学大全 13』創文社、1993年、16頁。

重視する理論は、時間の観念を考慮しないからである。ホッブス自身が強調しているように、「哲学は、自然史であれ政治史であれ、歴史を排除する。有用ではあるが（必要ではない）。なぜなら、そうした知識は、経験もしくは権威にすぎず、計算［ratiocination］ではないからである。」[210]

ロックの主張は、1688年名誉革命で勝利を得た議会派のあらゆる利益を表現していた。ロックの理論を可能にしたのは、アリストテレス以来の伝統的な思考方法であった。つまり、語り手の意思を神の意思と同一視する方法であり、それに「千年王国」というキリスト教の伝統的考え方が付け加えられたものであった。とはいえ、ロックの新しいところは、伝統的考えを、新しい世界観の建設に適合させたことである。その国家レスプブリカとは、集権化された単一権力の下で、個人から構成されている。これは、主権を分かちあう様々なレスプブリカから構成される伝統的な国家レスプブリカとは、相反するものである。

フッカーが示したように、頭と身体に関する議論とはすぐれて政治権力の説明様式であった。よって、フッカーが身体と呼んだ人民は、人間存在を指し示すものではなく、政治権力の正当化または制限のために、語り手がメタフィジックに想像した概念道具にすぎない。議会が政治的身体の頭を奪った今、その頭はある人格ではなく、制度によって代表される。その結果、人民は固有かつ独立の存在を与えられたかのように見えてくる。とはいえ、人民とは支配従属関係を説明するためのメタフィジックな想像物に過ぎないのだから、その意味はアリストテレスが定義した時代から変わりない。すなわち、被支配者ということである。実際、このような人民＝被支配者

---

(210) HOBBES T., "Element of Philosophy. The First Section, concerning Body, Written in Latin by Thomas Hobbes of Malmesbury and translated into English", Chap.1, art.9, *The English Works of Thomas Hobbes of Malmesbury*, John Bohn, London, 1839, Vol.1, pp.10-11.

第1部 「オーガニック身体」

という関係概念としての意味が、ロックの影響を受けたアメリカ独立宣言（1776）にも見られる。[211]

> 「われらは、次の事柄を自明の真理であると信ずる。[即ち]すべての人は平等に造られ、造物主によって一定の奪うことのできない権利を与えられ、その中には生命、自由および幸福の追求が含まれる。[また]これらの権利を確保するために人びとの間に政府が組織され、その権力の正当性は被支配者の同意に由来する。[さらに]いかなる統治形態といえども、これらの目的を損なうものとなるときは、人民はそれを改廃し、彼らの安全と幸福をもたらすものと認められる諸原理と諸権限の編制に基づいて、新たな政府を組織する権利を有する。」[212]

人民は、その存在が政府に依存しているため、アリストテレス以来、その意味が被支配者であることにはまったく変わりない。「政府なければ、人民なし」なのである。よって、人民の性格を決定するのは支配、すなわち、政府である。ヒューム Hume は、その著書『ナショナルな性格について Of national character（1741-1742）』において、こう述べている。

> 「ある数の人間がまとまって政治的身体となる場合、防衛、通商、統治のための、彼らの間のつきあいは、大変頻繁なので、同一の言葉もしくは言語とともに、彼らは、その習俗の類似性を獲得するに違いない。そして、個々人に特有の個人的性格の

---

(211) 「啓蒙時代の偉大な代表者かつ体現者がジョン・ロックであった。そして、ジョン・ロックは、とりわけ——もっとも広く読まれ、最も影響力のある——アメリカの哲学者なのである。彼はピューリタンとして育てられたピューリタンの息子であった…。アメリカ独立宣言は、彼の『統治二論』からほぼ文字通り引き抜かれたようである。」PERRY R.B., *Shall Not Perish form the Earth*, Vanguard Press, New York, 1940, p.41, KOHN H., *The Idea of Nationalism : A Study in Its Origins and Background*., Macmillan, New York, 1961, p.637, n.77 より引用。

(212) CANU J., *Histoire de la nation américaine*, Éditions du Chêne, Paris, 1947, p.71. 樋口陽一・吉田善明編『解説世界憲法集』三省堂、1991年、55頁。高木八尺・末次三次・宮沢俊義編『人権宣言集』岩波書店、1996年、114頁。

第1章　レスプブリカのメタフィジック身体

みならず、ひとつの共通な、すなわち、ナショナルな性格を持つに違いない。」(213)

　イギリスにおいては、議会が国王に対抗するコーポレーション理論を発展させるために人民を名乗った。17世紀、西欧のほかの国々は、相変わらず、絶対王政のままである。フランスは、国王ルイ14世が「朕が国家なり」と宣言するほど、この時代の典型的な絶対王政を示していた。結局、イギリスでは、ホッブスのフィジックな方法論よりもロックのメタフィジックな神学的方法論が受け入れられた。一方、フィジックな方法論は、フランスで発展し、人間集団の新たな原則を生み出してゆく。

---

(213)　HUME D., *Essays : Moral, Political and Liberty*, Oxford University Press, London, 1963, p.208.

第2章　レスプブリカのフィジック身体

第1節　フランス：自然が作るフィジック身体

A.　中央集権化批判

(1)　ルイ 14 世：メタフィジック身体の全盛

　イギリス絶対王政と同じく、フランス絶対王政も重商主義政策によって促進された海外通商によって強化される。それによって、国王は利益を蓄え、その権力を増大したのである。このような王権増大は、政治権力正当化としての「オーガニック身体」理念をも同様に強化することになる。たとえば、スノー Senault 神父は、このように主張している。

　　「王国はひとつの巨大な身体である。そして、人体に活力を与えるのは、唯一の精神しかありえないのと同じく、その身分＝国家（l'Estat）を統治するのは、唯一の主権者しかありえない。」[1]

　国王の権威は、常に普遍の秩序すなわち自然の秩序から導き出される。スノー神父もまた、以下のように、同様の説明方法を用いる。

　　「世界は第一の身分＝国家（le premier Estat）であり、他のすべてのものの規則であるから、世界は、命じる部分と服従する部分との間で保たれるこのすばらしい秩序によってのみ存続するのである。この巨大な身体のなかには、何世紀にもわたって破られたことのない不可侵の法が存在する。すなわち、地は天に従い、地のあらゆる産物は、太陽をその主権者として認めてい

---

(1)　SENAULT J.F., *Le monarque ou les devoirs du souverain*, Pierre le Petit, Paris, 1664, p.22.

る。太陽が現れれば、その感化を受けるために、花や植物は胸を開く。太陽が退けばそれらは閉じる。この星がそれらの王であると判断することは容易である。なぜなら、それらの尊敬と愛情は彼にしか向けられていないからである。」[2]

アリストテレス以来、世界の秩序は、支配者と被支配者から構成されている。たとえば、王太子の家庭教師であったジャック・ベニーニュ・ボシュエ Jacques Bénigne Bossuet は、この関係を王太子に次のように説明している。

「それぞれの才能に応じて、強者は弱者を、大きいものは小さいものを、各人がそのもっとも遠いと思われるものを必要とします。なぜならば、相互の必要性によってすべてが近づけられ、すべてが必要とされるからなのです。」[3]

アリストテレス以来の伝統にしたがって、ボシュエも、政治的権威を神の意思に基礎づける。「国王の権威は神聖である」[4] つまり、国王が神授王権をもっているというのである。

「神が諸国王を自分の大臣として擁立し、彼らによって人民の上に君臨しているのであります。王冠は人間の王冠ではなく、神自身の王冠なのです。」[5]

現代の歴史家ジェラール・フリッツ Gérard Fritz は、絶対王政の政治を以下のように叙述している。

「政治は、宇宙の『模倣』であり、また、そうでなくてはならない。その結果、宇宙から出発することになる。とはいっても、この宇宙は、使いたい目的によって、予め秩序づけられたものである。[…] 人はある全体的関係性の中に位置づけられるこ

---

(2) SENAULT J.F., ibid., p.2.
(3) BOSSUET J.B., *Politique tirée des propres paroles de l'Écriture Sainte* (1709), Droz, Genève, 1967, Livre premier, Article premier, VIe Proposition.
(4) BOSSUET J.B., ibid., Livre Troisième, Article II.
(5) BOSSUET J.B., ibid., Livre Troisième, Article II, Ière Proposition.

第 1 部　「オーガニック身体」

とになるが、そこに現実的なものは一切存在しない。そこでは、自然が政治のモデルの上に想定されているのであるから、政治が自然のモデルにしたがって考察されることになるのは言うまでもない。」[6]

以前から国王は王国における自己の支配拡大を目指してきた。そのやり方とは、ブルジョアを支援して貴族を抑え、ブルジョアが強くなってきた時には、それに対抗させるために、貴族を支援するのである。このため、まず始めに、国王はブルジョアから雇い入れた人間によって行政機構を構成する。ギュスタヴ・デュポン＝フェリエ Gustave Dupont-Ferrier は、法服貴族を形成することになるこの役職の起源を次のように説明している。

「おそくともフィリップ尊厳王の時代から……正真正銘の《法律騎士》とも言うべき法律顧問が現れた。かれらは君主政体下の法律をつくるために、カノン法およびローマ法を封建法と融合する作業にとりかかろうとしていた。…… 1316 年には 30 人という小集団の筆生が、1359 年には総勢 104 ないし 105 人の筆生が、そして 1361 年には約 60 人の筆生が大法官庁で、絶えず王の傍らで謄本をつくる栄光を担っていた。この大集団が特権を与えられた公証人たちであった。このなかから選ばれた人びとが（フィリップ美男王の下では 3 人、1388 年以前には 12 人、1406 年には 16 人、1413 年には 8 人）枢密院書記、あるいはまた財務政務次官のおこりである……将来はかれらの手中にあった。宮廷内での王権の一部を代行する高官とは違って彼らには家柄はなく、彼らみずからが新しい家柄をおこすことになるのである。」[7]

---

(6) FRITZ G., *L'idée de peuple en France du XVIIe au XIXe siècle*, Presses Universitaires de Strasbourg, 1988, p.11

(7) DUPONT-FERRIER G., *La formation de l'État français et l'unité française*, Armand Colin, Paris, 1929, p.93 以下参照。ELIAS N., *La dynamique de l'Occident*, Calmann-Lévy, Paris, 1975, pp.130-131、ノルベルト・エリアス『文明化の過程(下)』法政大学出版局、1994、276-277 頁。

第2章　レスプブリカのフィジック身体

　すでに13世紀から、国王代官（Bailli）や国王奉行（Prevot）といった国王直属の行政官が領主裁判権を奪っていた。また、国王権力は都市の自治も奪っていた。とりわけルイ14世時代、都市の自治組織は国王機関にとってかわられた。[8] さらに、貴族が没落すると、「宮内職や王家の管理を司るさまざまな官職は貴族だけに与えられる。そのために何百人、否、ついには何千人もの貴族が、ある程度十分な収入が得られる地位につくことになる。」[9] かつて戦士であった貴族は国王の宮廷内で養われ囲われ、その結果、宮廷貴族となってゆく。このようにして、「宮廷はついに一方では貴族のための養老院として、他方では旧戦士階級を飼い馴らす機関として、明確な形態をとるようになる」。[10] 貴族はその伝統的な義務と権利の均衡が喪失したにもかかわらず、貴族という地位のみに頼って、免税などの伝統的な特権を保持する。後になって、貴族は人びとの反感をますます買うようになり、それがフランス革命において表出することになる。

　イギリスにおいては、議会が絶対君主を打倒し、国王の政治権力集中化の野望を引き継いだ。フランスでは、国王自身が、他の諸「身分」の義性の上に王の身分＝国家（l'Estat）たる政治権力を打ちたてようとする。[11] そのような国王の目の前にあるのは、すでに旧来のような集団としての人間ではなく、個人である。言うまでもなく、その政治的身体の頭は国王である。たとえば、ルイ14世は、その『回想録』において、こう宣言している。

（8）　BRUNNER O., *Neue Wege der Verfassungs- und Sozialgeschichte*, Vandenhoeck & Ruprecht, Göttingen, 1968, S.195, n.24. オットー・ブルンナー『ヨーロッパ──その歴史と精神』岩波書店、1974年、304頁、注24。
（9）　ELIAS N., *La dynamique de l'Occident*, Calmann-Lévy, 1975, p.138. ノルベルト・エリアス『文明化の過程(下)』法政大学出版局、1994、284頁。
（10）　ELIAS N., ibid., p.142. エリアス、前掲、289頁。
（11）　言語と法の画一化については、ROULAND N., PIERRÉ-CAPS S. et POUMARÈDE J., *Droit des minorités et des peuples autochtones*, Presses Universitaires de France, Paris, 1996, pp.75-77 参照。

第 1 部 「オーガニック身体」

> 「ただひとりの人間が一般の者ども le public を統治するということが大切なので、主人を他のものと区別する優位性のしるしを少しでも除こうとすることは、必然的に国家の身体全体に害を及ぼすことになる。[…] すべての誓いは彼のみに向けられ、彼のみが一切の尊敬を受け、彼のみが一切の頼みの綱なのである。彼をとおさなくては、何も求めることはできず、何も期待することができず、何もすることはできないのである。」(12)

確かに、国王は自分が唯一の主人であり、「余の諸人民の父」と考えている。(13) しかし、取り巻きによる国王へのこびへつらいのための言説とは異なり、国王は国家を相対化する。すなわち、自分自身からも独立した「オーガニック身体」と見ているのである。このような国家の相対化は、すでにホッブスのリヴァイアサンにも見られた。フランスでは、国王自身が王国をひとつの制度と見なすのである。実際、ルイ 14 世は、「国家理性 raison d'État」という言葉を用いている。ただし、国家理性や人民の同意を判断するのは、国王自身なのではあるが。

> 「臣民の安寧は服従の中にしかない。一般の者ども le public が統治するのは、王の悪政に耐えることよりも、さらに多くの困難があるのが常である。王の悪政のように見えても、その審判者は神のみである。王が時に普通法に反して行うように見えることも、国家理性に基づいているのである。国家理性は、すべての者の同意による第一の法律ではあるが、統治者でない者にはまったくわからない、まったく不明なものなのである。」(14)

よって、この社会を基礎づけているのは、もはや「身分」ではな

---

(12) LOUIS XIV, *Mémoires de Louis XIV pour l'instruction du Dauphin, première édition complète, d'après les textes originaux avec une étude sur leur composition, Des notes et des Eclaircissements par Charles Dreyss*, Didier, Paris, 1860, Tome 2, pp.15-17.

(13) LOUIS XIV, ibid., 1860, p.46.

(14) LOUIS XIV, ibid., 1860, p.444.

第2章　レスプブリカのフィジック身体

く、個人の効用である。

「王国の主要な機能は、個々の人間を、公に有用となりうる場所におくことである。」[15]

ここから、中央権力の前の平等という考え方が生まれてくる。

「社会のさまざまな条件は、どれも君主による平等な保護を得る権利がある。」[16]

また、

「余の帝国の範囲内にある者は、どのような性格の者であれ、平等に余の世話にかかわっており、余は平等に大切にしなくてはならないのである。」[17]

個人の重視は個人の統制をともなう。1539年ヴィエール・コトレの勅令 L'ordonnance de Villers-Cotterets は、1578年ブロワの勅令 l'ordonnance de Blois によって強化されることになるが、これによって教会教区による教区台帳の登録が義務化される。1667年4月勅令によって、歴史家アンドレ・コルヴィジエ André Corvisier の言葉を借りると、「真の戸籍制度」[18]が導入される。これによって、教区神父は、国王に教区台帳を届けることが義務付けられる。ルイ14世が自分の王国に対しているイメージは、今日の私たちが「会社」とよぶにふさわしいものである。たとえば、国王であることを、会社社長と同じ資格で、「仕事 métier」をすることと同様に見ているのである。[19]

フランスとイギリスにおける「社会」という言葉の意味の違いに注目しよう。フランスでは、ルイ14世から100年後になっても、中世の societas という伝統的なオーガニック身体の概念が生き延びて

---

(15) LOUIS XIV, *Mémoires de Louis XIV* Jules Tallandier, Paris, 1927, p.271.
(16) LOUIS XIV, op. cit., 1860, p.129.
(17) LOUIS XIV, op. cit., 1860, pp.131-132.
(18) CORVISIER A., *La France de Louis XIV*, Sedes, Paris, 1994, p.266.
(19) LOUIS XIV, "Réflexions sur le métier du Roi (1679)" dans LOUIS XIV, op. cit., 1927, pp.280-282.

第1部 「オーガニック身体」

いる。これは、『百科全書(1751-1780)』の法的意味での「社会 Société (Jurisprud.)」の項に見られる。

> 「社会(法的意味での)とは、一般に、人々を集める何らかの目的のための、複数の人間のつながりである。あらゆる社会の中で最も古いものは、婚姻のそれであり、これは神聖な制度である。各家族が自然社会 société naturelle を形成している。その父親が主人である。いくつかの家族がひとつの同じ町や都市や村の中に集まって、その構成人数に応じて、それなりの大きさの社会を形成する。その人々はお互いの必要性やお互いの間の関係性によって結びつけられている。この結合がいわゆる国家的もしくは政治的結合である。そして、この意味において、同一の国の、同一のネイションの、さらには、全世界のすべての人間は、ひとつの普遍社会を構成する。こうした一般社会以外にも、さらに、同じ国、同じ町、または別の場所において、さまざまな個別社会が形成される。communautés & congrégations, ordres religieux と呼ばれる、宗教に関するものもあれば、住民コミュニティ、都市の身体[都市団体]のような世俗的事柄に関するものもあれば、司法行政に関するもの、大学やコレージュやアカデミーやそのほか文学団体のような技芸および科学に関するものもある。またさらには、王国の身分や軍の身分のように名誉に関わるものもある。そして、最後に、金融、商業、その他の取引にかかわるものもある。」

このオーガニック身体の原理が支配従属であることは以前から変わりない。そのことを同じ『百科全書』の「社会(道徳的意味)」の項は、以下のように記している。

> 「人間は社会の中で生きるために作られている。各人がひとりで生きることが神の意図であったとしたら、そうした孤独な生活に適した、かつ、十分な資質を神は各人にお与えになったはずである。この道をお取りにならなかったということは、明ら

かに、神の欲することが、血や生まれによるつながりによって、神が望むより広いつながりが人間のあいだに形成されることをお望みになったからなのである。[…] 社会の絆は従属であり、それなくしては、家族にも国家政府にも秩序がなくなってしまうだろう。[…] よって、下の者が上の者に依存しているのと同じく、上の者も下の者に依存しているのである。一方は権威によって、他方は服従によって共通の幸福を獲得しなくてはならないのである。」

一方、イギリスにおいては、「コーポレーション理論」の影響をうけて、社会 (society) の意味は、フランスほど権威的な意味はなく、むしろ、共同という意味合いが強い。この意味合いは、ロックから100年後になっても、イギリス貴族のエドモンド・バーク Edmund Burke によって、やはり強調されることになる。彼は国家を「パートナーシップの社会」と定義する。「パートナーシップ partnership」とは、商業利益の享受を分かち合う目的の人的結合形式である。イギリスとフランスにおける「社会」という言葉の意味合いの違いを比較するために、バークの『フランス革命省察 (1790)』の一部を原文からの邦訳とJ.-A.A***なる匿名フランス人の仏訳 (1823) からの邦訳を比べて見てみよう。この仏訳者は、「バークの言語の特性ゆえに、我々の習慣や教養とは時にかけ離れた表現やイメージが生じる恐れがあるのだが、彼の生気と独創性を保ちつつ、それ[この版の文体]を明確かつ自然にするよう努めて」いるのである。[20] まず、原文からの邦訳を見てみよう。

「確かに社会とは一種の契約です。とは言え、単なるその時々の利益を目的とする二義的契約ならば好き勝手に解消もできましょう。しかし、国家とは、些細な一時的利益のために締結され、当事者の気紛れに任せて解消される、胡椒やコーヒー、イ

---

(20) BURKE E., *Réflexions sur la Révolution de France*, A. Égron, Paris, 1823, Avertissement.

第 1 部 「オーガニック身体」

ンド綿布やタバコ、その他これに類する低次元の物の取引における パートナーシップ協約にすぎない、などと考えるべきではありません。国家はもっと別の尊敬を以て眺められるべきものです。というのもそれは、一時の、朽ち去るべき性質を持った、低次元の動物的生存に役立つだけの物資についてのパートナーシップではないからです。すれはすべての学問についてのパートナーシップ、すべての技芸についてのパートナーシップ、すべての美徳とすべての完全さについてのパートナーシップなのです。そうしたパートナーシップの目的は多くの世代を重ねてもなお達成不可能な以上、国家は、現に生存している者の間のパートナーシップたるに止まらず、現存する者、既に逝った者、はたまた将来生を享くべき者の間のパートナーシップとなります。個別的国家各々の個別的契約は、永遠の社会における大原初契約の一条項に過ぎません。この大原初契約が、すべての物質的自然と道徳的自然を各々定められた位置に保つ不可侵の誓いによって確定済みの取り決めに則って、低次の自然と高次のそれとを繋ぎ、かつは可視と不可視の世界を結びつけているのです。」[21]

次に、仏訳からの邦訳を見てみよう。

「確かに社会とは一種の契約です。個人的利益や一時的目的のために生活の中で結ばれ、たまたま機会があって生み出されるものは、気ままに解消することもできるでしょう。しかし、国家を胡椒やコーヒー、インド綿布やタバコの取引のための取り決め、もしくは、別の卑俗な利益目的のための取り決めと同列に捉えるべきではありません。後者は、短期間の取引であり、当事者が勝手に切ることができるからです。別の尊敬勘定を

---

(21) BURKE E., *Reflections on the Revolution in France*, Penguin Books, Middlesex, 1987, pp.194-195. エドマンド・バーク『フランス革命の省察』みすず書房、1989 年、123 頁。

第2章　レスププリカのフィジック身体

持って、国家を見なくてはなりません。なぜなら、この種の結合 association の目的は、失われゆくはかない性質を持った、動物的で低俗な存在にしか役立たないようなものではないからです。それは、あらゆる知識の社会 société、あらゆる技術の社会、あらゆる徳と美点の社会なのです。そうした社会の成果が現れるには何世代もかかるので、この社会は現存するものの社会のみでなく、現存するものと、これから生まれるものと、死んでいったものとの間の契約なのです。各国家における、それぞれの契約は、ある永続社会の偉大な原始契約の一条項に過ぎません。この永続社会は、さまざまな性質をもったあらゆる動物からなる一本の鎖を構成しているのです。」[22]

このフランス語訳を見ると、「パートナーシップとしての社会」という概念が、フランス人翻訳者にとってどれほど理解困難で縁遠いものであったかということがわかる。なぜなら、バークの方は、イギリスのコーポレーションという伝統的な概念に依拠しているからである。実際、バークが「現存する者、既に逝った者、はたまた将来生を享くべき者の間のパートナーシップ」という時、彼はフッカーが示したコーポレーションを語っているのである。ここでフッカーを再度、引用しよう。

「ある者の過去の行為は、その人間が生きている限り有効であるのと同じように、ある人間の公共社会 public society が500年前に行った行為は、現在同じ社会の人間が行った行為として有効である。なぜなら、コーポレーションは不死身だからである。つまり、我々は我々の先駆者の中に生きているのであり、彼らはその後継者の中に今も生き続けているのである。」[23]

---

(22) BURKE E., *Réflexions sur la Révolution de France*, op. cit., Égron, Paris, 1823, p.176-177.
(23) HOOKER R., "Ecclesiastical Polity", Book I, Chap.x, 8, *The Works of that learned and judicious divine, Mr. Richard Hooker : with an account of his life*

第1部　「オーガニック身体」

　フッカーは、このコーポレーションを「フェローシップ fellow-ship」と呼んでいた。一方、バークは、これを「パートナーシップ」と呼ぶ。興味深いことに、国家が商業的になるにしたがって、その国家を説明する用語自体が商業的になる。すでに見たように、ロックはフッカーの「頭性 headship」という言葉を、商業や財産法関係の分野で用いられる「信託 trust」という言葉に代えていた。

　「社会」という言葉のこのような意味合いの違いは、それからさらに100年後の、ある国際機関創設の際にも、当然、影響を及ぼすことになる。つまり、第一次世界大戦後に設立された国際連盟（仏 la Société des Nations, 英 the League of Nations）である。フランスの国際法学者ジョージ・セル George Scelle は、League と Société の違いを強調する。League は、単なる集まりにすぎないが、「Société は、法規則、管轄権への必然的もしくは義務的服従を意味する」。(24)

> 「Ligue（League）と Société（Society）というふたつの用語は、同様に用いられると言われるが、実は違うのである。英語の league は、フランス語の Société の理念を正確に表現していると主張されるが、これは誤りである。league という言葉の意味は、『平和強制実施のための League』というアメリカ的発想のように、攻撃的とまでは行かなくても、ある程度積極的な理念、すなわち、ある目的達成とある計画を達成させる願望を意味している。League は、せいぜい、アソシエーションと同じと考えることができようが、それでも、政治的 Société にははるかに及ばない。この政治的 Société は、英語では、『コモン-ウェルス』という言葉を要求する。フランス語の「Société」は、私法領域

---

and death by Issac Walton., Clarendon Press, Oxford, 1890, Vol.1, p.191.
(24)　SCELLE G., "L'Elaboration du Pacte", P. MUNCH (sous la direction de), *Les origines et l'œuvre de la Société des Nations*, Gyldendalske Boghandel, Copenhague, 1923, pp.65-66.
(25)　SCELLE G., ibid., pp.67-68.

においては、それほど広い意味をもっていないが、Société des Nations の場合のように、公法の領域に入ったとたん、『League』という言葉から大きく離れ、いかなる程度においても、同等なものと考えることができないほどになる。実際、"League of Nations" という表現は、創設すべき新たな制度についての第1のアングロサクソン的意味に対応する。すなわち、平和維持を目的とした、ある数の列強、とりわけ大列強の共同行為による政治的同盟である。"Société des Nations" という言葉の意味するものは、これとは反対である。

　これとは反対に、"Société des Nations" という言葉は、フランス人が新たな制度について抱く理想に対応している。連盟規約は、その最終的な形においては、この理想に近づいたし、このジュネーブの機関は、日々ますます、この理想に近づいている。すなわち、重要な政治的機能を分かちあういくつかの機関を備え、結局、ある連邦形態へ向かう傾向をもった、つまり、超国家の設立に向けた、常設の政治的社会 Société なのである。このように、到達点において、ふたつの言葉は、まったく異なるのである。」(25)

セルが言うように、league は asssociation に等しいと考えられていることは確かだが、英米の伝統では、association こそが Société に他ならない。(26) アメリカ大統領ウッドロー・ウィルソン Woodrow Wilson は、その世界平和プログラムの第14条において、国際連盟の設立を提案するが、その文言は、まさしく、「諸ネイションの一

---

(26) たとえば、テンニス『共同体と社会 *Gemeinschaft und Gesellschaft*（1887）』を Leif はフランス語で「*Communauté et Société*」、Loomis は英語で「*Community and Association*」と訳している。J. LEIF, *Communauté et société : Catégories fondamentales de la sociologie pure* dans sa thèse intitulée *Les catégories fondamentales de la sociologie de Tönnies*, Université de Paris, Faculté des Lettres, Presses Universitaires de France, 1946 ; C. P. LOOMIS, *Community and Association（Gemeinschaft und Gesellschaft）*, Routledge & Kegan Paul, London, 1955.

第1部 「オーガニック身体」

般的アソシエーション a general association of Nations」であった。[27]
この計画を発表する4年前、ウィルソンは、このアソシエーション
創設の意図を以下のように表明していた。

> 「あらゆるネイションが、ネイションの偉大なアソシエーショ
> ンに吸収されねばならない。これによって、全ネイションは各
> ネイションの保全を保障し、全ネイション間の取り決めに違反
> するネイションが一つでもあれば、それに対して自動的に処罰
> がもたらされるようにするのである。」[28]

これとほぼ同じ時期、アメリカの元大統領ウィリアム・H・タフ
ト William H. Taft も、society の言葉を用いて、ウィルソンとまった
く同じ考えを表明している。

> 「世界の平和愛好ネイションが、自らを組織して、ある種の so-
> ciety となる時がきたのである。この中で、紛争の友好的解決
> に同意し、戦争を始めたネイションに対しては、こう言うので
> ある。『平和を維持しなくてはならない。さもなければ、われ
> われすべてを敵にまわすことになろう』。」[29]

さらに、ウィルソンは、国際連盟が諸ネイションの「パートナー
シップ」であることを繰り返し強調している。[30]実際、ウィルソン
をさかのぼること300年前、すでにフッカーは、国際社会を「友好
リーグ league of amity」および「普遍的フェローシップ universal fel-
lowship」と呼んでいたのである。[31]このようにして、ソサイエティ
の概念は、フランスとイギリスでは、それぞれの国の歴史の影響を

---

(27) TRIEPEL H., *Nouveau recueil général de traités et autres actes relatifs aux rapports de droit international*, Librairie Theodore Weicher, Leipzig, 1922, Tome XI, p.145.

(28) FLEMING D.F., *The United States and the League of Nations 1918-1920*, Russell & Russell, New York, 1968, p.7.

(29) FLEMING D.F., ibid., p.8.

(30) FLEMING D.F., ibid., pp.18-19.

(31) HOOKER R., Book I, Chap.x, 12, op. cit., Vol.1, p.195.

受けて、まったく異なるものとなってゆく。[32]その結果、たとえ、同じ人間集団について議論していても、その特徴とされるものは、語り手の説明方法に応じて違ったものとなる。なぜなら、その説明方法自体が、社会歴史的条件によって規定されているからである。

さて、ルイ14世紀の時代に再び帰ろう。イギリスとフランスにおいて、「社会」とは、絶対王政による中央集権化が「身分」制を破壊する過程で生じた歴史的現象である。このふたつの「社会」は、国家という唯一の人間集団しか認めない。そこにおいては、国家が認める集団以外は存在が認められず、成員は個人に解体される。この動きの中で、ロックやヒュームは人民やネイションを自律的な固有の存在と認めていなかったことを見てきた。支配者がいなければ、人民やネイションは存在しないからである。このことは、フランスにおいても同様である。たとえば、ボシュエは『＜変異史＞を反駁するジュリユ牧師の書簡に関する新教徒へのいましめ、第５．この牧師は国家の土台をくつがえす（1690）Cinquième Avertissement aux Protestants sur les Lettres du ministre Jurieu contre l'Histoire des Variations: Le fondement des empires renversé par ce Ministre（1690）』の中で、以下のように述べている。

　「この状態では人民が主権者であるどころか、人民すら存在しない。家族はあるかもしれない（まだまとまりが悪く、安全も確保されていないが）。群れや人の集まり、雑然たる多衆はあるかもしれない。しかし人民はありえない。人民と言うからには、なんらかの規律だった行為と確立された法を合わせた何物かが前提されているのである。これは、そういう不幸な状態から、

---

(32) Introduction de MAITLAND F.W. dans VON GIERKE O., *Les théories politiques du moyen âge*, Recueil Sirey, Paris, 1914, p.33. ホッブズについては、HOBBES T., *Leviathan*, ibid., p.119；*Léviathan*, ibid., Chap.XXII, pp.244-245. ホッブズ『リヴァイアサン2』岩波書店、2004年、115頁参照。フッカーについては、HOOKER R., "Ecclesiastical Polity", Book VIII, Chap.ii, 18, op. cit., Vol.2, p.508 参照。

第1部 「オーガニック身体」

　　つまり無政府状態から抜け出し始めた人々にしか起こりえないのだ。」[33]

彼においても、人間集団に関する言説は、相変わらずつねに、統治の説明様式なのである。その方法論も常に同じである。アリストテレスのように、ボシュエは、自らを神すなわち宇宙の意思と同一化する。こうして、ボシュエは、「第1巻：人間の中の社会原理、第1条：人間は、社会の中で生きるために作られている、第1命題：すべての人間は、神という、ひとつの同じ目的、ひとつの同じ対象しか持たない」を開始する。

　　「よって、我々は、仕事についても、平安な生活についても、ひとつの同じ神、一つの同じ対象、ひとつの同じ目的、ひとつの共通の起源、ひとつの同じ血、ひとつの同じ利害、ひとつの相互の必要という揺るぎない基盤の上に支えられた人間社会を見る。」[34]

しかし、普遍的社会は人間の「腐敗」によって解体される。とはいえ、この普遍的社会は、ロックが主張したような個人に解体されるのではなく、諸ネイションに解体されるのである。

　　「あれほど神聖な絆によって確立された人間社会が、熱情によって打ち破られる。聖アウグスチヌスが言っているように、『その自然的本性において人間ほど社会的なものはないのだが、腐敗によって、人間ほど、扱いにくく非社会的なものはない。』」[35]

またさらに、

　　「物事のはじめより、人間社会は、形成されたさまざまなネイ

---

(33) HAZARD P., *La crise de la conscience européenne 1680-1715*, Fayard, Paris, 1961, p.257. ポール・アザール『ヨーロッパ精神の危機』法政大学出版局、1973 年、338-339 頁。

(34) BOSSUET J.B., *Politique tirée des propres paroles de l'Écriture Sainte* (1709), Droz, Genève, 1967, Livre premier, Article premier, VIe Proposition.

(35) BOSSUET J.B., ibid., Livre premier, Article II, Ière Proposition.

ションによっていくつもの枝に分けられた。モーゼが我々にお示しになったように、ノアの最初の子孫に名前をお与えになった後、彼はそれによってネイションと人民をお示しになった。『彼らから、その土地、その言語に応じて、それぞれのネイションが生じた。（創世記 X, 5.）』」⁽³⁶⁾

なるほど、ボシュエは、支配によって規定されるのではなく、地理的もしくは言語的条件によって規定される人間集団の存在を認める可能性を示している。しかし、「諸人民の欲望という暴力によって手の施しようがなくなり、気質の違いによって共存不可能になった」⁽³⁷⁾「諸人民は、散り散りになった群れのように、放浪者としてさまよう」⁽³⁸⁾のである。それゆえ、「政府の権威によってのみ、人間の中にまとまりが確立されるのである。［…］各人が自己の意思を放棄して、君主および支配者の意思に委ね結びつけたときこそ、人民のまとまりが生まれるのである。」⁽³⁹⁾結局、人間のまとまりが成立するのは、統治権力によってのみなのである。人間集団が固有の内在的存在根拠を獲得するには、18世紀の到来を待たねばならない。

(2) モンテスキュー：国家と民族の分離

17世紀、重商主義はフランス絶対王政に大きな富をもたらした。これは社会構造の変化をもたらさざるを得なかった。『百科全書』の「人民 Peuple」の項は、この変化を以下のように証言している。

> 「かつてフランスでは、人民はネイションのもっとも有益で、貴重で、それゆえ、もっとも尊敬される部分と見なされていた。当時、人民は、全国三部会に地位を占めることができると考

---

(36) BOSSUET J.B., ibid., Livre premier, Article II, IIe Proposition.
(37) BOSSUET J.B., ibid., Livre premier, Article III, Ière Proposition.
(38) BOSSUET J.B., ibid., Livre premier, Article III, IIIe Proposition.
(39) BOSSUET J.B., ibid., Livre premier, Article III, IIIe Proposition.

第1部 「オーガニック身体」

　　られており、王国の高等法院は、人民および自分たちの地位の理性しか行わなかった。その考えは変わってしまい、人民を構成する人間の階級すら、日々ますます狭められている。かつて人民は、ネイションのもっとも一般的な身分であり、王族および貴族の身分と単に対立するものであった。それが含んでいたのは、農民、労働者、職人、商人であり、徴税請負人、文筆家、法の人びとであった。しかし、およそ20年前、人民の性格に関する論文を著わした、ある才気のたいへん豊かな人間の考えによると、現在、ネイションのこの身体 corps は、農民と労働者に限られている。」[40]

　この指摘が示しているのは、フランスでもイギリスと同様に、諸身分が、国王権力を制限するためにコーポレーション理論を発展させる可能性があったということである。実際、シャルル8世治世下の1489年、パリ高等法院が枢密院（国王顧問会議）の干渉に反対して、自らを「聖職者と世俗者によって構成され、……王の人格を代表する神秘的身体」[41]であると主張したのである。国王とその顧問官は、高等法院に反対して行動することができない。なぜなら、この「神秘的身体」は国王の人格自体を代表しているからというのである。三部会議員のギ・コキーユ Guy Coquille（1523–1603）も同様の主張をしている。

　　「王は頭であり、3つの身分の人民は手足である。そして、これら全体が政治的かつ神秘的な身体を形成しているのである。」[42]

---

(40) 『百科全書 Encyclopédie ou Dictionnaire raisonné des sciences des arts et des métiers（1751-1780）』「Peuple」の項。

(41) Remontrance de 1489, KANTOROWICZ E., Les deux corps du roi, Essais sur la théorie politique du moyen âge, Gallimard, Paris, 1989, p.164. エルンスト・カントーロヴィチ、前掲、p.226 より引用。

(42) COQUILLE G. Les Œuvres, Paris, 1666, I, 323, KANTOROWICZ E., Les deux corps du roi, op. cit., p.460, note 79. エルンスト・カントーロヴィチ、前掲、601頁、

イギリス国王は、議会を利用して外国勢力に対抗した。一方、フランス国王は、政治権力を独占し、他の「身分」を解体してゆく。1614年以来、三部会は召集されなくなる。なるほど、パリ高等法院は、国王提案の法案を承認する権利を常に主張しているのだが、イギリスの議会と違って、立法権力を持たない。フランスでは、他の諸「身分」がその利益を主張するための場がないまま、『百科全書』の「人民」の項が証言しているような社会変動を迎えることになる。かつては、「ネイションのもっとも一般的な身分」であった人民は、今や、一方では、「下層民 populace」とか「下層人民 bas-peuple」と呼ばれる働く人びとと、他方では、社会的地位の上昇を享受して貴族化する人びとに分裂する。このことをヴォルテール Voltaire は、ランゲ Linguet に宛てて、こう書いている。

> 「あなたがたが人民と呼んでいるものの中で、まともな教育を必要とする職業に就く者たちと、肉体労働と日々の労苦しか要求しない者たちとを区別しようではないか。後者の階級の方が、数も多いのである。」[43]

ジャン゠ジャック・ブュルラマキ Jean-Jacques Burlamaqui のように、社会的地位の上昇した部分を人民と呼ぶ者もいる。

> 「人民の意味を、卑しい下層民や田舎のごろつきではなく、王国のすべての身分の中で、もっとも力強く、もっとも健全な部分の臣民として理解しなくてはならない。」[44]

ドルバック D'Holbach も同様である。

> 「知性も良識もなく、社会を混乱させようとする騒がしいデマゴーグたちの道具や、その共犯にいつでもなりうるあの愚かな下層民のことを、人民という言葉でもって指し示すことはでき

注79より引用。

(43) VOLTAIRE, Lettre à Linguet du 15 mars 1767, *Œuvres complètes de Voltaire*, Garnier Frères, Paris, 1881, Tome 45, pp.463-464.

(44) FRITZ G., op. cit., p.37.

第1部 「オーガニック身体」

ない。自分の財産の利益で誠実に生きる糧を持っているすべての者、つまり、ある地域に土地を持っているすべての家長が、市民 citoyen と見なされるべきである。市民をつくるのは、土地であり、畑である。近代政治学が正しくも言うように、土地が国家の物理的および政治的基礎をなす。」(45)

逆に、下降した悲惨な部分を人民と呼ぶ者もいる。ディドロ Diderot は言う。

「人民という人間は、もっとも愚かでもっとも意地の悪い人間であり、人民でなくなることと良くなることは、同じことなのである。」(46)

ネッケル Necker も同様である。

「人民という言葉の範囲も、これを構成する貧困の程度も確定することはできない。生まれつき財産のない者すべてを、この名称の下に理解することはできない。なぜなら、才能や特別な状況によってそれを獲得する者もいるからである。また、生まれつき財産をもっている者をすべて除くわけにも行かない。なぜなら、それはあまりに小さくて貧窮から逃れるのに不十分な場合があるからである。しかしながら、たとえどんなにわずかであれ、いかなる財産も一種の利点であり栄誉なのであり、さらに、人民というこの言葉にある明確な意味を与えざるをえないので、本著ではこの言葉を、ほとんど同じ状態の両親から財産なく生まれ、両親からいかなる教育も受けることができなかったため、生まれたままの能力にとどめおかれ、体力もしくは大雑把で簡単な技術のほかには何も持っていないネイション

---

(45) HOLBACH P.H.d., *Système social*, II, 52, Georg Olms Verlag, Hildesheim-New York, 1969, FRITZ G., op. cit., p.37 より引用。

(46) DIDEROT D., "Essais sur les règnes de Claude et Néron", Livre II, § 36, *Œuvres complètes*, H. DIECKMANN et J. VARLOOT（sous la direction de）, Herman, Paris, 1986, Tome XXV, p.263. Introduction de Simone Goyard-Fabre dans LOCKE, J., *Traité du gouvernement civil*, Flammarion, Paris, 1992, p.79, note 1 参照。

の部分しか意味しないことにする。結局、それは社会の中でもっとも数が多くもっともみじめな階級 classe である。なぜなら、その生活の糧は、日々の労働のみにかかっているからである。」⁽⁴⁷⁾

ヴォルテールによると、「下層民は、手綱をゆるめれば、つねに極端で、つねに野蛮である」。⁽⁴⁸⁾

「ネイションの中には、まともな人間とのつきあいがなく、時代遅れで、理性の進歩に近づくこともできない人民がつねに存在する。残虐な狂信が、もっとも下劣な下層民しか罹ることのない病気のように、彼らを支配しているのである。」⁽⁴⁹⁾

このように、社会区分の基準が変化しつつある。つまり、身分（貴族、聖職者、平民＝第三身分）ではなく、効用や私有財産に基づくものに変わってきたのである。そのために、人民という概念が身分ではなく、階級に近づいていく。このような変化に敏感なのは、このような変化に脅かされる者、すなわち、貴族である。アンリ・ドゥ・ブーランヴィリエ Henri de Boulainvilliers は、その著書『フランス古代政府の歴史 Histoire de l'ancien gouvernement de la France (1727)』において、貴族の自由と特権を、フランク族がガリア族を征服した歴史によって正当化しようとする。⁽⁵⁰⁾彼によると、国王は

---

(47) NECKER J., *Sur la législation et le commerce des grains*, Osnabrück, Otto Zeller, 1966, p.270 cité par FRITZ G., op. cit., p.28.

(48) VOLTAIRE, "Essais sur les mœurs et l'esprit des nations", *Œuvres complètes de Voltaire*, Garnier Frères, Paris, 1878, Tome 12, Chap.175, p.572.「下層民が意見を差し挟んだら、すべてが失われる。」VOLTAIRE, Lettre à Damilaville du 1er avril 1766, *Œuvres complètes*, ibid., 1881, Tome 44, p.256.

(49) VOLTAIRE, *Le siècle de Louis XIV* (1751), Chap.37, Garnier-Flammarion, Paris, 1966, Tome 2, p.132.

(50) ボシュエは以下のように述べている。「ホノリウス Honorius（初代西ローマ皇帝、在位 395-423、訳者注）は西ローマ帝国を支えていたが、帝国は内戦と蛮族の進入によって倒された。国家全体が支配者の弱さとだらしなさによって崩壊したのである。ライン川付近に住んでいたゲルマンネイションであるフランス人がガリアに進入しようとした時、そこには、かなり以前から人々が住んでいた。彼らはまだ

第1部 「オーガニック身体」

戦の指導者なのであり、貴族の仲間の一人に過ぎない。聖職者という第一身分と人民という第三身分は、征服されたガリア族である。これに対抗して、デュボス Dubos は、その著書『ガリアにおけるフランス王政確立についての批判的歴史 *Histoire critique de l'établissement de la monarchie française dans la Gaule*（1734）』において、第三身分の権利を歴史の中に根拠づけようとする。彼によると、フランク族は同盟者としてフランスに来たのであり、その王は、ローマ皇帝の権利を引き継いだのである。こうして、貴族と第三身分は、どちらも、「人種」という概念を過去の歴史の中に創造＝想像し、実体化することによって、おのおのの利害を主張したのである。[51]

　国王による中央集権化は、勃興しつつあるブルジョアを支えとしていたが、この中央集権化に脅かされたのは、旧来の帯剣貴族だけではなかった。『百科全書』「人民」の項が「法の人びと」と呼ぶ者、すなわち、第三身分出身でありながら以前からすでに貴族化していた法服貴族も同様であった。この法服貴族の社会的性格について、ノルベルト・エリアスは以下のように説明している。

　　「たとえばブルジョア階層全体が改革を望み、貴族階層はもっぱら改革の反対者であった、ということは決してなかった。いかなる真剣な改革の試みにも最も強硬に抵抗し、非改革的な形態をとってその存在そのものが、実際に『旧政体』の維持に結びついていたグループを、中流階層の中からはっきり挙げることができる。これらのグループに属していたのは、とりわけ高級官僚の大部分、すなわち法服貴族であって、現代においても

　　異教徒であったが、ガリア人はキリスト教徒であった。」BOSSUET J.B., "Abrégé de l'histoire de France", Livre premier, *Œuvres complètes de BOSSUET*, Outhenin-Chalandre Fils, Besançon, 1836, Tome 5, p.1.
（51）「フランスの人種的起源に関する論争とその政治的影響 が18世紀を満たしていた。」KOHN H., ibid., p.645.

第 2 章　レスプブリカのフィジック身体

ある工場とか商店が世襲財産であるのと同じ意味で、その役職を一族の財産としていた者であった。さらにそのほか、手工業者同業組合と多数の徴税官もこれに属していた。」[52]

　法服貴族の活躍場所は、高等法院であった。『百科全書』の「人民」の項が証言しているような社会変動を前にして、法服貴族は、一方では、政治権力に有効に参加できず、他方では、人民の勃興しつつある部分に脅かされる。このような状態ゆえに、法服貴族は、中間身分として、自己の存在理由の正当化を試みる。モンテスキューは法服貴族の出身であり、叔父もボルドー高等法院副院長だった。モンテスキューと高等法院についてウィル・デュラン Will Durant とアリエル・デュラン Ariel Durant は、以下のように説明している。

　「モンテスキューは、国王と民衆の間に『中間的身体 corps intermédiaires』が設けられれば独裁権力に対して有効な制御の役割を果たすことになろう、と論じていた。そこでは、領主たる貴族と行政官の 2 つがそうした機関として考えられていた。そして、この制御機能を果たすために各地の『高等法院』は、勅令を自分たちの判断に基づいて、既成の法律や権利と照合して正否の判断を下し、法の登記の選択権を主張していた。」[53]

こうして、国王による中央集権化とブルジョアの伸長によって崩壊の危機にさらされている中間支配者の利益を守るために、モンテスキューは、『法の精神 De l'esprit des lois（1748）』を著す。彼は中間権力についてこう述べている。

　「中間的、従属的そして依存的な諸権力が君主政体、すなわち、

---

(52)　ELIAS N., *La civilisation des mœurs*, Calmann-Lévy, Paris, 1973, p.62. エリアス『文明化の過程(上)』法政大学出版局、1995 年、前掲、125 頁。

(53)　DURANT W. et A., *Rousseau et la Révolution*, Éditions Rencontre, Lausanne, 1969, Tome IV, p.237. W&A デュラント、『世界の歴史 32』日本ブック・クラブ、1973 年、405 頁。

第1部　「オーガニック身体」

基本的諸法律によって一人が支配する政体の本性を構成する。私は、中間的、従属的そして依存的な諸権力と言った。事実、君主政では、君公が政治的および国家的なすべての権力の源泉なのである。これら基本的な法律は、権力がそこを通って流れるための中間の水路を必然的に想定する。なぜなら、もし国家の中に一人の一時的で気紛れな意思しか存在しないならば、なにものも確定的ではありえず、したがっていかなる基本的な法律もありえないからである。最も自然な従属的中間権力は、貴族の権力である。貴族はどういう態様においてであれ君主制の本質の中に含まれるのであり、その基本的格率は次のごとくである。君主なくして貴族なく、貴族なくして君主なし。」[54]

さらに、高等法院の存在理由を法律の保管所として正当化する。「君主制においては中間諸身分が存在するだけでは十分ではない。さらに法律の保管所が必要である。この保管所は、法律が作られたとき、それを告げ知らせ、法律が忘れられるとき、それを思い出させるところの政治的身体 les corps politiques の中にのみ存在しうる。貴族身分に生来のものである無知やその不注意、国家的統治に対するその軽蔑のために、ある団体 corps、すなわち法律をその埋められているほこりの中からたえず引き出してくる団体の存在が必要になる。」[55]

彼のこのような中間的な立場が、彼の主張を規定する。彼は自己の属する身分の利益が全体のバランスの上になり立っていることを知っている。上述のブーランヴィリエとデュボスの論争について、彼は両者の中間に立ってこう述べる。

「ブーランヴィリエ伯とデュボスは、それぞれ一個の体系を立

---

(54) MONTESQUIEU, *De l'esprit des lois*, Livre II/IV, Garnier-Flammarion, 1979, Vol.1, p.139. モンテスキュー『法の精神(上)』岩波書店、1995年、64頁。

(55) MONTESQUIEU, ibid., Livre II/IV, Vol.1, p.140. モンテスキュー『法の精神(上)』岩波書店、1995年、66頁。

てた。その一つは、第三身分に対する陰謀であり、他は、貴族身分に対する陰謀であると言える。太陽神がパエトーンにその御すべき車駕を与えたとき、彼は次のように言った。『もし汝が高く昇りすぎると、汝は、天上の住居を焼くであろう。もし汝が低く降りすぎると、汝は、大地を灰と化するであろう。あまり右へ行かないこと、[行き過ぎれば] 汝は、蛇座へ落ち込むであろう。あまり左へ行かないこと [行き過ぎれば] 汝は祭壇座へ辿りつくであろう。二者の間にそなたを置きなさい。』」(56)
彼はバランスの重要性を主張するのである。

「立法者の精神について、中庸の精神が立法者の精神でなければならない。私が言うのはこのことであり、この書物を著したのも、もっぱらこのことを証明するためであったと思われる。」(57)

彼の方法論もやはり、アリストテレス、ロックと同じである。神の意思によって支配される宇宙全体の秩序をまず想定する。

「したがって、一つの原始理性が存在しているのであり、もろもろの法は、この原始理性とさまざまな存在との間にある諸関係であり、また、これらのさまざまな存在相互間における諸関係なのである。神は創造者として、また、保存者として宇宙との関係を持っている。すなわち、神が創造するにあたってよりどころとした法は、保存するにあたってよりどころとする法である。」(58)

ロックにおいて、自分以外の人間は皆無知であった。なぜなら、「人間は利害関係のために偏見を持ち、自然法の研究をしていない

---

(56) MONTESQUIEU, ibid., Livre XXX/X, Vol.2, p.317. モンテスキュー『法の精神(下)』岩波書店、1995 年、298 頁。

(57) MONTESQUIEU, ibid., Livre XXIX/I, Vol.2, p.291. モンテスキュー『法の精神(下)』岩波書店、1995 年、259 頁。

(58) MONTESQUIEU, ibid., Livre premier / I, Vol.1, p.123. モンテスキュー『法の精神(上)』岩波書店、1995 年、39 頁。

第 1 部　「オーガニック身体」

ために無智なため、それを自分たちの個々の場合にあてはめるときには、それを拘束力ある法としては、なかなか認めたがらない」[59]からである。モンテスキューも言う。「人間には限界があり、無知と誤謬に陥りがちである。」[60]

相変わらず、つねに、語り手が神として、神の意思たる法を明らかにするのである。ここから、『法の精神』[61]が生まれる。実際、当時もっとも有名な生物学者のひとりであるシャルル・ボネ Charles Bonnet がモンテスキューに以下のような賛辞を贈っている。

> 「ニュートンは物質世界の法則を発見した。モンテスキューよ、あなたは知的世界の法則を発見したのだ。」[62]

支配者は神の意思を見分けることが求められる。その資質を、アリストテレスは徳と呼んでいた。モンテスキューは、『法の精神』の冒頭「著者のことわり」において、徳の説明から始める。

> 「私がレスプブリカ（la république）における徳と呼ぶものは、祖国への愛、すなわち、平等への愛だということを注意しておかなければならない。それは、決して道徳的な徳でもなければ、キリスト教的な徳でもなく、政治的な徳である。そして、この政治的な徳は国家政府を動かすバネなのであり、丁度、名誉が君主制を動かすバネであるのと同じである。」[63]

---

(59)　LOCKE J., "The Second Treatise of Civil Government", *Two Treatises of Government*, Hafner Publishing Company, New York, 1961, para. 124. ジョン・ロック『全訳統治論』柏書房、1997 年、242 頁。

(60)　MONTESQUIEU, ibid., Livre premier / I, Vol.1, p.125. モンテスキュー『法の精神（上）』岩波書店、1995 年、43 頁。

(61)　正式な書名は、以下のとおり。「法の精神について、あるいは、法が各政府の統治 *constitution*、習俗、風土、宗教、商業などとの間に持つべき関係について。これに、著者は、相続に関するローマ法についての、また、フランス法、封建法についての新たな研究を追加した」

(62)　Bonnet à Montesquieu, 14 novembre 1753, SHACKLETON R., *Montesquieu : a Critical Biography*, Oxford University Press, London, 1961, p.195 より引用。

(63)　MONTESQUIEU, op. cit., Avertissement de l'auteur, Vol.1, p.111. モンテスキュー『法の精神（上）』岩波書店、1995 年、31 頁。

第 2 章　レスプブリカのフィジック身体

アリストテレスと同様、徳が支配者に求められる資質であることには変わりない。この資質の完全な実現とは、すべての部分によって、支配服従関係が受け入れられることである。モンテスキューは言う。

「もしも私が、命令する人々をして、指令すべき事柄についての知識を増すようにしむけるとしたならば、また、服従する者をして、服従することに新たな喜びを見出すようにしむけるとしたならば、私は自分が生きとしいけるもののうちで最も幸福な者だと思うであろう。」[64]

古代ギリシアにおいて支配者のモラルであった徳は、スコラ哲学によってキリスト教のなかに取り込まれた。モンテスキューの時代、キリスト教は絶大な政治権力を握っている。そこで、教会からの圧力を回避するため、モンテスキューは、自分の語る徳が、道徳的な徳でも、キリスト教的な徳でもなく、政治的な徳であると断らざるを得ない。[65]

「私は新しい観念を持ったのであり、そのために、どうしても新しい言葉を見出すか、さもなくば、古い言葉に新しい意味を与えるかしなければならなかった。」[66]

一方において、モンテスキューは自分の述べる徳が古い支配を支えるキリスト教の徳ではないという。他方で、中産階級の勃興が明らかにし始めた新たな価値観（これが後に「文明」と呼ばれるようになることは、後に見よう）も批判する。

---

(64)　MONTESQUIEU, op. cit., Préface, Vol.1, 116. モンテスキュー『法の精神(上)』岩波書店、1995 年、36 頁。

(65)　実際、1750 年、アグソ大法官 Chancelier d'Aguesseau 率いる当時の政府は、この著書の販売を禁止した。さらに、サンスの大司教ランゲ・ドゥジェルジ Languet de Gergy とパリ大学神学部は、モンテスキューを告発した。SHACKLETON R., ibid., pp.286-287.

(66)　MONTESQUIEU, op. cit., Avertissement de l'auteur, Vol.1, p.111. モンテスキュー『法の精神(上)』岩波書店、1995 年、31 頁。

第 1 部 「オーガニック身体」

> 「民衆政府のもとに生活していたギリシアの政治家たちは、徳の力以外にはこの政府を持続させうる力を認めていなかった。今日の政治家たちが我々に語ることといえば、手工業製造や商業や財政や富、さらには奢侈についてだけである。」[67]

このように、モンテスキューもアリストテレス以来の伝統に従っている。人間集団に統一性を与えるのは、神の精神の写しである人間の精神である。フランス絶対王政において、この精神は絶対君主によって体現された。イギリス君主政においては議会によって体現された。いずれも単一意思による宇宙支配の写し絵として、単一意思による国家支配を前提としている。まさに、ロックが言うように、「社会の本質と結合は、ひとつの意思を持つことにある」。[68] ところが、フランスにおいては、この精神が国王によって独占され、その他の諸「身分」が、イギリスの議会にあたるような、自分たちの意思や精神を表明する機関を持たない。イギリスの議会は、「リガンド ligando」の理論を使って、「人民 people」の身体をメタフィジックに創造した。これに対して、モンテスキューは、そうしたメタフィジック身体を既存の政治機関に見いだすことができない。そこで、彼はフィジックに身体を創造せざるをえない。つまり、フィジックな条件のひとつである風土を、国王に対抗する身体をつくりだすものとして発見するのである。[69]

> 「精神の性格や心の諸情念がさまざまな風土のもとでは極端に違っているということが本当であるとすれば、法律は、これら

---

(67) MONTESQUIEU, op. cit., Livre III / III, Vol.1, p.145. モンテスキュー、前掲、72頁。

(68) LOCKE J., "The Second Treatise of Civil Government", para.212. ジョン・ロック『全訳統治論』柏書房、1997 年、304 頁。

(69) 「反論をほとんど受けることなく君臨していた自然法体系の基礎にあったものは、合理的でアプリオリな抽象化であった。モンテスキューはこの抽象化を自然科学に結びつけようとした。そこにこそ、彼の第一の独創性がある。」
SHACKLETON R., op. cit., p.195.

第 2 章　レスプブリカのフィジック身体

の情念の差異とも、これらの性格の差異とも相関的であらざるをえない。」(70)

また、少し後で次のようにも述べている。

「種々の異なる風土の中には、種々の異なる生活様式を形成してきた種々の異なる必要が存在している。そして、これら種々の異なる生活様式が多様な種類の法律を形成してきたのである。」(71)

こうして創造されたフィジック身体は、後に、日本語で「民族」と呼ばれるようになる。この新しい概念は、後述する「ナショナリティ」概念のように新しいことばの創出によって提示されたのではなく、peuple、nationといった既存のことばに、新しい意味しかも従来の意味とは対立する意味を付与する形で提示されたため、後に大きな混乱を招くことになる。つまり、フランス語だけでなく、英語におけるpeople、nation、ドイツ語におけるVolk、Nationが、それらの形容詞形も含めて、従来の意味なのか、新しい意味なのか不明であることが少なくない。よって、どちらの意味なのか、どちらの意味でもないのか、または、どちらの意味も含ませているのかなどの判断を読み手がせざるを得ない場合がある。本研究では、原則として、従来の意味としては人民ということばを、新しい意味としては民族ということばを用いるが、以上の事情から、あえて翻訳することなく、ピープル、ネイションなどのカタカナで表記せざるを得ない場合もある。

モンテスキューは、『法の精神』第19編5章「民族nationの一般精神をかえないようにどれほど注意を集中すべきか」において、以下のように言う。(72)

---

(70)　MONTESQUIEU, op. cit., Livre XIV / I, Vol.1, p.373. モンテスキュー『法の精神
　　　(中)』岩波書店、1995年、27頁。
(71)　MONTESQUIEU, op. cit., Livre XIV / X, Vol.1, p.282. モンテスキュー前掲、40頁。
(72)　この思考枠組みは、王権神授説のそれと同じである。ボシュエは、こう述べて

第1部 「オーガニック身体」

> 「民族の精神が政治の諸原則に反していないとき、それに従うべきなのは立法者の方である。なぜなら、われわれは、自由に、しかもわれわれの生来の天分に従って作り上げたもの以上によいものを作り出すことはないからである。」(73)

とはいえ、モンテスキューにとって、立法権力は、「国家の一般意思に他なら」ない。(74)国家がネイション（国民）を形成するのではない、ネイション（民族）が国家を形成するのである。

> 「最も自然にかなった統治とは、その独自の性向が統治確立の対象たる民族の性向によりよく適合している統治であるといった方がよい。［…］各民族の政治的および国家的法律は、［…］その作られた対象たる民族に固有のものであるべきで、ある民族の法律が他の民族にも適合しうるというようなことは全くの偶然であるにちがいない。」(75)

こうして、モンテスキューにおいて、国家と民族が分裂する。先に挙げたヒュームの指摘と比較してみよう。彼においては、「ある数の人間がまとまって政治的身体となる」ことにより、言語と習俗の類似性が生み出され、ネイション（国民）が形成されるのであった。(76)ヒュームは述べていた。

> 「我々が地球上を概観し、もしくは、歴史の年代記をめくった

いた。「よく知られているように、法は神に由来すると見なされている。基本法を変えることはできないし、基本法でないものも、必要なく変えることは、どれほど危険なことか。」BOSSUET J.B., BOSSUET, *Œuvres complètes de BOSSUET*, 1836, Tome12, Outhenin-Chalandre Fils, Besançon, p.75.

(73) MONTESQUIEU, op. cit., Livre XIX / V, Vol.1, p.461. モンテスキュー『法の精神（中）』岩波書店、1995 年、159 頁。

(74) MONTESQUIEU, op. cit., Livre XI / VI, Vol.1, p.296. モンテスキュー『法の精神（上）』前掲、294 頁。

(75) MONTESQUIEU, op. cit., Livre premier / III, Vol.1, p.128. モンテスキュー『法の精神（上）』前掲、48 頁。

(76) HUME D., *Essays : Moral, Political and Liberty*, Oxford University Press, London, 1963, p.208. 本書 112 頁参照。

第2章　レスププリカのフィジック身体

場合、発見するのは、習俗の一致または伝播を示すものであり、空気や気候の影響ではない。」[77]

モンテスキューとヒュームは、全く正反対のことを言っているのである。モンテスキューにおいて、民族は国家とは切り離された独自の精神をもった存在である。ここでは、国家のオーガニック身体は、民族のオーガニック身体から完全に切り離されている。かつて、人間集団の概念は、支配服従関係を説明するという意味で、関係概念であった。それゆえ、「オーガニック」は、すでに述べたように、「道具的」を意味していた。今や、人間集団の概念は、フィジックな条件に基礎を置き、政府に先立つ実体概念となる。それゆえ、「オーガニック」は、後に見るように、「有機的」を意味するようになる。かつて、ロックは、市場経済を国家より優先させ、神が最大利益獲得を命じる国に向かって永劫回帰すべく、人類を運命づけたが、これに対して、モンテスキューは、人間集団を国家より優先させ、人類の存在をフィジックの条件すなわち自然条件によって規定される集団に運命づけるのである。ロックにおける時間の概念が、イギリス議会（英Parliament）の利害によって動機づけられた恣意的なものであるのと同じく、フィジックすなわち自然のどの要素を選択するかはフランス高等法院（仏Parlement）の利害に応じた恣意的なものである。ここで自然の重要な要素とされるのは、習俗である。

「ヨーロッパの大部分の民族は、今でもなお習俗によって統治されている。」[78]

習俗に由来する民族精神が、国家意思に優位する。国家意思は民族精神に従わなくてはならない。

「法律は制定されるものであるが、習俗は鼓吹されるものであ

---

(77)　HUME D., ibid., p.209.
(78)　MONTESQUIEU, op. cit., Livre VIII / VIII, Vol.1, pp.249-250. モンテスキュー『法の精神(上)』前掲、233頁。

第1部 「オーガニック身体」

る。後者はより多く一般精神に結びつき、前者はより多く特殊の制度に密着している。ところで、一般精神をくつがすことは、特殊の制度を変更するのと同じくらい、いやそれ以上に危険である。」(79)

さらに、

「習俗と生活様式とは、法律が制定したのでもなく、また制定することもできず、制定しようともしなかった慣行である。」(80)

なぜ、モンテスキューは、習俗の中に見いだされる民族精神を、法律の中に表明される国家意思に対抗させるのか。それは、法服貴族の牙城である高等法院が、「国王の勅令を悪いものである、または、以前の勅令や慣習に矛盾するものであると判断する場合には、これを修正する権利、さらには、義務すらも」(81)もち、慣習とは、当然習俗にもとづくわけだが、その判断は高等法院に属していたからである。このように、人間集団のフィジックな説明も、メタフィジックな説明と同じく、恣意的なものなのである。唯一の相違点は、メタフィジックな説明では、語り手の意思が、問題とされている人間に直接課されるのに対し、フィジックな説明では、語り手が選んだフィジックな要素を通して課されるにすぎない。いずれにせよ、人間集団の概念とは、語り手の支配の意思なのである。実際、モンテスキューの意思とは、自分の属する「身分」の利害を防衛するた

(79) MONTESQUIEU, op. cit., Livre XIX / XII, Vol.1, p.466. モンテスキュー『法の精神(中)』前掲、165頁。
(80) MONTESQUIEU, op. cit., Livre XIX / XVI, Vol.1, p.468. モンテスキュー『法の精神(中)』前掲、169頁。「われわれは、法律というものは立法者による特殊かつ明確な制度であり、習俗や生活様式は民族nation一般による制度であると述べた。ここから、習俗や生活様式を変えようとするときには、法律によってはならないという結論が出てくる。そのような仕方はあまりに暴政的に思われるであろう。それらのものは、他の習俗や他の生活様式によって変える方がよい。」MONTESQUIEU, op. cit., Livre XIX / XIV, Vol.1, p.467. モンテスキュー『法の精神(中)』前掲、166頁。
(81) *Encyclopédie générale*, Hachette, Vol.9, 1976, p.3315.

めに、国王による中央集権化に対抗することである。そのため、習俗や慣習の弁護は、「画一性の観念」に対抗することになる。

> 「画一性の観念の中にはときには偉大な人物をも捉えるようなものもあるが（というのは、そういう観念がカール大帝の心を大きく動かしたから）、小人は間違いなくそれに動かされる。彼らは、そこに一種の完全さを見出す。彼らは、それを発見しないではいられないがゆえに、それを認めるのである。取締りにおける同じ重み、取引における同じ尺度、国家における同じ法律、国家のあらゆる部分における同じ宗教。しかし、それは、常に例外なく適切であるだろうか。変更することの害は、耐え忍ぶことの害より常に大きくないものであるのか。天才の偉大さは、いかなる場合に画一性が必要であり、いかなる場合に差異が必要であるか良く知ることにあるのではないか。中国において、中国人は、中国の儀礼によって支配され、タタール人は、タタールの儀礼によって支配されている。しかし、彼らは世界中で最も平穏を目的としている民族である。市民が法律に従う場合には、同一のものに従うことにどれだけの意味があろうか。」[82]

有名な権力分立論も、同じ目的から生まれたものである。すなわち、権力を国王と貴族と平民 peuple に分配するのである。

> 「立法権力は、貴族の団体にも平民を代表するために選ばれる団体にも委ねられ、両団体はそれぞれ別々に会議と審議をもち、別個の見解や利害をもつであろう。」[83]

> 「執行権力は君主の手中におかれるべきである。」[84]

---

(82) MONTESQUIEU, op. cit., Livre XXIX / XVIII, Vol.2, p.307. モンテスキュー『法の精神(下)』前掲、284 頁。
(83) MONTESQUIEU, op. cit., Livre XI / VI, Vol.1, p.298. モンテスキュー『法の精神(上)』前掲、297 頁。
(84) MONTESQUIEU, op. cit., Livre XI / VI, Vol.1, p.299. モンテスキュー『法の精神(上)』前掲、298 頁。

第 1 部 「オーガニック身体」

> 「裁判権力は、必要とされる期間だけ存続する裁判所を構成するために、平民の身体（団体）corps du peuple から、1 年のある時期に、法律に規定された仕方で選び出された人々によって行使されるべきである。」[85]

こうして、モンテスキューは、迫り来る中央集権化に対抗するため、国家の外に集団形成の原理を設定したのである。ネイションということばは、既存の政府を批判するのに大変便利であった。1749 年、ヴォルテールは、『習俗について *Essai sur les mœurs*』を著すが、1769 年の版では、その題名を補って、『諸ネイションの習俗と精神について *Essai sur les mœurs et l'esprit des nations*』とした。ヴォルテールもネイションを語る場合、モンテスキューと同じく、一部のエリートを思い描いている。

> 「少数の中に常に存在するネイションの精神－それは多数に働きかけるのだが－は、少数および指導方針により培われている。」[86]

しかし、たとえモンテスキューとヴォルテールが、ともに絶対王政を批判するために、ネイションを語っていても、両者のネイションを同じものであると思ってはならない。ヴォルテールのネイションの担い手は、平民すなわち第 3 身分の中の新たに貴族化した部分であるのに対し、[87] モンテスキューにとって、ネイションの担い手

---

(85) MONTESQUIEU, op. cit., Livre XI / VI, Vol.1, pp.295-296. モンテスキュー『法の精神(上)』前掲、293 頁。「貴族はネイションの通常裁判所ではなくて、立法府のうちの貴族によって構成されている部分（貴族院）に呼び出されるべきである。」MONTESQUIEU, Livre XI / VI, Vol.1, p.301. モンテスキュー『法の精神(上)』前掲、302 頁。

(86) VOLTAIRE, "Essai sur les mœurs et l'esprit des nations", Chap.CLV, *Œuvres complètes de Voltaire*, Garnier Frères, Paris, 1878, Tome 12, p.434. KANTROWICZ H., "Volksgeist und historische Rechtsschule", *Historische Zeitschrift*, Band 108, 1912, S.297 参照。

(87) 「第三身分は、ネイションの基礎を成し、特定の利益を持ち得ない。」VOLTAIRE, "Essais sur les mœurs et l'esprit des nations", Chap.175, ibid., p.574.

第2章　レスプブリカのフィジック身体

は、かつては平民であったが、古くから貴族化し今や前者の脅威にさらされている部分だからである。先に述べたように、モンテスキューはブーランヴィリエとデュボスの論争において両者の中間に身をおきながらも、自らを征服者であるフランク族（ゲルマン民族）とみなし、これを「わが祖先たるゲルマン人」[88]と呼んでいるのである。さらに、タキトゥス Tacitus の『ゲルマニア Germania』に描かれたゲルマン人の政治制度を「我々が知っている諸君主政の最初の見取り図」、「我々の間のゴート的政府の起源」とよぶ。[89]

> 「人民の公的自由 la liberté civile、貴族と聖職者の特典、国王の権力の三者がよく強調を保ち、この強調の続いた時代のヨーロッパの各部分の政府ほど見事に節度のある政府がかつてこの地上にあったとは、私には思われないほどである。征服者である民族の政府の転化が人間の想像しうる最良の種類の政府を形成したことは驚嘆すべきことである。」[90]

さらには、彼が理想とするイギリスの政治制度も、古代ゲルマン人に由来するというのである。

> 「タキトゥスの驚嘆すべき著作『ゲルマン人の習俗について』を読んでもらえば、イギリス人がその政治体制の観念を引き出したのは、彼らゲルマン人からであることがわかるであろう。この見事な組織は森の中で見出されたのである。」[91]

このようなモンテスキューを、ヴォルテールは以下のように嘲笑する。

---

(88) MONTESQUIEU, op. cit., Livre VI / XVIII, Vol.1, p.220. モンテスキュー『法の精神（上）』前掲、192頁。

(89) MONTESQUIEU, op. cit., Livre XI / VIII, Vol.1, pp.305-306. モンテスキュー『法の精神（上）』前掲、309頁。

(90) MONTESQUIEU, op. cit., Livre XI / VIII, Vol.1, p.306. モンテスキュー『法の精神（上）』前掲、310頁。

(91) MONTESQUIEU, op. cit., Livre XI / VI, Vol.1, p.304. モンテスキュー『法の精神（上）』前掲、306頁。

第1部 「オーガニック身体」

「なあ、友よ。君がフランク族の子孫であるなんて確かかい。どうして、ガリアの貧しい家の出ではないのかね。」[92]

さらに、

「ボルドーのモンテスキューがわが祖先と呼ぶフランク族とは、誰だったのかね。他のすべての北方蛮族と同じく、寒さから逃れるために、えさとねぐらと着るものを捜し求めていた獰猛な獣ではないか。彼らはどこからきたのかね。クローヴィスは、それについて何も知らなかったし、私たちも知りはしない。」[93]

当時、ネイションを語ったのは、モンテスキューとヴォルテールだけではない。すでに述べたように、「身分」制から私的財産を基本とする個人主義社会へと急激に変化する状況にもかかわらず、多様な社会層が意見表明する機会は、文筆しかなかった。そこで、それぞれの社会層は自分たちの利益をネイションの名において擁護するために、新しい社会ビジョンを提示していったのである。[94] こうして、ネイションという言葉は、18世紀中頃の時代を画す言葉となる。1754年、ダルジャンソン d'Argenson は、その日記の中で、こう述べている。

「『ネイション』とか『国家＝身分 état』といった言葉が、今日ほど繰り返されたことはかつてなかったと見られている。つまり、ルイ14世の時代には、これらふたつの言葉が発せられたことは決してなかった、いや、単にそういった考えがなかったのである。」[95]

---

(92) VOLTAIRE, "Commentaire sur L'esprit des Lois", *Œuvres complètes de Voltaire*, Garnier Frères, Paris, 1880, Tome 30, p.434.

(93) VOLTAIRE, "Commentaire sur L'esprit des Lois", ibid., p.448. KOHN H., *The Idea of Nationalism : A Study in Its Origins and Background.*, Macmillan, New York, 1961, p.646 参照。

(94) ジョゼフ・ドゥ・メストル Joseph de Maistre は言う。「ネイションとは何か。それは君主と貴族である。」MEINECKE F., *Weltbürgertum und Nationalstaat*, Werke, Band V, R. Olenbourg Verlag, München, 1962, Kap.2, S.28. マイネッケ『世界市民主義と国民国家Ⅰ』岩波書店、1968年、38頁より引用。

第 2 章　レスプブリカのフィジック身体

　1758 年、グリフェ Griffet は、「もはや、人が話すのはネイションの権利と利害しかない」[96]と言い、スタール Staöl 夫人は、後に、「18 世紀のこの発見、すなわち、ネイション」[97]と呼んでいる。

　国王ルイ 15 世は、こうした国家とネイションの分離現象を懸念し、かつ、再び両者の統合を祈念して、1766 年 3 月 3 日、パリ高等法院において、こう宣言する。

　　「余の人格の中にのみ、主権的権力が存するのであり、その特性は助言と正義と理性の精神である。余のみに立法権は属しているのであり、従属や共有はない。……公的秩序全体が余から発する。余の人民は、余と共にしか存在せず、ネイションの権利と利益をして、王国から離れたひとつの身体となさんとしても、それらは必然的に余のものと結合し、余の手の中にしかおさまらないのである。」[98]

　結局、それぞれの人間が各自ののイメージと各自の利害に基づいてネイションを語るのである。ネイションという言葉自体によって明らかにされる人間集団が存在するわけではない。それは、各語り手のビジョンによって異なるからである。人間集団とは、語り手が、自分の目的のために、自分のイメージを投影する対象でしかない。たとえば、モンテスキューによると、「各ネイションは、それぞれの自然法を持つ。そして、捕虜を食べてしまうイロコイ族ですら、それを持つ」と言う。[99]さらには次のようにも述べている。「ルイジアナの未開人は、果実を得たいと思うとき、木を根元から切り倒

---

(95)　FRITZ G., op. cit., p.33.

(96)　Ibid.

(97)　STAÉL (-HOLSTEIN), *Considérations sur les principaux événements de la Révolution française*, Bosange et Masson, Delaunay, 1818, FRITZ G., op. cit., p.34 より引用。

(98)　MARTIN H., *Histoire de France*, Furne-Jouvet et Cie, Paris, 1878, p.243.

(99)　MONTESQUIEU, op. cit., Livre premier / III, Vol.1, p.127. モンテスキュー『法の精神(上)』前掲、47 頁。

第1部 「オーガニック身体」

して果実を採る。これぞ専制政体である」。[100] ルソーはこのような傾向、すなわち、自分のネイションのイメージを一方的に投影して「人類を判断」[101]する当時の風潮を厳しく批判する。

> 「3、4百年このかた、ヨーロッパの住人が世界のほかの部分に流れ込み、新しく集めた旅行記や報告をたえず出版しているが、われわれは人間についてヨーロッパ人だけしか知らないのだと私は確信しているし、さらに、学問のある人々のあいだでさえ消え去っていない滑稽な偏見から、だれも人間の研究という派手な名のもとに、自国の人間の研究以外はほとんどしていないように思われるのである。個々の人が行ったり来たりしたとしても、哲学は少しも旅行していないのである。」[102]

さらに、

> 「どの旅行記を開いても、性格や習俗の記述が見出されないことはないが、いろんなことをあれほど書いたそうした人々が、どれでもすでに知っていたことだけを語り、世界のもう一方の果てでも、自分の街から外へ出ないで、自分で気づいたことしか語らず、諸ネイションを区別して、見るのに適した強い印象

---

(100) MONTESQUIEU, op. cit., Livre V / XIII, Vol.1, p.185. モンテスキュー『法の精神(上)』前掲、134-135頁。

(101) ROUSSEAU J.-J., *Discours sur l'origine et les fondements de l'inégalité parmi les hommes*, note X, Presses Pocket, 1990, pp.165.『ルソー全集第4巻』白水社、1978年、281頁。今日の民族学者ジャン・ポワリエは、啓蒙哲学者におけるふたつの態度、すなわち、ひとつは自分の社会に対する批判であり、もうひとつは、非ヨーロッパの人々に対する優越感を強調している。「一方において、啓蒙哲学者がエキゾチックな社会にまず関心をもったのは、その社会のためではなく、自分たちの社会をより効果的に批判するためであった。そして、他方では、未開人の中に、ある疑いなき大前提に基づいて、大昔の人類の証人、つまり、真の社会的化石を研究したのである。それによって、当時における一種の古生物学を可能にしていたのである。」POIRIER J., *Histoire de l'ethnologie*, Coll. Que sais-je ?, Presses Universitaires de France, Paris, 1969, p.122.

(102) ROUSSEAU J.-J., *Discours sur l'origine*, note X, op. cit., p.163. ルソー「人間不平等起源論」『ルソー全集第4巻』白水社、1978年、280頁。

を受けるあの真の特徴がほとんどつねに目にとまっていないのを見て、まったく驚いてしまうのである。」[103]

各社会階層が、ネイションの新しい世界ビジョンを提示する。その階層的ビジョンの頂上には、自分たちが場所を占め、その底辺は、いわゆる未開なネイションが占めている。ブルジョワという勃興しつつある上層部の人民と、これに脅かされる貴族との間の対立は、「身分」制を基礎にした旧来の社会的一体性を、一層粉々にしてゆくことになる。確かに、「下層人民」は、ネイションの議論から相変わらず閉め出されている。しかし、迫りくる国王による中央集権化に対して、この人々を理想化して声を挙げるものが出てくる。それがルソーである。

(3) ルソー：民族の制度化

「身分」制にもとづく支配関係が、私的所有にもとづく支配関係へと変容を遂げつつある社会変動に脅威を感じたモンテスキューは、自然に基礎をおいた「民族」という概念を創造した。それは、「手工業製造や商業や財政や富、さらには奢侈について」[104]しか語らない政治家、中央集権化の推進者たちを批判するためである。この批判に、ルソーも賛同する。

「今日ではもう、人がなんと言おうが、フランス人もドイツ人もスペイン人も、イギリス人でさえも、いないのである。いるのはヨーロッパ人だけだ。だれもが同じ趣味、同じ情熱、同じ習俗を持っている。なぜなら、固有の制度化によってナショナルな形態を獲得したものはないからである。[…] どういう主人に服従するかなど、彼らにとって問題となろうか。いかなる

---

(103) ROUSSEAU J.-J., *Discours sur l'origine*, note X, op. cit., pp.163-164. ルソー「人間不平等起源論」『ルソー全集第4巻』白水社、1978年、280頁。
(104) MONTESQUIEU, op. cit., Livre III / III, Vol.1, p.145. モンテスキュー『法の精神(上)』岩波書店、1995年、72頁。

第 1 部 「オーガニック身体」

　　国家の法に従うかなど、どうでもいいことなのだ。盗むべき金
　　と、堕落させるべき女とが見つかりさえすれば、どんな場所に
　　でも彼らはいくのである。」[105]

　しかし、ルソーはそこに止まらない。一旦、政府設立に先立つ存
在としての人間集団を認めてしまったら、社会変動から取り残され
ている人々こそがそれにあてはまると考えることは当然であり、ま
た、避けられないことである。実際、「下層人民」とは、ひとつの
社会現象であるにもかかわらず、ルソーは、これを自然的与件とし
てとらえてしまう。なぜなら、この時代、「下層人民」の大部分は、
土に生きる農民であり、もっとも「自然」に近かったからである。
ルソーにとっても、モンテスキューと同じく、民族は自然に基づい
ている。つまり、習俗や性格を基礎としている。

　　「これまで森のなかをさまよっていた人間は、より固定した安
　　住の地を得たので、次第に近づきあい、結合してさまざまな群
　　となり、ついには、規則や法律によるのではなく、同一の種類
　　の生活と食料や機構による共通の影響を受け、習俗と性格の一
　　致した個別の民族 nation をそれぞれの土地で形成するのであ
　　る。」[106]

　ルソーは、モンテスキューによって分離された国家意思と民族精
神を再び統合しようと試みる。

　　「およそこういう状態は、もともと不可分な二つのもの、つま

---

(105) ROUSSEAU J.-J., "Considération sur le gouvernement de Pologne", [3.] Application, *Discours sur l'économie politique, Projet de constitution pour la Corse, Considération sur le gouvernement de Pologne*, GF-Flammarion, Paris, 1990, p.171. ルソー「ポーランド統治論」『ルソー全集第 5 巻』白水社、1979 年、360-370 頁。

(106) ROUSSEAU J.-J., *Discours sur l'origine*, Seconde Partie, op. cit., pp.106-107. ルソー「人間不平等起源論」『ルソー全集第 4 巻』白水社、1978 年、237 頁。Note de Barbara de NEGRONI dans *Discours sur l'économie politique, Projet de constitution pour la Corse, Considération sur le gouvernement de Pologne*, op. cit., p.276, note 26 参照。

り、支配する身体と支配される身体を、あえて切り離してしまうところから生じている。この二つのものは、両者の設立の当初の本来の姿においてはひとつのものであるはずなのに、両者が分離されてしまうのは、その設立の仕方に過ちがあるからである。」(107)

この統合とは、いかなる意味なのか。モンテスキューより前、オーガニック身体の概念は、既存の権力関係の説明様式でった。ところが、モンテスキューにいたって、民族は、国家に先立つものとなる。つまり、統合する場合のアプローチは、論理的に、ふたつの可能性しかない。ひとつは、政府をこの集団に適合させるか、またはその逆に、集団を政府に適合させるかである。前者を選択したのが、モンテスキューであり、後者を選択したのがルソーである。その際、ルソーは、「民族を制度化する (instituer un peuple)」(108)または「民族を形成する (former la nation)」という表現を用いている。

「世の賢者たちは、こういう場合に、両者の調和の関係を考えて、民族 nation に合わせて統治のかたちを決めようとする。しかし、それよりもずっと良いやり方がある。それは、統治にふ

---

(107) ROUSSEAU J.-J., "Projet de constitution pour la Corse", Avant-propos, *Discours sur l'économie politique, Projet de constitution pour la Corse, Considération sur le gouvernement de Pologne*, op. cit., p.103. ルソー「コルシカ憲法草案」『ルソー全集第5巻』白水社、1979年、286頁。「われわれが従うべき第一の準則は、民族的性質ということである。およそどんな人々でも、一つの民族的性格を持っており、あるいはそれを持つべきである。もしそれを欠いている人々があれば、まずもってそれを彼らに賦与することから始めなければなるまい。」ibid., pp.117-118. ルソー、前掲、301頁。

(108) ROUSSEAU J.-J., *Du contrat social*, Livre II, Chap.10, Éditions du Seuil, Paris, 1977, p.218. ルソーは、「ポーランド統治論」の結論において、以下のように明言している。「採用される草案がどんなものであっても、ある民族 nation がその統治構成 constitution を確立しあるいは変革するあいだに陥る無力な状態と無政府状態に関して私が『社会契約論』のなかで述べたことを忘れてはならない。」ROUSSEAU J.-J., *Discours sur l'économie politique, Projet de constitution pour la Corse, Considération sur le gouvernement de Pologne*, [15.] Conclusion, op. cit., p.256. ルソー「ポーランド統治論」『ルソー全集第5巻』白水社、1979年、455頁。

第1部 「オーガニック身体」

さわしいように民族をかたちづくる、ということである。」[109]

ここからふたつの概念、一方に、制度化された民族、他方に、制度化されていない民族、すなわち、自然民族という概念が生まれてくる。今、語り手たるルソーは、支配者の意思に同化して、政治的身体を持たない民族を目の前にしている。民族の制度化とは、これに政治的身体を付与することに他ならない。

「ポーランド人の情熱に別の傾斜をつけてみるがいい。すると彼らの魂に、ある民族的相貌 physionomie nationale を与えることになり、それが彼らと他の民族とを区別するところとなって、他の民族と溶け合い、気に入り合い、結び合わされるのが防げるであろう。」[110]

それでは、どのようにして民族を制度化するのであろうか。その方法は、アリストテレス以来、つねに同じである。まず、語り手が宇宙の意思に同化する。次に、彼が価値あらしめようとする対象にその普遍的意思を付与するのである。実際、『人間不平等起源論』の表題の下に、ルソーは、本稿冒頭に引用したアリストテレスの言葉、「自然とは何かを考察しようとすれば、それはむしろ、自然に従っているものどもにおいてなすべきであって、決して、堕落したものにおいてなすべきではない」[111]を引用している。アリストテレスと同じく、ルソーは、自然に対して自らを神の位置に置き、自然を対象として扱う。たとえば、ルソーは、自分の論稿について考察している時に味わった、このような神に接近する感覚を、自著『告白 Confessions』の中で明らかにしている。

「私の魂はこの崇高な瞑想に高揚し、神の間近にまで高まるの

---

(109) ROUSSEAU J.-J., "Projet de constitution pour la Corse", Avant-propos, op. cit., pp.103-104. ルソー「コルシカ憲法草案」前掲、286 頁。

(110) ROUSSEAU J.-J., "Considération sur le gouvernement de Pologne", [3.] Application, op. cit., p.171. ルソー「ポーランド統治論」前掲、370 頁。

(111) ルソー「人間不平等起源論」前掲、177 頁。ARISTOTE, *Politique*, 1254a35-54b26, ibid., p.14. アリストテレス、「政治学」、1254a30、前掲、13 頁。

だった。そしてそこから、わが同胞たちがその偏見、過失、不幸、罪などの盲目の道をたどっているのを見て、彼らには聞こえない弱い声で、こう叫んだのである。『たえず自然に不平を言っている無分別な人々よ。君たちの不幸はすべて、君たち自身から起こっていることを知るがよい。』この瞑想から『不平等論』が生まれた。」[112]

ルソーは自分を神に同化しているのだから、アリストテレスのように、全体がまず先にある。「私はだから、ひとつの意思が宇宙を動かし自然に生命を与えることを信ずる。これが私の第一の教義、または第一の信仰箇条である。」[113]彼が描く神は、まさに不動の動者「ヌース」のイメージである。

「とにかく確実なのは、全体はひとつであり、単一の知性を告知するということである。同一の体系のうちに秩序づけられていないもの、そして、同一の目的、すなわち確立された秩序における全体の保存に協力しないものは、ひとつも私には見えないからである。欲し、そして行いうるこの存在、それ自身が能動的なこの存在、要するに、それがどういうものであろうと、宇宙を動かし万物を秩序づけるこの存在、私はこれを神と呼ぶ。」[114]

ルソーによる政治的身体の描写も、伝統的なオーガニック身体の描写に驚くほど忠実である。

「政治的身体は、個別的に取り上げれば、人間の身体に類似し

---

(112) ROUSSEAU J.-J., *Les Confessions*, Livre huitième (1748-1755), Collection Folio Classique, Gallimard, Paris, 1973, pp.472-473. ルソー「告白」『ルソー全集第1巻』白水社、1979年、421頁。

(113) ROUSSEAU J.-J., *Emile*, Livre quatrième (1762), GF-Flammarion, Paris, 1966, p.355. ルソー「エミール」『ルソー全集第7巻』白水社、1979年、30頁。「私はだから、世界が、力のある賢明な意志によって支配されていることを信ずる。」ibid., p.359. ルソー「エミール」前掲、35頁。

(114) ROUSSEAU J.-J., *Emile*, ibid., p.360. ルソー「エミール」前掲、35-36頁。

第1部 「オーガニック身体」

た、生命を持つひとつの組織された身体と考えることができる。すなわち主権は頭をあらわす。法と習慣は脳髄である。それは神経の本源であり、悟性、意思および感覚の中枢である。裁判官と行政官はその器官である。商業、工業および農業は共同の生計の資を用意する口および胃である。公財政は、賢明な経済が心臓の役目をして身体全体に送り返し、栄養と生命を行き渡らせる血液である。市民は、この機械を動かし、生きさせ、働かせる身体および手足であり、この生き物が健康な状態にあれば、そのどの部分が傷ついても、直ちにその痛みが脳髄に伝えられる。人間の身体と政治的身体の生命は、全体にとって共通の自我であり、相互に感応しあうものであり、あらゆる部分を内的に結び付けるものである。このつながりがとぎれ、明確な統一性が消滅し、隣接している諸部分がもはや並んでいるにすぎないとなれば、どうなるであろうか。人間は死に、国家は崩壊する。」[115]

ルソーのかの有名な「一般意思 volonté générale」という概念も、伝統的なオーガニック身体における魂の考え方、最高善を目指すあの魂の考え方を引き継ぐものである。実際、「一般意思」という概念は、この著書において初めて用いられる。[116] それは、上述の説明のすぐ後に出てくる。

「したがって政治的身体は、ひとつの意思を持つ一個の精神的存在でもある。そしてこの一般意思は、つねに全体および各部分との保存と安楽をめざすものであり、法の源泉をなしているが、それは、国家の全手足（メンバー）にとって、彼らと国家

---

(115) ROUSSEAU J.-J., "Discours sur l'économie politique", *Discours sur l'économie politique, Projet de constitution pour la Corse, Considération sur le gouvernement de Pologne*, GF-Flammarion, Paris, p.61. ルソー「政治経済論」『ルソー全集第5巻』前掲、66-67頁。

(116) VAUGHAN C.E., *The Political Writings of Jean Jacques Rousseau*, Basil Blackwell, Oxford, 1962, Vol.II, p.576.

に対する正と不正の基準でもある。」[117]

「一般意思」はアプリオリに最高善を指向すべく想定されているのだから、「一般意思はつねに正し」いことは言うまでもない。[118] アリストテレス以来、法は宇宙の意思の表現である。「法は一般意思の真正の行為以外の何ものでもないのだから。」[119] よって、法を定めるのは、語り手である。たとえば、コルシカの人々について、ルソーはこう語っている。

「高貴なる民族よ、私は、人間によって発明された人為的で体系的な法を諸君に与えようと望んでいるのではなく、自然と秩序とのみに依拠する法のもとに諸君を導こうと望んでいるのである。そういう法こそが、魂に働きかけて、意思を虐げることが決してないのである。」[120]

アリストテレス以来、自由とは法に対する服従であった。「一般意思によってこそ、[…] 市民であり、自由なのだ。」[121]

アリストテレスにおいて、法に対する人間の服従は、美であった。ルソーにおいて、それは徳と呼ばれる。

「徳とは個別意思の一般意思へのこの一致にほかならないのだから」、[122]「個別意思がすべての点で一般意思に合致するとき

---

(117) ROUSSEAU J.-J., "Discours sur l'économie politique", op. cit., p.61. ルソー「政治経済論」67頁。
(118) ROUSSEAU J.-J., *Du contrat social*, Livre II, Chap.3, op. cit., p.195. ルソー「社会契約論」『ルソー全集第5巻』前掲、134頁。
(119) ROUSSEAU J.-J., *Du contrat social*, Livre III, Chap.12, op. cit., p.260. ルソー「社会契約論」前掲、198頁。
(120) ROUSSEAU J.-J., "Projet de constitution pour la Corse", Fragments séparés, op. cit., p.160. ルソー「コルシカ憲法草案」『ルソー全集第5巻』前掲、351頁。KOHN H., *The Idea of Nationalism : A Study in Its Origins and Background*, Macmillan, New York, 1961, p.252 参照。
(121) ROUSSEAU J.-J., *Du contrat social*, Livre IV, Chap.2, op. cit., p.278. ルソー「社会契約論」前掲、216頁。
(122) ROUSSEAU J.-J., "Discours sur l'économie politique", *Discours sur l'économie politique, Projet de constitution pour la Corse, Considération sur le gouverne-*

第 1 部　「オーガニック身体」

には、あらゆる人間は、有徳になる。」[123]

アリストテレスにおいて、支配者に求められた資質である徳は、ルソーにおいて世俗化される。このようにルソーの思想の主要な枠組は、アリストテレスの伝統に忠実に沿ったものである。

ところが、この伝統的な枠組みを民族の制度化のために適用する段になって、ルソーの思想のオリジナリティが発揮される。モンテスキューにおいては、自然が習俗を規定するのであるから、立法者は習俗を変えてはならなかった。習俗は高等法院が判断する静的な対象だったのである。これとは反対に、ルソーにおいて、習俗は動的なものとなる。なぜならば、彼はその中に世論を見いだすからである。ルソーは、国家法、市民法、刑法という 3 種類の法律があることを述べた後で、第 4 の法律について述べる。

> 「私が述べているのは、習俗、慣習、とりわけ世論のことである。法のこの部分は現代の政治学者たちに知られていないが、他のすべての法の正否はこの部門にかかっている。偉大な立法者は、個々の規定のことしか考えていないように見えるときにも、ひそかにこの部門に心を配っている。個々の規定は、丸天井のアーチの部分にすぎず、習俗は、その生成がはるかに緩慢ではあるけれども、けっきょくは丸天井のゆるぎない要石となるのである。」[124]

またさらに、

> 「習俗について判定を下すものは名誉について判定を下すのであり、名誉について判定を下すものは、世論をその法としている。」[125]

---

ment de Pologne, op. cit., p.70. ルソー「政治経済論」前掲、75 頁。

(123)　ROUSSEAU J.-J., "Discours sur l'économie politique", op. cit., p.72. ルソー「政治経済論」前掲、78 頁。KOHN, op. cit., p.242 参照。

(124)　ROUSSEAU J.-J., *Du contrat social*, Livre II, Chap.12, op. cit., p.223. ルソー「社会契約論」前掲、162 頁。

(125)　ROUSSEAU J.-J., *Du contrat social*, Livre IV, Chap.7, op. cit., p.300. 前掲、238

第 2 章　レスプブリカのフィジック身体

ルソーにとって、世論とは民族が評価する対象なのである。習俗と世論とは混同される傾向がある。

「ある民族 nation の習俗と、その民族が評価する対象とを、分けて考えるのは無用のことである。なぜなら、この 2 つはともに同じ原理に由来しているので、必然的に混じり合っているからである。」[126]

そうかといって、習俗が直接に国家を形成するわけではない。

「地上のすべての民族 peuples において、彼らが楽しみとして何を選ぶかを決定するのは、自然ではなくて世論である。人々の世論を矯正してみるがよい。そうすれば、習俗はおのずから浄化されるだろう。」[127]

さらに、

「ひとつの民族 peuple の世論は、その法制から生まれる。法は習俗を規定はしないが、習俗を生ぜしめるのは法体系である。法体系が弱まるとき、習俗は堕落する。」[128]

ルソーは、「習俗、慣習、とりわけ世論」こそが、「国家の真の骨組みをなすもので」あると主張しする。[129] 一方で、ルソーは、世論は国家のありかたから生まれると言い、他方で、世論は国家の真のありかたを形成するという。ここから導かれることは、国家のありかたを決めるものと、世論とが同じであるということだ。つまり、人民主権にもとづいて国家をあらしめるということである。世論は、議論を通じて形成される。「民族 peuple が十分な情報をもって討議するとき、もし、市民相互があらかじめなんの打ち合わせもしていなければ［一般意思との］わずかな差が多く集まって、その結果つ

頁。
(126)　ROUSSEAU J.-J., ibid. 前掲、237 頁。
(127)　ROUSSEAU J.-J., ibid. 前掲、237-238 頁。
(128)　ROUSSEAU J.-J., ibid. 前掲、238 頁。
(129)　ROUSSEAU J.-J., *Du contrat social*, Livre II, Chap.12, op. cit., p.223. 前掲、162 頁。

第1部 「オーガニック身体」

ねに一般意思が生み出されるから、その結果はつねによいものであろう。」[130] これは、すべての構成員が個人として討議に参加することを前提としている。

> 「一般意思が十分に表明されるためには、おのおのの市民が自分だけに従って意見を述べることが必要である。」[131]

いいかえると、ルソーは政党制度や代表制度の可能性をまったく認めていないのである。

> 「民族 peuple は代表者を持つやいなや、もはや自由ではなくなる。もはや民族は存在しなくなるのである。」[132]

この議論から発する一般意思が国家を形成し、この一般意思の活用が主権なのである。

> 「主権者は、立法権以外になんらの力も持たないので、法によってしか行動できない。そして、法は一般意思の真正の行為以外の何ものでもないのだから、主権者は民族 peuple が集会したときのほかは、主権者として行動し得ない。」[133]

こうして、ルソーは、モンテスキューがおこなった国家の一般意思と民族の一般的精神との分離を、世論の中においた一般意思をもちいて、再統合したのである。

> 「一般意思のみが、公共の福祉という国家設立の目的に従って、国家のもろもろの力を指導できるということである。[…] だから、私は言おう、主権とは一般意思の行使にほかならないのだから、けっして譲り渡すことはできない、と。また、主権者とは、集合的存在にほかならないのだから、この集合的存在そ

---

(130) ROUSSEAU J.-J., *Du contrat social*, Livre II, Chap.3, op. cit., p.196. 前掲、135頁。
(131) ROUSSEAU J.-J., ibid. 前掲、136頁。
(132) ROUSSEAU J.-J., *Du contrat social*, Livre III, Chap.15, op. cit., p.268. 前掲、205頁。
(133) ROUSSEAU J.-J., *Du contrat social*, Livre III, Chap.12, op. cit., p.260. 前掲、198頁。

第 2 章　レスプブリカのフィジック身体

のものによってしか代表されえない、と。」[134]

　民族による討議が一般意思を生み出し、当初自然によって形成された民族を制度化し国家にする。よって、ルソーにとっとも、モンテスキューと同様に、法律とは普遍的なものではありえず、それぞれの民族に固有なものとなる。

「異なった習俗を持ち、相反する風土のなかで生活し、同一の統治形態ではがまんできない多くの異なった地方にとって、同じ法律がぴったり適合するはずはない。」[135]

さらに、法律が不変であるはずはない。

「しかし、これら［＝自由と平等］はすべてのよい制度の一般的な目標であるとしても、この2つは、おのおのの国において、局地的な状態と住民の気質から生ずる諸関係により、修正を受けなければならない。そして、まさにこの諸関係にもとづいて、各民族に対し、それぞれに固有の制度の体系を定めてゆかなければならないのであって、この体系はその民族にとっておそらく最良ではないとしても、その運用をゆだねられている国家にとっては最良であるような体系なのである。［…］一言で言えば、それぞれの民族は、あらゆる民族に共通する格率のほかに、これらの格率を固有の仕方で調整し、それぞれに適合した固有の立法にしてしまうなんらかの原因を、各自のなかに持っているのである。」[136]

　これまで、我々は、18世紀初めに明らかになってきた社会変動に対するさまざまな反応を見てきた。その反応が旧来の社会的一体性を解体し、「自然」集団という考えを生み出した。この新しい考

---

(134) ROUSSEAU J.-J., *Du contrat social*, Livre II, Chap.premier, op. cit., p.192. 前掲、131 頁。

(135) ROUSSEAU J.-J., *Du contrat social*, Livre II, Chap.9, op. cit., p.215. 前掲、154 頁。

(136) ROUSSEAU J.-J., *Du contrat social*, Livre II, Chap.11, op. cit., p.221. 前掲、160 頁。

第 1 部　「オーガニック身体」

え方がその後ヨーロッパの歴史のみならず、世界全体の歴史をも覆すことになる。「マイノリティ」と呼ばれる者の中に歴史を押し込めようとする努力にも関わらず、現在までこの変動は続くことになる。それでは、その変動の推進者たちは、レスプブリカをどのように捉えているのだろうか。

B.　中央集権化の促進
(1)　フィジオクラット：国家の文明化

アリストテレス以来、政治学は、語り手の利害によってあらかじめ措定された自然をモデルとしている。国家は自然の法にしたがわねばならないというこの考え方は、政治経済学の分野にも適用されることになる。ケネー Quesnay は言う。

> 「あらゆる人間，及びあらゆる人間の権力は、神によって制定されたこの至高法則［自然法 loi naturelle］に従わねばならぬ。つまり、この法則は、不易にして拒否しえざる可及的最良の法であり、従って、最も完全なる統治の基礎ともいうべきこの法は、あらゆる実定法の根本をなす規律でもある。」[137]

これはまさに「ヌース」によって支配規制される全体というアリストテレスのビジョンを、政治経済学の分野で再び主張するものである。

> 「1 つの全体を保持するために［…］無数の自然原因が働き、その作用は、宇宙を創設した最高知性の考えと目的に応じて規律される。」[138]

財務総監（1774-1776）たるテュルゴ Turgot（1774-1776）もケネー

---

[137]　QUESNAY F., "Le droit naturel", Œuvres de Quesnay, Burt Franklin, New York, 1969, pp.374-375. ケネー「農業・商業・財政評論」『ケネー全集第 3 巻』有斐閣、1952 年、77 頁。

[138]　QUESNAY F., "Essai physique sur l'économie animale", Œuvres de Quesnay, ibid., pp.757. DENIS H., Histoire de la pensée économique, Thémis Sciences économiques, Presses Universitaires de France, Paris, 1983, p.160 参照。

第2章　レスプブリカのフィジック身体

に賛同する。

> 「いっさいの商業活動を支配するような単純な原動力をつきとめること、商業上に存在する、いっさいの価値を、互いに釣り合わせ、ちょうどそれ自身の重さにゆだねられた物体（＝身体）が、その比重に応じて自然に落ち着くように、それらを一定の価値に定めるところの、自然そのものにもとづく、独自のかつ根本的な諸法則を認識すること、[…]、以上のことが哲学者として、また政治家として商業を検討することである。」(139)

このような考え方がフィジオクラシーと呼ばれ、その主張者たちは、フィジオクラット（重農主義者）と呼ばれる。彼らの多くは官僚であった。「これらの改革派官僚たちは疑いもなく、知識人や商業市民階層の一部の支持をも得ていたのである」。(140) まさに、彼らこそが、国王による中央集権化と個人支配を促進しようとしたのである。

古代ギリシア社会において、ポリティクスは被支配者に対する支配者の学問であった。オエコノミクスは家族に対する家長の学問、エティクスは情念に対する理性の学問であった。これらの学問の土台にあったのは、個人それ自体からなる社会ではなく、複数の支配枠組みから構成される社会であった。17世紀のイギリスにおいて、国王の人格によって代表される政府は、議会という制度によって取って代えられたが、そのことによって、ポリティクスは、次第に制度の学問になってゆく。また、支配者の資質である理性も、特にロック以降、大衆化されることにより、エティックスは、ますます個人一般のモラルの学問となってゆく。エコノミクスもこのような

---

(139) TURGOT, "Elogue de Gournay", *Œuvres de Turgot*, Otto Zeler, Osnabrück, 1966, Tomes I, p.263. チュルゴ「ヴァンサン・ド・グルネー賛辞」『チュルゴ経済学著作集』岩波書店、1962年、42頁。

(140) ELIAS N., *La civilisation des mœurs*, op. cit, p.62. エリアス『文明化の過程（上）』前掲、124頁。

第 1 部　「オーガニック身体」

変化を免れることはできない。ロックがすでに、神の意思と人々の同意に依拠するという点でメタフィジックなやり方ではあったが、新たなエコノミクスを表明していた。フィジオクラットは、同様の表明を、ホッブスの意味における理性、つまり、計算を用いて、理論化することを試みる。たとえ、彼らがどのような方法を用いようと、その目的に変わりはない、つまり、神の意思、「宇宙を創設した最高知性の考えと目的」の実現である。

　フィジオクラシーとは、自然（phyisis）をして支配（kratein）せしめよ、すなわち、自然による統治を意味する。つまり、相変わらず、アリストテレスの思考の中に生きているのである。フィジオクラシーに影響を受けたアダム・スミスは、1776 年に『諸国民の富 The Welth of Nations』を著すことになる。彼によると、世界は神の「見えざる手 an invisible hand」によって支配されているという。[141] ジャン＝クロード・グルネー Jean-Claude Gournay は、「自由にせよ、なるがままにせよ。(Laissez faire et laissez passer.)」と主張する。この政策は、その自由主義的主張とは裏腹に、テュルゴがルイ 16 世に要求するように、強固な中央集権を前提としている。

> 「陛下、悪の原因は陛下のネイションが体格 constitution をまったく持っていないことが原因です。社会はさまざまな身分と人民から構成されているのに、身分間の結びつきは悪く、人民のメンバーの間にはわずかな社会関係しかありません。そのため、各人は、排他的な自分の利益しか考えず、自分の義務を果たすことや他者との関係を知ることに心を費やすものはほとんどおりません。[…] 陛下はすべてのことについて、ご命令なさらざるをえなくなっており、しかも多くの場合それは個人的意思からです。しかし、陛下の帝国の不可欠の部分に規律ある組織

---

(141)　SMITH A., *Recherches sur la nature et les causes de la richesse des nations*, Livre.IV, Chap.II, Flammarion, Paris, 1991, Tome II, p.43. アダム・スミス『諸国民の富(3)』岩波書店、1995 年、56 頁。

と明確な関係性があれば、陛下は一般法によって神のごとく統治できるのであります。」⁽¹⁴²⁾

さらに、この政策は、あらゆる価値を数字に還元してしまう価値の画一化をも前提としている。アダム・スミスは、『諸国民の富』の序論を以下のように始める。

「あらゆるネイションの年々の労働は、そのネイションが年々に消費する一切の生活必需品および便益品を本源的に供給する資源（fund）であって、この必需品および便益品は、つねにその労働の直接の生産物か、またはその生産物で他のネイションから購買されたものかのいずれかである。」⁽¹⁴³⁾

エドウィン・カナン Edwin Cannan によるアダム・スミスの注釈は、上の「年々に」という言葉を以下のように説明する。

「この『年々の』や、すぐあとの『年々に』ということばだけをとってみても、スミスが一ネイションの富を蓄積された資源とみなす旧来のイギリス経済学者たちのありきたりの慣例を脱却していたことがはっきりわかる。フィジオクラットに従いながら、⁽¹⁴⁴⁾スミスは、所与の時間中にどれだけ生産できるかが重要事だ、と考えるのである。」

このように、フィジオクラットは、富を単位時間当たりの生産量と定めたのである。この目的のために、世界のすべての価値観が、生産性拡大という唯一の目的に画一化される。1767年、かつてはマルチニク島の知事であったルメルシェ・ド・ラ・リヴィエール

---

(142) TURGOT, "Mémoire au roi, sur les Municipalités, sur la hiérarchie qu'on pourrait établir entre elles, et sur les services que le gouvernement en pourrait tirer (1775)", Œuvres, op. cit., Tome II, 1966, p.504.
(143) SMITH A., op. cit., Introduction et plan de l'ouvrage, Tome 1, p.65. アダム・スミス『諸国民の富(2)』岩波書店、1995年、89頁。
(144) 「社会の中で、社会の年々の支出と消費に供給できるのは、年々の再生産しかない。」LE MERCIER DE LA RIVIÈRE, L'ordre naturel et essentiel des sociétés politiques (1767), Chap.XXXII, Librairie Paul Geuthner, Paris, 1910, p.205.

第1部 「オーガニック身体」

Le Mercier de La Rivière は、『政治社会の自然的本質的秩序 *Ordre naturel et essentiel des Sociétés politiques*』を著す。アダム・スミスは、この著を「この教義のもっとも明確でもっとも首尾一貫した説明」と評している。[145] 社会は利益追求のための装置となり、個人は「効用」となる。ルメルシェ・ド・ラ・リヴィエールは言う。

> 「富がこの公的考慮の計りとなっているところではどこでも、[…] 必然的に人間は金を求め、すべてを金のために捧げ、自分自身を金のために売るのである。」[146]

その結果、人間は貨幣に還元される。ネイションはこの価値、その後「国民総生産」と呼ばれるようになる価値を実現するための単位となる。アダム・スミスの指摘、「あらゆる人は、交換することによって生活し、つまりある程度商人になり、また社会そのものも、適切にいえば一つの商業社会（commercial society）に成長するのである」を想起しよう。[147] 国家は1つの企業となり、ネイションは、雇用者と被雇用者から成る。この画一化は、国内のみならず、世界をも射程に入れている。すでに、我々はこの傾向をロックに見たが、レーナル Raynal は、その著書『両インドの歴史 *Histoire des deux Indes*（1781）』の中で、こう述べている。

> 「商業が欲するのは、すべてのネイションがあわさって単一の社会と見なされることである。」[148]

社会は、生産性拡大を運命づけられた装置となり、そこでの人間の評価は「効用」しかない。テュルゴは言う。

> 「諸ネイションの第1の財産は、習俗であるといわれている。

---

(145) SMITH A., op. cit., Livre IV, Chap.IX, 1991, Vol.II, p.300. アダム・スミス『諸国民の富(3)』前掲、488頁。

(146) LE MERCIER DE LA RIVIÈRE, ibid., p.357. DENIS H., op. cit., p.178 参照。

(147) 本書58頁参照。

(148) RAYNAL G., *Histoire des deux Indes*, Livre 2, 1781, LIAUZU C., *Race et civilisation, L'autre dans la culture occidentale*, Syros/Alternatives, Paris, 1992, p. 26 より引用。

習俗の第1の基礎は、子どもの頃から、社会における人間のあらゆる義務について学ぶ教育にある……。新しい教育制度によって……、社会のすべての階級の中で、有徳かつ有用な人間、正しい魂、純粋な心、活発で熱意ある市民が養成されることになろう。」[149]

よって、自由の意味も競争すること、および、競争の障害を除去することになる。ルメルシェ・ド・ラ・リヴィエールが強調するように、個人の利益が社会の利益と同一視される。

「最も重要な秩序とは、ひとりの個人的利益がすべての者の共通利益と決して引き離すことができないということである。」[150]

テュルゴの広範な改革プログラムが目指す目的は、ただひとつ、生産性拡大しかない。すなわち、通商産業の自由化、賦役の廃止、ギルドを含めた労働者団体の禁止、貴族を含む土地所有者への課税等である。ホッブスにとって、貨幣は「コモン-ウェルスの血液である」[151]のと同じく、テュルゴにとっても、貨幣は、オーガニック身体の血液なのである。

「この前払いと、この資本の継続的回収こそ、貨幣の循環と呼ばれるべきものを構成するのであり、この有益でかつ生産的な循環は社会のあらゆる労働を活気づけ、政治的身体（corps politique）における運動と生活とを維持している。したがってそれは当然、動物的身体（corps animal）における血液の循環にたとえられてよいのである。」[152]

---

(149)　TURGOT, *Œuvres de Turgot et documents le concernant*, Gustave SCHELLE (sous la direction de), Alcan, Paris, 1922, Vol. IV, p.579, KOHN H., op. cit, p.654, note 71 より引用。
(150)　LE MERCIER DE LA RIVIÈRE, op. cit., p.338.
(151)　本書 69 頁参照。
(152)　TURGOT, "Réflexions sur la Formation et la Distribution des Richesses (1776)", § LXIX, *Œuvres*, op. cit., Tome I, 1966, p.45. チュルゴ「富の形成と分配に

第1部 「オーガニック身体」

　権力集中化の推進者にとって、自分たちの認める権力に基づかない集団は、すべて解体せねばならない。伝統的なレスプブリカは、内部に複数のレスプブリカを含んでいたのに対して、ホッブスは、レスプブリカ内部のレスプブリカを寄生虫と見なして軽蔑していた。フィジオクラットにとっても同様に、国家と個人の間には、人と物の自由な移動を妨げるいかなる人間集団も存在してはならない。実際、『百科全書』の「財団 fondation」の項において、チュルゴーは、「あたかも個々の団体（＝身体 corps）が国家に対して若干の権利を持ってでもいるかのような団体の権利と称されるもの」を拒否する。(153) 存在すべきは、個人から成る国家社会という唯一の身体である。

　　「市民は諸権利を持っている。しかしそれは社会という身体 corps にとっても神聖な諸権利である。それらは社会とは関係なく存在し、しかも社会を構成する必要な要素である。そしてかれらが社会に参加するのは、自分の権利をすべて持ったまま、自分の自由を委ねた同じ法律の保護のもとに入るためにほかならない。しかし個々の身体はそれ自体で存在しているのではなく、またそれ自体のために存在しているのでもない。それらは社会のために組織されたのである。したがってそれらが有益でなくなれば、それは消滅すべきである。［…］結局のところそれらは解消されることにならざるをえないのである。」(154)

　テュルゴのこの指摘が見事に示しているように、また、ホッブスやロックにも見られたように、歴史的権利に基づいた「身分」制の解体過程が、人権という理念を生み出す。テュルゴも、歴史的権利

　　　関する諸考察」『チュルゴ経済学著作集』岩波書店、1962 年、104 頁。
　(153)　L'article "Fondation", *Encyclopédie, ou dictionnaire raisonné des sciences, des arts et des métiers*, Samuel Faulche, Neufchastel, 1751-72. チュルゴ「財団『百科全書』の項目」『チュルゴ経済学著作集』岩波書店、1962 年、40 頁。
　(154)　*Encyclopédie*, ibid. チュルゴ前掲。

第 2 章　レスプブリカのフィジック身体

を拒否して、自然的権利としての人権を称揚する。

「社会に結合した人間の権利は、人間の歴史ではなく、自然 nature にもとづくのである。」[155]

こういったフィジオクラットの改革に対して、旧来の支配「身分」のひとつを代表する高等法院が反対するのは、当然である。この反対に直面して、ルイ 16 世はこう嘆いている。

「人民を愛しているのは、チュルゴと余しかいないことがよくわかったわい。」[156]

テュルゴは、一方で、賦役の廃止を主張するが、他方、その著書『富の形成と分配に関する考察（1769-70))』において、後世「賃金の鉄則」の名で有名になる理論を展開する。

「腕と技能とを持っているにすぎない単純労働者は、他人に首尾よく自分の労力を売る以外にはなにも持たない。かれは自分の労力を高く売ったり安く売ったりするが、この価格の高低はかれひとりの自由になるものではない。すなわちそれは、かれとかれの労働に対して支払う者との一致から生じるのである。かれの労働に対して支払う者はできるだけ安く支払おうとする。かれは多数の労働者のなかから自由に選択できるので最も安価に働く者を選ぶ。したがって労働者は相互に争って価格を下げざるをえなくなる。労働者の賃金が生活資料を獲得するのに必要なだけの額に限定されるということは、労働のすべての分野においておこるはずであり、また実際におこっているのである。」[157]

---

(155)　TURGOT, "Mémoire au roi, sur les Municipalités, sur la hiérarchie qu'on pourrait établir entre elles, et sur les services que le gouvernement en pourrait tirer (1775)", Œuvres, op. cit., Tome II, 1966, p.503. KOHN, op. cit., p.653, note 67 参照。

(156)　MARTIN H., *Histoire de France*, Furne, Jouvet et Cie, Paris, Tome XVI, 1878, p.372.

(157)　TURGOT, "Réflexions sur la Formation et la Distribution des Richesses (1776)", § VI, Œuvres, op. cit., Tome I, 1966, p.10. チュルゴ「富の形成と分配に関

第1部 「オーガニック身体」

　人間支配の基準は、すでに身分ではなく、階級つまり私有財産である。フィジオクラットにとって、国家とは企業であり、ネイションとは価値画一化の対象である。このような社会を実現するためには、「社会的過程の『自然法則』に従い、すなわち同時に理性に従って管理し支配する、啓蒙された理性的な管理組織をつくらなければならない」。[158] 価値画一化は、レスプブリカ全体の画一化につながり、さらに、この価値観に適した人間の養成につながる。フィジオクラットの影響を受けたロラン・デルスヴィル Rolland d'Erceville は、こう主張する。

　　「教育そしてとりわけ最も柔軟な若い時期に受ける教育の画一性のみが、習俗、慣習、慣行の画一化を可能にする。これらの多様性は、見事に組み合わされた計画を場合によっては害するおそれがある。［…］権威に服従が結びつけば、ただひとつの歩みとただひとつの原則のみになるということであり、政府は、ひとつの、大本の、他の学校の元締めとしての学校をひとつつくれば、力や暴力をもってしても得られないものを要求する上であまりに適切なもの、すなわち、同じ習俗、一般的慣習、共通の立法、ひとつの精神、ひとつの性質、とりわけ、同一のナショナル法を獲得することになろう。これらは、諸国家の栄光と安全に貢献する本質的かつ有効な対象であり、結局のところ、愛国心を再生させる唯一の手段なのである。その効果は、ダグソー氏 M.d'Aguesseau が見事に展開されたように、諸国王の権威と諸人民との神聖な絆なのである。」[159]

　　する諸考察」『チュルゴ経済学著作集』岩波書店、1962年、73頁。
(158)　ELIAS N., *La civilisation des mœurs*, op. cit., p.64. ノルベルト・エリアス『文明化の過程(上)』法政大学出版局、1995年、127頁。
(159)　ROLLAND,《Compte rendu aux Chambres assemblées... relativement au plan d'étude à suivre dans les collèges non dépendants des universités et à la correspondance à établir entre les collèges et les universités》, le 13 mai 1768, dans *Recueil de plusieurs des ouvrages de Monsieur le Président Rolland*, Paris, 1783, pp.23-24,

第 2 章　レスププリカのフィジック身体

　こうして、「自然の法に従え」という同じ主張が、モンテスキューとフィジオクラットでは、正反対の結論を導いていることに気づく。モンテスキューでは、「習俗を変えようとしてはならない」となり、フィジオクラットでは、「習俗と法律を画一化しなくてはならい」となる。さらに、モンテスキューは、既に見たように、自分の時代の政治家に徳が欠如していることを批判していた。

> 「民衆政体のもとに生活していたギリシアの政治家たちは、徳の力以外にはこの政体を持続させうる力を認めていなかった。今日の政治家たちが我々に語ることといえば、手工業製造や商業や財政や富、さらには奢侈についてだけである。」[160]

これに対して、ミラボー侯爵は、「文明化 civilisation」という言葉を発明して、貴族の徳は浅薄な仮面に過ぎないと批判する。

> 「もしわたしが、文明とは何かと問えば、人はこう答えるだろう。人民の文明化とは、その習俗の改善、都会性、礼儀正しさであり、しきたりが守られ細かい法律の代わりをするようにみんなが心得ている知識であると。しかし、これらのことはすべて美徳の仮面をわたしに見せてくれるにすぎず、美徳の顔そのものを見せてくれるものではない。もし文明が社会に美徳の基礎と形式を与えるのでなければ、文明化は社会にとって何の役にも立たないだろう。」[161]

かつて、「civilité」という言葉は、「修養を積んだ」とか、「教養のある」とか、「教化された」などの言葉と同じく、支配者とくに

　　JULIA D., *Les trois couleurs du tableau noir : la Révolution*, Belin, Paris, 1981, p.19 より引用。さらに同書 p.174 参照。
(160)　MONTESQUIEU, op. cit., III / III, Vol.1, p.145. モンテスキュー『法の精神(上)』岩波書店、1995 年、72 頁。
(161)　MORAS, J., *Ursprung und Entwicklung des Begriffs der Zivilisation in Frankreich（1756-1830）*, Hamburger Studien zu Volkstum und Kultur der Romanen, Hambourg, 1930, S.38. ELIAS N., *La civilisation des mœurs*, op. cit., p.57. ノルベルト・エリアス前掲、118 頁参照。

第 1 部 「オーガニック身体」

宮廷人たちが「持っていた自意識を表現し、それと同時に、この上流階層が、もっと素朴であると思っていた他の人々にはなくて、自分たちだけが持っていると考えた習俗の特殊性を表す」言葉であった。[162] ミラボーによる「文明化」ということばの発明は、支配者の新しいモットーとなり、画一化という形式と、生産性拡大という実質を示している。[163] 今日の人類学者ミッシェル・デュシェ Michèle Duchet によると、「フィジオクラットが、この言葉の積極的な使用を広めたと思われる」。[164]

「自由」を掲げるフィジオクラットは、植民地化を正当化する。しかし、それは、虐殺や奴隷化ではなく、植民地に建設されたヨーロッパ社会への先住民族の「身体内化＝取り込み incorporation」である。デュシェによると、「同化政策」である。[165] たとえば、フィジオクラットのひとりであるボド Baudeau はこう宣言している。

「北アメリカ人の文明化は、おそらく、我が植民地を導く政策の第 1 目的のひとつとみなされたはずである。[…]『彼らをキリスト教だけでなく、ヨーロッパ文明に改宗』させねばならなかったのである [...]。『これほど美しい植民地 [ルイジアナ] の成功にとって最も重要な目的は、自然人を可能な限り完璧に文明化することであり、そこに持ち込まれたヨーロッパネイションに彼らを取り込む incorporer ことである。』[…] 大変長く大変幸福な経験によって、アメリカの自然民族 peuples naturels は、我々が提案する文明化に適している [...]。」[166]

しかし、ヨーロッパ社会に同化されるにせよ身体内化されるにせ

---

(162) ELIAS N., *La civilisation des mœurs*, op. cit., p.58. ノルベルト・エリアス前掲、119 頁。
(163) DUCHET M., *Anthropologie et histoire au siècle des Lumières*, Albin Michel, Paris, 1995, p.219.
(164) DUCHET M., ibid., p.219, note 389.
(165) DUCHET M., ibid., p.215.
(166) DUCHET M., ibid., p.218.

よ、人工的に建設されたこの政治的身体の中で、先住民族は劣等人間として扱われるにすぎない。ピエール゠ビクトール・マルエ Pierre-Victor Malouet は「野蛮人」の「文明化」政策に反対する。

> 「自由についても、苦労なきことについても、多くの手間なく食が手に入る容易さについても、幸せで、広大な大地に広がっているわずかな数の野蛮人が、労働と欠乏と服従しか分かち合うことのない我々の社会の最低階級に自発的に組み込まれるなどと、どうして自慢することができようか。彼らインディアンの手に鋤を持たせようとするなら、牛の群の見張りをさせるなら、彼らは奴隷と同じことなるではないか。彼らをブルジョアや年金生活者にしてやるほうがより容易なことは疑いない[…]。」[167]

支配従属関係に基づくヨーロッパの社会図式は、世界規模で展開される。たとえば、レーナル Raynal は、国内の教育政策と植民地政策との共通点を以下のように述べている。

> 「この政策は、その目的と趣旨において、若者の教育に似ている。両方とも人間形成を目指すものである。手段においても両者は多くの点で似かよっている。蛮族ども peuples sauvages が社会にまとめられれば、子供と同じように、優しさによって導かれ、力によって制裁されることを欲するようになる。政府は、彼らに対して啓蒙的でなくてはならないし、権威によって彼らを啓蒙時代に導かねばならないのである。」[168]

結局、フィジオクラットが掲げる文明化とは、自然にしたがうことを標榜しながら、自然の征服を前提としているのである。自然の

---

(167) MALOUET P.V., *Lettre de M. Malouet sur la proposition des administrateurs de Cayenne relativement à la civilisation des Indiens*, Toulon, le 16 juillet 1786, Archi. Nat. F3-95. fº-53 sq., DUCHET M., ibid., p.223 より引用。

(168) RAYNAL G., *Histoire philosophique et politique des établissements et du commerce des Européens dans les deux Indes*, 1770, VIII, p.242, DUCHET M., ibid., p.218 より引用。

第1部 「オーガニック身体」

相反するふたつの側面、つまり、支配する主体としての自然と支配される客体としての自然を、レーナルの以下の指摘は見事に示している。(169)

> 「われわれの所有物とすることができるものがあるのに、それを理性で納得して拒めと要求すること。これは、自然に反することであり、社会性の第一原則におそらく反することであり、宇宙を広大な修道院に、人間を鳥や悲しき修道士に換えてしまうことである。[…] 人間よ。おまえは、時にたいへん臆病でたいへん小さいが、その企図と実現においては、偉大なのである。弱きふたつの肉のてこを用い、知性の助けを借りて、おまえは自然全体と戦い、これを征服する。」(170)

このふたつの自然観がアリストテレスに由来していることは、明白である。支配の意思の前に、対象は支配されるべきものとしてしか存在しえない。アリストテレス以来、世界は支配被支配関係でし

---

(169) アカデミーフランセーズ Académie française が 1694 年に刊行したフランス語辞典では、「自然 nature」を、以下のように定義している。
「1　宇宙 l'univers 全体、一切の被造物。
2　各被造物の中に行きわたっている普遍的精神、この普遍精神によって、あらゆるものがその始まり、中間、および終わりをもつ。
3　各存在の働きの内的原理。
4　人間各自が自己の保存に役立つものに向かってゆく動き。
5　体質、気質
6　魂の一定の状態」エラール Ehrard は、以上の7つの意味を能動的自然 Nature active と受動的自然 Nature passive というふたつのカテゴリーに分類する。「3, 4, 5, 6 の意味は、2 の意味を特定化したもの他ならない。真の区別は、1の意味と2の意味、すなわち、受動的自然と能動的自然である。」EHRARD J., *L'idée de nature en France dans la première moitié du XVIIIe siècle*, S.E.V.P.E.N., Paris, 1963, Tome I, pp.16. 能動的自然が我々の論ずる主体としての自然に、受動的自然が客体としての自然に対応することは言うまでもない。

(170) RAYNAL G., *Histoire des deux Indes*, Livre 2, 1781, LIAUZU C., *Race et civilisation, L'autre dans la culture occidentale*, Syros/Alternatives, Paris, 1992, pp.26-27 より引用。

第 2 章　レスプブリカのフィジック身体

かなかった。同様の対比が、「自然状態と社会状態」「野蛮と文明」といった対比の中に見られる。時間の概念ですら、この支配従属関係に服せしめられたことを、我々はすでにロックにおいて見てきた。今や、文明化の概念は世俗化し、ロックの時間概念を補強する。なぜなら、利益追求を命じる新しい価値観が、すべての人類を利益追求に運命づけるからである。これについて、ドルバック D'Holbach は、『社会の体系もしくは道徳と政治の自然原理 *Système social, ou Principes naturels de la morale et de la politique* 1773』の中で、次のように宣言している。

> 「諸人民 peuples および彼らを支配する頭 chefs の完全な文明化、ならびに、政府、習俗、悪習の望ましい改革は何世紀にもわたる、人間精神の継続的努力の、社会の反復的な試行の末にしか得られない成果なのである。」(171)

ところが、テュルゴだけでなく、その後継者であるネッケル Necker、カロンヌ Calonne、ロメニ・ドゥ・ブリエンヌ Loménie de Brienne の改革案は、ことごとく高等法院の反対に遭う。こうした政治的膠着状態がフランス革命につながってゆく。今日の歴史家ルネ・レモン René Rémond は、こう説明している。

> 「フランス革命は、特権社会に対する第三身分の反乱である以前に、特権身分の反乱として始まった。［…］革命以前における国王権力と特権層との間の衝突が、ブルジョアを革命的対立の中に投げ込んだのである。」(172)

1771 年 2 月、国王の決定に対する高等法院の度重なる反対にたまりかねた大法官モプー Maupeou は、高等法院の政治的権限を剥奪し、その官職売買を廃止する。和解のため、ルイ 16 世は、名士会を召集する。ところが、名士の方が、相変わらず改革に反対するた

---

(171)　LIAUZU C., ibid., p.26.
(172)　RÉMOND R., *Introduction à l'histoire de notre temps : I. l'Ancien Régime et la Révolution 1750-1815*, Coll. Points, Seuil, Paris, 1974, p.143.

め、三部会が召集されることになる。名士たちは、この三部会で、自分たちのヘゲモニーを獲得しようとしたのである。「こうして、彼らはフランス革命を準備し、自分たち自身の墓穴を掘ったのである。」[173] 1788年7月5日、ルイ16世は、新税を可決させるため、1789年5月1日に三部会を召集することを発表する。国家は倒産寸前にあったのである。ケネーは、1774年12月16日に亡くなるが、彼について、今日の歴史家ウィル・デュラントとアリエル・デュラントは、次のように述べている。

　「もう15年だけ長生きできたとしたら、ケネーは革命の中にフィジオクラットの理念が数々の勝利をおさめるのを見たであろう。」[174]

(2) フランス革命：国際的次元での民族の制度化

18世紀末、フランス社会の中央集権化と個人支配が進行したことにより、フランス社会にとって、貴族はまったくよそよそしい、むしろ有害な要素と見なされるようになる。なぜなら、貴族はもう伝統的な義務である国防、警察および裁判、領地内の住民保護をおこなわず、すでに正当な理由がなくなったにもかかわらず、かつてはその義務の対価であった特権だけは、あいかわらず保持しようとしていたからである。フィジオクラットが経済的有用性にもとづく社会の画一化を促進している中で、社会における貴族のこのような疎外化は、一層際立つことになった。とはいえ、フィジオクラットの社会計画はあくまで改良に止まり、王国の政治構造自体にふれることはなかった。そこで、フィジオクラットの社会ビジョンに適合した新しい政治構造を建設するために、シエイエス Sieyès が、1789

---

(173) *Encyclopédie générale*, Hachette, Vol.9, 1976, p.3315.
(174) DURANT W. et A., *Rousseau et la Révolution*, Éditions Rencontre, Lausanne, 1969, Tome I, p.146. W＆Aデュラント、『世界の歴史 29』日本ブック・クラブ、1970年、290頁。

第2章　レスプブリカのフィジック身体

年、『第三身分とは何か』において、三部会 états généraux を拒否し国民議会 Assemblée nationale を提案する。実際、彼の構想する社会は通商産業社会であり、⁽¹⁷⁵⁾ 4つの要素から成り立っている。その4要素とは、「生産者」、「消費者」、「仲介人（販売業者や問屋業者）」、「最も高尚なる学問的職業や自由職業から、最も尊重されない家庭内の仕事までを含むもの」⁽¹⁷⁶⁾である。彼は、「社会を維持するものは、すなわち以上のような労働である。誰がそれらの労働を負担するのか。それは第三身分である」と主張する。⁽¹⁷⁷⁾

シエイエスの描く社会において、「公務には特権階級が有用であると主張してもそれは妄想に過ぎない」。⁽¹⁷⁸⁾つまり、彼は、第三身分による政府の確立を目指すのである。しかし、彼はどのようにそれを正当化するのだろうか。その方法は相変わらずアリストテレス以来のものである。つまり、まず、自己を宇宙または自然の意思と同一化し、自分が価値あらしめたい対象、この場合は、第三身分に、その意思を付与するのである。すでに、ルソーが、「下層人民」または「下層民」と呼ばれる人々を理想化して、民族の名のもとに価値を与える例を示していた。シエイエスに言わせれば、「第三身分が、完全な民族 nation を形成するに必要な一切のものを自らの内に持っていないと誰が言い切れよう」。⁽¹⁷⁹⁾彼はまず、自己を自然の意思と同一化する。

「民族 nation が自然状態から出ることは決してない。さらに、

---

(175) "Chap.VII : Sieyès : le gouvernement représentatif d'une république industrieuse" dans LARRÈRE, C., *L'invention de l'économie au XVIIIe siècle, Du droit naturel à la physiocratie*, Presses Universitaires de France, Paris, 1992, pp.268 et ss.

(176) SIEYÈS E., *Qu'est-ce que le Tiers-Etat?* (1789), Chap.I, Flammarion, Paris, 1988, pp.33-34. 翻訳あたっては、以下参照。シエイェース『第三身分とは何か』実業之日本社、1948年、3頁。シエイエス『第三階級とは何か』岩波書店、1976年。

(177) SIEYÈS E., ibid., Chap.I, p.34. シエイェース、前掲、4頁。

(178) SIEYÈS E., ibid., Chap.I, p.37. シエイェース、前掲、6頁。

(179) SIEYÈS E., ibid., Chap.I, p.37. シエイェース、前掲、6頁。

第1部 「オーガニック身体」

いかなる危機に瀕しても、その意思を表明するのに事欠くことなど決してない。恐れることなく、繰り返そう。民族はいかなる形式にもとらわれない。よって、どのように欲しようとも、その意思さえ表明されれば、いかなる実定法も、民族の前ではあたかもあらゆる実定法の源泉及び最高支配者の前に出たように、全く無力となるからである。」[180]

ルソーにおける「民族を制度化する (instituer un peuple)」意図、または、「民族を形成する (former la nation)」意図は、シエイエスにおいては、「ひとつの目的のためにひとつの身体を創設する (créer un corps pour une fin)」という表現で示される。[181]

「ひとつの目的のためにひとつの身体を創設するにも、その組織に対して、人が行わせようと考える機能を果たし得る形態と法規とを与えなくては不可能である。これが、この身体のいわゆる統治構成 la constitution de ce corps である。」[182]

民族の意思がつねに正しいと言うことは、言うまでもない。

「民族 nation はあらゆるものに先立って存在する、それはあらゆるものの根源である。その意思はつねに合法的である。それは法律それ自体である。」[183]

さらに、

「その意思がつねに最高の法律である。」[184]

アリストテレス以来、自由とは法への従属を意味する。

---

(180) SIEYÈS E., ibid., Chap.V, p.132. シエイェース、前掲、84頁。
(181) ホッブスと同じように、シエイエスも社会を機械にたとえることがある。「もしもわれわれが社会をあたかも普通の機械のように分析して、その各部分を別々に観察し、続いてすべてのものを順次に心の中で再びつなぎ合わせて、最後に、その調子を把握し、それから生ずるはずの一般的な調和を得る決心をしないならば、われわれは決して社会のしくみを理解しないだろう。」SIEYÈS E., ibid., Chap.V, p.123.、シエイェース、前掲、76頁。
(182) SIEYÈS E., ibid., Chap.V, p.126. シエイェース、前掲、78-79頁。
(183) SIEYÈS E., ibid., Chap.V, p.127. シエイェース、前掲、80頁。
(184) SIEYÈS E., ibid., Chap.V, p.132. シエイェース、前掲、84頁。

「人は特権によって自由になるのではなく、すべての者に属し
　　ている権利によって自由になるのである。」[185]

よって、ロックのように、シエイエスも平等と中央集権化を混同
する。

　　「わたくしは巨大な円球の中心における法則を想像してみる。
　　すべての市民は例外なく同一の距離で円周上にあって、そこで
　　ただ平等の位置を占めているにすぎない。すべての者は法則に
　　同じように依存している。すべての者はかれらの自由と財産を
　　保護するように申出る。そして、わたくしが市民の共通の権利
　　と呼ぶのは、まさにこれであるが、それによってかれらはすべ
　　て一様なのである。すべてのこれらの個人はつねに法律の共同
　　の保障の下に、互いに交際し、契約を結び、取引を行ってい
　　る。」[186]

徳とは、民族的利益である。

　　「第三身分とはすなわち民族 nation であり、民族的利益が徳な
　　のである。」[187]

なるほど、シエイエスにとって、「各身分はそれぞれ別個の民族
une nation distincte」[188]ではあるが、第三身分は 2500 万人からなる
のに対して、他のふたつの身分は 20 万人しかいないのだから、「今
日では第三身分がすべてであって、貴族はひとつの言葉に過ぎな
い」。[189]よって、貴族は社会において疎外された存在でしかないの
である。

　　「貴族身分は、自分たちがおこがましくも権利と呼ぶ、特権や
　　免除を持っているが、これらが、市民の偉大なる身体の持つ諸

---

(185)　SIEYÈS E., ibid., Chap.II, p.43. シエイエース、前掲、11 頁。
(186)　SIEYÈS E., ibid., Chap.VI, pp.173-174. シエイエース、前掲、120-121 頁。
(187)　SIEYÈS E., ibid., Chap.VI, p.153.
(188)　SIEYÈS E., ibid., Chap.VI, p.156. シエイエース、前掲、105 頁。
(189)　SIEYÈS E., ibid., Chap.VI, p.153 シエイエース、前掲、103 頁。

第1部 「オーガニック身体」

権利とは、別個のものであることはあまりにも明白なことではないか。それによって、貴族身分は共通の身分と共通の法からはみ出している。こうして、彼らの市民的権利は、偉大な民族 nation の中に別個の民族 peuple を成している。それはまさに、国家の中の国家 imperium in imperio である。貴族身分の政治的権利に関しても、貴族身分は別個に行使している。彼らは自分たちだけの代表者を持っているが、[…] その代表は本質的に別個分離（distincte et séparée）のものであり、民族 nation には縁もゆかりもないものなのである。」(190)

従来、レスプブリカは内部に多様なレスプブリカを包摂していた。しかし、そのような内部レスプブリカの存在はもう認められない。レスプブリカ内部は単一の権力によって、画一的に支配されねばならないからである。この言葉の中に、その後20世紀初めになって、マイノリティ問題を特徴づけることになるふたつの典型的な表現が見られる。ひとつは、「国家の中の国家（Imperium in imperio）」であり、もうひとつは、マイノリティという概念についての国際連合による定義草案で使用されることになる「別個分離（distincte et séparée）」という表現である。また、ルソーは、ネイションを習俗と性格に位置づけていたが、シエイエスは、人種に位置づける。これは、マイノリティの要素のひとつを提供することになる。

「しかし、第三身分は過去の時代に遡ることを恐れてはならない。征服される以前を回想すればよい。しかも現在、第三身分はおめおめと征服されないほど強くなっているから、その反抗だってずっと大きな力をもっているに相違ない。どうして、第三身分は、われこそは征服者たる人種 race des conquérants の出だとか、その権利を承継しているとかいう馬鹿げた主張をするような家族どもを十把一からげにして、フランコニーの森に追

---

(190) SIEYÈS E., ibid., Chap.I, p.40. pp.28-29、シエイェース、前掲、10-11頁。

第2章　レスプブリカのフィジック身体

い払ってしまわないのだろうか。そうしてこそ初めてネイション は清められて、自分たちがもうガリア人やローマ人の子孫か らしか成り立っていないと思い込むようになり、却って心が慰 められるのではなかろうかと私は思う。実際、家柄と家柄の区 別に固執する人があるなら、そういう憐れな同胞に、ガリア人 やローマ人からでた家柄は、少なくともシカムブル Sicambres やヴェルシュ Welches 出の[191]家柄や古代ゲルマニヤの森や池 から出たその他の野蛮な家柄と同じ程度に貴いものであるとい うことを示してやれないものだろうか。そうだ、と言うであろ う。ところが、征服はあらゆる関係を乱してしまい、生まれつ きの貴族は征服者の側へ移ってしまった。それでは、それを再 び別の側へ戻さなくてはなるまい。今度は第三身分が征服者と なって、再び貴族になるのだ。」[192]

こうした人種によってまとめられる民族を想定するがゆえに、シ エイエスは、以下のように主張することができたのである。

「しかしながら社会的結合なるものは、本来、共通点があって こそ実現するのであるから、共通の資格によってのみ立法権を もつのである。」[193]

すでに見たように、ブーランヴィリエとデュボス、さらには、モ ンテスキューを含む論争では、身分の対立が人種対立に変換されて いた。こうしたことから、シエイエスにとって、特権を持つ者の排 除とは、特権民族の排除すなわち特権「人種」の排除を意味してい たのである。1918年、ルネ・ヨハネは、フランス革命当時にはま だ使われていなかった「ナショナリティ」という言葉を用いて、次

---

(191) 「シカムブル」はフランク族の支族の名、「ヴェルシュ」は後にガリア人と なったケルト族の古名。シエイエス『第三階級とは何か』岩波書店、1976年、30 頁。
(192) SIEYÈS E., ibid., Chap.II, p.44. シエイェース、前掲、11-12頁。
(193) SIEYÈS E., ibid., Chap.VI, p.175. シエイェース、前掲、122頁。

第1部 「オーガニック身体」

のように説明している。

> 「フランス革命の当初、フランスナショナリティ nationalité française の根拠としてのガリア人種という考え方が、特別な勢いを盛り返した。」[194]

ところが、シエイエスがルソーにしたがうのは、フランス民族から特権を持つ者を排除するのに、ルソーの主張が役に立つ限りであった。ルソーは、一般意思を、主権の存する民族の討議の中に見いだしていた。ところが、シエイエスにとって、「第三身分の代表者が民族意思 volonté nationale の真の受託者、ということになる」。[195] 彼は自分の主張を正当化するために、ロックがおこなったように、時間の概念を操作する。すなわち、進歩という概念を利用するのである。とはいえ、シエイエスの進歩主義は、ロックのそれとは異なる。ロックが宗教的進歩主義であるのに対して、シエイエスは生物的進歩主義なのである。シエイエスは言う。

> 「民族 nation が持つ権利は、今以上のものになるにせよ、今以下のものになるにせよ、その意思に関わりない。第1期において民族は1個の民族がもつすべての権利をもっている。第2期において民族はそれを行使する。第3期において民族は、その保全のために必要なあらゆるものを、その代表を通じて行使させる。」[196]

こうして、第三身分代表は、「民族全体 nation entière の名において語ることができる」。[197] ところが、すでに見たように、ルソーは、代表制には厳しく反対していたのである。再録しよう。

> 「民族 peuple は代表者を持つやいなや、もはや自由ではなくな

---

(194) JOHANNET R., *Le principe des nationalités*, Nouvelle librairie nationale, Paris, 1918, p.67. BARKER E., *National Character and the Factors in its Formation*, Methuen, London, 1927, p.12 参照。

(195) SIEYÈS E., op. cit., Chap.VI, p.161. シエイェース、前掲、109 頁。

(196) SIEYÈS E., op. cit., Chap.V, p.129. シエイェース、前掲、82 頁。

(197) SIEYÈS E., op. cit., Chap.VI, p.161. シエイェース、前掲、109 頁。

る。もはや民族は存在しなくなるのである。」⁽¹⁹⁸⁾

ロックにおいて、自然状態とは個人状態であった。政府を設立するための、個人の間の同意が、この状態に終止符を打つことになっていた。この理論が生まれた背景には、貴族とブルジョアが議会に結集することによって、絶対王政を打倒し、自分たちで国王を選んだという事実があった。ところが、フランスにおいては、貴族とブルジョアの同盟は困難だった。そのため、個人の同意という概念で政府を正当化することは不可能である。そこから、別の正当化が必要となる。それは、個人ではなく、第三身分という集団が自然法によって政府の正当性を持つという正当化のしかたである。モンテスキューが、自然に基づく民族という概念を発明し、民族に精神を付与した。次にルソーは、ロックが個人によって実現したことを、民族によって実現した。すなわち、自然状態にある民族が、そのメンバー間の討論をとおして、国家を形成するというのである。シエイエスは、ルソーのこのアイデアを自分の都合のいいように、第三身分に適用して、フランス革命を正当化するのである。フランスでは、さまざまな利益集団がネイションを主張して、国王による中央集権化に賛成または反対した。このために、民族という概念と、国家という概念が分離することになった。しかし、シエイエスは、この分離を民族国家に再結合したのである。しかし、これはもはや、「身分」から成り立つ農業社会ではなく、⁽¹⁹⁹⁾市民から成り立つ通商産業社会なのである。

---

(198) ROUSSEAU J.-J., *Du contrat social*, Livre III, Chap.15, op. cit., p.268.
(199) シエイエスの以下の指摘は、身分制に関する彼の考え方をよく示している。彼は、身分を「カースト」とも呼んでいる。「これこそが疑うべき封建的民主政なのである。それは、重要性を装うために人々に意味のない恐怖を植え付け、中間的身体 corps intermédiaire の名の下に、善には役に立たないことを隠蔽し、貴族モンテスキューという圧倒的な権威の下に、悪への力を秘めている。貴族というカーストが、非常におろかな偏見によってどれほどきれいに飾られていても、君主の権威にも、平民 peuple の利益にも反することは、誰が考えても、明白なことなのである。」SIEYÈS E., op. cit., Chap.VI, p.154, note 1.

第1部 「オーガニック身体」

　フランス革命の歴史は、シエイエスの主張を裏付けている。[200] 1789年7月23日法律は、ネイションが「国家を構成する個人の総体によって形成される法的人格」と規定する。1789年8月26日の人および市民の権利宣言は、以下のように明記する。

　　「第2条　あらゆる政治的団結の目的は、人の消滅することのない自然権を保全することである。これらの権利は、自由・所有権・安全および圧制への抵抗である。
　　第3条　あらゆる主権の原理は、本質的にネイションに存する。いずれの身体（団体）、いずれの個人も、ネイションから明示的に発するものでない権威を行い得ない。」[201]

1791年9月3日憲法第3章第1条によると、
　　「主権は唯一、不可分、不可譲渡にしてかつ時効に服しえず。主権は、ネイションに帰属す。人民の如何なる部分もまた如何なる個人も、主権の行使を、自身に帰属させることはできない。」[202]

　1792年9月21－22日、王政廃止の布告が出され、25日には国民公会 Convention nationale が、「フランスレスプブリカ la République française は、唯一、不可分である」と宣言する。こうして、ホッブス、フィジオクラットが追求した、内部にレスプブリカを含まない、単一身体としてのレスプブリカが完成した。

　100年後になっても、アメリカ諸州の憲法との違いを強調するため、エミール・ブトミー Émile Boutmy は、人および市民の権利宣言第3条第2文のフランス的特徴を、あいかわらず強調している。

　　「フランスの《宣言》の第2文の『いかなる身体（団体）もい

---

(200)　ネイション nation の名におけるジャコバン党とジロンド党の主導権争いについては、以下参照。MEINECKE F., *Weltbürgertum und Nationalstaat*, Werke Band V, R.Olenbourg Verlag, München, 1962, Kap.2, S.29, Note 8. マイネッケ『世界市民主義と国民国家 I』岩波書店、1968年、38頁、注8.
(201)　高木八尺・末延三次・宮沢俊義編『人権宣言集』岩波文庫、1996年、131頁。
(202)　塙浩『フランス憲法関係資料選』信山社、1998年、50頁。

かなる個人も、ネイションから明示的に発するものでない権威を行使しえない』という表現はどうかと言えば、これと同様の表現は、アメリカのテキストにはまったく見出されないのであり、それも当然のことである。[フランスのように]貴族、聖職者のような身分や高等法院のような団体 corporations がまだ依然として存在し、ないしは、やっと廃止されたばかりの状態にあるネイションが、彼ら特権階級の権力復帰の道を閉ざそうと躍起になったのもわかろうというものである。かかる状況は合衆国にはまったく存在しなかった。アメリカ人はそのような気づかいも用心もする必要がなかったのである。一見したところ類似しているように見えながら、実は[両者には]類似性がほとんど希薄であることがわかる．類似性がこのように希薄なのは、両人民がほとんど似ていないがためなのである。」(203)

しかし、レスプブリカの伝統からかけ離れていたのは、むしろ、フランスの方であった。フランスの「唯一不可分のレスプブリカ Republic One and Indivisible」(204)を批判するイギリス人アクトン Acton が、1862 年になっても明言しているように、「なぜなら、真のレスプブリカ主義 true republicanism とは、全体およびすべての部分における自治政府の原則 the self-government in the whole and in all the parts だからである」。(205)

経済団体の廃止について、1791 年 6 月 14-17 日シャプリエ法は、一切の雇用者および被用者団体を禁止する。これによって、国家は人間集団の形成一切を独占することにより、フィジオクラットのプログラム、すなわち、ネイションをして生産拡大を目指す企業とす

---

(203) BOUTMY E., "La Déclaration des droits de l'homme et du citoyen et M. Jellinek", *Annales des Sciences Politiques*, Tome 17, 1902, p.427. イェリネック『人権宣言論争』みすず書房、1981 年、156 頁。

(204) ACTON, *History of Freedom and other Essays*, Macmillan, London, 1907, p. 227.

(205) Ibid.

第 1 部　「オーガニック身体」

るプログラムを完成するのである。1793 年 9 月 15 日、パリ市長は、こういった趣旨の請願を国民公会に提出する。

「ある偉大な知性とある偉大な活動も、少しぐらいましにできても大して重要でないことが、他人よりほんの少しうまくできるという程度しか役に立たない。自然によって 90 生産すべくつくられた人間が、通常 5 生産する状況に置かれると、その卓越した知性を持ってしても 10 しか生産できず、残りは失われることになる。この損失は誰のためのものか。彼のためのものではない。彼は家族の中で、そして、近所の人々に囲まれて、大いに幸せなことだろう。その人々は、彼を賞賛する。彼が偉大な能力を持っているからである。その人々は、彼を大切にする。彼は、大きな悪に染まることもなく、普通の人間にはたどり着けないようなところにいて、正しく心も広い。それはネイションのためなのである。彼はネイションの産業を発展させ、技術 les arts を進歩させたはずである。さらに、なんらかの有益な発見によってネイションの喜びを増やしたはずである。それはネイションのためなのである。普通の人間には手が届かないような、より高額の代金が支払われる種類の仕事に、同じ知性とおなじ活動を用いて、より多くの富をもたらすはずだったのである。しかし、それらすべて以上に、人類の完成のために、彼は貢献したはずなのである……。」[206]

フィジオクラットが主張していたように、価値の画一化は、社会全体の画一化とこの価値観に適合する人間の養成をともなっている。たとえば、コンドルセ Condorcet によると、

---

(206)　Pétition présentée à la Convention nationale par le département de Paris, les districts ruraux, la commune, les sections et les sociétés populaires y réunies, le 15 septembre 1793, James GUILLAUME, *Procès Verbaux du Comité d'instruction publique de la Convention*, II, pp.409-411, JULIA D., *Les trois couleurs du tableau noir : la Révolution*, Éditions Belin, Paris, 1981, p.30 より引用。

第 2 章　レスプブリカのフィジック身体

「公序のあらゆる目的における画一性は、人間の間のさらなるひとつの善である。すなわち、いかなる相違も、不和の種である。」[207]

画一化は、教育を通じておこなわれる。キリスト教義修道会 congrégation de la Doctrine chrétienne のメンバーであり、ラフレッシュ La Flèche の軍事学校の元校長であるジャン＝バプティスト・コルバン Jean-Baptiste Corbin は、テュルゴや上に見たロラン・デルスヴィルと同様の主張をおこなう。

「よって、習俗に対する教育の影響、法律に対する習俗の影響が大きいということになろう。言うならば、同じようにつくられ、同じ原理を信じこみ、同じ格言で育てられ、同じ真理に親しんだ市民はすべて、一切の公益目的において、ひとつの同じものの見方、考え方、行動のしかたしか持たないようになるだろう。」[208]

画一化は言語の画一化も含む。1794 年 1 月 27 日、ベルトラン・バレール Bertrand Barère は、国家公安委員会の名において、以下の宣言をおこなう。

「我々は、政府、法律、慣例 usage、習俗、慣習、商業、思想さえも革命した。よってそれらの日々の道具である言語も革命しよう。[…] 連邦主義と迷信は低地ブルトン語を話す。亡命者と共和国への憎悪はドイツ語を話す。反革命はイタリア語を話す。狂信者はバスク語を話す。反革命はイタリア語を話す。夢

---

[207]　CONDORCET A.-N. C., "Sur les Assemblées provinciales", Post-scriptum, *Œuvres de Condorcet*, O'CONNOR A.C. et ARAGO M.F.（sous la direction de）, Paris, Firmin-Didot Frères, 1847, Tome 8, p.658. 以下参照。CONDORCET A.-N. C., "Observations de Condorcet sur le vingt-neuvième livre de l'Esprit des lois", *Œuvres de Condorcet*, ibid., Tome premier, pp.363 et ss. 特 に Chap.XVIII : "Des idées d'uniformité", pp.376-381 ; FENE A. et SOULIER G., *Les minorités et leurs droits depuis 1789*, L'Harmattan, Paris, 1989, pp.15-16.

[208]　CORBIN J.-B., *Mémoire sur les principaux objets de l'éducation publique*, Paris, s.d.［1789］pp.6-9, JULIA D., op. cit., p.24 より引用。

第1部 「オーガニック身体」

想者はバスク語を話す。こうした害と誤りの道具を破壊しよう。」[209]

ネイションであれピープルであれ、集団概念とは、語り手が想定する統治枠組み以外の何ものでもないことを、我々はこれまで見てきた。そのため、ネイションおよびピープルの定義は、語り手によって異なることになる。このようにネイションおよびピープルということばが、あまりに多様な意味を持つにもかかわらず、フランス革命は、中央集権化と個人化の社会モデルを世界規模に拡大すべく、これらのことばを外交に適用してゆく。[210] 1790年5月、コンスタンタン・ヴォルネ Constantin Volney は、ある行政命令案を国民公会に提案する。

「国民公会は以下のことを厳粛に宣言する。

(1) 国民公会は、人類の普遍性を、唯一かつ同一の社会しか形成しないものと見なす。

(2) この偉大な一般社会においては、諸民族 peuples と諸国家は、同一の自然権を享受する個人と見なされ、部分的および二次的社会の個人と同じ正義の規則に従う。よって、いかなる民族も、他の民族の所有権を侵害する権利、他の民族から自由および自然の利益を奪う権利を持たない。」[211]

この主張は、相変わらず伝統的な「オーガニック身体」理念を反映している。確かに、従来は、宇宙を最高身体として、その下位身

---

(209) BARÈRE B., *Rapport et projet de décret présentés au nom du Comité de salut public, sur les idiomes étrangers et l'enseignement de la langue française*, 8 pluviôse an II（27 janvier 1794）, GUILLAUME J., op. cit., III, pp.352-354, JULIA D., op. cit., p.219 より引用。田中克彦『ことばと国家』岩波書店、1986年、103頁参照。

(210) LEGOHÉREL H., *Histoire du droit international public*, Coll. Que sais-je?, Presses Universitaires de France, Paris, 1996, pp.47-50 参照。

(211) SCELLE G., *Précis de droit des gens*, Librairie du Recueil Sirey, Paris, 1934, Tome 2, pp.263-264.

体たる国家身体、さらにその下位身体たるコープス、ソシエタス、コミュニタス、ユニヴェルシタスなどの自治組織が存在したのに対して、ここでは、国家と民族が同格に語られ、しかも、両者は内部に身体を含まない個人 individus、すなわち、分割不可能 individus な最下位の身体として位置づけられてはいる。しかし、目指す支配モデルを普遍社会として想定し、当面実現したい統治枠組みをその「部分的および二次的社会」として説明する点において、やはり、伝統的な「オーガニック身体」の説明に従っているのである。今や、目指す統治枠組みは民族と呼ばれる。さらに、ロック以来、普遍社会の理念は、もはや、語り手が想定する統治の正当化のみならず、普遍支配を実現するためのプログラムである。よって、諸民族を創造しなくてはならない。1792年11月19日、国民公会は、フランスの名において、以下の命令を発する。

> 「自由を再発見することを欲するすべての民族 peuples に博愛と援助を提供することを決定し、これらの民族に救援を提供し、自由の大儀のために迫害される恐れのある市民を防衛するために必要な命令を各将軍に出すことを行政府に課す。」[212]

民族という言葉をこのように外交の分野で用いることによって、大国は、他国をコントロールする大きな可能性を獲得することになる。なぜなら、アリストテレス以来、対象に統一を与えるのは支配者であるから、何が民族であるかを判断するのも大国ということになる。民族にあたるか否かを判断して、フィジオクラットの政策、すなわち、生産性拡大のための中央集権化と社会の画一化をヨーロッパレベルに適用したのは、とりわけ、ナポレオンである。その心理は、これまで見てきたアリストテレス以来の論者と同じである。ナポレオンは、まず、神と同一化し、自分が「神の意思を地上において真に代表する者」[213] であると思いこむ。次に、自分が「この

---

(212)　JOHANNET R., op. cit., p.107.
(213)　"L'Évangile selon Montholon", 15 mai 1818, LAS CASES, GOURGAUD,

第 1 部 「オーガニック身体」

ヨーロッパ全体に法を与える」[214]と宣言する。民族とは彼の支配ビジョンの反映なのである。

> 「もっとも大いなる我が理念のひとつは、革命と政治が解体し細分化してしまった同一の地理的諸民族 mêmes peuples géographiques を、寄せ集めまとめあげることであった。たとえば、ヨーロッパには、散在しているが、3000 万人以上のフランス人、1500 万人のスペイン人、1500 万人のイタリア人、3000 万人のドイツ人が数えられる。つまり、余はこれらの民族 peuples のそれぞれを唯一の同じネイションという身体 un seul et même corps de nation にしたかったのである。それらが連なった一連の行進が後世およびその後数世紀にわたる神の恩寵に発展したならば、すばらしいことであったろう。こうした簡潔な単純化があってこそ、文明という美しき理想のキメラに取り組むことが一層可能となるはずであった。すなわち、こうした状態があってこそ、法典の統一、原理、世論、感情、見解、利害の統一を、あらゆるところにもたらす、より一層の幸運が発見されたはずなのである。そうすればおそらくは、普遍的に広められた光のおかげで、偉大なるヨーロッパ家族のために、アメリカ議会の応用、もしくは、ギリシア隣保同盟の応用を夢見ることができるようになっただろう。何と力強く偉大で喜びと繁栄に満ちた展望であったろうか。何と偉大ですばらしい光景であったろうか。」[215]

MONTHOLON, BERTRAND, *Napoléon à Sainte-Hélène*, Robert Laffont, Paris, 1981, p.562.「私は自分が甘やかされてきたということについては、認めざるをえない。私はつねに命令を下してきたのである。つまり、この世に生まれ出るとすぐに、権力をもつことになった。環境と私の力はかなりのもので、指揮権を握るやいなや、私はもはや支配者も法律も認めはしなかったのである。」"L'Évangile selon Las Cases", 31 octobre 1816, ibid., p.388.

(214) "L'Évangile selon Las Cases", 11 novembre 1816, ibid., p.407.

(215) "L'Évangile selon Las Cases", 11 novembre 1816, ibid., pp.408-409.「州という領域区分の画一性、同一の言語、同一の習俗、余が編纂した法典の普遍性、余が設立

第2章 レスプブリカのフィジック身体

　この指摘は、モンテスキューが発展させ、ルソー、フィジオクラット、フランス革命を通って、ナポレオンに至る、支配の新たな説明様式を見事に集約している。モンテスキューにいたるまで、政府なければ人民なしであった。ボシュエやヒュームの指摘に見られるように、人間集団の形成に自然条件かなんらかの影響を与えるなどとは考えられていなかった。なぜなら、メタフィジックがフィジックに優位していたからである。よって、たとえ、自然条件が考慮に入れられることがあっても、それは、支配者が自己の統治を確立するにあたって、たまたま配慮することもありうる要素の1つに過ぎなかった。たとえば、トマス・アキナスは、アリストテレスに依拠しながら、王国建設のために温暖な地域を選ぶよう、君主に勧めている。[216]

> 「都市あるいは王国の建設に当っては、もし力が与えられているならば、まず第1に、君主によって選ばるべきは領土である。しかしそれは気候温和でなければならない。なぜならば、風土の温和から住民は多くの利益を得るからである。」[217]

　このラテン語の原文をフランス語に翻訳したフレール・マリー・マルタン=コチエ Frère Marie Martin-Cottier によると、当時およびそれ以前の哲学において、自然条件にはまったく重きがおかれていなかった。

> 「本章およびそれに続く章の中で、聖トマスは、古代ギリシア・ローマの人々によって一般的に受け入れられていた科学的

したリセ lycée の普遍性、余が残した栄光と繁栄。これらのどれもが、真にナショナルな、解くことのできない絆であり、制度なのである。」 "L'Évangile selon Las Cases", 24 mai 1816, ibid., p.202.

(216) ARISTOTE, *Politique*, Livre VII, Chap.VII. アリストテレス、「政治学」、第7巻、第7章。

(217) THOMAS D'AQUIN, *Du Royaume : De Regno*, Livre II, Chap.premier, Egloff, Paris, 1947, p.134. トマス・アキナス「キプロス国王に上がり『君主の統治』を論ずるの書、第2編第1章、上田辰之助『聖トマス経済学』みすず書房、1991年、203-204頁。

第 1 部 「オーガニック身体」

　　見解を援用している。よって、たとえ、このような考え方が時
　　代遅れになってしまったとしても、そのことによって彼の哲学
　　の諸原則が弱められることには決してならない。なぜなら、彼
　　の哲学とこうした考え方とは、なんら必然的な関係はないから
　　である。」(218)

ところが、フィジックがメタフィジックに優位するようになると、つまり、モンテスキューが人間集団の存在を自然に位置づけ、政府設立に先立つものとするようになると、ルソーにとっての「民族を制度化する (instituer un peuple)」、または、「民族を形成する (former la nation)」、シエイエスにとっての「ひとつの目的のためにひとつの身体を創設する」、また、ナポレオンにとっての、「民族のそれぞれを唯一の同じネイションという身体にする」という問題が起こってくる。ここから、人間支配の正当化が、人民自決権や民族自決権という名でおこなわれるようになる。一旦、民族が制度化されれば、次に重要なのは、「法典の統一、原理、世論、感情、見解、利害の統一」にもとづきながら、諸集団からなる統合体ではなく、個人からなる統合体としての企業国家を確立することが課題となる。そこから、人権の名において個人支配をおこなうための正当化が生まれてくる。このふたつの種類の支配を総合する表現が、「文明」である。ナポレオンの侵略によって、この理念はヨーロッパ全体に広がることになる。たとえば、1812 年、ロシアのアレクサンドル皇帝は、チチャゴフ提督 Tchitchagov に民族を制度化するよう命じる。

　　「スラブ住民を扇動し、彼らをそなたの目的に導くため、そな
　　たは、可能な手段をすべて用いるべきである。たとえば、そな
　　たは彼らに独立やスラブ王国の擁立を約束するのである
　　……。」(219)

---

(218)　THOMAS D'AQUIN, ibid., p.133, note 1.

(219)　SURATTEAU J.-R., *L'idée nationale de la Révolution à nos jours*, Presses

第2章　レスプブリカのフィジック身体

　これまで、イギリス、フランスにおける「オーガニック身体」理念の発展を見てきたが、次にドイツを見よう。そこでは、19世紀ヨーロッパの歴史を画することになるもう1つの集団概念が生まれることになる。それは、「ナショナリティ」の概念である。これが、「マイノリティ」という概念の誕生に直接結びつくことになる。

第2節　ドイツ：「ナショナリティ」概念の誕生

A.　ふたつのオーガニック身体への分離

　人間集団に関する考察は、語り手の置かれた政治状況とりわけ語り手自身の利害関係によって規定さていることを、我々はこれまで確認してきた。17世紀、イギリスは、相変わらずコーポレーションの全体性に依拠していた。18世紀中頃、フランスでは、モンテスキューによって、民族と国家が分離された。18世紀末、啓蒙思想の影響を多分に受けたドイツでは、その政治社会状況から「ナショナリティ」という概念が生まれてくる。

　イギリスは、宗教改革を利用して、国王による中央集権化を強化した。ところが、ドイツにおける宗教改革は、神聖ローマ帝国をカトリック領主とプロテスタント領主に分裂させ、両者の間の対立は30年戦争（1618-1648）まで続くことになった。その結果、ドイツは、数々の領邦国家に細分化され、その中でも、オーストリア＝ハンガリーとプロシアが勢力を拡大する。この2国の君主は、啓蒙思想に触発され、他の絶対主義国家にならって、中央集権化と個人管理を押し進める。たとえば、19世紀中頃、オーストリアのイグナス・バイテル Ignaz Beidtel 判事は、過去を振り返って、18世紀末、オーストリア皇帝ヨゼフ2世の下で開始された司法改革は、父と夫と家長の権限を制限し、「同時に個人の自由と統治権の拡大」をめざすものであったと述べている[1]。この判事が目撃したのは、ロックやフランス革命の主張を適用したことから生じた現象、すな

第1部 「オーガニック身体」

わち、中央集権の強化とそれにともなう個人主義化なのである。ところが、ドイツはヨーロッパの内陸部にあり、イギリスやフランスとは違って、海外貿易の利益を得ることができなかった。このことが、通商産業の担い手を増やすことができなかった社会政治的要因である。ドイツにおける中間階級出身の担い手は、通商産業ブルジョアではなく、知識人であり、その中心は大学であった。エリアスは、こうした状況を以下のように説明している。

「これはブルジョアという広い後背地を持たない知識層である。著作する知識人に読者として奉仕できる商業ブルジョアは、ドイツのほとんどの国家において、18[2]世紀ではまだ比較的少ししか発展していない。裕福な状態への向上は、この時代ではまだ始まったばかりである。したがって著作するドイツの知識人は、やや空中に浮かんでいる感じである。精神と書物がかれらの避難場所であり、かれらの本領である。学問と芸術における業績がかれらの誇りである。政治活動、政治的な目標設定のための余地は、この層にはほとんど与えられていない。」[3]

知識人が中心から離れていたというのは、単に政治的中心からと遠ざかっていただけでなく、文化的中心からも遠かったのである。なぜなら、ドイツでは「フランス語を話すことが、すべての高級な階層の身分標識である」[4]ためにドイツ語が軽蔑されていたからである。それは、プロシアのフリードリヒ2世 Friedrich II（フリード

Universitaires de France, Paris, 1972, p.86.

(1) BRUNNER O., *Neue Wege der Verfassungs- und Sozialgeschichte*, Vandenhoeck & Ruprecht, Göttingen, 1968, S.196. オットー・ブルンナー『ヨーロッパ——その歴史と精神』岩波書店、1974年、160頁。

(2) フランス語版では「17世紀」だが、ドイツ語原文では「18世紀」である。
ELIAS N., *Über den Prozeß der Zivilisation*, Suhrkamp, Frankfurt am Main, 1981, S.32.

(3) ELIAS N., *La civilisation des mœurs*, Paris, 1973, pp.41. ノルベルト・エリアス『文明化の過程(上)』法政大学出版局、1995年、102頁。

(4) ELIAS N., ibid., p.21. ノルベルト・エリアス、前掲、80頁。

第 2 章　レスプブリカのフィジック身体

リヒ大王）が自著『ドイツ文学について *De la littérature allemande* (1780)』の中で、ドイツ語の劣悪さを嘆くほどであった。

> 「余はドイツ語を、ドイツが有する州と同じ数の異なった方言に分かれている半ば野蛮な言語だと思う。どのグループも自分の方言が最良のものと思い込んでいる。」[5]

この嘆きもフランス語で書かれているのだが、それでも、彼は、民族精神を（これもフランスから輸入された理念なのだが）高めることを望んでいるのである。

> 「貴族がよそで仕えること妨げ、彼らに民族 nation の［…］精神を吹き込むことが必要である。そのために、余は取り組んできたのであり、最初の戦争の間、余が可能なあらゆる動きに取り組んできたのは、プロシア人の名前を知らしめるため、たとえとぎれていても、すべての地方がひとつの身体全体をなしていることを、すべての将校に教えるためだったのである。」[6]

君主による中央集権化とそれが巻き起こした反応との間の相互作用を通して、それぞれの国が異なった対応を見せる。イギリスでは、名誉革命後、ロックがメタフィジックな方法で、新たな社会ビジョンを提示した。フランスでは、フランス革命において、シエイエスがフィジックな方法で、これをおこなった。ドイツでは、新しい社会モデルの提示は、知識人が担うことになるのだが、彼らに許されているのは、観念的精神的な考察でしかない。そのため、まったく対極的なふたつの理想主義に分かれることになる。ひとつは、メタフィジックな国家の理想主義であり、もうひとつは、フィジックな民族の理想主義である。前者を担うのは、カント Kant であり、後

（5）　ELIAS N., ibid., p.22. ノルベルト・エリアス、前掲、82 頁。
（6）　VOLZ G.B. (sous la direction de), *Die Politischen Testamente Friedrichs des Grossen*, Reimar Hobbing, Berlin, 1920, S.29, KOHN, H., *The Idea of Nationalism : A Study in Its Origins and Background.*, Macmillan, New York, 1961, p.687, note 56 より引用。

第1部　「オーガニック身体」

者がヘルダー Herder である。まず、カントの思想から検討しよう。

(1)　カント：メタフィジック身体たる国家の理想主義

まず、アリストテレスと同じく、カントも「聡明な世界創造者にして世界支配者たるもの」[7]に自らを同化して、以下のように述べる。

「人間は同類であるところの他の人間のあいだに生活する場合には、支配者を必要とする動物だということである。」[8]

アリストテレス以来、神の意思は、自然の法を通して表現される。

「意思の自由が、形而上学的見地においてどのように解釈されようとも、意思の現れであるところの人間の行動は現象であるから、自然における他のいっさいの出来事と同じく、普遍的自然法則によって規定されているのである。」[9]

アリストテレス的伝統にしたがって、カントの考察は、全体から

---

(7)　KANT E., "Über den einspruch: Das mag in der Theorie richtig sein, taugt aber nicht für die Praxis, III: Vom Verhältnis der Theorie zur Praxis im Völkerrecht. In allegemein philanthropischer, d.i. cosmopolitischer Absicht betrachtet. Gegen Moses Mendelssohn", *Kant's gesammelte Schriften*, Walter de Gruyter, Berlin und Leipzig, 1923, Band VIII, S.308; KANT E., "Théorie et pratique, III : Du rapport entre la théorie et la pratique dans le droit des gens considéré d'un point de vue universellement philanthropique, c'est-à-dire cosmopolitique (contre Moses Mendelssohn)", KANT E., *Théorie et Pratique, D'un prétendu droit de mentir par humanité, La fin de toutes choses*, Flammarion, Paris, 1994, p.87. カント「理論と実践　第3章：国際法における理論と実践の関係　普遍的博愛の見地―換言すれば世界市民的見地において考察された（モーゼス・メンデルスゾーンに対する反論）」『啓蒙とは何か』岩波書店、1995年、178頁。

(8)　KANT E., "Idee zu einer allgemeinen Geschichte in weltburgerlicher Absicht",Sechster Satz, *Kant's gesammelte Schriften*, Walter de Gruyter, Berlin und Leipzig, 1923, Band VIII, S.23; KANT E., "Idée d'une histoire universelle au point de vue cosmopolitique", Sixième proposition, Flammarion, Paris, 1990, p.77. カント「世界公民的見地における一般史の構想」第6命題、前掲、33-34頁。

(9)　KANT E., "Idee", ibid., S.17; KANT E., "Idée d'une histoire universelle", ibid., pp.69-71. カント「世界公民的見地における一般史の構想」前掲、23頁。

第 2 章　レスププリカのフィジック身体

出発する。彼は、普遍国家社会の建設という人類の目的を設定する。

「自然が人類に解決を迫る最大の問題は、組織全体に対して法を司掌するような国家社会を形成することである。」(10)

さらに、

「このことは世界全般に及ぶ普遍的世界国家が、人類に内在する一切の根源的素質を開展せしめる母胎として、いつかは成立するであろうという期待を懐かせる、そしてこれこそ自然が最高の意図するところのものにほかならないのである。」(11)

この考え方をカントは、「哲学的千年王国説」と呼ぶ。(12) こうして、イギリス貴族の利益のためになされたロックの社会経済的主張は、カントにいたって普遍的な地位を占めることになった。人類の終着点は、「普遍的世界国家」であり、個別国家はその通過点に過ぎない。

「完全な意味での国家組織を設定する問題は、諸国家のあいだに外的な合法的関係を創設する問題に従属するものであるから、後者の解決が実現しなければ、前者も解決され得ない。」(13)

それでも、カントは、通過点の重要性を次のように強調する。

「人類の歴史を全体として考察すると、自然がその秘められた計画を遂行する過程と見なすことができる、ところでこの場合

---

(10) KANT E., "Idee", ibid., Fünfter Satz, S.22; KANT E., "Idée d'une histoire universelle", ibid., Cinquième proposition, p. 76. カント「世界公民的見地における一般史の構想」前掲、第 5 命題、32 頁。

(11) KANT E., "Idee", ibid., Achter Satz, S.28; KANT E., "Idée d'une histoire universelle", ibid., Huitième proposition, p. 86. カント「世界公民的見地における一般史の構想」前掲、第 8 命題、45 頁。

(12) KANT E., "Idee", ibid., Achter Satz, S.27; KANT E., "Idée d'une histoire universelle", ibid., Huitième proposition, p. 84. カント「世界公民的見地における一般史の構想」前掲、第 8 命題、42 頁。

(13) KANT E., "Idee", ibid., Siebenter Satz, S.24; KANT E., "Idée d'une histoire universelle", ibid., Septième proposition, p. 79. カント「世界公民的見地における一般史の構想」前掲、第 7 命題、36 頁。

第1部 「オーガニック身体」

　に自然の計画というのは、——各国家をして国内的に完全であるばかりでなく、更にこの目的のために対外的にも完全であるような国家組織を設定するということにほかならない、このような組織こそ自然が、人類に内在する一切の自然的素質を剰すことなく開展し得る唯一の状態だからである。」[14]

　この自然のプログラムの実現こそが、「最高善」である。[15]最高善の追求は人類の義務である。さらに、この義務の遵守こそが徳である。[16]個々人の内部において、自然の法を命じるものが、理性である。よって、人々は、「理性がみずから彼等に指示した強制手段であるところの公法に服従して国家公民的組織を結成するという決意に達せざるを得なくした」。[17]これは、以下のように語るアリストテレスをまさに反映している。

　「善いひとになるためには［…］ひとがあるひとつの理性、すなわち、力をそなえたただしい秩序であるひとつの理性にしたがって生きるかぎりにおいて、達成されるであろう。」[18]

　人間は、支配者の前において、「政府に従属する国民として平等」である。[19]ところが、主人はもはや人間人格ではない。法自体であ

---

(14) KANT E., "Idee", ibid., Achter Satz, S.27; KANT E., "Idée d'une histoire universelle", ibid., Huitième proposition, p. 83. カント「世界公民的見地における一般史の構想」前掲、第8命題、42頁。

(15) KANT E., "Über den einspruch: Das mag in der Theorie richtig sein, taugt aber nicht für die Praxis, I", *Kant's gesammelte Schriften*, Walter de Gruyter, Berlin und Leipzig, 1923, Band VIII, S.279; KANT E., "Théorie et pratique, I", op. cit., p.51　カント「理論と実践 第1章」『啓蒙とは何か』岩波書店、1995年、121頁。

(16) KANT E., "Über den einspruch, I", *Kant's gesammelte Schriften*, op. cit., Walter de Gruyter, Berlin und Leipzig, 1923, Band VIII, S.279; KANT E., "Théorie et pratique, I", op. cit., p.50. カント「理論と実践 第1章」前掲、121頁。

(17) KANT E., "Über den einspruch, III", op. cit., S.310; KANT E., "Théorie et pratique, III", op. cit., p.90. カント「理論と実践 第3章」前掲、182頁。

(18) ARISTOTE, *Ethique à Nicomaque*, 1180a, Presses Pocket, Paris, 1992, p.260. アリストテレス、「ニコマコス倫理学」、1094a、『アリストテレス全集 13』、岩波書店、1973年、352頁。

(19) KANT E., "Über den einspruch, II", ibid., S.291; KANT E., "Théorie et pratique,

第2章　レスプブリカのフィジック身体

る。

「それだから国家行政の主権者、すなわち公法に従って可能であるところの一切の善意ある行為を発動しかつ供与するところの主権者（公法を制定するところの統治者は、いわば見えざる存在である、そして彼は代理人ではなくて、人格化された法そのものにほかならない）にのみ仁慈なる主君という名称が与えられ得る、そしてこれがすなわち強制権の及ばぬ唯一の人である。」[20]

たとえば、カントはヴェニスの貴族政を例に挙げて、「元老院が唯一の仁慈なる主君であり、元老院を構成している貴族はすべて従属者だし、また総督も例外ではない（彼の属する大参事会だけが統治者である）」と強調する。[21] こうして、カントは、政府から一切の人間的要素をはぎ取り、純粋意思すなわち法のみに還元してしまうのである。

こうして、カントは絶対君主制を批判し、イギリスやフランスの経験を純粋に思弁的に理論化することをとおして、政治権力の合理化を提起したのである。

(2)　ヘルダー：フィジック身体たる民族の理想主義

絶対君主制に対するヘルダーの批判は、カントとはまったく正反対の方向をたどっている。それは、人間の支配自体を否定することであった。ヘルダーは、立派な人物や芸術作品、科学的業績を生み出した民族に属していることで、自分が他人より優れていると思いこんでいる人間を軽蔑する。血や遺伝による人間の優劣をヘルダー

II", ibid., p.66. カント「理論と実践　第2章」前掲、144頁。
(20)　KANT E., "Über den einspruch, II", ibid., S.294; KANT E., "Théorie et pratique, II", ibid., p.69, note. カント「理論と実践　第2章」前掲、148-149頁。
(21)　KANT E., "Über den einspruch, II", ibid., S.294; KANT E., "Théorie et pratique, II", ibid., p.69, note. カント「理論と実践」前掲、149頁。

は信じない。それゆえ、彼は支配被支配の関係から人類を解放する。

「『人間は支配者を必要とする動物であり、人間の運命のいかなる幸福も、直接間接に、彼にかかっている』などというのは、人類の歴史哲学上、誤った俗悪な考え方である。むしろ考え方を転換しよう。支配者を必要とする人間は動物のようなものにすぎない。人間になるや否や、そのような必要はなくなるのであると。自然は人類にいかなる支配者も与えなかったのである。必要という場合、それは、下劣な悪徳と熱情がそうさせているのである。」(22)

人間はもはや政治的動物ではない。ヘルダーは人間をあるがままに認めるのであり、人間が国家に服すことを運命づけられているとみなすことはしない。

「人間が国家のために造られ、真の幸福はこの制度に必然的に依存しているなどということは、さらに理解しがたいことである。なぜなら、地球上のどれほど多くの民族 Völker が、なんら国家を知らずして、しかも国家のために十字架に刑せられた多くの善行者よりも幸福であることか。[…] 国家が大きくなるに従って、個人を不幸に陥れる危険が非常に増加することは明白である。」(23)

アリストテレス以来おこなわれてきた伝統的な方法論、すなわち、語り手の支配の意思をいわゆる神の意思なるものに重ね合わせることを非難する。

---

(22) HERDER J.G., *Ideen zur Philosophie der Geschichte der Menschheit*, Neuntes Buch, IV, Aufbau-Verlag, Berlin und Weimar, 1965, Band.1, S.367. HERDER J.G., *Idées sur la philosophie de l'histoire de l'humanité*, Livre IX, Chap.IV, F.G. Levrault, Paris, 1834, Tome 2, pp.195-196. 翻訳にあたっては、以下参照。ヘルデル『歴史哲学』東京第一書房、1933年。ヘルダー『人間史論Ⅰ～Ⅳ』白水社、1948～1949年。

(23) HERDER J.G., *Ideen*, Achtes Buch, V, ibid., Band.1, S.331. HERDER J.G., *Idées*, Livre VIII, Chap.V, ibid., Tome 2, pp.137-138.

第2章 レスプブリカのフィジック身体

「そのようないかなる憶測も、我々自身から発しているのである。なぜなら、造物主に誤った目的を帰したり、神の意図を挫く結果になるような誤った努力をしているからである。」[24]

ヘルダーにとって、神によって特別に選ばれた民族などは存在しない。すべての民族が「ミネルヴァの偉大な織布」[25]の各自の部分を織っているのである。神はもはや存在の外側に止まる支配者ではなく、それぞれの存在内部における原動力となる[26]。ヘルダーは、神を支配従属関係から解放し、神と人間をそれぞれの場所に置き直す。

「神が彼［人類－訳者］に課した限界は、時間、場所、固有の能力しかない。自分の過ちによって苦しむ者がいても、神は奇跡によって救うのでは決してなく、その過ちの結果をもたらすことによって、人間自らがそれを学ぶようにさせるのである。」[27]

彼は、宇宙も支配従属関係から解放する。なぜなら、一旦、支配者たる神の意図や意思などという考え方を否定したら、宇宙には目的も手段も存在しなくなるからである。

「宇宙全体を、天から地まで見てみたまえ。何が手段か。何が目的か。すべては数百万の目的のための手段ではないのか。す

---

(24) HERDER J.G., *Ideen*, Neuntes Buch, I, ibid., Band.1, S.339. HERDER J.G., *Idées*, Livre IX, Chap.premier, ibid., Tome 2, pp.149-150.

(25) HERDER J.G., Werke, E. KÜHNEMANN (sous la direction de), Vol.XVII, pp.211 et ss., KOHN H., op. cit., p.705, note 221 より引用。

(26) 「世界創造者の喜びは、素材たるものが自分に与えられたエネルギーによって、自らを成長させることである。」HERDER J.G., *Ideen*, Funfzehntes Buch, II, ibid., Band.2, S.220. HERDER J.G., Idées, Livre XV, Chap.II, op. cit., Tome 3, p.100. 「神が世界の外にいるなどということを、私は受け入れない。」DURANT, W.et.A., Rousseau et la Révolution, Éditions Rencontre, Lausanne, 1969, Tome III, p.164. W＆Aデュラント、『世界の歴史 31』日本ブック・クラブ、1971年、335-336頁。

(27) HERDER J.G., *Ideen*, Funfzehntes Buch, I, ibid., Band.2, S.217. HERDER J.G., Idées, Livre XV, Chap.I, op. cit, Tome 3, pp.94-95.

第 1 部 「オーガニック身体」

べては数百万の手段のための目的ではないのか。全知全能の善の鎖がもつれあい、絡まりあっている。しかし、鎖の環は、それぞれ自分の場所をもった環である。どれも自分が中心であるという幻想を持っている。自分を取り囲むすべての物事を感じ取るのは、すべてがその光または波をこの中心に集結させているからこそであると考える幻想である。なんと美しい幻想であろうか。しかし、これらすべての波、これらすべての光、中心と思われているものすべての、大いなる周囲はどこにあるのか。それは誰か。いかなる目的か。」[28]

彼は自然を支配従属関係から解放する。自然はもはや人間支配の拠り所ではなく、その恵みを各民族に風土と文化に応じて与えるのである。「どのようにして、それらを互いに比較することなどできようか。」[29] よって、もはや普遍的価値など存在しない。世界において、真実や美や善は、それぞれに異なる。ひとつの民族が他のすべての民族にとって見本とされる限り、そのひとつの民族は生き延びることはできない。必然的に、どの民族も固有の道を探さねばならない。[30] その結果、文明化に普遍的価値など、まったくないのである。

「我々が、たとえヨーロッパ文化 europäischen Kultur という概念を見本にしようとも、それが見出されるのはただヨーロッパだけである。」[31]

また、さらに、

---

(28) HERDER J.G., Une autre philosophie de l'histoire (1774), RAULET G., Aufklärung : Les lumières allemandes, Flammarion, Paris, 1995, p.235 より引用。

(29) HERDER J.G., *Werke*, Vol.XVII, pp.211 et ss., KOHN, op. cit., p.704, note 214 より引用。

(30) HERDER J.G., *Werke*, Vol.IV, pp.472 et ss., KOHN, op. cit., p.704, note 212 より引用。

(31) HERDER J.G., *Ideen*, Neuntes Buch, I, ibid., Band.1, S.338. HERDER J.G., *Idées*, Livre IX, Chap.premier, op. cit., Tome 2, pp.147-148.

第 2 章　レスプブリカのフィジック身体

「世界のすべての住民が、幸福になるためにはヨーロッパ人にならねばならない、と想像するのはばかばかしい虚栄であろう。我々自身、ヨーロッパ以外の土地にいたら、現在のようになっていたであろうか。神は我々をここに置き、他の人々を別のところにおいて、生きる喜びを味わうに平等な権利を与えたのである。幸福は内的状態なので、その尺度と定規は外に存在するのではなく、各固体の内部に存在するのである。」[32]

ヘルダーは、時間を支配従属関係から解放する。過去が現在に服することもなければ、現在が未来に服することもない。ロックやフィジオクラットやカントが唱えていたこととは、正反対なのである。

「その存在が目的であり、目的が存在である。［…］ゆえに、存在の感覚、あらゆるもののなかで最も単純で、最も奥深いもの、比類なき唯一のもの、これがすでに幸福なのである。」[33]

支配の意思を拒否することによって、一切の存在が支配従属関係から解放された。一度、支配の意思から解放されれば、自然はその無限の多様性を発揮する。

「自然においてはまったく同じ木の葉がふたつ存在しないのと同じく、ふたりの人間の容貌においても、ふたつの人間の組織においても、同じものはない。我々の技巧に富んだ構造は、いかにも無限の相違を示し得るのである。」[34]

人類についても同様である。個人、地域、人々、人々の歴史、国家、どれをとっても、同じものはない。[35] 人類をいくつかの集団に

---

(32)　HERDER J.G., *Ideen*, Achtes Buch, V, ibid., Band.1, S.324. HERDER J.G., *Idées*, Livre VIII, Chap.V, op. cit., Tome 2, pp.127.

(33)　HERDER J.G., *Ideen*, Achtes Buch, V, ibid., Band.1, S.328. HERDER J.G., *Idées*, Livre VIII, Chap.V, op. cit., Tome 2, pp.132-133.

(34)　HERDER J.G., *Ideen*, Siebentes Buch, I, ibid., Band.1, S.246. HERDER J.G., *Idées*, Livre VII, Chap.premier, op. cit., Tome 2, pp.1-2.

(35)　HERDER J.G., *Werke*, Vol.IV, pp.472 et ss., KOHN, op. cit., p.704, note 212 より

第1部 「オーガニック身体」

分類するのは、人間の意思に他ならないことをヘルダーは明らかにする。

> 「人間の知性が多様性の中に統一性を求めるので、さらに、人間の知性の模範である神の知性は、統一性の中にも極めて多様な性質の諸側面を記したので、我々は、多様性と変化の内部そのものから次の単純な原則にあえて立ち戻ってみることができるのである。すなわち地球上における人類は、唯一の同じ種族 ein und dieselbe Gattung という原則である。」(36)

それゆえ、彼は、人類の分類を前提としている「人種」という概念自体を拒否するのである。

> 「人種という言葉は、ありもしない起源の違いを意味するか、もしくは少なくとも、土地や肌の色といった一般的な分類の下に、さまざまな異なった人種を包摂する起源の違いを意味する。要するに、地球上に4や5の人種があるわけでもなければ、いくつかの排他的な種類があるわけでもない。色は互いに区別ができなくなり、人間形成は、当初の性質に応じてゆく。その結果、全体において、すべては、地球のすべての時間と空間とを通じて普及している同一の大きな絵画の単なる濃淡に過ぎないのである。」(37)

「人間の形態がいかに多様であっても、地球上には、唯一同一の人種 ein und dieselbe Menschengattung しかいない」(38)と語るとき、ヘルダーは、人類の分類という観念に囚われないよう、人々に警告を発しているのである。

引用。
(36) HERDER J.G., *Ideen*, Siebentes Buch, I, ibid., Band.1, S.248. HERDER J.G., *Idées*, Livre VII, Chap.premier, op. cit., Tome 2, p.5.
(37) HERDER J.G., *Ideen*, Siebentes Buch, I, ibid., Band.1, S.251. HERDER J.G., *Idées*, Livre VII, Chap.premier, op. cit., Tome 2, pp.8-9.
(38) HERDER J.G., *Ideen*, Siebentes Buch, I, ibid., Band.1, S.246. HERDER J.G., *Idées*, Livre VII, Chap.premier, op. cit., Tome 2, p.1.

第 2 章　レスプブリカのフィジック身体

　「学問に対する賞賛すべき熱意から人類の間に打ち立てた区別が、賢明な限界を越えないことを、私は望むものである。」[39]

　従来の論者とは違って、ヘルダーは自分を神に同一化して真実を語るのではなく、人間として自分の考えを展開する。なぜなら、自分の語る人間集団は、自分の考えが生み出したものに過ぎないことをヘルダーはよく知っているからである。彼が人間集団の形成にまつわる「人間の理智と心情との歴史ならびに種々の特色」[40]について考察する場合、アリストテレスのように全体から始めるのではなく、個人から始める。さらに、個人とはいっても、ホッブスに見られたような孤立した個人ではない。ヘルダーの方法は、全体主義的でも個人主義的でもなく、たいへん独創的なものである。このことを 1240 年に教会によって批判されるまで、ヨーロッパの大学教育において絶大な影響力をもっていたアヴェロエス Averroes という名の 12 世紀におけるアリストテレス派のアラビア人哲学者を批判する形で示している。

　「アヴェロエス流の哲学に従えば、全人類は極めて下等な唯一の魂を有するのみで、個々の人間にはこの魂が部分的にしかつながっていないというのであるが、我々の歴史哲学はこうした道に迷い込んではならない。他方において、私が人間においてすべてを個人にのみ局限し、その相互の関係並びに全体との関係の鎖を否定したならば、私は人間の性質とその明瞭な歴史とを見失うことになろう。なぜなら、我々のいかなる者も、自分ひとりで人間になるものは無いからである。」[41]

ヘルダーは全体から始めるのでもなく、孤立した個人から始める

---

(39) HERDER J.G., *Ideen*, Siebentes Buch, I, ibid., Band.1, S.250. HERDER J.G., *Idées*, Livre VII, Chap.premier, op. cit., Tome 2, p.8.

(40) HERDER J.G., *Ideen*, Neuntes Buch, II, ibid., Band.1, S.351. HERDER J.G., *Idées*, Livre IX, Chap.II, op. cit., Tome 2, pp.144-145.

(41) HERDER J.G., *Ideen*, Neuntes Buch, I, ibid., Band.1, S.336. HERDER J.G., *Idées*, Livre IX, Chap.premier, op. cit., Tome 2, pp.146.

のでもなく、「諸個人の協力」⁽⁴²⁾から始める。すなわち、個人を他者とのコミュニケーションの中で捉えるのである。個人の観点から見ると、コミュニケーションは、他者の考えを受容し適用することから成り立つ。ヘルダーはこのコミュニケーションを「教育 Erziehung」⁽⁴³⁾と呼ぶ。

> 「すべての教育は、ただ模倣と練習によってのみ、すなわち原本をコピーに移すことによってのみ出来得るのである。これは伝承 Überlieferung という以外にどう適切によぶことができよう。［…］わが人類の教育には、二重の意味がある。発生的 genetisch かつ組織的 organisch である。伝えること Mitteilung において発生的であり、伝えられたこと Mitgeteilung を受容し適用することにおいて組織的である。人間の全生涯に行き亙っているこの第 2 の創造を、田園の耕作にたとえて文化 Kultur と呼ぶか、また光線の作用にたとえて啓蒙 Aufklärung と呼ぶか、名称は自由である。」⁽⁴⁴⁾

支配の意思を神に帰することを拒否するヘルダーにとって、「オーガニック」という言葉には、もはや、存在の外なるものに動かされること、すなわち「道具的」という意味はなく、存在の中に原動力をもっていること、すなわち「有機的」を意味する。コミュニケーションは言葉を通じておこなわれる。よって、人間集団の形成にとって最も重要な自然の原動力は、言語である。

> 「いかなる言語にも、民族 Volks の理智 Verstand と性格 Charakter が刻まれている。［…］一民族の天分 der Genius eines Volks は、

---

(42) HERDER J.G., *Ideen*, Neuntes Buch, I, ibid., Band.1, S.337. HERDER J.G., *Idées*, Livre IX, Chap.premier, op. cit., p.140.

(43) 「人間はただ教育によってのみ人間となるのである。」HERDER J.G., *Ideen*, Neuntes Buch, I, ibid., Band.1, S.336. HERDER J.G., *Idées*, op. cit., Livre IX, Chap.premier, op. cit., Tome 2, pp.144.

(44) HERDER J.G., *Ideen*, Neuntes Buch, I, ibid., Band.1, S.337-338. HERDER J.G., *Idées*, op. cit., Livre IX, Chap.premier, op. cit., Tome 2, pp.146-147.

第2章　レスプブリカのフィジック身体

その言語の有様Physiognomieに最もよく見出される。」(45)

こうしたコミュニケーションが、人間を家族にまとめる。これが、「自然的政府の第1段階、これはつねに最高のものであり、最後まで残るであろう」。(46)ここではすでに、政府が人間支配を意味せず、単に、コミュニケーションの一形態しか意味していないことに留意しなくてはならない。第2段階の政府は、「契約Vertragまたは委託Auftragに基づいた［…］いく人かの間のつながりであって、その中のひとりまたは何人かに託されたもの」、たとえば、「狩猟ネイションJagdnation」である。(47)なるほど、指導者や判断者を選ぶことがあるかもしれないが、それは、「しかしながら、一時的な役目のためであり、その支配権は、事業の完了とともに終了する」。(48)ところが、「第3段階の政府すなわち人間の間における世襲的政府にいたっては何と異なっていることか」。(49)第3段階の政府、これこそが、国家と呼ばれる支配である。その起源は何か。戦争である。

「誰がドイツに、誰が文化化されたヨーロッパkultivierten Europaに政府を押し付けたか。戦争である。［…］何が世界をローマに従わせたのか。何がギリシアとオリエントをアレクサンドロスに従わせたか。何がセソストリスSesostris(50)や伝説

---

(45) HERDER J.G., *Ideen*, Neuntes Buch, I, ibid., Band.1, S.351. HERDER J.G., *Idées*, Livre IX, Chap.II, op. cit., Tome 2, pp.169-170.

(46) HERDER J.G., *Ideen*, Neuntes Buch, IV, ibid., Band.1, S.361. HERDER J.G., *Idées*, Livre IX, Chap.IV, op. cit., Tome 2, p.185.「自然が社会の第1基礎Grundlage der Gesellshaftを成す。」ibid.

(47) HERDER J.G., *Ideen*, Neuntes Buch, IV, ibid., Band.1, S.361. HERDER J.G., *Idées*, Livre IX, Chap.IV, op. cit., Tome 2, p.185.

(48) HERDER J.G., *Ideen*, Neuntes Buch, IV, ibid., Band.1, S.361. HERDER J.G., *Idées*, Livre IX, Chap.IV, op. cit., Tome 2, p.186.

(49) HERDER J.G., *Ideen*, Neuntes Buch, IV, ibid., Band.1, S.361. HERDER J.G., *Idées*, Livre IX, Chap.IV, op. cit., Tome 2, p.186.

(50) 以前は紀元前20世紀のエジプト第12王朝センウセルト1世Senu-sert Iといわれていたが、現在では、紀元前13世紀のエジプト第19王朝ラムセス2世Ramesses IIといわれる。

第 1 部　「オーガニック身体」

的なセミラミス Semiramis [51] に遡るまでのすべての大君主国を建設し、また崩壊させたか。戦争である。」[52]

実際、ヘルダーにとって、国家とは「国家機械と呼ばれるもろい機械（enine brechliche Maschine, die man Staatsmaschine nennt）[53] にすぎない。文明を標榜する植民地化による人間支配にも、啓蒙絶対君主による人間支配にも、反対の立場をとるヘルダーは、こう主張することになる。

「もっとも自然な国家は、数世紀にわたって保持することのできる明白なナショナル性格 Nationalcharakter を持つ民族 Volk である。［…］ゆえに、国家の不自然な膨張ほど、そして、独りの帝権の下にいくつもの人種や民族が奇妙に交じり合うこと die wilde Vermischung der Menschengattungen und Nationen ほど、政府の目的にまったく相反したものは他にあるまいと思われる。」[54]

これこそが、自然状態に止まったままの国家という理想主義である。ヘルダーにとって、国家は自然と同じく多様でなくてはならない。なぜなら、「自然は領域を分け、民族 Nation の境界を画す」[55] からである。さらに、以下のように述べている。

「人間のあらゆる結合において、共同体による援助と安全 gemeinschaftliche Hülfe und Sicherheit が、その結びつきの主要な目

---

(51) 紀元前 9 世紀、リビア、エジプト、インドを征服したという伝説を持つアッシリア女王。
(52) HERDER J.G., *Ideen*, Neuntes Buch, IV, ibid., Band.1, S.362. HERDER J.G., *Idées*, Livre IX, Chap.IV, op. cit., Tome 2, p.187-188.
(53) HERDER J.G., *Ideen*, Neuntes Buch, IV, ibid., Band.1, S.368. HERDER J.G., *Idées*, Livre IX, Chap.IV, op. cit., Tome 2, p.197. フランス語では、「国家機械」が「社会的身体 corps social」と訳されていることに注意。
(54) HERDER J.G., *Ideen*, Neuntes Buch, IV, ibid., Band.1, S.368. HERDER J.G., *Idées*, Livre IX, Chap.IV, op. cit., Tome 2, p.197.
(55) HERDER J.G., *Ideen*, Siebentes Buch, V, ibid., Band.1, S.277. HERDER J.G., *Idées*, Livre VII, Chap.V, op. cit., Tome 2, p.50.

第 2 章　レスプブリカのフィジック身体

的であるように、国家においてもまた、自然秩序 Naturordnung の他に何等最善の目的は無い、すなわち国家においてもまた、各自は自然が定めたところにあるべきである。」[56]

こうして自然の多様性を認めれば、アリストテレス以来の国家形態の 3 分類または 6 分類などは無意味になる。

「願わくば、第 2 のモンテスキューが現れて、最も有名な時代についてだけでもよいから、地球上にある法律と政府の精神を説いて欲しいのである。しかし、ただ 3 種や 4 種の政府形態 Regierungsformen の空虚な名称に従うのではない。政府形態は、時と場所によって異なるからである。また、奇妙な国家原理に従うのでもない。ひとつの言葉の原則 *ein* 〔斜字ママ〕Wort-principium によって建設された国家などないからである。ましてやいかなる時と場合にも当てはまるような原則などないからである。また、あらゆる民族 allen Nationen、時代、地域の断片的実例を説くのではない。これらは混沌の中にあり、地球のいかなる天才でも、それらから全体の描写などできないからである。」[57]

人間支配を拒否するヘルダーの信念は、自然国家を想定するほど強かったのである。そこに、彼の独創性と限界が混在する。独創性とは、言うまでもなく、人間の知を支配従属関係から解放したことである。しかし、この解放こそが彼の限界を画すことになる。その解放は、逆に、人間を、自然条件によって規定される集団の中に閉じこめてしまったからである。確かに、ヘルダーは、すでに見たように、人種を含めた人間集団の概念が、思弁の産物に過ぎないことを認識していた。にもかかわらず、ヘルダー自身「ヨーロッパの支

---

(56) HERDER J.G., *Ideen*, Neuntes Buch, IV, ibid., Band.1, S.369. HERDER J.G., *Idées*, Livre IX, Chap.IV, op. cit., Tome 2, p.198.

(57) HERDER J.G., *Ideen*, Neuntes Buch, IV, ibid., Band.1, S.370. HERDER J.G., *Idées*, Livre IX, Chap.IV, op. cit., Tome 2, p.200.

第1部 「オーガニック身体」

配者たるゲルマン人 germanischen Überwinder Europas」[58]を語る際に、「民族は1個の人格である Die Nation stand für einen Mann.」[59]と宣言しているのである。逆に、ユダヤ人については、「かつて天自らが祖国を与えた神の民族 Das Volk Gottes は、数千年の古より、いやむしろその誕生から、他のネイション anderer Nationen の幹に生ずる寄生木であった。ほとんど全世界に離散せる狡猾なる仲買人の一種族 ein Geschlecht schlauer Unterhändler は、いかなる迫害を蒙ろうとも、決して彼ら自らの名誉、住居、並びに祖国を求めようとはしないのである。」[60]

　よって、ヘルダー自身が民族を実体として捉えていたことは、否定できないのである。こういったヘルダーの限界が示していることは、モンテスキューやルソーの影響があまりに大きく、ヘルダーですら「自然」民族の存在を否定できなかったということなのである。そのため、ヘルダーが「オーガニック」という言葉から、「道具」の意味を取り除き、「内的エネルギー」すなわち「有機的」という意味にとって換えたという事実は、民族という概念が生物的な意味を帯びる結果をもたらすことになる。従来、人間は「自然によって」政治的集団に属するものと考えられていたという時、それは、言葉のメタフィジックな意味にいてであった。しかし、モンテスキュー以来、言葉のフィジックな意味における「自然」集団に人間は運命づけられていると見なされるようになったのである。結局、個人よりも集団が先に存在しているという想定に変わりはないのである。ヘルダーは、将来マイノリティの属性となる人種、言語、宗教という3つの要素を、すでにこの時点で、提示している。

---

(58) HERDER J.G., *Ideen*, Neunzehntes Buch, V, ibid., Band.2, S.432. HERDER J.G., *Idées*, Livre XIX, Chap.V, op. cit., Tome 3, p.411.

(59) HERDER J.G., *Ideen*, Achtzehntes Buch, VI, ibid., Band.2, S.385. HERDER J.G., *Idées*, Livre XVIII, Chap.VI, op. cit., Tome 3, p.341.

(60) HERDER J.G., *Ideen*, Zwölftes Buch, III, ibid., Band.2, S.72. HERDER J.G., *Idées*, Livre XII, Chap III, op. cit., Tome 3, p.387.

第 2 章　レスプブリカのフィジック身体

B.　「ナショナリティ」：ふたつの身体を再統合する願い

　カントは国家のメタフィジックな理想主義（理性の政府）を、ヘルダーは民族のフィジックな理想主義（自然の政府）を打ち立てた。こうして、国家と民族は、完全に分離することになった。ドイツの知識人が社会的に上昇し、政治的発言を始めたとき、解決せねばならない重大な問題が、こうした国家と民族の分離をいかに解消して、両者を再統合するかであった。この問題に取り組んだのが、ノヴァリス Novalis やフリードリヒ・シュレーゲル Friedrich von Schlegel といったドイツの初期ロマン主義者と呼ばれる人々であった。歴史家のフリードリヒ・マイネッケ Friedrich Meinecke に言わせると、彼らこそが、「ネイションの思想や国家の思想をもっとも豊かに発展させた」のである。[61] ロマン主義とは何か。ロマン化について、ノヴァリスはこう宣言している。

　　「あらゆるナショナルなもの、一時的なもの、地方的なもの、個性的なものは、普遍化される。[…] 普遍的なもののこのような個性的色彩こそ、そのロマン化的要素である。」[62]

　また、さらに、

　　「世界はロマン化されねばならない。かくして人は始源的意義を再び見出す。ロマン化は 1 つの質的力への上昇に他ならない。低い自我はこの作用のうちに、1 つのより良き自我と同化される。同じように我等自身は、そのような一連の質的潜在力なのである。この作用はまだ全然知られていない。私が、一般的なものに 1 つの高い意義を、普通のものに 1 つの神秘に充ちたすがたを、知られたるものに知られざるものの品位を、有限な

---

(61)　MEINECKE F., *Weltbürgertum und Nationalstaat*, Werke Band V, R. Olenbourg Verlag, München, 1962, Kap.4, S.59. フリードリッヒ・マイネッケ『世界市民主義と国民国家 I』岩波書店、1968 年、67 頁。

(62)　NOVALIS F., *Schriften*, 2,129, MEINECKE F., ibid., Kap.4, S.66. マイネッケ前掲、74 頁より引用。

のに1つの無限な外見を、与えるならば、私はそれをロマン化するのだ。」[63]

この宣言は、当時のドイツ知識人の精神状態を、見事に示している。それまで、政治から排除され、劣等感にさいなまれていた彼らが、躊躇しながらも少しずつ政治に関わってくる。この宣言がとりわけ表現しているのは、特殊性を普遍性に近づけようとする願いである。こうしたロマン化の願い、すなわち、特殊を普遍化しようとする願いから生まれたのが、国家とネイションの分離を再統合することを可能にする「ナショナリティ（独 Nationalität、仏 Nationalité、英 Nationality）」という新しい概念である。マイネッケによると、「ナショナリティ」という言葉が最初に用いられたのは、1798年に書かれた「花粉 *Blüthenstaub*」と題するノヴァリスの以下の文章の中においてである。

「われわれのふるい時代のナショナリティ（Nationalität）は、真にローマ風であったと、私には思われる。われわれは、まさにローマ人のような仕方で発生したのだから、それは当然のことである。そして、神聖ローマ帝国という名も、実にたいへん独特かつ意味深い偶然なのだろう。ドイツは国としてはローマである。国とは、洗練された庭園のある広い場所である。ローマの運命は、ガリア人に対するカピトリウムのガチョウの鳴き声によって、決められたのである。[64] ローマ人における普遍政治の本能と傾向は、ドイツ民族 im deutschen Volk にもある。フランス人が革命の中で獲得した最良のものは、ドイツ性 Deutscheit の一部なのである。」[65]

---

[63] NOVALIS F., *Œuvres complètes*, Gallimard, Paris, 1975, Tome 2, p. 66. 『ノヴァーリス全集第2巻』牧神社、1977年、100頁。

[64] ローマのカピトリウム丘上の神殿内で飼われていたガチョウの鳴き声が、ガリア人の急襲を知らせたという故事に基づく。

[65] NOVALIS F., *Œuvres complètes*, ibid., Tome 1, p.366 ; Novalis Schriften, 1901, Berlin, 2,15 ; マイネッケ、前掲、171頁、注60参照。

第 2 章　レスプブリカのフィジック身体

　ノヴァリスは、ドイツ性という特殊な民族的性格をローマ帝国やフランス革命が掲げる普遍性に近づけようとしているのである。語り手の意思が国家に向かうとき、ふたたびあの存在の類似が現れてくる。たとえば、ノヴァリスが「宇宙の人格性」[66]を語り、「国家はつねにひとつのマクロ人間 Makroanthropos であった」[77]と述べるとき、彼もまたアリストテレスの考え方を受け継いでいるのである。つまり、神が統治する普遍政府をモデルにして、国家が構想されるのである。

>「君たちの国家が現世への傾向をもちつづけるとき、君たちの支柱は、あまりにも脆弱である。しかし、いっそう高いあこがれによって国家を天国の高みに結びつけ、国家を宇宙と関係づけるならば、そのとき君たちは、国家のなかに倦ますことをしらぬ1つのばねをもっているのであり、君たちの努力がゆたかに報いられるのをみるであろう。」[68]

　初期ロマン主義者の中心概念（Zentralidee）は、マイネッケによって次のように要約されることになる。

>「宇宙それ自身が個性であり人格である、という思想が、これである。」[69]

　文化という概念についても、ヘルダーにとっては、コミュニケーションの創造的側面であり、国家は人工的で無駄なものであったのだが、国家に心が向かっているノヴァリスにとっては、「あらゆる文化は、1人の人間の国家に対する関係から生ずる」。[70]

---

(66)　NOVALIS F., *Schriften*, 2,371 et 653, MEINECKE F., op. cit., Kap.4, S.60. マイネッケ、前掲、67 頁より引用。
(67)　NOVALIS F., *Schriften*, 2,217, MEINECKE F., op. cit., Kap.4, S.61. マイネッケ、前掲、69 頁より引用。
(68)　NOVALIS F., *Schriften*, 2,412, MEINECKE F., op. cit., Kap.4, S.68. マイネッケ、前掲、76 頁より引用。
(69)　MEINECKE F., op. cit., Kap.4, S.59. マイネッケ、前掲、67 頁。
(70)　NOVALIS F., *Schriften*, 2,543, MEINECKE F., op. cit., Kap.4, S.63. マイネッケ、前掲、70 頁より引用。

第 1 部 「オーガニック身体」

　自然は再び国家に差し向けられる。そもそも、ナショナリティという言葉は、国家と民族を再統合する願いから生まれたため、その後、この言葉の意味について、自然の方に重点を置くものと、国家の方に重点を置く者がでてくることになる。たとえば、アダム・ミュラー Adam Müller は、国家に重点を置く。

>　「プロイセン王国は、その使命がどんなにちがったものにみえようとも、あらゆる他のヨーロッパ諸国に先だってまず第 1 に、自然がこばもうとするナショナリティ Nationalität を真に人為的かつ意識的につくりだすという使命を、本来あたえられているのだ。」[71]

　貴族のシュレーゲルは、自然に重点を置く。彼の説くナショナリティは、「特に保守的」[72]である。言語共同体とは、血の共同体を意味する。

>　「種族がふるく、純粋で、まじりけがなければないほど、ますます多くの風習が存在し、また、風習がたくさん存在して、これへの真の固執と依存がつよければつよいほど、それだけ一層、それは 1 つの民族であるだろう。」[73]

C. 「オーガニック身体」の科学化

(1)　ヤーン：生物的・心理的民族

　ナショナリティのさまざまな意味合いにもかかわらず、自然条件によって規定され、人間支配に先立つ人間集団という意味を振り払うことはもはやできなくなっている。ナポレオンがドイツに対して、自分の都合のいいように、民族自決権を押しつけたため、この意味

---

(71)　*Über König Friedriche II*., S.16, MEINECKE F., op. cit., Kap.7, S.135. マイネッケ、前掲、158 頁より引用。ここでも、「自然」の相反するふたつの側面、すなわち、主体としての自然と客体としての自然の対比が見られることに注意。
(72)　MEINECKE F., op. cit., Kap.5, S.78. マイネッケ、前掲、91 頁。
(73)　Vorlesungen von 1804/6 2,357, 259, MEINECKE F., op. cit., Kap.5, S.77-78. マイネッケ前掲、91 頁より引用。

が、一層強化されることになった。ナポレオンによるドイツ攻撃の際、「ペンを捨てて、剣を取った」[74]フリードリヒ・ルードヴィッヒ・ヤーン Friedrich Ludwig Jahn によって、1808年『ドイツ・ナショナリティ（Deutsches Volkstum）』が著された。彼はフランス語由来の Nationalität という言葉に換えて、Volkstum という言葉を用いる。前者は、彼によると、「奇妙な命名」[75]に過ぎないからである。とはいえ、本稿では便宜上、「ナショナリティ」の語を継続的に使用する。初期ロマン主義者と同じく、ヤーンにとっても、ナショナリティは、国家と民族を結びつけて、民族国家を建設しようとする意思を意味する。

> 「民族なき国家は無であり、動力無き機械のようなものである。国家無き民族は、無であり、身体無きおぼろな影のようなものであり、たとえば、さまよえるユダヤ人や放浪のボヘミアンがそうである。国家と民族がひとつになるとき、そこから生まれるのが帝国であり、それを保持する力がナショナリティである。」[76]

語り手の内部における統一の意思は、民族を形成し維持する力として表現される。

> 「諸個人を結集し、集団にまとめ、そこからひとつの全体を形成する力、さらに、より大きなまとまりにつながり、ついには、世界の構成に結びつき、その結集が大いなる全体を形成する。最も卓越した最も広大な人間社会、すなわち、民族におけるこの結集力は、ナショナリティとしか呼びようがない。これが、

---

(74) JAHN F.L., *Deutsches Volkstum*, 192?, Frankfurt a.M.,S.8 ; JAHN F.L., *Recherche sur la nationalité, l'esprit des peuples allemands et les institutions qui seraient en harmonie avec leurs mœurs et leur caractère*, Bosange frères — Baudouin frères — Dupont et Roret, Paris, 1825, p.10.

(75) JAHN F.L., *Deutsches Volkstum*, ibid., S.14; JAHN F.L., *Recherche*, ibid., p.20.

(76) JAHN F.L., *Deutsches Volkstum*, ibid., S.19; JAHN F.L., *Recherche*, ibid., p.29.

第1部 「オーガニック身体」

　　民族の共通の萌芽なのだ。」[77]

　この再統合が想定しているのは、経済目的のためのみならず軍事的目的にもすべての人々を動員する民族国家である。ここから、特権廃止と単一権力による個人支配を意味する人権保護が生まれてくる。

　　「支配者は唯一、国家のみでなくてはならず、住民はこの唯ひとつのものに従わねばならない。市民的権利なくして市民的義務はない。奴隷制はすべて廃止すべきである。［…］奴隷制によって、人は支配の変化に鈍感となるが、土地所有によって人はその防衛に積極的になる。」[78]

　ヤーンは民族の共通の萌芽を自然の中に見る。

　　「自然的なものはフォークのひと突きで追い払うことができても、つねに駆け足で戻ってくる[79]、という格言は、個人のあり方だけでなく、民族全体にも確かにあてはまる。比較解剖学が示しているように、それぞれの民族には、頭蓋骨の一定の決まりがある。また、民族の比較歴史学が示しているように、それぞれに人々には、身体的、精神的、道徳的に固有の特性がある。世界の民族の区分によって分類されるそのような歴史的性格は、ひとつの科学、人々の経験的心理学を構成するだろう。」[80]

　注意しなくてはならないことは、ドイツでは学問が民族を生み出したことである。イギリスの議会、フランスの国民議会のような、自分たちの政治参加を可能にする政治的拠点を持たないドイツ知識人は、民族の創造を担うにあたって、自分たちの学問的思弁を総動

---

[77]　JAHN F.L., *Deutsches Volkstum*, ibid., S.13; JAHN F.L., *Recherche*, ibid., p.19.
[78]　JAHN F.L., *Deutsches Volkstum*, ibid., S.55; JAHN F.L., *Recherche*, ibid., p.91.
[79]　《Naturam expellas furca, tamen usque recurret. (Horatius Flaccus, Epistulae, 1, 10, 24)》, GAFFIOT F., Dictionnaire Latin-Français, Hachette, Paris, 1934, p.1323.
[80]　JAHN F.L., *Deutsches Volkstum*, ibid., S.12; JAHN F.L., *Recherche*, op. cit., p.18.

員した。そこから、ある民族の優越性とか純粋性とかいう考え方が生まれてきた。ヘルダーが「独りの帝権の下にいくつもの人種や民族が奇妙に交じり合うこと」を非難するとき、それは、まったく、平和主義的動機に基づいていた。そのため、現実政治からはまったく疎外されていた。なぜなら、ヘルダーの意図は人間の支配自体を批判することだったからである。これに対して、ヤーンが、民族国家建設の文脈で、「民族は同質なほど優れており、混じりけが多いほど結合力が低い」[81]と主張するとき、それは、民族間の権力闘争を意味している。民族の存在を正当化するにあたって、ヤーンは、科学的方法をとおして民族を定義した。ヘーゲルも歴史学的方法とおして、同じ道を歩むことになる。

(2) ヘーゲル：生物的・歴史的民族

民族の歴史については、確かに、ヘルダーがすでに書いていた。しかし、彼は支配従属関係を完全に否定していたのだった。ヘーゲルは、ヘルダーが提唱した自然民族という理念を、カントが提唱した普遍政府のプログラムに統合しようと試みる。ヤーンの講演とほぼ同じ頃、ヘーゲルはニュールンベルグのギムナジウムで、哲学の講義をおこなっていた（1808-1816）。その講義の中で、ヘーゲルは、自分の試みの概要を述べている。民族について、ヘーゲルはヘルダーに従う。つまり、「一民族は言語や風俗や習慣や教養によって結ばれる」[82]と主張するのである。ヘルダーが民族を自然社会と考えていたのと同じく、ヘーゲルも、民族を「自然社会(*die natürliche*

---

(81) JAHN F.L., *Deutsches* Volkstum, ibid., S.23; JAHN F.L., *Recherche*, op. cit., pp.36-37.
(82) HEGEL G.W.F., "Philosophische Propädeutik, Gymnasialreden und Gutachten über den Philosophie=Unterricht", *Sämtliche Werke*, H. GLOCKNER（sous la direction de), Fr. Frommann Verlag, Stuttgart, 1961, Band III, Erster Cursus, Erster Abschnitt, Zweites Kapitel, §24, S.70. ヘーゲル『哲学入門』岩波書店、1996年、79頁。

Gesellschaft)」と呼ぶ。(83) ふたりにとって、典型的な自然集団は、家族である。ヘルダーが「自然が定めた社会のつながりは家族までしかない」(84) と主張するのと同じく、ヘーゲルも民族を家族と同一視する。ただちがうのは、ヘーゲルがそこに再び支配従属関係の要素を導入することである。

「家族とはその成員が愛、信頼、及び自然的な服従（敬虔 Pietät）によって結合しているところの自然社会（natürliche Gesellschaft）である。[…] 家族内の自然的服従は、この全体の中にただひとつの意思、すなわち家長に属するひとつの意思だけがあるということから自然に出てくる。その限りにいて、家族はただ一個の人格である。(Nation)」(85)

ところが、ヘーゲルは直ちにこう付け加える。「しかしこの結合はまだ国家を形成しない。」(86) ヘルダーは国家を「国家機械と呼ばれるもろい機械」として非難したのだが、ヘーゲルは、自分が「国家社会（Staatsgesellschaft）」(87) とよぶ国家に民族を統合することを目指しているのである。

「家族が民族に拡大され、国家が民族と1つになるとき、それは大きな幸福である。」(88)

---

(83) HEGEL G.W.F., "Philosophische Propädeutik", Erster Cursus, Erster Abschnitt, Zweites Kapitel, §23, ibid., S.69. ヘーゲル、前掲、78頁。『百科全書』の「社会 Société（Jurisprud.）」の項も、家族を「自然社会」と呼んでいたことに注意。本書118頁参照。

(84) HERDER J.G., *Ideen zur Philosophie der Geschichte der Menschheit*, Neuntes Buch, IV, Aufbau-Verlag, Berlin und Weimar, 1965, Band.1, S.366. HERDER J.G., *Idées sur la philosophie de l'histoire de l'humanité*, Livre IX, Chap.IV, F.G. Levrault, Paris, 1834, Tome 2, p.194.

(85) HEGEL G.W.F., "Philosophische Propädeutik", Erster Cursus, Erster Abschnitt, Zweites Kapitel, §23, op. cit., S.69-70. ヘーゲル、前掲、78-79頁。

(86) HEGEL G.W.F., "Philosophische Propädeutik", Erster Cursus, Erster Abschnitt, Zweites Kapitel, §24, op. cit., S.70. ヘーゲル、前掲、79頁。

(87) HEGEL G.W.F., "Philosophische Propädeutik", Erster Cursus, Erster Abschnitt, Zweites Kapitel, §22, op. cit., S.69. ヘーゲル、前掲、78頁。

第 2 章　レスプブリカのフィジック身体

　ここから、民族国家建設の要求が生まれてくる。そうすれば、この統合が、民族に託された語り手の意思によっておこなわれることは、言うまでもない。モンテスキューが民族精神（l'esprit de la nation）によって民族と国家を分けたのと同じく、ヘーゲルは民族精神（Volksgeist）によって国家と民族を結びつける。

　「家族という自然的社会（*natürliche Gesellschaft*）は一般的な国家的社会に拡大される。国家的社会は自然法に基づいて建設された結合であると共に、また自由意思によって結ばれた結合でもあり、法に基づくと共に道徳にも基づくものである。しかし、一般的にいえば、国家的社会は本質的には個人から成り立った社会であるというよりは、むしろそれ自身として統一した、個性的な民族精神（Volksgeist）と見られるものである。」[89]

　民族精神は、国家の「直接の目的」[90]たる法に割り当てられる。

　「習俗、法律、憲法は民族精神の有機的な内的生命を構成する。民族精神というものの原理は様式と規定〔本質、概念〕がその中に現れている。」[91]

　その結果、民族は、国家に向かうことを運命づけられた実体に変換されたわけだが、その「オーガニック」な性格は保ったままである。ここでの「オーガニック」とは、「有機的」という生物的な意味であり、すでに述べたように、ヘルダーの限界から生じたものである。ヤーンが民族の解剖学的特性を強調したために、こうした生

---

(88)　HEGEL G.W.F., "Philosophische Propädeutik", Erster Cursus, Erster Abschnitt, Zweites Kapitel, §24, op. cit., S.70. ヘーゲル、前掲、79 頁。

(89)　HEGEL G.W.F., "Philosophische Propädeutik", Dritter Cursus, Zweite Abteilung, Dritter Teil, §194, op. cit., S.221. ヘーゲル、前掲、350 頁。

(90)　HEGEL G.W.F., "Philosophische Propädeutik", Erster Cursus, Erster Abschnitt, Zweites Kapitel, §24, op. cit., S.70. ヘーゲル、前掲、80 頁。

(91)　HEGEL G.W.F., "Philosophische Propädeutik", Dritter Cursus, Zweite Abteilung, Dritter Teil, §200, op. cit., S.222. ヘーゲル、前掲、352 頁。

第1部 「オーガニック身体」

物的意味が一層揺るぎないものになっている。たとえば、ヘーゲルは次のように述べている。

「国家学とは、それ自身において生きたオーガニックな全体である民族がもつところの組織の叙述である。」[92]

ところが、アリストテレスの伝統に従うと、カントのプログラムに民族を埋め込むには、民族精神だけでは足りない。それが、普遍精神に裏付けられていなくてはならないからである。そこで、歴史哲学が必要になる。[93] これをヘーゲルは、ベルリン大学での講義（1822 - 1830）の中で発展させる。ヘーゲルの意思は、理性すなわち世界支配者たる神の普遍的意思に同化する。

「わたしたちの前提（最後に来てそれが結論だということになる）となり信念となっているのは、理性が世界を支配し、したがってまた、世界の歴史を支配している、という考えです。」[94]

この言葉は、自己と対象との関係についての、アリストテレス的態度を再確認させる。自分の目的、すなわち、語り手の世界支配の意思の前に、世界は、その意思を実現するための手段または道具（organum）に見えてくるのである。実際、ヘーゲルは、「理性が世界と世界史を支配しつづけている、という一般理念」[95] は、ふたつの考え方、すなわち、「ヌース（知性ないし理性）が世界を支配する」[96] という古代ギリシアの考え方と、「神の一なる摂理が世界を

---

(92) HEGEL G.W.F., "Philosophische Propädeutik", Dritter Cursus, Zweite Abteilung, Dritter Teil, §195, op. cit., S.221. ヘーゲル、前掲、350頁。

(93) HEGEL G.W.F., "Philosophische Propädeutik", Dritter Cursus, Zweite Abteilung, Dritter Teil, §202, op. cit., S.222-223. ヘーゲル、前掲、353頁。

(94) HEGEL G.W.F., "Vorlesungen über die Philosophie der Geschichte", *Sämtliche Werke*, H. GLOCKNER (sous la direction de), Fr. Frommann Verlag, Stuttgart, 1961, Einteilung, S.54. ヘーゲル『歴史哲学講義(上)』岩波書店、1997年、52頁。

(95) HEGEL G.W.F., "Vorlesungen über die Philosophie der Geschichte", Einteilung, ibid., S.37. ヘーゲル、前掲、27頁。

(96) HEGEL G.W.F., "Vorlesungen über die Philosophie der Geschichte", Einteilung, ibid., S.37. ヘーゲル、前掲、28頁。

支配している」⁽⁹⁷⁾というキリスト教の考えかたに由来していると述べている。よって、アリストテレス的伝統に従って、メタフィジックはフィジックに優位する。

> 「精神世界こそが実体的な世界であり、物理世界は精神世界に従属する。」⁽⁹⁸⁾

これこそまさに、ヘルダーが批判したことであった。アリストテレス的方法論によって、語り手は、存在の一切を意思に還元して、神に同化した語り手の意思を実現するために差し向けるのである。ヘーゲルは、ヘルダーの主張の根幹を無視して、ヘルダーの限界に由来する主張のみを取り上げる。それは、各個人が固有の発展と死を持つのと同じく、「オーガニック」な民族という概念を生物的な意味において打ち立てたことである。ヘーゲルは言う。「個人と同様に、民族にも自然死というものがある。」⁽⁹⁹⁾こうして、ヘーゲルは、民族を人格化した後、それに、「世界精神」の実現という義務を背負った「民族精神」を付与するのである。

> 「世界史とは、精神の神々しい絶対の過程を、最高の形態において表現するものであり、精神は、一つ一つの段階を経ていくなかで、真理と自己意識を獲得していくからです。各段階には、それぞれに世界史上の民族精神の形態が対応し、そこには民族の共同生活、国家体制、芸術、宗教、学問のありかたがしめされます。一つ一つの段階を実現していくことが世界精神の絶えざる衝動であり、抗しがたい欲求です。段階にわけ、それを実現していくのが世界精神の使命ですから。」⁽¹⁰⁰⁾

---

(97) HEGEL G.W.F., "Vorlesungen über die Philosophie der Geschichte", Einteilung, ibid., S.39. ヘーゲル、前掲、30頁。

(98) HEGEL G.W.F., "Vorlesungen über die Philosophie der Geschichte", Einteilung, ibid., S.46. ヘーゲル、前掲、41頁。

(99) HEGEL G.W.F., "Vorlesungen über die Philosophie der Geschichte", Einteilung, ibid., S.115. ヘーゲル、前掲、130頁。

(100) HEGEL G.W.F., "Vorlesungen über die Philosophie der Geschichte", Einteilung,

第1部 「オーガニック身体」

カントにおいて、神の意図は、共時的に実現されねばならなかった。つまり、国家連合である。これに対して、ヘーゲルにおいては、通時的である。つまり、民族による継承である。各民族が入れ替わり立ち替わり、神の意図の実現に貢献するのである。[101]民族をカントの「哲学的千年王国」に適合させるため、ヘーゲルは「東洋人のとらえた偉大な思想」[102]を利用する。それは、東洋のふたつの考え方である。ひとつは輪廻、すなわち、「うつろいゆく変化が、同時に、新しい生命の登場であり、生から死が生じるように、死からは生が生じる」[103]という考え方。もうひとつは、フェニックス（不死鳥）、すなわち、「自分の火あぶりのために永遠に薪の山を用意し、そこで焼かれ、その灰のなかから新しく若返った新鮮な生命として、永遠によみがえる生命体」[104]という考え方である。ということは、普遍の意図の実現に参画しない民族には、存在価値がないということになる。

> 「世界史においては、国家を形成した民族しか問題とならない。というのも、これはぜひとも知っておいてもらいたいが、国家こそが、絶対の究極目的たる自由を実現した自主独立の存在であり、人間のもつすべての価値と精神の現実性は、国家をとおしてしかあたえられないからです。[…] 国家は、神の理念が地上に姿をあらわしたものです。」[105]

ここから、「歴史的民族」と「歴史なき民族」という概念が生まれてくる。これらは、結局、国家を持った民族と国家なき民族との

---

　　ibid., S.88. ヘーゲル、前掲、p 95-96 頁。
(101)　HEGEL G.W.F., "Vorlesungen über die Philosophie der Geschichte", Einteilung, ibid., S.118. ヘーゲル、前掲、126 頁。
(102)　HEGEL G.W.F., "Vorlesungen über die Philosophie der Geschichte", Einteilung, ibid., S.112. ヘーゲル、前掲、127 頁。
(103)　Ibid.
(104)　Ibid.
(105)　HEGEL G.W.F., "Vorlesungen über die Philosophie der Geschichte", Einteilung, ibid., S.71. ヘーゲル、前掲、73 頁。

第 2 章　レスププリカのフィジック身体

言い替えに過ぎない。ヘーゲルによると、中国が前者の例であり、インドが後者の例であるという。

> 「中国がまるごと国家であるとすれば、インドの政治体制は一民族をなすにすぎず、国家ではありません。」[106]

彼の結論として、国家なき民族に、存在意義はない。近代は、ゲルマン国家が、「絶対の普遍たる永遠の真理を意思する精神の時代」[107]である。そして、今や時代は、「歴史の最終段階」[108]に至った。こうして、ヘーゲルは、民族のヘルダー的ビジョンを国家のカント的ビジョンの中に取り込むことに成功したのである。その結果、ロックの経済神学的千年王国は、カントの哲学的千年王国を通って、ヘーゲルの生物的千年王国[109]にその姿を変えたのである。ロックの経済神学的千年王国が、フィジオクラットによって強化され、経済発展主義の思想にいたるのと同様に、生物的千年王国は、生物的進化論の思想にいたることになる。後者は、30年後、チャールズ・ダーウィンによって大きく取り上げられることになる。

これまで我々は、人間集団に関するさまざまな概念の起源を検討してきた。フランス革命以降、民族、ナショナリティとった概念が、国際関係の中に入ってくる。それぞれの君主政内部の状況から生まれてきたこれらの概念が、どのようにして、国際舞台の中で発展し、「マイノリティ」という概念の誕生にいたるのかを見てゆくことにしよう。

---

(106)　HEGEL G.W.F., "Vorlesungen über die Philosophie der Geschichte", Erster Teil, Zweiter Abschnitt, ibid., S.219. ヘーゲル、前掲、264頁。
(107)　HEGEL G.W.F., "Vorlesungen über die Philosophie der Geschichte", Vierter Teil, Dritter Abschnitt, ibid., S.519. ヘーゲル、前掲、308頁。
(108)　HEGEL G.W.F., "Vorlesungen über die Philosophie der Geschichte", Vierter Teil, Dritter Abschnitt, Drittes Capittel, ibid., S.552. ヘーゲル、前掲、352頁。
(109)　「発展の原理 Das Principe der Entwickelung」HEGEL G.W.F., "Vorlesungen über die Philosophie der Geschichte", Einteilung, ibid., S.89. ヘーゲル、前掲、98頁。

第 2 部
「ナショナリティ」から「マイノリティ」へ

第2部 「ナショナリティ」から「マイノリティ」へ

第1章 「ナショナリティ」概念の発展

第1節 1815年から1860年：ナショナリティ政策

　モンテスキューより前は、政府が人民を作ると考えられた。モンテスキューから、民族が政府を作ると考えられるようになった。ルソーはこの考えを発展させ、民族自決権の思想的基礎を築いた。フランス革命とそれに続くナポレオンの外交政策は、この理念を対外政策に適用する。これに対抗して、ドイツは同様の理念を「ナショナリティ」の名において発展させる。この理念は、もともと各国の国内事情を背景に生まれてきたにもかかわらず、アリストテレス以来、人間支配は神による普遍支配にその範を求めていたため、さまざまな呼び名で呼ばれながら、ヨーロッパ全域に広がることになる。

A. 統合手段としてのナショナリティ

　ナポレオンを打ち破った列強は、戦後処理を議論するためにウィーンに会した。重要な争点のひとつに、ワルシャワ公国、つまり、ポーランドの処理があった。まだ、ナポレオンが失脚する以前、1813年6月16日、ロシアは、ライヒェンバック Reichenbach 条約第2条において、「ワルシャワ公国の解体とロシア、プロシア、オーストリア間での分割」[1]を約束していた。ところが、その後、ロシアは、単独でワルシャワ公国を占領したため、これを自国に併合しようとした。これに対して、勢力均衡を懸念したイギリスは、「真に独立のネイションを打ち立てる広範でかつ自由な原則」[2]を打ち

---

(1) PARRY C. (sous la direction de), *The Consolidated Treaty Series*, Oceana Publications, New York, 1969, Vol.62, p.308.

第 1 章 「ナショナリティ」概念の発展

出して、この併合に反対する。その目的は、ポーランドをロシア、プロシア、オーストリア間の緩衝地帯とすることだった。結局、妥協が成立する。それは、3国に分割するが、ポーランドナショナリティは、維持するというものであった。1815年5月3日、ロシアとプロシアは、「民族精神 L'esprit national」[3]に照らして、ある条約を締結する。その第3条は、以下のように規定する。

「締約国の各ポーランド臣民は、その属するそれぞれの政府が有用かつ適当と判断する政治的存在方式に応じて、そのナショナリティの保持を確保する機関 (des institutions qui assurent la conservation de leur nationalité) を獲得する。」[4]

3つの君主国家がかかわっているため、この条項は、別のふたつ条約にも明記された。ひとつは、ロシアとオーストリアとの間で、前者と同じ日5月3日、同じ場所ウィーンで締結された条約であり、もうひとつは、1815年6月9日、ウィーンで調印されたウィーン会議議定書である。この議定書に、前ふたつの条約も付属書としてつけられている。ところが、文言は同じではない。最初の条約文にある、「そのナショナリティの保持を確保する機関 des institutions qui assurent la conservation de leur nationalité」が後のふたつの条約では、「代表資格およびナショナル機関 une représentation et des institutions nationales」に置き換わっている。[5] 列強にとって、ネイショ

---

(2) "Mémorandum de lord Castlereagh, au sujet des traités entre les alliés, relatifs au duché de Varsovie", D'ANGEBERG, *Le congrès de Vienne et les traités de 1815*, Amyot, Paris, 1863, Tome 1, p.269.

(3) D'ANGEBERG, ibid., Tome 3, p.1154 ; MARTENS G.F., *Nouveau recueil de traités*, Dietrich, Göttingue, 1818, Tome II, p.223.

(4) D'ANGEBERG, ibid., Tome 3, p.1156 ; MARTENS G.F., ibid., p.225.

(5) Traité d'amitié entre la Russie et l'Autriche signé à Vienne, le 3 mai 1815. (Annexé à l'acte du Congrès de Vienne N° I., édit. officielle, p.89)
《Art.V. Les Polonais sujets respectifs des hautes Parties contractantes obtiendront une représentation et des institutions nationales réglées d'après le mode d'existence politique que chacun des Gouvernemens [sic], auxquels ils appartiennent, jugera

225

第2部 「ナショナリティ」から「マイノリティ」へ

ンもナショナリティもほぼ同義語である。なぜなら、いずれにせよ、「人間集団の存在方式」⁽⁶⁾を決定するのは、彼らの意思だからである。実際、ナショナリティという言葉の意味するところは、まったく、多様である。たとえば、イギリス第一全権代表のカースルレー Castlereagh にとっては、「その民族の資質 le génie de ce peuple」「慣例 usage および慣習 coutumes」「習慣 habitudes」「世論 opinions」「民族言語 langue nationale」を意味する。⁽⁷⁾ナショナリティという概念の内容がいかなるものであれ、モンテスキューの考え方、すなわち、民族が国家に先行するという考え方には、変わりない。そこで、さまざまな異なった民族を支配するという国家の要請から、「多民族国家 État-multinational」という新たな理念が生まれてくる。プロシアの全権大使、ハルデンベルグ Hardenberg は、この理念をもうひとつ別の新しい理念「民族国家 État-nation」に対抗させて、こう述べ

---

utile et convenable de leur accorder.》 MARTENS G.F., ibid., p.215.
Acte du Congrès de Vienne signé le 9 Juin 1815 (D'après l'édition officielle parue à Vienne à l'Imprimerie Impériale et Royale.)
《Art.I. Les Polonais, sujets respectifs de la Russie, de l'Autriche et de la Prusse, obtiendront une représentation et des institutions nationales, réglées d'après le mode d'existence politique que chacun des Gouvernemens [sic] auxquels ils appartiennent jugera utile et convenable de leur accorder.》 MARTENS G.F., ibid., pp.365-366.

(6) "Réponse à la précédente Note circulaire de lord Castlereagh, présentée par MM. les Plénipotentiaires russes", D'ANGEBERG, op. cit., Tome 2, p.798. ロシア皇帝アレクサンドル1世 Alexander I は言う。「さらに結論すると、ポーランド人に帰属すべきナショナリティは、危険などではなく、逆に、人が彼らを非難するような不安を静め、すべての利害を調整する最も確実な手段となるはずのものなのである。」 "Memorandum annexé à la réponse de l'Empereur Alexandre", D'ANGEBERG, op. cit., Tome 2, p.357. メッテルニッヒ Metternich は言う。「たとえ、ポーランドの当該地域の全部または一部が、北方三宮廷の間に置かれながらも、ひとつの独立した政治的身体にまとまったにせよ、また、たとえ、ワルシャワ公国をこれらの宮廷の間で領域分割して、1813年の同盟諸条約が見込んでいたいくつかの意義を補完する手段としたにせよ、政治的観点および領域分割の観点から、この問題は、実際、ヨーロッパの一般的諸問題を解決するのにふさわしい便宜をすべて含んでいたのである。」 "Note du Prince de Metternich", D'ANGEBERG, op. cit., Tome 2, p.505.

(7) "Note circulaire de lord Castlereagh", D'ANGEBERG, op. cit., Tome 2, p.796.

第 1 章　「ナショナリティ」概念の発展

る。

> 「地域の住民の習慣と資質 génie に適した統治方式によってこの地域の安寧を確保すること、これこそが、共通利益という強固で自由な基盤の上に統治方式を真に打ち立てることになる。このように行動することによって、運命が民族 peuples をいかなる政治システムに結びつけることになろうとも、民族のナショナルな存在は、いかなる侵害からも免れうるということが民族に示されるのである。また、このように行動することによって、あるいくつかの考えによっては、それらが合わさって、将来の変化に対する漠然とした誓いと希望をたえず、たとえ私生活の休息においてすら、かき立てる場合があるが、そうした考えについて勘違いしないよう民族に教えることになるのである。さらにまた、このように行動することによって、異なるさまざまな民族 nations の臣民をひとつの同じ政府に結びつけ、ひとつの同じ家族に結びつけるのである。」[8]

ヒュームが以下のように語ってから 70 年後、彼の考えはまったく時代遅れとなってしまったのある。

> 「ある数の人間がまとまって政治的身体となる場合、防衛、通商、統治のための、彼らの間のつきあいは、大変頻繁なので、同一の言葉もしくは言語とともに、彼らは、その習俗の類似性を獲得するに違いない。そして、個々人に特有の個人的性格のみならず、ひとつの共通な、すなわち、ナショナルな性格を持つに違いない。」[9]

ヒュームの時代とは正反対に、今やハルデンベルグは、「さまざまな構成要素から強固な全体を形成するというすべての国家の第一

---

(8) "Réponse à la Note de lord Castlereagh, présentée par M. le premier Plénipotentiaire de Prusse", D'ANGEBERG, op. cit., Tome 2, p.801.

(9) HUME D., *Essays : Moral, Political and Liberty*, Oxford University Press, London, 1963, p.208.

目的」[10]を強調せざるをえない。変わらないのは、人々の意思を判断するのはつねに語り手であるという事実である。ウィーンに集合した列強は、諸民族の意思の名において、自分たちの支配の意思を厳粛に宣言する。

> 「世界平和を強化するためにすべての列強の代表が会したこの時ほど、諸民族の真の感情が正確に知られ、忠実に解釈されたことはかつてなかった。」[11]

こうして、列強は国際法の中に、ナショナリティの概念を導入して、それに該当する人々を自分たちの国家に統合してゆくのである。

B. 独立手段としてのナショナリティ

独立を目指す人々は、ナショナリティを新たな国家にすることを求める。ジゼッペ・マッチーニ Giuseppe Mazzini は、イタリア国家統一のために奔走する。彼は、ナポレオンがイタリアについて述べた言葉、「習俗、言語、文化の一体性は、早かれ遅かれ、最終的にはその住民を単一政府のもとにまとめることになる」を引用した後、ナショナリティとネイションを以下のように定義する。

> 「ナショナリティとは、ひとつの共通の思想である。すなわち、共通の原則であり、共通の目的である……。ネイションとは、言語、地理的条件、歴史において与えられた役割によってまとめられ、ひとつの同じ原則を承認し、ひとつの統一された法という帝国の下に、定められた唯一の目的を追求して歩むすべての人間のアソシエーションである。」[1]

---

(10) "Réponse à la Note de lord Castlereagh, présentée par M. le premier Plénipotentiaire de Prusse", D'ANGEBERG, op. cit., Tome 2, p.801.

(11) "Extrait du procès-verbal des Conférences des Puissances signataires du Traité de Paris, en date de Vienne le 12 mai 1815", MARTENS G.F., op. cit., p.256.

(1) MAZZINI G., "Dell'Unità Italiana", *Scritti editi ed inediti di Giuseppe Mazzini*, Imola, depuis 1906, Tome II, p.125, WEILL G., *L'Europe du XIXe siècle et l'idée de nationalité*, Éditions Albin Michel, Paris, 1938, pp.114-115 より引用。

第1章 「ナショナリティ」概念の発展

1851年、国際法教授パスカレ・スタニスラス・マンチーニ Pasquale Stanislas Mancini は、トリノ大学における最初の講義において、「国際法の基礎としてのナショナリティ」を主張した。彼によると、「ナショナリティとは、生活及び社会的意識の共通性にしたがって、領域、起源、慣習、言語のまとまりに由来する人間の自然社会である」。(2)

こうして、19世紀半ば、ヨーロッパ全体がナショナリティという言葉に染められたのである。アンリ・マルタン Henri Martin は、1847年にこう述べている。

「諸ナショナリティが、今ほど、彼ら自身、十分かつ生き生きとした意識をもったことはかつてなかった。ナショナリティは滅び行くものと断じていた学者もいるが、ナショナリティが政治一般に重くのしかかってきたことはかつてなく、ナショナリティは刷新すべく働いている。ここ数年のうちに、ナショナリティに関する問題は、社会問題と結びついて、ヨーロッパ大陸の他のすべての問題を支配し、この原理の中から存在理由をくみ取らない国家は、変形または解体することを予告する疑いなき兆候がある。」(3)

ロシアおよびドイツに駐在した元フランス公使ポール・ドゥ・ブルゴワン Paul de Bourgoing も、1849年に同様の指摘を行っている。

「言語によってナショナリティを区分するというこの原則もまた現実に、我々の時代の支配的な政治思想である。これほど適用困難な規則を過度にかつ絶対的に拡張することは、今日の政治的狂気のひとつである。なぜなら、人類の感情を指針とする者は誰であれ、多くの血を流すことになるいかなる思想の称揚

（2）　MANCINI P.S., *Della nazionalità come fomdamento del diritto delle genti di Pasquale Stanislao Mancini*, G.Giappichelli Editore, Torino, 1994, pp.44-45.
（3）　MARTIN H., *De la France, de son génie et de ses destinées*, 1847, p.5, WEILL G., *L'Europe du XIXe siècle*, ibid., p.145 より引用。

第 2 部　「ナショナリティ」から「マイノリティ」へ

も、狂気と名付ける権利があるからである。」[4]

　ナショナリティという言葉は、民族統一運動のシンボルになることもあれば、この運動を大国がコントロールするための道具にもなった。[5]とはいえ、後者にとって、これは、自分たちの都合によって左右できる恣意的問題にすぎない。たとえば、イギリスは、先に見たポーランドナショナリティに関する規定の作成に深く関わっていたにもかかわらず、ナショナリティの権利に支持を与えることはなかった。たとえば、1849年のヴェネチア蜂起に際して、ヴェネチア共和国大統領のダニエレ・マニン Daniele Manin は、イギリス領事クリントン・ドーキンズ Clinton Dawkins に救援を要請したにもかかわらず、領事の回答は以下のようなものであった。

　　「我が政府はナショナリティの原理を原則として認めることができないということを、あなたによく理解していただきたい。なぜなら、それを認めることは、インドのイギリス臣民の反乱、イオニア諸島のイギリス臣民の反乱、イギリスの全植民地、さらにはアイルランドのイギリス臣民の反乱までも認めなくてはならないことになるからです。」[6]

　これとは反対に、フランスは、ナショナリティの権利の保護者を標榜した。外務大臣ラマルチン Lamartine は、1848 年 3 月 4 日付けの通達で以下のように宣言した。

　　「ヨーロッパおよびその他の地域における抑圧されたナショナ

（4）　DE BOURGOING P., *Les guerres d'idiome et de nationalité*, Librairie de G. A. Dentu, Paris, 1849, p.7. WEILL G., ibid., p.175 参照。

（5）　アレクシス・ドゥ・トクヴィル Alexis de Tocqueville は言う。「民族精神 la volonté nationale なるものは、あらゆる時代の陰謀家たちと、あらゆる時代の独裁者たちが、大々的に濫用している言葉のひとつである。」TOCQUEVILLE A., *De la démocratie en Amérique*, Première Partie, Chap.IV, Gallimard, Paris, 1951, p.54. トクヴィル『アメリカの民主政治(上)』講談社、2001 年、115 頁。

（6）　JOHANNET R., *Le principe des nationalités*, Nouvelle librairie nationale, Paris, 1918, p.224.

第 1 章 「ナショナリティ」概念の発展

リティを再建する時が、神意によって告げられた場合、また、フランソワ 1 世 François I 以来我々の忠実な同盟者であるスイスが、一連の民主的政府に一層の力を与えるべく自国でおこなっている発展運動の中で制約や脅威を受けた場合、イタリアの各独立州が侵略された場合、彼らの内的変革に制限や障害が課せられた場合、自分たちが同盟してイタリアの一部を強化する権利が武力によって反対された場合、フランス共和国は武装して、諸民族の正当な発展運動と正当なナショナリティ運動を保護する権利を持つと考える。」[7]

「叔父の遺言執行者を自称する」[8] ナポレオン 3 世 Napoléon III は、ドイツ連盟の支持を受けるアウベステンブルグ公爵 duc d'Aubestenbourg に対して，こう書いている。

「民族の独立とナショナリティに基づく大義の代表者となることほど名誉なことはないと私は思う。そういうものとして、私の同情を、あなたは期待していただいて結構です。私の行為は常に一貫しているからです。私はイタリア独立のために戦い、ポーランドナショナリティのために声を上げたのですから、ドイツについて、別の感情を持つことはできませんし、別の原則に従うことはできません。」[9]

ナショナリティの存在は、ナポレオン 3 世の胸先三寸にかかっているにすぎない。彼は言う。

「ナショナリティの地平にしっかりと立たねばならない。今後重要なことは、ベルギーナショナリティは存在せず、この重要な点をプロシアと確認することである。」[10]

---

(7)　WEILL G., op. cit., p.171.
(8)　SANTAMARIA Y. et WACHÉ B., *Du printemps des peuples à la Société des nations*, La Découverte, Paris, 1996, p.99.
(9)　HAUSER H. et al., *Du libéralisme à l'impérialisme*, Presses Universitaires de France, Paris, 1952, pp.70-71. SANTAMARIA Y. et WACHÉ B., ibid., p.82 参照。
(10)　JOHANNET R., op. cit., p.251.

第 2 部　「ナショナリティ」から「マイノリティ」へ

　ルネ・ヨハネ René Johannet の言葉を借りるなら、「意思という言葉が肯定的に用いられるのは、フランスの栄光を表現するためだけである」。[11] イヴ・サンタマリア Yves Santamaria とブリジット・ヴァシェ Brigitte Waché というふたりの歴史学者は、大国の役割について、次のように結論を下している。

> 「結局のところ、個々の大国の役割がどのようなものであれ、大国がゲームの主人公であることにかわりない。すなわち、ヨーロッパ秩序の大規模な変化（イタリアとドイツの統一）において、ナショナリティの動きは、君主の権利のために利用されたのである。」[12]

　ナショナリティという言葉の意味は、語り手の政治的および知的利害関係に依存しているのであるから、語り手の間の政治的および知的利害対立が、この言葉の意味の対立を生み出すことになる。知識人におけるこの対立は、まず、1860年代イギリスとフランスの間に、次いで、1870年代からフランスとドイツの間に生じた。さらに、政治レベルでの対立が第一次世界大戦につながってゆくのである。

第 2 節　1860 年から 1918 年：ナショナリティ紛争

　モンテスキューは、フィジックな実体としての民族とメタフィジックな実体としての国家を分けた。ヘルダーはこの分裂を一層強固なものにした。この分裂を再結合させようという、ドイツの初期ロマン主義者たちの希望から生まれたのが、ナショナリティという概念であった。すでにナショナリティ概念に関するドイツ知識人の初期の議論にある分岐が見られた。一方は国家に重きを置くものであり、他方は自然に重きを置くものである。さらに、1860年代か

---

(11)　JOHANNET R., op. cit., pp.251-252.
(12)　SANTAMARIA Y. ET WACHÉ B., op. cit., p.92.

らは、この議論は、国際的規模で行なわれるようになる。

A. メタフィジック身体とフィジック身体との間の知的紛争

(1) イギリスとフランスの間の知的紛争

イギリスの歴史家アクトンは、『ナショナリティ *Nationality*』(1862) と題する論文において、イギリスの見解を「政治的ナショナリティ political nationality」と呼ぶ一方、(1) フランスの見解を、「民族学的 ethnological」ナショナリティと呼んで、(2) 両者を以下のように対比する。

> 「ナショナリティについてのこれらふたつの見解は、フランスのシステムとイギリスのシステムに対応しているが、その結びつきは名称だけであり、実際は、対極的な政治思想なのである。[…] ネイションはここ〔フランス主義—訳者〕においては、人種に基づく理念的結合である。」(3)

アクトンにとって、フランス革命のシステムは、個人を集団に従属させるものなのである。

> 「これは、民主主義の否定である。なぜなら、それは、人々の意思の行使に制限を課し、人々の意思に換えて、より高い原則を打ちたてるものだからである。」(4)

フランス的ナショナリティは、自由にも繁栄にも向かうことはない。なぜなら、このふたつの方向性は、ネイションをして国家の鋳型と基準にするという絶対的要請の前に犠牲とされるからである。

> 「よって、ナショナリティの理論は、歴史の退行である。」(5)

これとは反対に、イギリス的ナショナリティは、国家の目的たる

---

(1) ACTON, *History of Freedom and other Essays*, Macmillan, London, 1907, p.295.
(2) ACTON, ibid., p.278.
(3) ACTON, ibid., p.288.
(4) ACTON, ibid., p.299.
(5) Ibid.

第 2 部　「ナショナリティ」から「マイノリティ」へ

「道徳的義務の実現」(6)に基づいて、複数のナショナリティから形成される。

> 「我々と人種との関わりは単に自然的もしくは物質的なものでしかないのに対して、政治的ネイションに対する我々の義務は、倫理的なものである。一方は、愛情や本能の共同体であり、これは、未開生活では無限の重要さと力強さを持つが、文明人よりもむしろ動物にふさわしい。他方は、法によって統治する権威である。これは、義務を課し、道徳的制裁を与え、かつ、社会の自然関係に特徴を与える。」(7)

ここに再び、ヒュームとモンテスキューの対立が表れる。前者にとっては、政府なければ人民なしであり、後者にとっては、民族なければ政府なしである。アクトンは前者に組して、こう結論するのである。

> 「国家が時を経てナショナリティをつくることはあっても、ナショナリティが国家をつくるというのは、近代文明の自然本性に反している。」(8)

(2)　フランスとドイツの間の知的紛争

アクトンは、フランスの民族学的ナショナリティとイギリスの政治的ナショナリティを対比した。10 年後、今度は、フランス知識人が、同様の対比をフランスとドイツの間で行なうことになる。普仏戦争（1870－1871）は、どちらもナショナリティの原則を掲げるふたつの大国の間の戦争である。敗戦国フランスは、アルザス・ロレーヌを失うことになるが、プロシア側に言わせると、その住民は、ゲルマンナショナリティに属するという。当時のフランス知識人の動揺をルネ・ヨハネは、以下のように説明する。

---

(6)　ACTON, ibid., p.298.
(7)　ACTON, ibid., pp.292-293.
(8)　ACTON, ibid., p.292.

第 1 章 「ナショナリティ」概念の発展

「敗北はあまりに屈辱的であったので、その痛みを和らげるべく、ほとんどの歴史家、さらには、ほとんどの法律家までが、区別に乗り出す。［…］フランスが当初勝利したときに依拠したナショナリティ原則と後に敗北したときに依拠したナショナリティ原則を区別する違いを強調すべく努力したのである。しかし、その違いは実在や霊感や外観の違いを強調するが、どれも本質的なものではない。彼らに言わせると、フランスのナショナリティ原則は平和的で法的なものであり、他の諸民族の人種に基づく征服的なナショナリティ原則とは対立する。古い拡大政策へ退行することによって、つまり、唯一正当なナショナリティ原則を放棄することによって、フランス第一共和制は、征服することを余儀なくされ、その反応として、おのれの周囲に人種という闇の力をかきたてた。その後、その力によってフランス自身が打ちのめされたのだ、と。」[9]

民族誌学的ナショナリティと政治的ナショナリティを区別する考え方を代表する知識人に、フュステル・ドゥ・クーランジュ Fustel de Coulanges とエルンスト・ルナン Ernest Renan がいる。1870 年、フュステル・ドゥ・クーランジュは、『アルザスはドイツかフランスか』と題する書簡を、ドイツのモムゼン教授に宛てた。モムゼン教授は、アルザス・ロレーヌに対するドイツの「返還請求」をナショナリティの原則の名において、正当化していたのである。

「我々の要求は、征服ではなく、返還請求である。我々は自分たちのものを要求しているのであって、それ以上でも以下でもない。」[10]

フュステル・ドゥ・クーランジュは、人種や言語といった要素を過去に追いやることによって、「民族誌学的 ethnographique」[11]ナ

---

(9) JOHANNET R., op. cit., pp.184-185.
(10) WEILL G., op. cit., p.305.
(11) FUSTEL DE COULANGES, "L'Alsace est-elle allemande ou française? Réponse à

235

ショナリティを否定する。

　「ナショナリティをつくるのは、人種でも言語でもない。」[12]
さらには、
　「人種、これは歴史であり、過去である。言語、これもまた歴史であり、これは、遠い過去の名残、しるしである。」[13]
それでは、現在に属するものは何か。
　「現在的で生きているのは、意思、理念、利害関係、愛情である。」[14]
意思とは、誰がそれを判断するのか。それは、語り手である。
　「我々が考えていたことは、すべてアルザスが考えていたことであり、我々が感じていたことは、すべてアルザスが感じていたことである。」[15]
さらにまた、
　「フランスがアルザスの保持を欲する理由はひとつしかない。それは、アルザスがフランスとともにありたいということをアルザスが勇敢に示したからである。」[16]
　結局のところ、ナショナリティを創造するのは語り手であり、これはアリストテレス的伝統の継承に他ならない。

　1882年、ルナンは、『ネイションとは何か *Qu'est ce que la nation?*』という題の講義をソルボンヌ大学で行なう。彼もまた、民族誌学的ナショナリティの考え方を批判する。

　「民族誌学的配慮は、したがって、近代的ネイションの形成になんら関与していないのです。[…] 本当のところ、純血の人

　　　 M. Mommsen" dans RENAN E., *Qu'est-ce qu'une nation?*, Presses Pocket, Paris, 1992, p.259.
(12)　FUSTEL DE COULANGES, ibid., p.259.
(13)　FUSTEL DE COULANGES, ibid., p.262.
(14)　Ibid.
(15)　FUSTEL DE COULANGES, ibid., p.260.
(16)　FUSTEL DE COULANGES, ibid., p.263.

種など存在しないのであり、民族誌学的な分析に政治を依拠させるなどということはキマイラに政治を任せるようなものです。」[17]

さらに、

「フランス人は、ガリア人でも、フランク人でも、ブルグンド人でもありません。」[18]

アクトンと同じく、ルナンも、ネイションを創造するのものとして、「道徳意識」[19]すなわち精神的なものを強調するのである。

「ネイションとは魂であり、精神的原理です。」[20]

なるほど、ネイションは過去の記憶を共有していることに由来する。しかし、もっとも重要なのは未来、すなわち、「ともに生活しようという願望」[21]であり、「実現すべき同一のプログラム」[22]なのである。ネイションとは、「明確に表明された共同生活を続行しようとする合意」[23]である。こうして、その後たいへん有名になる，あの言葉が語られるのである。

「ネイションの存在は（この隠喩をお許しください）日々の住民投票なのです。」[24]

国王による中央集権化に脅かされたモンテスキューは、国家と民族を分離して、後者に「民族精神」を与えることによってその価値を主張した。同様に、ナポレオンによる侵略に脅かされたヘーゲルは、「民族精神」によって、ふたつの概念を統合する。さらに同様に、プロシアによるアルザス・ロレーヌ占領に脅かされたフュステ

---

(17) RENAN E., op. cit., p.46. E. ルナン他『国民とは何か』1998 年、河出書房、52-53 頁。
(18) RENAN E., ibid., p.48. E. ルナン他、前掲、54 頁。
(19) RENAN E., ibid., p.56. E. ルナン他、前掲、64 頁。
(20) RENAN E., ibid., p.54. E. ルナン他、前掲、61 頁。
(21) Ibid.
(22) Ibid.
(23) RENAN E., ibid., p.55. E. ルナン他、前掲、62 頁。
(24) Ibid.

第2部 「ナショナリティ」から「マイノリティ」へ

ル・ドゥ・クーランジュとエルンスト・ルナンは、ナショナリティの概念を，一方では人間の意思に，他方では自然の要素に分離し、前者の正当性を主張した。この対比は、「フランス的概念」と「ドイツ的概念」、または、「選挙的ナショナリティ」と「民族誌学的ナショナリティ」、またさらには、「主観主義」と「客観主義」と呼ばれるようになる。(25) ところが、この主観的要素としての「ともに生活しようという願望」なるものは、語り手の想定する人間集団を前提にしたものである。ルネ・ヨハネが明言しているように、選挙的ナショナリティとは、「疑わしい国家論にすぎない」。(26)

> 「『ともに生きたいという集団的意思』『精神的原理』『自発的協力』『道徳的人格』といったこれらすべての大言壮語の背後に隠されているのは、たいへん唯物的な公法概念である。というのは、これは封建法概念の再来として、住民をその領域に密着し不可分のもとして結びつけているからである。選挙理論の最高の定義は、以下のようになろう。支配者の許可無く領域をナショナルな形で処分することを恣意的に禁止すること。」(27)

実際、ルナンが推奨する、過去の忘却と未来への志向は、ルナンより50年以上も前の1815年、プロシア国王フリードリヒ・ウィルヘルム3世がポーランドの一部を併合した際に、その地域内のポーランド人に向かって唱えたことなのである。

> 「余は過去が完全に忘れ去られることを欲す。余の一切の関心は未来にしか向けられていない。」(28)

---

(25) 以下参照。REDSLOB R., *Le principe des nationalités. Les origines, les fondements psychologiques, les forces adverses, les solutions possibles*, Librairie du Recueil Sirey, Paris, 1930, pp.77-84 ; DROZ, J., "Concept français et concept allemand de l'idée de nationalité", *Europa und der Nationalismus,* Verlag für Kunst und Wissenschaft, Baden-Baden, 1950, pp.109-133; BERMAN, N., "But the Alternative is Despair : European Nationalism and the Modernist Renewal of International Law", *Harvard Law Review*, Vol.106, No.8, 1993, pp.1812 et ss.

(26) JOHANNET R., op. cit., p.265.

(27) JOHANNET R., op. cit., p.264.

第1章 「ナショナリティ」概念の発展

　ルネ・ヨハネは、フランス的ナショナリティの理論は誤りであると言う。なぜなら、「それは、自由な個人を、社会を構成する細胞にするという誤りと結びついている」[29]からである。つまり、アクトンにおける政治的ナショナリティと民族学的ナショナリティの対比が、フランス知識人によって繰り返されたのである。これらの対比は、結局、メタフィジックな説明方法とフィジックな説明方法の対比に他ならない。

　初めに、モンテスキューが、メタフィジックな国家とフィジックな民族を対比した。次いで、アクトンが1860年ごろから、そしてフランス知識人が1870年ごろから、それぞれ、メタフィジックとフィジックの対比をネイションまたはナショナリティの概念自体に適用し始めた。こうして、一方に、政治的ネイションまたは政治的ナショナリティを置き、他方に、民族（誌）学的ネイションまたは民族（誌）学的ナショナリティを置く対比、言いかえると、近代ネイションまたは近代ナショナリティと前近代的ネイションまたは前近代的ナショナリティという対比が生みだされたのである。とはいえ、その方法論は、モンテスキューのそれと変わりない。あのアリストテレスの方法論である。語り手が全宇宙の意思もしくは精神を独占し、次に、これを国家なり、ネイションなり、ナショナリティなり、自分が価値あらしめたい対象に付与するのである。フランス知識人の違いといえば、彼らは同邦の先達であるモンテスキューが価値あらしめるためにフィジックな条件に付与した意思なり精神性を，今度は、価値を落としめるために，そこから意思なり精神性を剥奪したことである。

---

(28)　D'ANGEBERG, *Le congrès de Vienne et les traités de 1815*, Amyot, Editeur des archives diplomatiques, Paris, 1863, Tome 3, p.1190.
(29)　JOHANNET R., op. cit., p.266.

第2部 「ナショナリティ」から「マイノリティ」へ

(3) ドイツにおける過去と現在の間の知的紛争

フランス知識人によって民族誌学的ナショナリティの理論を批判されたドイツにおいても、ドイツ知識人は、同じような正当化の方法で、同じような対比をおこなっていた。その対比とは何か。それは、ドイツの過去と現在との間の対比であった。イギリスとフランスでは、企業国家を建設するために、「身分」制の解体を進めた。ホッブスとシエイエスがそれぞれの国で、これを主張したことをすでに見た。ところが、ドイツでは、この目的を達成するには、より大きな困難があった。なぜなら、ドイツの民族国家建設には、「身分」制の解体のみならず、その前提条件として領域統一が伴わねばならなかったからである。ドイツの領域統一が達成された暁には、誰が「身分」制の解体と企業国家の到来を宣言することになるのか。その名は、フェルディナンド・テンニス Ferdinand Tönnies。彼は『共同体と社会 Gemeinschaft und Gesellschaft (1887)』を著す。この中で、テンニスは、オーガニック身体の伝統的な考え方にしたがって、まず最初に、個々の人間集団をそれぞれ全体として、アプリオリに想定する。

> 「実在するものはすべて、その性質と運動を規定する全実在との連関においてのみ考えられるという意味で、有機的である。作用を及ぼすためには、全体は限定されなければならない。このような全体はいずれも、[…] より小さい全体から成り立っていると思われる。」(30)

テンニスがこの「全体」を「共通実体 Gemeinwesen」(31)と呼ぶと

---

(30) TÖNNIES F., *Gemeinschaft und Gesellschaft : Grundbegriffe der reinen Soziologie*, Verlag Karl Curtius, Berlin, 1926, TÖNNIES F., S.5; "Communauté et société : Catégories fondamentales de la sociologie pure" traduit par J. LEIF dans sa thèse *Les catégories fondamentales de la sociologie de Tönnies*, Université de Paris, Faculté des Lettres, Presses Universitaires de France, 1946, Livre I, Thème II : "Formation organique et mécanique", p.5. テンニエス『ゲマインシャフトとゲゼルシャフト──純粋社会学の基本概念──(上)』岩波書店、1988年、37-38頁。

第1章 「ナショナリティ」概念の発展

き、それはまさしく「身分」を意味しているのである。

> 「コミューン Gemeinde と個人または個々の集団との関係は、有機体とその組織・器官との関係に等しい。この対比から、職能とか身分とかいう概念が導き出される。[…] かかる実証的法の主体もしくは担い手にして一定の土地を有する人々 Volk を、わたしは共通実体（Gemeinwesen）と名づける。共通実体は、特殊な個別的自我として組織化された人々 Volk である。したがってそれは、その成員または器官とありとあらゆる関係を結びうるものと考えられる。」(32)

すでに見たように、「身分」制とは、国王の「身分 estat」の中に複数の「身分」が併存しているのであった。つまり、国家レスプブリカは、複数のレスプブリカを内包しているのであった。実際、内部のレスプブリカをホッブスは、「おおきなコモン-ウェルスの腹のなかの、多くの小コモン-ウェルスであり、自然人の内臓のなかの寄生虫のようなものである」(33)とみなし、シエイエスは「国家の中の国家（Imperium in imperio）」(34)とみなしていた。テンニスも同様である。

> 「家や村落や都会は、その各々が1つの共通実体でありうるかぎりにおいては、同時に、それらがその中で自己をを生き生き

---

(31) 「共通実体 Gemeinwesen」とは、レスプブリカのことである。実際、Jean CLÉDIÈRE と Daniel ROCHER は、これを《chose publique》と仏訳し（*Dictionnaire Français-Allemand Deutsch-Französisch*, Coll. Apollo, Larousse, Paris, 1976)、ルーミス Loomis も、これをレスプブリカの英訳であるコモンウェルスと訳している。TÖNNIES F., *Community and Association（Gemeinschaft und Gesellschaft）*, traduit par Charles P. LOOMIS, Routledge & Kegan Paul, London, 1955.

(32) TÖNNIES F., *Gemeinschaft und Gesellschaft*, ibid., S.217-218; TÖNNIES F., "Communauté et société", Livre III, Troisième Partie, XXIV, op. cit., p.210. テンニエス『ゲマインシャフトとゲゼルシャフト(下)』岩波書店、1987年、162-163頁。

(33) 本書70頁参照。

(34) SIEYÈS E., *Qu'est-ce que le Tiers-Etat?*, Chap.I., Flammarion, Paris, 1988, p.41. 本書178頁参照。

第 2 部 「ナショナリティ」から「マイノリティ」へ

と維持し発展せしめうるような、より大きな複合体の類型である。個々の家は、固有の独立的な共通実体の性格をもつことが最も困難であるのに反し、個々の都市ではそれがもっとも容易である。したがって、もっとも普遍的な、もっとも広い社会圏は家長的・種族的共通実体として現れ、その内部に地方的共通実体へ近隣的・郷土的共通実体のような比較的狭い多くの共通実体が生じ、最後にこれら各々から若干のもっとも狭小な都市的共通実体が生じるものと考えることができる。」[35]

実際、テンニスが人体のイメージを用いて「共通実体」を描写するとき、それは中世の政治的身体の描写を想起させる。

「共通実体の意思は、通例、会議において 1 人の人間（諸侯）によって代表される場合と、一致せる若干の人間（貴族・長老）によって代表される場合と、一致せる多数の人間（大衆・庶民）によって代表される場合とがあるが、家長的な、もっとも広大な共通実体においては君主が、地方的な比較的な共通実体においては貴族が、都市的な、もっとも狭小な共通実体においては庶民が、共同意思の代表者であることがもっとも多い。最初は君主が頭もしくは脳を形成し、貴族がいわば脊髄の神経節を成し、大衆は交感神経系統の諸中心のようなものであると考えられるが、これに反して、最後には、一般大衆が、知覚し意欲する身体における脳のように自己自身を支配するものとして、思惟能力となり、思惟能力としては前二者より完全なものとなりうる。」[36]

次に、テンニスは、自分が「共同体 *Gemeinschaft*」とよぶ「身

---

(35) TÖNNIES F., *Gemeinschaft und Gesellschaft*, ibid., S.219; TÖNNIES F., "Communauté et société", Livre III, Troisième Partie, XXIV, op. cit., p.211. テンニエス、前掲、下、164 頁。

(36) TÖNNIES F., *Gemeinschaft und Gesellschaft*, ibid., S.223; TÖNNIES F., "Communauté et société", Livre III, Troisième Partie, XXVII, op. cit., pp.215-216 ; テンニエス、前掲、下、171-172 頁。

分」制のビジョンと、「社会 Gesellschaft」とよぶ民族国家のビジョンとを対比する。

「A）共同体

1、家族生活＝一体性。人間はその性格のすべてをもってこの生活に関与している。一体性の本来的な主体は民族である。

2、村落生活＝慣習。人間はその感覚のすべてをもってこの生活に関与している。慣習の本来的な主体は共通実体である。

3、町生活＝宗教。人間はその良心のすべてをもってこの生活に関与している。宗教の本来的な主体は教会である。

B）社会[37]

1、大都市生活＝協約。協約は人間の全追求によって設定される。協約の本来的な主体はゲゼルシャフトそのものである。

2、ナショナルな生活＝政治。政治は人間の全打算によって設定される。政治の本来的な主体は国家である。

3、世界主義的生活＝世論。世論は人間の全意識性によって設定される。世論の本来的な主体は学者共和国（die Gelehrten =Republik）である。」[38]

最後に、テンニスは、モンテスキュー以来の伝統的区別、すなわ

---

(37) テンニスにとって、「ある偉大な思想家［ホッブスのこと——引用者］が人類一般の自然状態であると考えたかの万人の万人に対する戦争」がゲゼルシャフトの典型的な特質の一つである。TÖNNIES F., *Gemeinschaft und Gesellschaft*, ibid., S.52; TÖNNIES F., "Communauté et société", Livre I, Deuxième Partie, XXV, op. cit., p.52. テンニエス、前掲、上、114 頁。「ホッブスの言う人間や、これにもとづいたわたしの『社会（ゲゼルシャフト）』［…］。」TÖNNIES F., *Gemeinschaft und Gesellschaft*, ibid., S.122; TÖNNIES F., "Communauté et société", Livre II, Première Partie, XVIII, Annexe（1911）, op. cit., p.118. テンニエス前掲、上、225 頁。

(38) TÖNNIES F., *Gemeinschaft und Gesellschaft*, ibid., S.247; TÖNNIES F., "Communauté et société", Appendice, VII, op. cit., p.237. テンニエス、前掲、下、208 頁。

ち、人間の意思によって規定されるオーガニック身体と、自然によって規定されるオーガニック身体という区別にしたがい、さらに、自己を神と同一化したうえで、「自然的意思 Wesenwille」を「共同体」に、「理性的意思 Kürwille (Willkür)」を「社会」に付与し、[39]「これらの意思はいずれも、もはや数多性としてでなく、統一性として捉えられ考えられる」[40]と明言する。共同体および社会のそれぞれに統一を与えるのは、テンニス自身の意思に他ならない。自然的意思も理性的意思も、前者を価値無からしめ、後者を価値あらしめたいという語り手の意思以外、何ら固有の意味はない。テンニスは、共同体と社会のこのような対比を正当化するため、過去と未来[41]、文化と文明といった対比を持ち込む。ここに見られるのも、語り手の支配の意思とその支配される対象という対比である。一方

---

(39) レーフ Leif は、Wesenwille と Kürwille (Willkür) をそれぞれ、《volonté organique》《volonté réfléchie》と訳している。J. LEIF, op. cit., Livre II, p.81.「前者の意味においては実在的・自然的な統一として、後者の意味においては観念的・人為的な統一として理解されなければならない。私は、前者の意味における人間の意思を自然的意思 (Wessenville) と呼び、後者の意味におけるそれを理性的意思 (Kurwille) と名づける。」TÖNNIES F., Gemeinschaft und Gesellschaft, ibid., S.85; テンニエス、前掲、上、164 頁。この説明からも、Wessenville と Kurwille は、フィジックとメタフィジックの対比の反映であることは明らかなので、この対比を明確にするため、本研究においては、これを自然的意思と理性的意思と訳す。実際、ルーミス LOOMIS は、《natural will》《rational will》と英訳している。C. P. LOOMIS, op. cit., Second Book, p.117.

(40) TÖNNIES F., Gemeinschaft und Gesellschaft, ibid., S.224; TÖNNIES F., "Communauté et société", Livre III, Troisième Partie, XXVIII, op. cit., p.216. テンニエス、前掲、下、173 頁。

(41) 「自然的意思は過去的なものにもとづいており、生成しつつあるものと同様に、この過去的なものから説明されなければならない。理性的意思は、それが関連する未来的なものによってのみ理解される。」TÖNNIES F., Gemeinschaft und Gesellschaft, ibid., S.86; TÖNNIES F., "Communauté et société", Livre II, Première Partie, II, op. cit., p.82 テンニエス、前掲、上、165 頁。「共同体の時代の後に社会の時代が続く。」TÖNNIES F., Gemeinschaft und Gesellschaft, ibid., S.247; TÖNNIES F., "Communauté et société", Appendice, VII, op. cit., p.236. テンニエス、前掲、下、207 頁。

で、共同体に、過去、文化、ナショナリティといった属性を付加し、他方で、社会に未来、文明、国家といった属性を付加することによって対比を作りだした後、「ナショナリティの文化（*Kulture des Volkstums*）」から「国家性の文明（*Zivilisation des Staatstums*）」への発展理論によって、両者を再統合する。[42]この発展が、人類の「普遍的法則」であるというのである。[43]こうして、テンニスは、シエイエスやヘーゲルがしたようにオーガニック身体の発展理論に依拠して、「身分」制の終結と民族国家の到来を高々と宣言するのである。

アリストテレス以来、存在とは、神と同一化した語り手のとなえる精神や意思によって、命を与えられて来た。言いかえるならば、存在とは、語り手のとなえる精神や意思に還元されることによって、操作可能となる。共同体とは、民族精神に他ならないことをテンニスは強調する。

> 「わたしが社会的決定における本自然的意思として、また共同体として理解し分析するところのものは、ヘーゲルが民族精神の具体的実体と名づけるものであり、民族の全文化を規定し担うほど『社会本能』をはるかに眼下に見おろすものである。」[44]

テンニスの主張の心理学的性格について、ジョセフ・レーフ Joseph Leif は、以下のように指摘している。

> 「共同体と社会という概念の区別及び対比は、意思という心理

---

(42) TÖNNIES F., Gemeinschaft und Gesellschaft, ibid., S.239; テンニエス、前掲、下、196頁。「全文化が社会的（ゲゼルシャフト的）・国家的文明に変化」する。TÖNNIES F., *Gemeinschaft und Gesellschaft*, ibid., S.246 ; TÖNNIES F., "Communauté et société", Appendice, VI, op. cit., p.236. テンニエス、前掲、下、207頁。

(43) TÖNNIES F., *Gemeinschaft und Gesellschaft*, op. cit., S.249. テンニエス、前掲、下、211頁参照。

(44) TÖNNIES F., *Gemeinschaft und Gesellschaft*, op. cit., 1912, Vorrede zur 2. Aufl., S.XV. テンニエス、前掲、上、22頁。

第 2 部　「ナショナリティ」から「マイノリティ」へ

学的概念から直接導かれている。」(45)

　19世紀初めのヤーンの指摘、すなわち、民族は科学によって明らかにされるという指摘が想起される。あれから100年後、テンニスはこの理念を「純粋社会学」において発展させたのである。(46)アリストテレスの知が、西欧における対象の認識方法を規定したように、テンニスの知は、人間集団についての認識方法を規定することになる。それは、自然的実体と意思的実体、自然的要素と意思的要素、客観的要素と主観的要素といった対比で表現されることになる。いかなる呼び方をするにせよ、これらは、フィジックとメタフィジックとの対比であることに変わりない。たとえば、テンニスから10年後、マイネッケはその著者『世界市民主義と民族国家——ドイツ民族国家発生の研究—— *Weltbürgertum und Nationalstaat, Studien zur Genesis des deutschen Nationalstaates* (1907)』において、この区別をネイション自体に適用する。彼はネイションを「文化ネイション（Kulturnation）」と「国家ネイション（Staatsnation）」に区別するのである(47)。彼によると、彼と同時代、用語は違っても、同様の区別をしていた人々がすでに存在していた。エドゥアルト＝マイヤー Eduard Meyers は、*Volkstum* と *Nationalität* を(48)、カッテンブッシュ Kattenbusch は、1913年、ハレ大学総長就任演説において、Volk と Nation を区別した。(49)マイネッケ自身、これらの区別は、

---

(45)　LEIF J., thèse "Les catégories fondamentales de la sociologie de Tönnies", Université de Paris, Faculté des Lettres, 1946, p.40.

(46)　『共同体と社会』の副題は、『純粋社会学の基本類型 *Grundbegriffe der reinen Soziologie*』である。

(47)　MEINECKE F., *Weltbürgertum und Nationalstaat*, Erstes Kap., Werke, Band V, R. Olenbourg Verlag, München, 1962, S.10. マイネッケ『世界市民主義と国民国家Ⅰ』岩波書店、1968年、5頁。

(48)　MEYERS E., *Die Angänge des Staats*, Sitzungsber. der Berliner Akademie, phil-hist. Klasse 1907, 6. Juni cité par MEINECKE F., ibid., Erstes Kap., S.13, Note 8. マイネッケ、前掲、22頁。

(49)　MEINECKE F., ibid., Erstes Kap., S.13, Note 8. マイネッケ、前掲、22頁。

第1章 「ナショナリティ」概念の発展

自分がおこなった区別と同じであることを強調している。なぜなら、「問題になりうるのは、意欲の有無およびそれについての意識の強弱」だからである。[50]意欲や意識というのは、語り手のそれに他ならない。こうして、語り手の認識が人間集団を創造＝想像するのである。実際、マイネッケは、この区別の萌芽をフィヒテ Fichte の以下の表現に見いだしている。

　「国家を通じてのみ形成され、（かつその市民をそのなかにからみ合わす）ナショナルなものと、国家を越えて存在するナショナルなものとは、いまや一層深く区別さるべきであろう。」[51]

マイネッケは、次のように宣言することによって、人間集団概念は語り手の意思に他ならないことを自ら表明しているのである。

　「ネイションのイメージは、根本において拡大された哲学者フィヒテ自身に他ならない。」[52]

ところが、私たちは、ルソーがすでに制度化された民族と制度化されていない民族という形でこの区別をすでにおこなっていたことを知っている。ルソーはすでに「近代諸民族 nations modernes」という言葉を用いているのである。[53]とはいえ、誰がこの区別を最初におこなったかということが重要なのではない。重要なことは、これが、アリストテレスの考え方、とくに、オーガニック身体理念の論理的帰結であるということだ。なぜなら、この考え方の特徴は、語り手が問題とされている対象に、メタ（ギリシア語の語源にしたがえば、それを超えた）レベルに属する価値を付与することにある

---

(50) MEINECKE F., ibid., Erstes Kap., S.12. マイネッケ、前掲、6頁。
(51) FICHTE, *Sämtl. Werke* 7, 572 MEINECKE F., ibid., Kap.6, S.107. マイネッケ、前掲、123頁より引用。
(52) MEINECKE F., ibid., Kap.6, S.89. マイネッケ、前掲、104頁。
(53) ROUSSEAU J.-J., "Considération sur le gouvernement de Pologne", 1782, [2.] Esprit des anciennes institutions, *Discours sur l'économie politique, Projet de constitution pour la Corse, Considération sur le gouvernement de Pologne*, GF-Flammarion, Paris, 1990, p.166. ルソー「ポーランド統治論」『ルソー全集第5巻』白水社、1979年、365頁。

第 2 部　「ナショナリティ」から「マイノリティ」へ

からである。アリストテレスから中世にいたるまで、支配者が魂または頭として、その身体である被支配者集団のメタの地位を占めてきた。語り手がこの集団の価値を高める場合も、同様のやり方にしたがって、それを自然状態という名の、政府に対するメタレベルにおくことによってなされる。語り手が既存の政府を批判し、被支配者の価値を高めることに満足するなら、そこで止まることになる。イギリスにおけるロック前のコーポレーション論者やフランスにおけるモンテスキューの場合がそうである。しかし、もっと先に進んで、新たな政府を構想した場合、大きな矛盾にぶつかることになる。なぜなら、一方において、被支配者を価値あらしめるために、語り手は被支配者を政府に対してメタのレベルに置くことになるが、他方において今度は、彼が構想する政府を価値あらしめるために、この政府を被支配者に対してメタレベルに置かざるをえないからである。この矛盾を解決するためには、メタの論理的上下関係を時間的前後関係に変換して、「確かに、被支配者集団は政府に先立っているのだが、語り手が今提示している新しい政府は、この集団の発展形態なのだ」と主張せざるをえない。ここから、ロックついでルソー、シエイエスとそれに引き続く論者に見られる国家および民族の進化論が生まれてくる。

　国家文明を民族文化の上に位置づけるテンニスやマイネッケの進化論的主張は、当時のドイツの政治状況を反映するものである。ドイツ統一以前には、普遍主義を標榜するイギリスやフランスといった列強に対抗するために、ロマン主義者がおこなったように、ドイツの民族的文化的特性を強調する必要があった。ところが、ドイツ帝国として統一を達成した今、1888 年から 1918 年まで君臨したウィルヘルム 2 世 Wilhelm II 皇帝は、世界政策（*Weltpolitik*）という普遍政策を目指している。実際、1891 年には、ユリウス・ラングバーン Julius Langbehn というドイツのナショナリストのリーダーのひとりが、「ドイツの世界（普遍）支配」を呼びかけている。[54]

第1章 「ナショナリティ」概念の発展

「人間としての優越性によって、彼［ドイツ——訳者——］が世界を統治するようになるまで、それほど長い時間はかからないだろう。」[55]

こうして、19世紀中頃、意思に基づくメタフィジックな政府と意思の対象に基礎を置くフィジックな政府との対立が再び頭をもたげてくる。とはいえ、このような対立を主張したアクトン、フュステル・ドゥ・クーランジュ、ルナン、テンニス、マイネッケといった知識人は、あくまで知的考察に止まっていた。文明の普遍的発展が客観的ナショナリティや民族誌学的もしくは民族学的ナショナリティの差異を乗り越えることを想定していたのである。だからこそ、彼らはこれらを過去に追いやったのである。[56] ところが、現実は、彼らの思惑とは反対に、文明が人種的差異を乗り越えるのではなく、むしろ、強調するようになる。

B. ナショナリティの政治的紛争

(1) 人種主義：ナショナリティという生物的身体間の自由競争

「文明」という言葉は、フィジオクラットのモットーであった。彼らはッセフェール（自由放任）政策すなわち最大利益を追求する自由競争をとおして、価値の統一化と世界のヒエラルキー化を目指していたのだった。ヒエラルキー化は何に基づくのか。自由競争とは何と何の間の競争なのか。それがともに人種に位置づけられることは、驚くに値しない。なぜなら、モンテスキュー以来、人々の存

---

(54) LANGBEHN J., "L'Allemagne : Aristocratie du monde (1891)", R. GIRARDET (sous la direction de), *Nationalismes et nation*, Éditions Complexe, Bruxelles, 1996, p.134.
(55) LANGBEHN J., ibid., p.134.
(56) たとえば、ルナンは言う。「将来について私が構想するのは、均一的な人類である。そこではさまざまな源から発した小川がすべて1つの大河にとけ込むのであり、さらに、そこでは、様々な地方の記憶がすべて消え去るのである。」WEILL G., op. cit., p.302. ただし、ルナンはゴビノー（後述）宛1856年6月26日付書簡において、彼を賞賛している。RENAN E., op. cit., p.221.

第2部 「ナショナリティ」から「マイノリティ」へ

在はもはやメタフィジックなものではなく、フィジックなものとなっていたからである。実際、ワルター・バジョット Walter Bagehot は、その著書『フィジックスとポリティクス Physics and Politics (1867)』の中で、以下のように述べている。

> 「征服は、その民族的慣習ゆえに戦いにおいて勝利を得るに最もふさわしく鍛えられた民族的性格に対して、自然が与える報酬である。そして、実質的な諸点ではほとんどこのような戦闘的性格が現実には最もすぐれた性格なのである。」[57]

さらに、ヤーンやヘーゲルによって、民族というオーガニック身体は、生物的意味を持つようになっている。1886年、ジャック・ノーヴィコフ Jacques Novicow は、国際政治を次のように定義する。

> 「国際政治とは、諸々の社会的有機体 organismes sociaux 間の生存競争を行う技術である。」[58]

これら「社会的有機体」が人種に基づくものであることは言うまでもない。ノーヴィコフにとって、ナショナリティとは、人種の「社会的進化」の一段階なのである。

> 「よって、当然のことながら、熾烈な生存競争と長期にわたる淘汰によって完成された人種のみが、そこ〔ナショナリティの段階——訳者——〕に達することができるのである。」[59]

「普遍的運動法則」[60]であるこの競争は、「結果として、集団の役割特化とヒエラルキー的従属関係をもたらし、最終的に、最適集団の生存、すなわち、常に増大する意識全体を地球上に実現す

---

(57) BAGEHOT W., *Physics and Politics*, 2nd ed., p.215 CARR E.H., *The Twenty Year's Crisis 1919-1939, An Introduction to the Study of International Relations*, Macmillan, London, 1939, p.63. E.H. カー『危機の二十年』岩波書店、1996年、102頁より引用。バジョットのこの著作は、最初、1867年11月、*The Fortnightly Review* に掲載され、1872年、単行本として発表された。

(58) NOVICOW J., *La politique internationale*, Félix Alcan, Paris, 1886, p.242.

(59) NOVICOW J., ibid., p.129.

(60) NOVICOW J., ibid., p.241.

(61) NOVICOW J., ibid., pp.241-242.

第1章　「ナショナリティ」概念の発展

る」。[61]「絶対的意識とは、最高善すなわち神である。」[62] ただし、この意識とは物質的利益のことである。ここに、生物的物資的な形ではあるが、アリストテレス以来の世界支配、普遍支配の描写が再び見いだされるのである。

　レッセフェール政策を生物学に基礎づけたのがチャールズ・ダーウィンである。バートランド・ラッセル Bertrand Russel によると、ダーウィンの理論は、基本的には「自由放任経済政策の動植物界への拡張」[63] である。エドワード・ハレット・カー Edward Hallett Carr も、以下のように、同様の説明をする。

　　「とくにダーウィンは、耐えることのない生存競争とその競争
　　条件に適応しない者の消滅とによる生物学的な進化の理論を展
　　開し一般にひろめたのであった。自由放任の哲学が、新しい諸
　　条件および新しい思潮をしばらくのあいだ受け容れることがで
　　きるようにしたのは、この進化論であった。」[64]

　かの有名な『自然淘汰による種の起源 On the origin of species by means of natural selection（1859）』の副題は『生存競争における優性種の保持 The preservation of favoured races in the struggle for life』[65]

---

(62)　NOVICOW J., ibid., p.89.
(63)　POLIAKOV L., *Le mythe aryen : Essai sur les sources du racisme et des nationalismes*, Coll. Agora, Calmann-Lévy, Paris, 1994, p.273. レオン・ポリアコフ『アーリア神話──ヨーロッパにおける人種主義と民族主義の源泉』法政大学出版局、1992年、287頁。
(64)　CARR E.H., op. cit., p.62.　E.H. カー、前掲、101頁。
(65)　DARWIN C., *L'origine des espèces au moyen de la sélection naturelle ou la préservation des races favorisées dans la lutte pour la vie*, Flammarion, Paris, 1992. 1859年10月11日付、ダーウィンからライエル Lyell 宛の書簡参照。「種の最も知的な個人がたえまなく淘汰されているという事実の中に、私は何らの困難も見出すことができません。新しい種の知性は、おそらくは知的訓練の遺伝的効果のおかげで、完全なものとなる。私はこのプロセスを、さまざまな人種の間で今まさに完遂しつつあると考えており、知性の低い人種は、抹殺されるのです。」DARWIN C., *La descendance de l'homme et la sélection sexuelle*, Éditions Complexe, Bruxelles, 1981, Vol.1, p.17.

第 2 部 「ナショナリティ」から「マイノリティ」へ

である。また、『人類の起源と性淘汰 The descent of man and selection in relation to sex （1871）』において、ダーウィンは社会的淘汰を経済の用語で語っている。

> 「財産の相続は、それ自体けっして悪いことではない。なぜならば、資本の蓄積がなかったならば技術は進歩しなかったのだし、文明化された人種がその領土をひろげ、また現在もあらゆるところでひろげつつあり、下等な人種にとって代わるのは、主としてこの技術の力によるものだからである。」[66]

さらに、現実には、国家は、民族（誌）学的ナショナリティや人種と対立するものではない。人種の重要性を強調するのは国家だからである。イギリスでは、帝国主義政策の推進者であるディズレーリ Disraeli 首相が、1876 年ヴィクトリア女王のインド皇帝即位を布告させる。歴史家のレオン・ポリアコフ Léon Poliakov によると、「彼［ディズレーリ］の歴史哲学は『すべては人種であり、他の真理はない』という表現の中に要約されている」。[67] さらに、カーティン Curtin が「イギリス人種主義の創設者」[68]と呼ぶロバート・ノックス Robert Knox は、ディズレーリの言葉を次のように発展させている。

> 「人種が人間の出来事においてすべてを決定していることは単純な一事実であり、これは、哲学がこれまでに示したことの中でもっとも注目すべき、最も一般的な事実である。人種がすべてである。文学、科学、芸術――一言で言えば文明は人種に依存しているのである。」[69]

---

(66) DARWIN C., *La descendance de l'homme*, ibid., p.146. ダーウィン『人類の起源』中央公論社、1979 年、196 頁。

(67) POLIAKOV, op. cit., p.295. ポリアコフ、前掲、309 頁。

(68) POLIAKOV, op. cit., p.296. ポリアコフ、前掲、310 頁。

(69) KNOX.M.D., *The Races of Men : A philosophical enquiry into the influence of race over the destines on nations*, Londres, 1862 （2e éd.）, Préface, p.I, POLIAKOV, op. cit., pp.296-297. ポリアコフ、前掲、310 頁より引用。

第 1 章 「ナショナリティ」概念の発展

フランスには、ジョセフ・アルチュール・ゴビノー Joseph Arthur Gobineau がいる。ヴェイル Weill は彼を「人種政治理論の真の創設者」[70]と呼んだ。ゴビノーは、ダーウィンの『種の起源』より前に、『人類不平等論 Essai sur l'inégalité des races humaines (1853)』をハノーヴァー国王ゲオルグ 5 世 Georg V に捧げている。ゴビノーは、バロ Barot 内閣のもとでトクヴィル Tocqueville 外務大臣に抜擢され、官房課長をつとめた。この著書の発行時にはベルン大使館書記官であった。彼も人種の自由競争を推奨することは言うまでもない。

「私は次のような明白な事実を深く理解せざるを得なかった。エスニック問題が歴史の問題すべてを支配し、その鍵を握っているということ。ネイション形成のための競争を生じる人種の不平等が、諸民族 peuples の運命のもつれ全体を説明するのに十分であるということ。」[71]

彼の成功は、1870 年以降も衰えることがなかった。彼の人生の終わり頃に出された『人類不平等論』改訂版序文は、自分が発見した「真実」の再確認となっている。

「私が提示したいかなる真実もまったく揺るぐことがなかった。それゆえ、私が発見したままの真実を維持する必要があることがわかった。」[72]

フランスでは、1870 年以降、人種概念が公教育の中に正式に取り入れられる。ナショナリズム問題の専門家であるジャン゠リュック・シャボ Jean-Luc Chabot の言葉を借りると、「フランスでは、1870 年の敗北の責任は、軍事制度ではなく、教育制度に帰せられた。なぜなら、学校が軍隊を作るからである。」[73]1882 年、ジュー

---

(70)　WEILL G., op. cit., p.300.
(71)　WEILL G., op. cit., p.300.
(72)　WEILL G., op. cit., p.309.
(73)　CHABOT J.-L., Le nationalisme, Coll. Que sais-je?, Presses Universitaires de

第2部 「ナショナリティ」から「マイノリティ」へ

ル・フェリ Jules Ferry 法は、6歳から13歳までの義務教育を定めた。普仏戦争の「敗戦と領土割譲と、屈辱に悩んだ」[74]エルネスト・ラヴィス Ernest Lavisse は、1882年のプログラムに従って『フランスの歴史 Histoire de France』と題する小学校教科書を作成した。この教科書こそが、「我が祖先たるガリア人 nos ancêtres les Gaulois」という表現を広めてゆく。その成功は絶大であり、「1895年、『フランスの歴史』は、[最終の——引用者——] 3学年において、75版が出された。[…] この教科書の成功は、1950年の最終版まで続くのである」。[75]

ドイツでは、ビスマルク Bismarck が、1895年、ゲルマン人種の純粋性と優越性をかきたてる。

「スラブ民族やケルト民族との混じりけが全くないゲルマン民族は、修道士の性格をそなえ、彼らと戦う。ゲルマン民族が他の人種と同盟する場合、ゲルマン民族は、忍耐と必要な耐久力さえあれば、家庭における夫がそうあらねばならないように、つねに支配者、支配意思となるにいたる。」[76]

ドイツ宰相ベルンハルト・フォン・ビューロー Bernhard von Bülow (1900-1909) は、人類を「ナショナリティ戦争」に運命づける。[77]

「ナショナリティ闘争においては、一方の民族が金槌であり他方は鉄床、一方は勝利者であり他方は敗北者である [...] 歴史における生活と発展の法則として、ふたつの民族文明が出会う

France, Paris, 1986, p.39.
(74) CITRON S., *Le mythe national*, Les éditions ouvrières/Études et documentation internationales, Paris, 1989, p.29.
(75) CITRON S., ibid., p.29.
(76) WEILL G., op. cit., p.317.
(77) 「ロイド・ジョージは、類まれな洞察力をもって、当初から、それ[第一次世界大戦]は、『ナショナリティの戦争』になること予言することができたのである。」RUYSSEN T., *Les minorités nationales d'Europe et la Guerre mondiale*, Dépôt des publications de la conciliation, La Flèche, 1923, p.3.

第1章 「ナショナリティ」概念の発展

とき、互いに優位を求めて戦うのである。」[78]

知識人が人種概念の重要性を否定しようとしたにも関わらず、この概念はますます広がってゆく。とはいえ、注意しなくてはならないことは、民族誌学的もしくは民族学的ナショナリティを主張する者も反対する者も、結局は同じ目的を共有している。すなわち、国家の優越性を主張するという目的においては、同じなのである。その違いは、国家の優越性の根拠を人種の優越性におくか、意識の優越性におくかにすぎない。つまりアリストテレス以来、支配者が意思なり感情なりを判断し、自分が価値あらしめようと欲する対象にそれらを付与することにかわりない。この点に関して、ルネ・ヨハネは、以下のように指摘している。

「熱心な少数の者たち、場合によっては1人の人間が、権力または特権によって、自分たちの周囲に自分たちの概念を流布したり、集団の設定を認めたりしたのである。こういった少数の者たちが、人種を創造し、領域を選択し整え、宗教を据えて、彼らに依存する『ともに生きんとする集団的意思』なるものを人々に注入したのである。」[79]

ルネ・ヨハネのこの指摘後60年以上経て、ロドルフォ・スターヴェンハーゲン Rodolfo Stavenhagen も同様の指摘を行っている。

「エスニシティは、特定社会集団のいくぶん抽象的で永続的な特性などではない。多くの場合、それは、支配階級の政治経済的必要に奉仕する文化的捏造なのである。」[80]

---

(78) Prince Bernard von Bülow, *Imperial Germany*, 1914, p.291, CLAUDE I.L., *National Minorities : An International Problem*, Greenwood Press, New York, 1969, p.9 より引用。
(79) JOHANNET R., op. cit., p.399.
(80) STAVENHAGEN R., *The Ethnic Question : Conflicts, Development, and Human Rights*, United Nations University Press, Tokyo, 1990, p.16.

(2)　第一次世界大戦：ナショナリティ間の生存競争

　ふたつのナショナリティ理論は、相反するどころか、どちらも統治者の恣意的な選択に応じて彼らに奉仕することになる。列強はふたつの陣営に分かれて、ナショナリティの原則や民族自決権の名の下に、自国の勢力範囲を拡大しようとする。今日の歴史家ジョルジュ゠ヘンリ・スウトゥ Georges-Henri Soutou は、以下のように指摘している。

　　「いかなる滓のような理念があろうとも、ある本質的な理念に注意しなくてはならない。それは、ナショナリティの運動は、列強によって管理され導かれねばならないという理念である。これは、列強の利害のみならず、さまざまなネイションの現実に対する慎重かつ漸進的な計算にしたがったものであり、ナショナリズムの行き過ぎに対するマイノリティのための保証をともなったものであった。」(81)

　アンリ・ルフェーブル Henri Lefebvre は、第一次世界大戦における、ナショナリティの原則のふたつの用法を説明している。

　　「ふたつの帝国主義が、ナショナリティの原則を引っぱり出した。連合国側はオーストリア＝ハンガリーに対して、相手側はロシアとイギリスに対してこの原則を用いた。」(82)

　1918年10月31日、イギリスのワシントン駐在代理大使は、アメリカ政府に、かつてロシア帝国の一部を構成していた弱小ナショナリティの民族会議や代表組織を一時的に承認して、ドイツ占領地帯における抵抗運動を惹起させ、彼らの自決を促すことを提案した。(83)このようなナショナリティの「使用法」は、ロシア皇帝が

---

(81) SOUTOU G.-H., "Les grandes puissances et la question des nationalités en Europe centrale et orientale pendant et après la Première Guerre mondiale : actualité du passé ?", *Politique étrangère*, N°3, 1993, p.699.

(82) LEFEBVRE H., *Le nationalisme contre les nations*, Méridiens Klincksieck, 1988, p.147.

(83) HACHWORTH G.H., *Digest of International Law*, United States Government

第 1 章　「ナショナリティ」概念の発展

「スラブ住民を煽動」するためにおこなったことはすでに見た。

　戦後、「日々の住民投票」に基づく選挙的ナショナリティを否定したのは、フランス自身であった。アルザス・ロレーヌのフランス復帰に関して、ドイツが住民投票を求めたのにも関わらず、それは行われなかった。[84] さらに、フランスはアメリカやイギリスの反対にも関わらず、ドイツのライン川沿岸地方とザールを、住民の同意なく、ドイツから引き離した。[85] 1919 年 2 月 16 日選挙によって表明された、オーストリア住民の過半数によるドイツとの統合の意思は、勢力均衡を重視するフランス、アメリカ、イギリスが認めなかった。[86] ナショナリティのさまざまな「使用法」は、列強の利害のみならず、他の戦勝国の利害にも奉仕した。たとえば、ギリシアの政治家エレフセリオス・ヴェニゼロス Eleftherios Venizelos の場合を例に取ると、彼のギリシアナショナリティなる主張は、歴史家ステファン・G・クシーディス Stephen G. Xydis によると、その利益に応じたものなのである。

「当時帰属問題の論争の的になっていたある地域についていえば、そこにはギリシア語を話す人々が明らかに居住しているだけでなく統計的には多数派を占めていたため、ウィルソンやレーニンが提唱した近代的な自決主義の原理を利用してその地をギリシア領であると説くことができた。また北部エピルス（南アルバニア）のように言語を基準とすることがあまり有利でない場合には、ギリシア人『意識 consciousness』が前面に出された。さらに、地域によっては（北エピルスなど）歴史的背景

Printing Office, Washington, Vol. I, 1940, p.199. SUREDA R., *The Evolution of the Right of Self-Determination, A Study of United Nations Practice*, Sijthoff, Leiden, 1973, p.21 参照。

(84)　SANTAMARIA Y. et WACHÉ B., *Du printemps des peuples à la Société des nations*, La Découverte, Paris, 1996, p.330.

(85)　SANTAMARIA Y. et WACHÉ B., ibid., p.330.

(86)　SANTAMARIA Y. et WACHÉ B., ibid., pp.330-331.

第2部 「ナショナリティ」から「マイノリティ」へ

に訴えられた。つまりそれらの地域は『太古から』『選りすぐれた文明の創造者で推進者』であるヘレニズムの領域に入っていたというのである。」[87]

結局のところ、戦勝国も敗戦国も、自国の支配の意思を、ナショナリティの原則や民族自決権の名において正当化するのである。アリストテレス以来、人間支配の理念はつねに普遍的世界支配のモデルに依拠している。このモデルが遂に国際連盟と呼ばれる普遍的世界システムにおいて具体化する。そこから、国際法におけるマイノリティ保護制度が生まれることになる。[88]

---

(87) XYDIS, S.G., "Modern Greek Nationalism", P. F. SUGAR et I. J. LEDERER (sous la direction de), *Nationalism in Eastern Europe*, University of Washington Press, Seattle & London, 1969, p.243. ステファン・G・クシーディス「近代ギリシアのナショナリズム・歴史と現在」P. F. シュガー、L. J. レデラー編『東欧のナショナリズム』刀水書房、1981年、494頁。
(88) なお、国内法におけるマイノリティについての初期の議論に関しては、イェリネク『少数者の権利』日本評論社、1989年参照。

第2章 「マイノリティ」概念の発展

第1節　1918年から1945年
：列強によるマイノリティの創造

A.　ウッドロー・ウィルソン：民族とマイノリティの創始者

　1918年1月8日、アメリカ大統領ウッドロー・ウィルソンは、議会において「世界平和プログラム」[1]を発表する。それが規定していたのは、秘密条約の禁止（第1条）、自由航行（第2条）、経済障壁の撤廃と経済的権利の平等（第3条）、軍縮（第4条）、植民地分割（第5条）、ロシア（第6条）ベルギー（第7条）フランス（第8条）イタリア（第9条）オーストリア（第10条）バルカン諸国（第11条）トルコ（第12条）ポーランド（第13条）に関する措置、そして最後に、「諸ネイションの一般的アソシエーション」設立（第14条）である。[2] ウィルソンが構想していたのは、単一の規則によって支配され、民族によって構成される通商産業世界である。

> 「我々が今いる改変された世界で起きていることは、正義と民族の権利 the rights of peoples が、国際取引の分野全体、ならびに、原料へのアクセス、公正かつ平等な通商条件に関わっているということである。」[3]

ロックによって提示され、フィジオクラットやカントによって発

---

(1)　1918年1月8日付教書, TRIEPEL H., *Nouveau recueil général de traités et autres actes relatifs aux rapports de droit international*, Librairie Theodore Weicher, Leipzig, 1922, Tome XI, p.144.
(2)　1918年1月8日付教書, TRIEPEL H., ibid., p.141 et ss.
(3)　1918年2月11日付教書, TRIEPEL H., ibid., p.149.

第 2 部　「ナショナリティ」から「マイノリティ」へ

展され⁽⁴⁾、ナポレオンによって押し進められた世界支配ビジョンが、国際連盟によって実現された。ウィルソンは、国際連盟を「規律と統制の手段」と呼んでいる。⁽⁵⁾その方法論は、アリストテレス以来つねに同じである。語り手が神すなわち宇宙の支配者に同化する。

「人類共通の意思が、個別国家の個々の目的に取って代わったのである。」⁽⁶⁾

ここでは、語り手であるウィルソンが、自分が今価値あらしめようとしている対象すなわち民族に、権利という形で、意思を付与する。

「我々が求めているのは、権利と正義についての広範な普遍的諸原則にもとづく、新世界秩序である。[…] ただ私が言いたいのは、これらの問題がそれぞれすべて全世界に影響を与えると言うことであり、これらの問題が、関係諸民族 peoples の希望、自然的連関 the natural connections、人種的熱望 the racial aspirations、安全、心の平穏を考慮に入れた、非利己的で偏りのない正義の精神をもって取り扱われない限り、いかなる恒久平和も達成されないということである。」⁽⁷⁾

確かに、ウィルソンのプログラムは、ナショナリティの原則や民族自決権の適用を要求しているのだが、それは、神に同化したウィルソンが人種と見なす実体に権利を与えるという意味においてのみである。実際、先に見た区別、すなわち、人種に基づく民族学誌的・民族学的ナショナリティと意思に基づく政治的・選挙的ナショ

（4）「こうした［カントの］思考系列に沿って、国際連盟は、当初、民主国家のアソシエーション association として、構想されたのである。」LAUTERPACHT H., *An International Bill of the Rights of Man*, Columbia University Press, New York, 1945, p.7.
（5）　1918 年 9 月 27 日ニューヨークでの演説 , TRIEPEL H., op. cit., p.156.
（6）　1918 年 9 月 27 日ニューヨークでの演説 , TRIEPEL H., op. cit., p.154.
（7）　1918 年 2 月 11 日付教書 , TRIEPEL H., op. cit., p.148.

第2章 「マイノリティ」概念の発展

ナリティの区別などというものは、彼にとっては存在しない。「人種的熱望」の名において、人種に「熱望」を付与するのは、ウィルソン自身だからである。彼において、「ナショナルな熱望」も「人種的熱望」も同意語なのである。なぜなら、いずれにせよ、「小民族の権利およびナショナリティの権利 the rights of small nations and of nationalities」[8]を判断し認めるのは、彼自身だからである。このような文脈の中で、ウィルソンは、民族自決権に関する自分の見解を以下のように述べる。

「民族 Peoples は、競争国や敵対国の間の国際会議や了解によって、ひとつの国から別の国に、取り引きされるべきではない。ナショナルな熱望 National aspirations が、尊重されねばならない。今や民族 peoples が支配され統治されるのは、彼ら自身の同意 consent のみによるのである。『自決』は、単なる空言ではない。」[9]

なるほど、この発言は、政府に先立つフィジックな民族の存在を想定している。とはいえ、このことは、政府によって創設される被統治者という意味でのメタフィジックな人民を排除しない。なぜなら、どちらも統治の説明様式のヴァリエーションであることに変わりないからである。ウィルソンによる次のようなメタフィジックな説明は、フッカーやロックの説明に類似している。

「我々が追求しているのは、被統治者の合意 the consent of the governed に基づき、人類の組織化された意見 the organized opinion of mankind によって指示される法の支配なのである。」[10]

ナポレオン以来、民族自決は列強によって決定されるのであった。[11]自決とは、民族の名による、支配的政治システムの押しつけ

---

(8) 1918年2月11日付教書, TRIEPEL H., op. cit., p.149.
(9) 1918年2月11日付教書, TRIEPEL H., op. cit., p.148.
(10) 1918年7月4日マウントバーノンでの演説 TRIEPEL H., p.153.
(11) 「ウィルソンの宣言は、ナショナリティの原則および民族自決権の適用を求め

261

である。このことをウィルソンは、フィリピンの自決に関して、以下のように明確に述べている。

> 「我々は彼らに自治政府を与えることはできない。自治政府は、すべての民族 any people に与えられるようなものではない。なぜなら、それは性格の一形態 a form of character であり、統治構成の一形態 a form of constitution ではないからである。成熟を自己調整することは、いかなる民族 people にも与えることができないのである。長い服従の徒弟期間があってはじめて、その貴重な獲得が可能になるのであり、買ったり与えたりできるものではない。[…] 我々自身、取り換えることのできない明確なプロセスによって自治政府を獲得したのであるから、この民族 the peoples もまたそれを獲得する正しい途上において、彼らを我々に従属させよう。」[12]

こうしてウィルソンと列強は、その利害に応じて、世界をヒエラルキー化する。このヒエラルキーの頂点には、文明化されたと称するネイションがあり、その底辺には、「近代世界激甚ナル生存競争状態ノ下ニ未タ自立シ得サル人民」[13]がある。これらの人民は、文明国の後見の下におかれることになる。この後見は、国際連盟の名において、委任統治受任国の資格として、文明国に託されたのである。なぜなら、「該人民ノ福祉及発達ヲ計ルハ、文明ノ神聖ナル使命」[14]だからである。

ている。平和条約がこのふたつの原則について触れているのは、戦勝国の利益になる場合のみである。」DE BALOGH A., *La protection internationale des minorités*, Les éditions internationales, Paris, 1930, p.39.

(12) WILSON W., "The Constitutional Government in the United States (1908)", A.S. LINK (sous la direction de), *The Papers of Woodrow Wilson*, Princeton University Press, New Jersey, Vol.18, 1974, p.104.

(13) 国際連盟規約第22条。

(14) 国際連盟規約第22条。「当時、フランスとイギリスが、とりわけ、委任統治という名目の陰でおこなった戦利品分配において、住民の希望を尊重することは、列強の利害に比べれば、まったく忘れられてしまったように思われる。」SANTA-

第2章 「マイノリティ」概念の発展

(1) ナショナリティの分離：ナショナルマイノリティとナショナルマジョリティ

中東欧では、「ナショナリティに応じて」国家が配分された。これは、均質な国家[15]を形成するためにであったが、そのために、住民交換や強制移動[16]などがおこなわれた。この国々は、誕生したばかりの共産主義国家に対するある使命を担わされた。すなわち、「フィンランド湾からエーゲ海にいたる新諸国家の建設によって、ロシアをドイツ、オーストリアから引き離す『予防線』」となることである。[17]こうして列強は、これらの新国家をコントロールすることになる。ここから、マイノリティ保護という国際的な政策が生まれてくる。列強がこれらの新国家をコントロールする理由は、もうひとつあった。列強はこの地域の新国家に、ある条項の受け入れをせまりたかったのである。その条項とは、5年以内に締結されることになっている交通、航路、港湾、鉄道に関する国際制度を規定

MARIA Y. et WACHÉ B., *Du printemps des peuples à la Société des nations*, La Découverte, Paris, 1996, p.330.

(15) 国際連盟の枠内で検討されたナショナリティの原則については、CAVARE L., *Le Droit International Public Positif*, Éditions A. Pedone, Paris, Tome I, 1961, pp.58-60, 609-610 参照。

(16) 住民交換に関する 1919年11月27日ギリシア・ブルガリア条約（SOCIÉTÉ DES NATIONS, *Protection des minorités de langue, de race et de religion par la Société des Nations, Recueil des stipulations contenues dans les différents instruments internationaux actuellement en vigueur*, Publications de la Société des Nations, I.B. MINORITES, 1927.I.B.2, Genève, 1927, p.102）。ギリシア住民とトルコ住民の交換に関する 1923年1月30日条約 (ibid., p.106)。確かに前者の条約は、強制的住民交換を規定しているわけではない。しかし、現実には、強制の場合が多かったのである。以下参照。MACARTNEY C.A., *National States and National Minorities*, Oxford Universtity Press, London, 1934, pp.430-449 ; REDSLOB, R., *Le principe des nationalités. Les origines, les fondements psychologiques, les forces adverses, les solutions possibles*, Librairie du Recueil Sirey, Paris, 1930, pp.154 et ss., notamment p.167, note 23.

(17) BOKATOLA I.O., *L'Organisation des Nations Unies et la protection des minorités*, Établissements Emile Bruylant, Bruxelles, 1992, p.42, note 72.

第2部 「ナショナリティ」から「マイノリティ」へ

するさまざまな一般条約すべてに加入することを義務づけるものであった。そのため、この一般条約が締結されるまでの間、これらの新国家が、連合国の通商に対して異なった措置を取らないようにするための規定を押しつけたかったのである。[18]このコントロールを行うために、1919年1月10日、ウィルソンは、国際連盟規約の第2草案として以下のような条文を提案する。

> 「国際連盟は、すべての新国家に対し、独立国もしくは自治国として承認される要件として、その管轄内にあるすべての人種的またはナショナルマイノリティ (racial or national minorities) に、その人民の人種的またはナショナルマジョリティ (racial or national majority) とまったく同一の取り扱いと安全を法的にも事実的にも認めることを要求する。」[19]

1月10日、規約第3草案において、ウィルソンは国際連盟への加盟条件を追加した。

> 「国際連盟は、すべての新国家に対し、独立国もしくは自治国として承認される要件として、さらに執行理事会は国際連盟への加盟を求めるすべての国家に対し、その管轄内にあるすべての人種的またはナショナルマイノリティ (racial or national minorities) に、その人民の人種的またはナショナルマジョリティ (racial or national majority) とまったく同一の取り扱いと安全を法的にも事実的にも認めることを要求する。」[20]

ネイションおよびナショナリティは、「人種的またはナショナルマイノリティ」と「人種的またはナショナルマジョリティ」に分けられた。[21]こうして、ネイションおよびナショナリティの観点から、

---

(18) TEMPERLEY H.W.V. (sous la direction de), *A History of the Peace Conference of Paris*, Henry Frowde and Hodder & Stoughton, London, 1921, Vol.5, p.124.

(19) MILLER D.H., *The Drafting of the Covenant*, G.P. Putnam's Sons, New York, 1928, Vol.2, p.91.

(20) MILLER D.H., ibid., p.105.

(21) 「ナショナリティのメンバーは、いたるところで、マイノリティになった。」

第2章 「マイノリティ」概念の発展

マイノリティとマジョリティが位置づけられたのである。ところが、この規定ではあまりに一般的すぎて、規定の適用対象国家が不明確である。イギリスは、この提案に反対して、別の提案をおこなう。この問題は各国ごとに締結する領域に関する条約の中で扱おうというのである。(22)そこで、平和会議は「予防線」となるべき国家のみを取り扱うことになった。その国家とは、ポーランドやチェコスロバキアのような新国家、セルブ・クロアト・スロベーヌ、ルーマニア、ギリシアのような領域を拡大した国家、オーストリア、ブルガリア、ハンガリー、トルコのような敗戦国であった。(23)ところが、ここに重大な問題が立ちふさがった。それは時間の問題である。1919年5月1日、マイノリティに関する規定の起草を任務とする「新国家及びマイノリティ保護委員会」(24)の設立を平和会議が決定した時、ポーランド国家創設を規定する平和条約をドイツに提案する予定日がすでにせまっていた。ポーランドに対する平和会議の態度をナタン・ファインベルク Nathan Feinberg は、以下のように説明している。

　「委員会の第1任務は、ポーランドのマイノリティに関する規定を準備することであった。この規定は、ドイツとの平和条約の中に挿入されることになっていた。ドイツとの平和条約が締結されない限り、つまり、ポーランドの独立がまだ確定的、正式に承認されていない間は、マイノリティの取り扱いに関する

DUPUIS C., "Liberté des voies de communication. Relations internationales", *Recueil des Cours de l'Académie de Droit International 1924 I*, 1925, p.399.

(22) FEINBERG N., *La question des minorités à la Conférence de la paix de 1919-1920 et l'action juive en faveur de la protection internationale des minorités*, Rousseau, Paris, 1929, p.50, note 1 et pp. 67 et ss.

(23) FEINBERG N., *La question des minorités*, ibid., p.73.

(24) 「この委員会の正式名称は、『新国家委員会 Commission des Nouveaux Etats』であるが、多くの著者は、『新国家及びマイノリティ保護委員会 Commission des Nouveaux Etats et de protection des Minorités』とよんでいる。」FEINBERG N., *La question des minorités*, ibid., p.72, note 1.

義務をポーランドに課す可能性が残っているということ、もしこの機会を逃したら、その後は大変困難になる、おそらくまったく不可能になることが、強く意識されていた。」(25)

そこで必要なことは、マイノリティに関する規定を準備するための十分な時間を委員会が確保することである。この規定は、後に「マイノリティ条約」と呼ばれるひとつの条約になる。1919年6月28日にベルサイユで締結された主たる同盟および連合国とドイツとの間の平和条約において、平和会議最高審議会は、第93条となる以下のような規定を明記することを決定した。

「ポーランドは、ポーランド内の人種、言語または宗教の点でマジョリティ住民と異なる住人の利益を守るために連合国が必要と判断する規定を、連合国との条約に挿入することを受け入れる。」(26)

ドイツとの平和条約署名の日、ポーランドもマイノリティ条約に同時に署名することになっていた。平和条約に関するこのポーランドの例が、セルブ・クロアト・スロベーヌ、チェコスロバキア、ルーマニア、ギリシア、それぞれの先例となった。第93条と類似の規定が、1919年9月10日、サンジェルマン・アンレにおいて、主たる同盟および連合国とオーストリアとの間に締結された平和条約の第51条、(27) 第57条、(28) 第60条に、(29) 1919年11月27日、ヌイ

---

(25) FEINBERG N., *La question des minorités*, ibid., p.73.

(26) SOCIÉTÉ DES NATIONS, *Protection des minorités*, op. cit., p.40.「この手続方法は、白紙手形に署名するようポーランドに迫るようなものだというあからさまな非難を受けた。ポーランド人たちは、主たる同盟および連合国が要求するいかなる条件も受け入れることを約束せざるを得なかったからである。」TEMPERLEY H.W.V., op. cit., Vol.5, p.125.

(27) セルブ・クロアト・スロベーヌに関する規定。SOCIÉTÉ DES NATIONS, *Protection des minorités*, op. cit., p.56 参照。

(28) チェコスロバキアに関する規定。SOCIÉTÉ DES NATIONS, *Protection des minorités*, op. cit., p.89 参照。

(29) ルーマニアに関する規定。SOCIÉTÉ DES NATIONS, *Protection des minori-*

第 2 章 「マイノリティ」概念の発展

イ・シュー・セーヌにおいて、主たる同盟および連合国とブルガリアとの間に締結された、平和条約の第 46 条[30]に見られる。

最終的には、新国家およびマイノリティ保護委員会が起草に十分な時間を費やした後、主たる同盟および連合国とポーランドとの間で、マイノリティに関する条約が、1919 年 6 月 28 日、締結されたのである。[31]この条約が、他の 4 国に関する[32]マイノリティ条約の「モデル条約」[33]となった。さらに、敗戦国であるオーストリア、[34]ブルガリア、[35]ハンガリー、[36]トルコ[37]に課された平和条約内の規定、ならびに、マイノリティ保護に関するその後の文書のモデルともなったのである。[38]

---

tés, op. cit., p.47 参照。

(30) ギリシアに関する規定。SOCIÉTÉ DES NATIONS, *Protection des minorités*, op. cit., p.19 参照。

(31) SOCIÉTÉ DES NATIONS, *Protection des minorités*, op. cit., p.41.

(32) 主たる同盟および連合国とチェコスロバキア間条約、1919 年 9 月 10 日、サンジェルマン・アン・レ、SOCIÉTÉ DES NATIONS, *Protection des minorités*, op. cit., p.90。主たる同盟および連合国とセルブ・クロアト・スロベーヌ王国間条約、1919 年 9 月 10 日、サンジェルマン・アン・レ、SOCIÉTÉ DES NATIONS, *Protection des minorités*, op. cit., p.57。主たる同盟および連合国とルーマニア間条約、1919 年 12 月 9 日、SOCIÉTÉ DES NATIONS, *Protection des minorités*, op. cit., p.50。ギリシアのマイノリティ保護に関する条約、1920 年 8 月 10 日、セーヴル、SOCIÉTÉ DES NATIONS, *Protection des minorités*, op. cit., p.20。

(33) COUR PERMANENTE DE JUSTICE INTERNATIONALE (C.P.J.I), Avis consultatif du 6 avril 1935 sur les écoles minoritaires en Albanie, Série A/B 64, p.9.

(34) 主たる同盟および連合国とオーストリア間条約、1919 年 9 月 10 日、サンジェルマン・アン・レ, SOCIÉTÉ DES NATIONS, *Protection des minorités*, op. cit., p.7.

(35) 主たる同盟および連合国とブルガリア間条約、1919 年 11 月 27 日、ヌイイ・シュー・セーヌ、SOCIÉTÉ DES NATIONS, *Protection des minorités*, op. cit., p.10

(36) 主たる同盟および連合国とハンガリー間条約、1920 年 6 月 4 日、トリアノン、SOCIÉTÉ DES NATIONS, *Protection des minorités*, op. cit., p.28.

(37) イギリス、フランス、イタリア、日本、ギリシア、ルーマニア、セルブ・クロアト・スロベーヌとトルコ間条約、1923 年 7 月 24 日、ローザンヌ、SOCIÉTÉ DES NATIONS, *Protection des minorités*, op. cit., p.96.

(38) その後の 4 条約：ポーランド・ダンツィッヒ間条約、1920 年 11 月 9 日、SOCIÉTÉ DES NATIONS, op. cit., p.100。1921 年 6 月 27 日国際連盟理事会決議が承認し

これらの文書は、マイノリティ保護制度を規定しており、その監督は国際連盟が担うことになっている。どれもほぼ同様に、「エスニック（もしくは人種的）、宗教的または言語的マイノリティに属する」者の保護を規定している。これが、序文において発した疑問、すなわち、個人に先立つ集団に関する疑問への回答である。アリストテレス以来、集団とは個人からなりたつものでは決してなく、統治者の意思によって想定されるものなのである。そのため、後に見るように、集団の存在に関する問題と構成員の所属の問題がアプリオリに分離したものとなる。

　(2)　「マイノリティ」概念におけるナショナルな性質の除去
　「エスニック（もしくは人種的）、宗教的または言語的マイノリティ」という呼び方は、列強が、ナショナリティという言葉から出発して、「人種的またはナショナルマイノリティ」ならびに「人種、言語または宗教の点でマジョリティ住民と異なる住人」を経て、創造した呼び方であった。[39]列強にとっては、どのような呼び方であろうとも、国家統合によって周辺化されることになる人々が問題であることにかわりない。マイノリティを創造＝想像するのがつねに

　　た、アーランド島住民に関するスウェーデン・フィンランド間協定、op. cit.,p.16。上部シレジアに関するドイツ・ポーランド条約、1922年5月15日、op. cit., p.64。メーメル領域に関する、主たる同盟および連合国とリトアニア間条約、1924年5月8日、op. cit., p.37。国際連盟加盟時における5つの一方的宣言：アルバニア、1921年10月2日、op. cit., p.3。リトアニア、1922年5月12日、op. cit., p.33。ラドビア、1923年7月7日、op. cit., p.31。エストニア、1923年11月17日、op. cit., p.13。イラク、1932年5月30日、SOCIÉTÉ DES NATIONS, *Journal Officiel*, XIIIe année, N°7, 1932, pp.1347-1350。

(39)　とはいえ、「マイノリティ」という言葉が一般になじむのには、かなりの時間がかかった。実際、『オックスフォード辞典（1933年版）*The Oxford English Dictionary Being a Corrected Re-Issue with an Introduction, Supplement, and Bibliography of a New English Dictionary on Historical Principles*（1933）』の「マイノリティ minority」の項には、「人種的、言語的または宗教的な人間集団」という意味は見られない。それが現れるのは、ようやく1976年の補完本においてである。

第2章 「マイノリティ」概念の発展

列強の意思であるなら、「人種的またはナショナル」と「エスニック（もしくは人種的）、宗教的または言語的」という形容詞を分けるものは何なのか。それはネイションを示唆するおそれを排除したいという列強の意思である。(40)実際、「ナショナル」という形容詞を取り除いたのは、アメリカ代表団の法律顧問であるデビッド・ハンター・ミラー David Hunter Miller だが、その理由は、この形容詞が、「マイノリティが"統治機能 governmental functions"を行使しうる」(41)ことを意味するおそれがあるからである。こうして、マイノリティ問題は、もともとはネイションもしくはナショナリティの問題であったにも関わらず、列強はマイノリティ問題から「ナショナル」な意味合いを剥ぎ取ったのである。

しかしながら、「国家内国家 imperium in imperio」(42)を意味するおそれのある「ナショナル」という形容詞を剥奪したとはいえ、列強が関係国に対してこのような規定を押しつけるには、困難が伴わないわけにはいかなかった。さらに、マイノリティの取り扱いに関する国際的義務は、「新国家と新たに領土を拡張した、一部の国家にのみ押しつけられ、他の国はこのような約束から完全に免れることになっていた」(43)ために、いっそう困難であった。義務を押し付けられる側の国家は、列強のこのような試みの中に、平等原則の明白

---

(40) 「これらの条約は、"ナショナルマイノリティ"という語を注意深く回避していた。その目的は、まさに、これらのマイノリティが"ナショナル"であることをやめ、そのメンバーが居住国家に忠実な市民となるためである。」DE WITTE B., "Minorités nationales : reconnaissance et protection", *Pouvoirs*, N°57, 1991, p.115.

(41) JANOWSKY O.I., *The Jews and Minority Rights*, Columbia University Press, New York, 1933, p.337.「我々が大変よく知っているように、平和条約の起草者たちは"ナショナルマイノリティ"という用語の使用に賛成しなかった。"別個の自律的な機関 organismes distincts et autonomes"としてマイノリティを明示的に承認することまで約束したくはなかったのである。比例代表制などに関する要求は、考慮されなかったのである。」FEINBERG N., *La question des minorités*, op. cit., p.91.

(42) JANOWSKY O.I., op. cit., p.327 et p.337.

(43) FEINBERG N., *La question des minorités*, op. cit., p.96.

な違反、重大な主権侵害、国家統一の許されざる不安定化、自国の善意に対する不当な不信感の表明を見いだした。いかなる点において、マイノリティを国内にもつ他の国は、自国よりすぐれているのか。なぜ、平和会議は、アルザス・ロレーヌ、トレンチノ、シュレスウィヒ、オイペン、マルメディのドイツ系住民の運命に関心を払わないのか。いかなる点で、ルーマニアとセルビアは、イタリアよりも劣っていることになるのか。[44]対象となった国の代表はこういった疑問を止むことなく発した。ルーマニア代表のブラチアノBratianoは、ルーマニアはいかなる国際義務をも受け容れる用意があるが、それは、連盟全加盟国がそれにしたがう場合のみであると宣言し、[45]ポーランド代表のパデレウスキー Paderewski も、マイノリティに関する国際的義務については受け入れを拒否するが、連盟が全構成国にあてはまると判断する権利をマイノリティに認める用意はあると表明した。[46]このような反対に対して、ウィルソン大統領は、ナショナリティの原則に基づいた領域の「衡平配分」が、平和のための重要条件のひとつであると考えて、以下のように回答した。

> 「我々は、世界平和を確保し、将来の混乱と危険要素をすべて除去することを欲する。そのための重要条件のひとつは、住民の類似性と意思にしたがって、領域を衡平に分配することである。そうすることによって、連合国は、我々が至るであろう可能な限り正義の条件を維持することができるのである。」[47]

列強の観点からすると、国家であれマイノリティであれ、いかなる人間集団の創造も、同じ論理に基づくことになる。

---

(44) FEINBERG N., *La question des minorités*, op. cit., p.96.
(45) FEINBERG N., *La question des minorités*, op. cit., p.97. JANOWSKY O.I., op. cit., pp.354-355 参照。
(46) FEINBERG N., *La question des minorités*, op. cit., p.99.
(47) FEINBERG N., *La question des minorités*, op. cit., p.100.

第2章 「マイノリティ」概念の発展

　「同一の論理がマイノリティにも適用される。同一の考慮に基づいて、マイノリティの地位が言及されているのである。主たる同盟および連合国が国家の存在自体を保障してくれることをあなたが望むのであれば、主たる同盟および連合国が将来の戦争原因を除去するために不可欠と判断する条件について満足することが不当だろうか。」[48]

　アリストテレス以来、人間集団に統一性を与えるのは、支配者の意思であった。それが意思のみでなく、力であることを、ウィルソンは明言する。

　「唯一の可能な基盤の上に、誠実で自発的な協力に達することができ、それが、我々の目的である。その基盤とは、次のように表現することができる。力のある側に、平和維持は保障されるのであり、力の側にこの平和の最高の保障が存在するのである。[…] 我々は共通目的を追求する。我々が望む一切のことは、あなたがたが、我々と協力して、この目的達成に至ることを手助けすることである。我々が欲するのは、あなたがたのお役に立つために、あなたがたと結びつくことだけである。我々は、あたなたがたの真の利益に反することは何もするつもりはない。」[49]

　これもアリストテレス以来の典型的な方法である。語り手であるウィルソンが、宇宙の意思と自らを同一化し、当事国や当事者に代わって、何が「共通利益」であり、何が「真の利益」であるかを判断し、さらに、「住民の類似性と意思」を判断して領域を「分配」するのである。[50] ウィルソンと同様に、平和会議議長のクレマン

---

(48) FEINBERG N., *La question des minorités*, op. cit., p.100.
(49) FEINBERG N., *La question des minorités*, op. cit., pp. 101-102.
(50) 「国際的なマイノリティ保護制度を確立するための国際連盟の努力は、[…] 自分たちの意思を小国に押しつけることを望む大国の利害を反映していた。」OR-GANISATION DES NATIONS UNIES, *Séminaire sur la promotion et protection des droits de l'homme dans les minorités nationales, ethniques et autres*, ST/TAO/HR/

ソー Clemenceau も、平和会議によるポーランドへの内政干渉と主権侵害を抗議するパデレウスキーに、以下のように回答する。(51)

「あなたの考慮に加えていただきたいことは、私は連合国の名においてあなたに語っているのですが、ポーランドがその領土を回復したのは、連合国の犠牲と努力のおかげであるということです。当該領域にポーランドの主権を再び打ち立て、この領域住民をポーランドネイションに統合（身体化 incorporation）することを決定したのは、連合国であるということです。当該領域取得が安全に保障されるために、ポーランドが大部分依存しているのは、連合国の行動手段が国際連盟に与えることになる力なのです。」(52)

B. 「マイノリティの歴史」創造

列強が介入してマイノリティを創造し保護したことによって、知識人もマイノリティ問題を説明するにあたって、列強のものの見方に適応せざるを得ない。(1)そのため、マイノリティ保護の歴史についての語りが生まれてくる。ところが、知識人ははるか遠くまで行ってしまう。彼らは、時代の社会背景を省みることなく、列強の観点を何と 16、17 世紀といった遠い過去に投影してしまうのである。たとえば、ジャック・フック・デュパルク Jacques Fouques Duparc は、『人種的、言語的および宗教的マイノリティの保護 *La protection des minorités de race, de langue et de religion*』と題する著

49, Ohrid, Yougoslavie, 1974, para.25.
(51) JANOWSKY O.I., op. cit., p.356.
(52) FEINBERG N., *La question des minorités*, op. cit., pp. 115-116.
（1）マカートニーは、国際的マイノリティ保護の「歴史的側面」を強調して、「マイノリティのための外国介入という原則 The principle of foreign intervention in favour of a minority は、新しいものではない」と述べている。MACARTNEY C.A., *National States and National Minorities*, Oxford Universtity Press, London, 1934, p.157.

第 2 章 「マイノリティ」概念の発展

　「マイノリティは、その起源に応じて、2種類の国際行為の対象となる。宗教的介入、および、割譲条約に規定された宗教的権利行使の保障条項である。」[2]

　このような考察から、フック・デュパルクは、宗教的な理由とナショナルな理由という介入理由に応じて、「宗教的マイノリティ」と「ナショナルマイノリティ」を自分自身で創造する。ところが、「このような意味における『マイノリティ』ということばは、新語である」ということは、彼自らが認めているのである。[3]宗教的マイノリティについて、彼は言う。

　「マイノリティは、その名を受ける以前に、すでに存在していたのである。そのひとつである宗教的マイノリティは、国際法において、その歴史を持っていたのである。」[4]

　彼によると、宗教的マイノリティ問題の起源は、宗教改革である。この宗教改革が引き金となった30年戦争の後、ウェストファリア条約が締結されることになるのだが、フック・デュパルクが、この条約をマイノリティ保護の先例と見ていたかどうかは定かでない。というのは、以下のような説明をしているからである。

　「この条約については、宗教的自由を確立したものであると言われているが、それは、君主のためであって、臣民のためではない。君主の宗教が、国の宗教だったのである。」[5]

　逆に、「宗教的理由による介入」[6]および「割譲条約」については、より明確な例を挙げている。宗教的理由による介入については、「1655年、フランスでヴァルド派の虐殺があった際、クロムウェル

---

(2) FOUQUES DUPARC J., *La protection des minorités de race, de langue et de religion.*, Dalloz, Paris, 1922, p.75.
(3) FOUQUES DUPARC J., ibid., p.1.
(4) FOUQUES DUPARC J., ibid., p.6.
(5) FOUQUES DUPARC J., ibid., p.74.
(6) FOUQUES DUPARC J., ibid., p.74.

がマザランに対して介入し、こういった暴力的措置を止めさせた」という。[7]割譲条約については、「この種の最初の規定は、1660年スウェーデンとポーランドとの間で締結されたオリーヴァ条約の中に見いだせる」という。[8]

　ナショナルマイノリティについて、フック・デュパルクは、「ナショナルマイノリティ」という呼び方を抹消しようとした列強の意図を完全に無視して、ナショナルマイノリティとその歴史を自分なりに創造し、宗教的マイノリティに「匹敵するほどの歴史が、ナショナルマイノリティにはない」と明言する。[9]「マイノリティと19世紀の主要会議」と題する第3章の大部分を、ポーランドナショナリティについて規定するウィーン会議最終議定書（1815）第1条の説明にあてた後、[10]以下のように結論する。

　「ウィーン会議がポーランドに保証した国際的保護の例は、新たな試みの先例として援用することはできないであろう。」[11]

なぜなら、この保護は、「ナショナルマイノリティの保護であるというよりも、むしろナショナリティ保護だった」からである。彼によると、「ブルガリアに関するベルリン条約（1878）第4条が、本来のナショナルマイノリティを取り扱っているという意味では、最初のものである」。[12]この条文は以下のように規定されている。

（7）　FOUQUES DUPARC J., ibid., p.74.
（8）　FOUQUES DUPARC J., ibid., p.6.
（9）　FOUQUES DUPARC J., ibid., p.7.
（10）　フック・デュパルクは、1815年5月3日ロシア・プロシア条約の第3条とウィーン会議最終議定書第1条を取り違えてしまう。第二次世界大戦の前後を通じて彼の著作は重要文献とされていたので、この出典の誤りもその後そのまま引用されることになる。とりわけ、今日必読文献となっている、国際連合・差別防止マイノリティ保護小委員会の特別報告者カポトルチによる研究でも、この誤りがそのまま繰り返されている。CAPOTORTI F., *Étude des droits des personnes appartenant aux minorités ethniques, religieuses et linguistiques*, Nations Unies, New York, 1991, para.9.
（11）　FOUQUES DUPARC J., op. cit., p.118.
（12）　FOUQUES DUPARC J., op. cit., p.120.

第 2 章 「マイノリティ」概念の発展

「ブルガリア人が、トルコ、ルーマニア、ギリシアその他の住民と混在している地域においては、選挙ならびに組織規則の作成に関して、これら住民の権利および利益を考慮する。」[13]

この著書の影響力は絶大であり、これが、マイノリティ保護の歴史叙述ならびにマイノリティのカテゴリー化（人種的マイノリティ、言語的マイノリティ、宗教的マイノリティ、ナショナルマイノリティなど）を決定することになる。たとえば、宗教的マイノリティに関して、アルチュール・ドゥ・バロ Arthur de Balogh は、フック・デュパルクに部分的に依拠しながらこう述べている。

「マイノリティ保護は、歴史を通して、第一義的には、宗教的マイノリティ保護として現れた。その形式は、宗教を理由とした外国勢力の介入という形式を取ることもあれば、一般的に領域割譲を規定する条約の条文という形式を取ることもあった。」[14]

フック・デュパルクにしたがって、バロも介入の例として 1655 年のクロムウェルの例を挙げてはいるが、フック・デュパルクよりもはるかにさかのぼる。

「多数派と異なる宗教を信仰する住民、すなわち、宗教的マイノリティは、16 世紀中頃以来、敵対国家間で締結された数多くの条約で取り扱われている。[…] 1555 年、神聖ローマ皇帝フェルディナンド 1 世とカトリック騎士団との間で結ばれたアウグスブルグ条約は、カトリック信仰の自由を保障している。」[15]

さらに、バロは、ウェストファリア条約（1648 年）が、マイノリティ保護の先例であると認めることをもはやためらわない。

---

(13) FOUQUES DUPARC J., op. cit., p.120.
(14) DE BALOGH A., *La protection internationale des minorités*, Les Éditions Internationales, Paris, 1930, p.23.
(15) DE BALOGH A., ibid., p.23.

第2部 「ナショナリティ」から「マイノリティ」へ

「ドイツにおけるプロテスタント信仰の自由とカトリック宗教との平等を宣言するウェストファリア条約（1648年）に、大きな重要性が与えられねばならない。」[16]

逆に、ナショナルマイノリティ保護については、これを「エスニックマイノリティ保護」という言葉に置き換えて、「起源、人種、言語または文化がマジョリティの起源、人種、言語または文化と異なる住民のエスニックな特性を保持し発展させる」権利に基づくものとする。[17] その例として、ポーランドナショナリティに関するウィーン会議最終議定書第1条を挙げるのだが、これは、フック・デュパルクがナショナルマイノリティの例として認めなかったものである。

結局、人間集団と歴史を創造するのは、相変わらず語り手の意思なのである。とはいえ、この時代においては、たとえ、マイノリティの概念およびその歴史説明が多様化しても、所詮ナショナリティの問題であることは意識されていた。しかしながら、第二次世界大戦後に数多くの問題が生じることになる。なぜなら、マイノリティは、ナショナルマイノリティ、エスニックマイノリティ、宗教的マイノリティ、言語的マイノリティなどが、それぞれ別々に存在していると見なされるようになるからである。

C. 常設国際司法裁判所：マイノリティの保護者

(1) 「事実的」マイノリティと「法的」マイノリティ

列強が創造したマイノリティの存在を、マイノリティ保護制度を監督する国際連盟は、どのように支えることになるのだろうか。それは、国家の意思の介入を排除することによってである。なぜなら、アリストテレス以来、人間集団の存在は支配者の意思に基づいているからである。その例は、ドイツ・ポーランド間で争われた、上部

---

(16) DE BALOGH A., ibid., p.24.
(17) DE BALOGH A., ibid., p.28.

第 2 章 「マイノリティ」概念の発展

シレジアのマイノリティ学校に関する常設国際司法裁判所 1928 年 4 月 26 日判決である。ドイツマイノリティ学校に入学を希望する生徒に、ポーランド当局がドイツ語の試験を課したのである。関係条文は以下のとおりである。

「人種的、言語的または宗教的マイノリティに属するか否かの問題は、官憲による確認、異議を受けてはならない。」[18]

ドイツ政府は、「主観主義原則」[19]を展開して、「この点は個人の主観的意思に任されており、事実に反すると見える場合にも、その意思が官憲によって尊重されねばならない」[20]と主張する。一方、ポーランドは、「これは事実の問題であり、意思の問題ではない」[21]と主張する。裁判所は、これは「これは事実の問題であり、純粋に意思の問題ではない」[22]と述べることによって、一見ポーランドの主張を支持するのだが、裁判所にとって、「事実の問題」とは、ポーランドが主張するものとは異なっている。それは、政府の意思のみでなく、当事者の意思をも排除するものなのである。

「第 1 に、同条はマイノリティに属するか否かを決定するものが本人の宣言であるとも、かような宣言が意思のみの宣言であって、本人が事実と考えているものを確定する宣言ではないとも明言していない。同条に含まれている確認や異議の禁止は、ドイツの解釈が斥けられたとしても、容易に理解することができる。」[23]

こうして、裁判所はドイツの主張もポーランドの主張も認めない。

---

(18) C.P.J.I., Arrêt du 26 avril 1928, Droits des minorités en Haute-Silésie (écoles minoritaires), Série A, N°15, p.33.
(19) C.P.J.I., Arrêt 1928, ibid., p.33.
(20) C.P.J.I., Arrêt 1928, ibid., p.32.
(21) Ibid.
(22) Ibid.
(23) C.P.J.I., Arrêt 1928, ibid., pp.33-34. 横田喜三郎『国際判例研究 I』有斐閣、1933 年、122 頁。

第 2 部　「ナショナリティ」から「マイノリティ」へ

それでは、どのようにして裁判所は、「事実の問題」を審査するのであろうか。

> 「上部シレジアの状況においては、マイノリティへの所属、とりわけ、人種的または言語的マイノリティへの所属が事実からは明瞭に導かれない場合が少なくないと思われる余地がある。そうした不明確さが存在するのは、たとえば、言語に関してであり、そこでは、しっかりとしたドイツ語もしっかりとしたポーランド語も話さない人がいるかと思えば、いくつかの言語を話すものがいたりもする。また、人種に関しては、人種をまたぐ婚姻の場合がある。」[24]

このような状況であれば、「事実的」マイノリティも存在しないと結論することもできるはずである。なぜなら、「マイノリティへの所属が事実からは明瞭に導かれない」のであれば、マイノリティの存在も事実からは導かれないからである。ところが、裁判所は、このような論理にはしたがわない。なぜなら、マイノリティの存在は、列強の意思によってあらかじめ設定され、条約に規定されているからである。ここからすでにふれたあの分離が生じることになる。つまり、集団としてのマイノリティの存在と、この集団への個人の帰属との分離である。いいかえると、「事実的」帰属は、帰属という具体的な事実にすら関わりないのである。

> 「関係機関による確認または異議によって、マイノリティに事実上属さない者が、属す者としてみなされねばならないという結果をもたらす場合がある。裁判所の考えでは、それこそが締約国が引き受けた結果なのであり、その目的は、関係機関による確認または異議から生ずる恐れのあるより重大な不都合を回避するためなのである。」[25]

確認または異議の禁止は、問題となっている条文に限られない。

---

(24)　C.P.J.I., Arrêt 1928, ibid., p.34.
(25)　C.P.J.I., Arrêt 1928, ibid., pp.34-35.

マイノリティ保護の内在的原則のひとつとして宣言される。

> 「確認および異議を禁止することの目的は、人種的、言語的または宗教的マイノリティへの所属を決定する原則にとってかわる新原則を設けたのではなく、ただこの所属に関して関係当局が行う確認や異議から起こる不利益を避けるためである。」(26)

(2) 「コミュニティ」と「コミューン」

国家による判断を禁止することは、「コミュニティ」の存在という問題にも適用されることになる。ギリシア・ブルガリア「コミュニティ」の問題に関する常設国際司法裁判所の1930年7月31日付の勧告的意見がその例である。

> 「コミュニティの存在は事実問題であり、法律問題ではない。」(27)

さらに、

> 「あるコミュニティが国内法によって固有の法人格を持つものと認められているかどうかという問題は、考慮されなかった。」(28)

「コミュニティ」の存在を判断するのは、裁判所である。裁判所は、「コミュニティ」と「コミューン」を以下のように区別する。

> 「"コミューン"とは、領域区画であり、国内法はこれを行政的および政治的実体（entité administrative et politique）とし、その住民がいかなるものであってもかわりない。」(29)

コミュニティとは、「一定の地方や地域に住み、固有の人種、宗教、言語、伝統を有し、それら人種、宗教、言語、伝統の同一性

---

(26) C.P.J.I., Arrêt 1928, ibid., p.34.
(27) C.P.J.I., Avis consultatif du 31 juillet 1930 sur la question des 〈communautés〉 gréco-bulgares, Série B, N°17, p.22
(28) C.P.J.I., Avis consultatif 1930, ibid., p.33.
(29) C.P.J.I., Avis consultatif 1930, ibid., p.29.

(identité）によって連帯感の中で、自分たちの伝統を保持し、自分たちの信仰を守り、自分たちの人種の特質（génie de leur race）に従って子どもの学習教育を確保し、相互に助け合うために、結びついた者の集団である。」(30)

　政治的意思によって形成されるメタフィジックな集合体と、自然によって形成されるフィジックな集合体という、モンテスキュー以来のあの対立が、ここでも見られる。つまり、前者が、「行政的および政治的実体」としての「コミューン」であり、後者が、「人種の特質」に従う、「コミュニティ」である。モンテスキューが、国家に対抗させるために、習俗に精神を吹き込むことによって、民族を実体化したのと同じように、裁判所も、国家に対抗させるために、人種に精神を吹き込むことによって、「コミュニティ」を実体化したのである。フランス語版の「行政的および政治的実体（entité administrative et politique）」が、英語版では、「政治的単位 an political unit」と表現され、フランス語版の「人種の特質（génie de leur race）」が、英語版では、「人種の精神 spirit of race」と表現されているため、英語版の方が、メタフィジックな集合体とフィジックな集合体との対立が、より鮮明になっている。

　相変わらず、権力の座にある語り手が、その目的に応じて人間集団を創造するのである。この意見は、ブルガリア・ギリシア間の住民交換によって生じた移民の権利関係を整理することが主題なので、「コミュニティ」の概念は拡大し、整理の対象となる他の実体をも含むことになる。

　　「独自の存在を有する教会、僧院、病院、財団は、そのメンバーもしくは受益者が移住した場合、コミュニティと同一視される。」(31)

　ところで、裁判所が「コミュニティ」を上に見たように定義した

---

(30)　C.P.J.I., Avis consultatif 1930, ibid., p.33.
(31)　Ibid.

第 2 章 「マイノリティ」概念の発展

場合、ある問題が発生する。この「コミュニティ」と列強によって創造されたマイノリティ全体とはどのような関係になるのだろうか。「コミュニティ」に属する者と、マイノリティに属する者との間に、権利の違いはあるのだろうか。この問題を取り扱ったのが、アルバニアのマイノリティ学校に関する 1935 年 4 月 6 日勧告的意見である。アルバニアのマイノリティ保護義務を規定しているのは、1921 年 10 月 2 日、同国が国際連盟に加盟した際におこなった宣言である。その第 5 条 2 項において、アルバニア政府は、「人種的、宗教的および言語的マイノリティの、宗教的コミュニティ、教会、僧院、学校、事前施設および団体に関する詳細な情報」[32]を 6 ヶ月以内に連盟理事会に提出することを約束した。実際、この条文が示しているように、「人種的、宗教的および言語的マイノリティ」は、「宗教的コミュニティ、教会、僧院、学校、慈善施設および団体」を含んでいる。ギリシアは、「コミュニティ」の特殊性を強調した。その特殊性とは、「マイノリティの権利は、近東では古くからあったが、それはコミュニティの権利という名称で知られていた」[33]というのである。裁判所も、ギリシアーブルガリア「コミュニティ」の問題に関する勧告的意見においておこなった「コミュニティ」の定義を想起する。しかし、裁判所は、ギリシアの主張を退ける。なぜなら、「『マイノリティ保護のすべての条約に採用された一般的原則』から離れたギリシア政府提案を宣言の中に組み入れることについて、理事会は同意しなかった」[34]からである。つまり、裁判所は、コミュニティに属する者の権利と、単なるマイノリティに属する者の権利との間に違いを認めないのである。

「1921 年 10 月 2 日付宣言においてアルバニア内のギリシアコ

---

(32) C.P.J.I., Avis consultatif du 6 avril 1935 sur les écoles minoritaires en Albanie, Série A/B 64, p.5.
(33) C.P.J.I., Avis consultatif 1935, ibid., p.16.
(34) Ibid.

第2部 「ナショナリティ」から「マイノリティ」へ

ミュニティが享受しえた権利および特権は、マイノリティ保護と類似の制度によってカバーされる範囲のみである。」⁽³⁵⁾

それでは、裁判所にとって、マイノリティの権利とは何なのか。それは、「法的」かつ「事実的」平等という、二重の意味での平等なのである。これを論じる前に、裁判所はマイノリティ保護の目的を説明する。

「マイノリティ保護の諸条約の基礎にある観念は、人種・言語・宗教について、自己と異なる住民の国家に編入された人々のために、マジョリティと異なる特性を保持し、それに基づく必要を満足させながら、これとならんで平和的に生活し、これと友好的に協力する可能性を確保することである。この目的のために、ふたつのことがとくに必要であると考えられ、右の諸条約の規定の対象を形成している。第1に、人種的、宗教的または言語的マイノリティがその国家の他の国民とすべての点で完全な平等の地位に置かれるのを確保することである。第2に、マイノリティのために、その人種的特殊性・伝統・ナショナルな特徴を保存するのに適当な手段を確保することである。これらの2つのことは、たがいに密接に関係している。なぜなら、マイノリティがそれ自身の制度を奪われ、マイノリティとしての生活の本質を構成するものを放棄することをよぎなくされるならば、マジョリティとマイノリティの間に、もう真の平等は存在しないからである。」⁽³⁶⁾

ミラーの配慮にも関わらず、裁判所すら「ナショナル」という言葉を用いている。マイノリティ問題がネイションの問題に他ならないことをこれは、如実に示している。こうして、裁判所は、2種類の平等の違いを以下のように説明する。

「法律上の平等は、すべての差別待遇を排除する。これに反し

---

(35) C.P.J.I., Avis consultatif 1935, ibid., pp.16-17.
(36) C.P.J.I., Avis consultatif 1935, ibid., p.17.

第2章 「マイノリティ」概念の発展

て、事実上の平等は、異なった地位の間に均衡を保たせる結果をうるために、異なった待遇を必要とする場合もある。」[37]

　いいかえると、法的平等とは、政府による人間の取り扱いにおける平等であり、その視点は政府におかれている。これに対して、事実的平等とは、その視点が当事者の側にある。マイノリティ保護の重要性は、両方あいまった「実効的な、真正な平等 égalité effective, réelle」なのである。

　「マジョリティとマイノリティの地位と必要が同じでないから、両者の平等な待遇が事実上で不平等を生じる場合のあることは、容易に想像することができよう。[…] マジョリティとマイノリティの間の平等は、実効的な、真正な平等でなければならない。」[38]

　事実上の平等は、マイノリティにっての特権を意味するものではなく、「マイノリティに対してマジョリティが特権的な地位にならないことを確保する」[39]ためのものである。マイノリティからすると、法的平等は、事実的平等に比して二次的なものであるが、それでも重要であることに変わりない。なぜなら、「マジョリティが規定より広い範囲の権利を与えられるならば、取り扱いの平等原則が発動し、この権利がマイノリティにも与えられることを必要とする」からである。[40]

　アリストテレス以来、人間集団に存在を与えるのは、支配者の意思である。列強は、「エスニック（もしくは人種的）、宗教的または言語的マイノリティ」と呼ばれる集合体を生み出した。彼らの意思による純粋に法的な創造物であるにも関わらず、裁判所は、列強の意思以外すべて排除するために、マイノリティの存在を「事実的」としたのである。このため、事実は法から完全に分離することに

---

(37)　C.P.J.I., Avis consultatif 1935, ibid., p.19.
(38)　Ibid.
(39)　C.P.J.I., Avis consultatif 1935, ibid., p.20.
(40)　Ibid.

なった。マイノリティは、それ自体で存在するものとしてとらえられるようになったのである。

常設国際司法裁判所の判例により、「事実的」という不可侵の聖域の中で、国家の意思から守られていたマイノリティ概念は、第二次世界大戦後、どうなるのだろうか。

第2節 1945年から1990年：
国家への同化を運命づけられたマイノリティ

第一次世界大戦後、戦勝国列強は、ロック、フィジオクラット、カント、ナポレオンなどなどが抱いていた普遍支配のビジョンを実現するために、国際連盟を設立した。アリストテレス以来、人間支配は、自然法の名において正当化されてきた。E.H. カー Carr は言う。

「いわゆる『大国の絶対支配』は、［…］国際政治における『自然法則』ともいうようなものを構成する事実である。」[1]

すでに見てきたように、ロック以来、普遍統治の概念は、語り手が描く支配の正当化のためだけではもはやない。実現のためのプログラムなのである。また、普遍統治身体は、それ自体が、より小さい個々の統治身体から成り立っている。シェイエス以来、より小さい個々の支配身体は、民族という生物的身体に形を変えている。このプログラムを実現するために、列強は自分たちが「人種の科学」と呼ぶものを利用して、民族自決権やナショナリティ原則[2]の名

---

(1) CARR E.H., *The Twenty Year's Crisis 1919-1939, An Introduction to the Study of International Relations*, Macmillan, London, 1939, p.134. E.H. カー『危機の二十年』岩波書店、1996年、202頁。

(2) 「民族自決権は、集団的自由と人類の進歩を定式化したものであり、第一次世界大戦中および平和条約起草時に、熱意と希望の大いなる成功を博したのである。［…］マイノリティ制度は、既に述べたように、民族自決権の代用品である。」
SCELLE G., *Précis de droit des gens*, Librairie du Recueil Sirey, Paris, 1934, Tome 2,

第 2 章 「マイノリティ」概念の発展

において、統治枠組みとしての民族を創造し、裁き、ヒエラルキー化した。第二次世界大戦後、人間集団の普遍支配は、国際連合のもとで一層強化されることになる。国連の目的のひとつは、「人民 peuples の同権および自決の原則の尊重に基礎をおく諸国 nations 間の友好関係を発展させること（第 1 条第 2 項）」[3]である。諸人民のヒエラルキーの頂上に位置するのが、安全保障理事会常任理事国としての大国であり、底辺に位置するのが、「まだ完全には自治を行うに至っていない人民」であり、後者は、「神聖な信託 a sacred trust」として「この地域の住民の福祉をこの憲章の確立する国際の平和及び安全の制度内で最高度まで増進する義務」を負った国家の統治に服す。[4]国際連盟の委任統治制度は、国際連合の信託統治制度（Trusteeship）に取って代わられた。想起しよう。[5]「トラスト trust」という言葉は、ロックが国王支配（regendo）を正当化するために用いたのであり、ピープルが自ら支配されるべく国王に与えた信頼（trust）を意味するものであった。かつて未開と呼ばれた国々は、今後、後進国と呼ばれるようになる。[6]

　それでは、マイノリティに属すると以前考えられていた人々は、どうなったのであろうか。ヤコブ・ロビンソン Jacob Robinson は、第二次世界大戦中の彼らの運命を以下のように説明している。

　　「ヨーロッパのマイノリティ問題は、連盟の保護によって解決されたのではなく、自発的もしくは強制的な本国送還によって、大規模追放によって、大規模殺戮によって、大部分は解決され

---

pp.257-258.
（ 3 ）　国際連合憲章第 55 条「人民 peuples の同権及び自決の原則の尊重に基礎をおく諸国 nations 間の平和的且つ友好的関係に必要な安定及び福祉の条件を創造するために、［…］」参照。
（ 4 ）　国際連合憲章第 73 条。
（ 5 ）　国際連合憲章第 12 章。
（ 6 ）　「『後進』という言葉は、第二次世界大戦後から広く流布した。」LACOSTE Y., *Les pays sous-développés*, Coll. Que sais-je ?, Presses Universitaires de France, 1989, p.3.

第2部 「ナショナリティ」から「マイノリティ」へ

たのである。[…] 結果として、究極の理想は達成された。すなわち、それぞれのナショナリティが自分たち自身の国家を持つことになった。中東欧におけるナショナリティの境界線は、大部分、新しいものであり、マイノリティにとって致命的な影響をもたらすものである。」[7]

よって今や、すべての国家が理論的には民族国家ということになったのである。ロック、フィジオクラット、カント、ナポレオンなどによって主張され、その後あらゆる国家によって採用されることになったプログラムは、こうして半ば完成された。つまり、人民もしくは民族の名による集団支配の制度化である。プログラムの残り半分、つまり、人権の名による、個人支配と国家への同化が残された課題である。実際、国際連合憲章前文において、「連合国の人民」は、「基本的人権と人間の尊厳及び価値と男女及び大小各国の同権と関する信念をあらためて確認」している。第1条3項に明記された国連の目的は、「経済的、社会的、文化的又は人道的性質を有する国際問題を解決することについて、並びに人種、性、言語又は宗教による差別なくすべての者のために人権及び基本的自由を尊重するように助長奨励することについて、国際協力を達成すること」である。

集団支配は人民自決権もしくは民族自決権の名において実行されたのに対して、個人支配は人権の名において行われることになる。ここから、人権とは人民自決権もしくは民族自決権の一部ということがわかる。実際、国連の説明によると、「人民及びネイションの

（7） ROBINSON J., "International Protection of Minorities : A Global View", *Israel Year Book on Human Rights*, Vol.1, 1971, pp.80 et 82. 第二次世界大戦前後の住民移転については、以下参照。CLAUDE I.L., *National Minorities : An International Problem*, Greenwood Press, New York, 1969, pp.93-106, 114-125 et 129-133 ; THORNBERRY P., "Is There a Phoenix in the Ashes ? International Law and Minority Rights", *Texas International Law Journal*, Vol.15, 1980, p.438, note 73.

自決権は、あらゆる基本的人権の享有の前提条件である」。[8]イニス・L. クロード Inis L. Claude は、人権思想の同化主義的性格を次のように強調している。

「人権の動きに精神的に結びついた理念がある。それは、ナショナルマイノリティの集団的アイデンティティは、同化過程によってまったく適切に破壊することが可能であるという考え方である。住民移動、人権、同化は、ひとつの概念結合を形成し、ナショナルステイト内のナショナルマイノリティの地位を否定した。」[9]

しかし、列強は、人権保護を掲げるのに第二次世界大戦の終結を待つことはなかった。すでに大戦初期において、ウィンストン・チャーチル Winston Churchill は、この戦争を「ゆるぎなき岩の上に、個人の権利を打ち立てるための」[10]企てであると表現していたし、アメリカ国務次官のサマー・ウェルズ Summer Welles も、1943年5月31日に、以下のように述べている。

「結局のところ、我々が戦い求めている種類の世界においては、あの『人種的または宗教的マイノリティ』といった非難される言葉を使う必要性が完全になくならねばならない。法の下の個人的自由

---

(8) Résolution 637 (VII) Droit des peuples et des nations à disposer d'eux-mêmes, adoptée par l'Assemblée générale de l'ONU à la 403ème séance plénière, le 16 décembre 1952, Assemblée générale, Documents officiels : septième session, supplément N°20 (A/2361), New York, 1953. 同様に、「この権利〔自決権－訳者〕の享受は、個人のあらゆる権利とあらゆる自由の行使の本質的条件である。」*Projet de pactes internationaux relatifs aux droits de l'homme, Commentaire préparé par le Secrétaire général*, A/2929, Chap.IV, 1955, para.4. さらに、規約人権委員会の一般的意見 12 (21) (ピープルの自決権) 1984年4月12日採択によると、「自決の権利は、その実現が個々の人権の実効的な保障及び遵守並びにその促進及び強化にとって不可欠の条件であるために、とりわけ重要である。」Observation générale 12 (21) (article premier), *Rapport du Comité des droits de l'homme*, A/39/40, 1984, p.40.
(9) CLAUDE I.L., op. cit., p.211.
(10) *Parliamentary Debates, Commons*, Vol.351, Coll.295, CLAUDE I.L., op. cit., p.73 より引用。

を保持し確実なものとするために地球上の諸人民 peoples が戦い死んでいっているときに、人類が今なおそのようなマイノリティに属していると相変わらず見なされることになるような制度を再び設立することに、連合国の諸人民 peoples が同意することができるなどということが、想像できるだろうか。」[11]

　関係国の強い反対にも関わらず、マイノリティを創造するために、人種的熱望やらナショナルな熱望やらと呼ぶものを実体化したのは、アメリカ大統領ウィルソン自身であった。アリストテレス以来、支配意思の前では、一切の存在と一切の意思は、この支配意思を実現するための手段にすぎない。19世紀から20世紀にかけて、列強は、人種やナショナリティという概念を「普遍的な」近代科学として主張し、人間集団に対する国家支配を正当化した。その支配を確立した後、いいかえるならば、人種もしくはナショナリティという概念を使い古した後、列強はそれらを過去に追いやることになる。今や、国連の列強は、ソ連をのぞいて、「マイノリティ問題を脱国際化 de-internationalisation するために」、[12] この問題を「国内政治と2カ国間交渉の領域」[13] に押し込むことを選択する。かつてマイノリティ保護を課された国家がこの脱国際化を賞賛することは言うまでもない。たとえば、関係国の1つであるチェコスロバキア大統領のエドワルド・ベネス Eduard Benes は、個人的権利を以下のように支持する。

　　「将来のマイノリティ保護は、ネイションの権利ではなく、主に国内の人権保護とならねばならない。個々の国家内のマイノリティに、国際的に承認された政治的かつ法的単位という性格を与えられることが再びあってはならない。それは再び混乱の

---

(11)　Department of State, *Bulletin*, 5 June 1943, p.482 CLAUDE I.L., op. cit., p.74-75 より引用。

(12)　CLAUDE I.L., op. cit., p.143.

(13)　CLAUDE I.L., op. cit., p.124.

第 2 章 「マイノリティ」概念の発展

源となるおそれがあるからである。」[14]

この指摘は、本研究の趣旨をたいへん見事に確認している。つまり、権利をとおして性格を付与することによって、人間集団に統一性を与えるのは、語り手すなわち支配者であるということである。

たとえ政府が、「マイノリティ問題の解決ではなく、民族学誌的条件 ethnographic conditions を変更することによって問題を除去するという方法」[15]を取ったにせよ、政府が画一化を望む人々とは異なった性格をもった人々が存在していることにかわりはない。そのため、人権保護に向かう一般的傾向にもかかわらず、マイノリティの権利を支持する知識人や NGO（非政府団体）もあいかわらず残っている。このようなマイノリティの権利支持者の他にも、ソ連陣営の諸国家がある。[16]その国々は、民族自決権やマイノリティの権利の名において、自分たちの勢力範囲を拡大しようという西欧列強の伝統的方法をなお保持している。とりわけ、西欧列強の植民地において民族運動を起こそうというのである。こうしたマイノリティ保護への支持を前にして、普遍的使命を帯びている国連は、「そのプログラムの中にマイノリティ保護を入れることを完全に拒否することは、道徳的に回避せざるを得」なかったのである。[17]結局、1946年、国連経済社会理事会は、人権委員会を設立し、マイノリティ保護の任務もゆだねた。[18]

「人権委員会は、以下の点について、提案、勧告、報告を経済

---

(14)　BENES E, "The Organisation of Post-War Europe", *Foreign Affairs*, January 1942, p.239 CLAUDE I.L., op. cit., p.74 より引用。ROBINSON J., op. cit., p.77 参照。
(15)　CLAUDE I.L., op. cit., p.91.
(16)　マイノリティ保護に対する西欧諸国の態度について、ソーンベリーはこう述べている。「これに関する西欧諸国の態度は、ソ連が表明したマイノリティへの好意的見解のために硬化した。」THORNBERRY P., "Is There a Phoenix in the Ashes?" op. cit., p.439.
(17)　CLAUDE I.L., op. cit., p.145.
(18)　人権委員会については、MARIE J.-B., *La Commission des droits de l'homme de l'O.N.U.*, Éditions A. Pedone, Paris, 1993 参照。

社会理事会に提出することを任務とする。
(a) 国際人権宣言
(b) 市民的自由、女性の地位、情報の自由、また類似の問題に関する国際的宣言または条約
(c) マイノリティの保護
(d) 人種、性別、言語または宗教に基づく差別の禁止
(e) (a)(b)(c)(d)に含まれない他のすべての人権問題。」[19]

同年、同理事会は人権委員会がふたつの別々の小委員会を設立することを許可した。ひとつは、マイノリティ保護に関するもの、もうひとつは、差別防止に関するものである。ところが、オーストラリアのホジソン Hodgson が、「マイノリティ問題には、その起源として、差別があるので、これらふたつの問題の取り扱いは、同一の小委員会にゆだねなくてはならない」と主張する。[20] 人権委員会は、この提案を受け入れて、差別防止マイノリティ保護小委員会という単一の小委員会の設置を決定する。[21] その任務は以下の通りである。

「(a)第1に、人種、性、言語または宗教を理由とした差別防止の分野と、マイノリティ保護の分野において適用されるべき原則定義についての規定を検討すること。そして、それらの分野における緊急の問題について人権委員会に勧告をすること。
(b)経済社会理事会もしくは人権委員会から託される、その他すべての機能を遂行すること。」[22]

こうして、マイノリティ保護を専門に取り扱う機関は設置されず、

---

[19] ORGANISATION DES NATIONS UNIES, *Annuaire des Nations Unies* 1946, p.524.
[20] E/CN.4/SR.6, 1947, p.2. 小委員会については、以下参照。MARIE J.-B., ibid., pp.74-76, pp.115 et ss. ; CLAUDE I.L., op. cit., p.235, note 4.
[21] 1999年、国連人権保護促進小委員会に改称。
[22] ORGANISATION DES NATIONS UNIES, *Annuaire des Nations Unies 1946*, p.529.

第2章 「マイノリティ」概念の発展

マイノリティ問題は、この小委員会でおもに議論されることになる。ところが、マイノリティ保護に対する攻撃が、これで終わったわけではなかった。国連事務総長が自らそのイニシアチブを取ってくるのである。

A. 国連事務総長によるマイノリティ概念の創造
(1) 「客観的かつ安定したマイノリティ」

差別防止マイノリティ保護小委員会の第1回会期に向けて、国連事務総長は、『国際連盟制度におけるマイノリティの国際的保護』[23]と題する文書を作成する。まず、第1章の冒頭において、事務総長は、「国際連盟規約と平和諸条約は、世界中もしくは世界のある地域におけるマイノリティ保護の一般原則を確立する規定をまったく含んでいない」と断言する。[24]なるほど、規約自体はそのような規定を含んではいないが、忘れてならないことは、連盟規約はベルサイユ条約の一部をなすものであり、マイノリティ保護に関する規定の大部分は、この条約の中に含まれているか、付属書として加えられているのである。さらに、これらの規定は、全体として、ひとつの「制度」を形成していたのであり、この制度について、常設国際司法裁判所が「マイノリティ保護のすべての条約に採用された一般的原則」を述べていたのである。[25]

国際連盟のマイノリティ保護の目的について、事務総長は常設国際司法裁判所の意見をまったく無視したうえで、なおかつ、当事者の利害よりもむしろ国家の利害に配慮して、自分なりの目標を確立する。

> 「マイノリティ保護は、マイノリティに適した運命を確保し、それによって、安心を創造し、マイノリティが国家間の緊張と

---

(23) E/CN.4/Sub.2/6, 1947.
(24) E/CN.4/Sub.2/6, 1947, p.1.
(25) C.P.J.I., Avis consultatif 1935, ibid., p.16. 本書281頁参照。

第 2 部　「ナショナリティ」から「マイノリティ」へ

不和の原因となるのを避けることをその目的としていたはずであった。」[26]

マイノリティの存在についても、「マイノリティとは何か」と題する第 2 章において、事務総長は自分自身の判断を展開する。まず第 1 節のタイトルが、「外国人はマイノリティ保護制度の恩恵を受けなかった」と宣言するが、[27]これは誤りである。すでに見たように、ベルサイユで締結された連合国とドイツとの間の平和条約第 93 条は、他の平和条約の規定とほぼ同一内容であり、これは、「人種、言語または宗教の点でマジョリティ住民 population と異なる住人 habitants」について規定している。[28]実際、1923 年 9 月 15 日付勧告的意見において、常設国際司法裁判所は、事務総長とおなじ問題すなわち「マイノリティとは何か」を取り扱っている。[29]裁判所は以下に見るように、「住人 habitants」に外国人も含めているのである。

「注意すべきことは、マイノリティ保護条約の規定の基礎をなしているこれらの条項がポーランド国民 ressortissants のみについて、すなわち、ポーランド国民としての資格においてマイノリティを構成する人々のみについて規定しているのではないことである。これらの条項はマイノリティと住民 population の概念をかなり広げている。一方で、ポーランドが主権を取得した領土の住人 habitants と言い、他方で、人種、言語または宗教によって住民 population の多数を占めるものと異なる住人 habitants と言っている。『住民 population』という表現は、ポーランドに編入された領土におけるポーランド起源のすべての住

---

(26)　E/CN.4/Sub.2/6, 1947, p.4

(27)　E/CN.4/Sub.2/6, 1947, p.9.

(28)　「住人 habitants」という用語の挿入については、FEINBERG N., *La question des minorités à la Conférence de la paix de 1919-1920 et l'action juive en faveur de la protection internationale des minorités*, Rousseau, Paris, 1929, p.74 参照。

(29)　C.P.J.I., Avis du 15 septembre 1923 concernant l'affaire de l'acquisition de la nationalité polonaise, Série B, N°7, p.13.

人 habitants をさすものと思われる。『マイノリティ』という文言は、この住民 population と人種・言語または宗教によって異なる住人 habitants、すなわち、ポーランド国民であると否とに関わらず、ポーランド起源でない住人 habitants をさすと思われる。この結論は、マイノリティ保護条約第2条の規定によって裏書される。それによれば、ポーランドは、出生、国籍（原文では斜体）、言語、人種、宗教の差別なく、一切の住人 habitants に生命と自由の十分にして完全な保護を与えることを約束し、ポーランドのすべての住人 habitants がそこに列挙された権利を享受すると宣言している。国際連盟の権限範囲を定める第12条の規定も、上記諸条文に由来するマイノリティのより広い概念と完全に一致している。同条は、『人種的、宗教的または言語的マイノリティに属する者』について規定し、これらの者の政治的忠誠に重きを置いていないからである。」[30]

次に、第2節は、「住民のマイノリティの性格の構成要素」[31]を取り扱っている。ここでも、事務総長は、常設国際司法裁判所の判例を無視して、「客観的かつ安定した性格」のマイノリティという概念を、自分で創造する。

「保護されたマイノリティは、既述のように、『人種的、宗教的および言語的マイノリティ』すなわち、一定の客観的性格と一定の安定性を示しているカテゴリーのみであった。」[32]

ところが、このような解釈は、常設国際司法裁判所の解釈とは相容れない。既に見たように、常設国際司法裁判所によると、「マイノリティへの所属は事実からは明瞭に導かれない」。よって、客観性や安定性が考慮されることは決してなかった。もともとマイノリティを確定したのは、ウィルソンの意思だったのであり、裁判所は、

---

(30) C.P.J.I., Avis 1923, ibid., pp.14-15.
(31) E/CN.4/Sub.2/6, 1947, p.9.
(32) E/CN.4/Sub.2/6, 1947, p.10.

客観性にせよ主観性にせよ、一切の外的判断を禁止していたのであるから、事務総長が解釈するような考慮はなおさら入る余地がなかったのである。

「どのようにしてマイノリティの資格が個人に認められるのか」と題する第3節において、表題の疑問に対する事務総長の回答は、マイノリティの客観的かつ安定した性格という自らの主張に反するものになっている。事務総長によると、「原則として、申立人によるマイノリティ資格の請求で、十分であった」。[33]

マイノリティの権利内容について、事務総長は、「マイノリティに認められる権利」と題する第3章において、4つのカテゴリーに分類している。

「1．平等もしくは無差別の原則。2．一般的人権の保障。3．言語使用および特別機関維持についてマイノリティに特に認められた保障。4．一般的または限定的自治のもしくは伝統的権利の保障。」[34]

常設国際司法裁判所がマイノリティの権利の最も重要な原則のひとつであると認めていた事実的平等は、事務総長によると第1カテゴリーではなく、第3カテゴリーに属すという。さらに、事務総長は、この問題をつぎのような論争の中に置く。

「これら特定の保障の性格は、さまざまに語られてきた。マイノリティの生存と固有性を維持すべくマイノリティに付与された特権とみる者もあれば、[…] これら特定の保障が特権を構成することに反対する者もいる。」[35]

事務総長は、後者の例として、先に見たアルバニアのマイノリティ学校に関する1935年4月6日勧告的意見をあげるのだが、前者については、いかなる例もあげていない。にもかかわらず、以下

---

(33) E/CN.4/Sub.2/6, 1947, p.12.
(34) E/CN.4/Sub.2/6, 1947, p.12.
(35) E/CN.4/Sub.2/6, 1947, p.18.

のように結論する。

> 「いずれにせよ、この論争が証明しているのは、当該目的に関する明確な規定がなかったならば、多様な解釈が可能な平等原則と、人権の一般的な尊重という原則からは、当該保障を導き出すにはとても十分ではなかったであろうということである。」[36]

それでは、ここで仮定されているような一般的な「平等原則」が国際連盟下で存在していたのだろうか。そのような原則が存在しなかったというだけでは不十分であろう。なぜなら、連盟はそういった原則にかかわる条文案を故意に、しかも、かなり強引に否定していたからである。実際、平和会議では、連盟規約条文案として、日本が平等に関する規定を提案していたが、これは採択されなかった。[37] その条文案は、以下のとおりである。

> 「諸ネイションの平等は、国際連盟の基本的な原則であり、締約国は、連盟国の国民であるすべての外国人に対して、法的にも、また、事実上も、人種またはナショナリティによるなんらの差別なく、すべての点において平等かつ公正な待遇を、できるだけ速やかに与えることに合意する。」[38]

イギリス外務大臣バルフォア Balfour にとって、平等とは「18世紀の提案であり、彼は信用していない。特定のネイションの人間すべてが平等に創造された意味においてそれは正しいのであり、中央アフリカのある人間がヨーロッパ人と平等に創造されたという意味

---

(36) E/CN.4/Sub.2/6, 1947, p.19.
(37) LAUREN P.G., *Power and Prejudice, The politics and Diplomacy of Racial Discrimination*, Westview Press, Boudler/London, 1988, p.76 et ss.; FEINBERG N., *La question des minorités*, op. cit., pp.45-66.
(38) MILLER D.H., *The Drafting of the Covenant*, G.P. Putnam's Sons, New York, 1928, Vol.1, p.183. 田畑茂二朗『国際化時代の人権問題』岩波書店、1988年、10頁、大沼保昭「遥かなる人種平等の理想——国際連盟規約への人種平等条項案と日本の国際法観」大沼保昭編『国際法、国際連合と日本』弘文堂、1987年、427-481頁参照。

第2部 「ナショナリティ」から「マイノリティ」へ

ではないと、彼は信じていた。」⁽³⁹⁾

　国際連盟委員会におけるこの条項の採択の結果、すなわち、11対7⁽⁴⁰⁾という多数決の結果を拒否したのは、議長を務めていたウィルソン自身であった。しかも、ウィルソンはこの件に先立つ他の2件については、自分が支持していたこともあって、多数決で採択していたのである。⁽⁴¹⁾

　つまり、事務総長は、典拠なき「論争」を自ら設定し、ありえない「平等原則」を仮定して結論しているのである。こうして、まったく根拠を示すことなく、常設国際司法裁判所がマイノリティ保護の本質として認定した事実的平等を「平等原則と、人権の一般的な尊重という原則」から除外した。すなわち、一方に平等原則ともう一方に例外的な特権としてのマイノリティ保護がおかれることになったのである。

　以上見てきたことから、『国際連盟制度におけるマイノリティの国際的保護』と題するこの文書は、かつての経験を客観的に分析してそこから何かを学ぶことを目的とする文書では決してないことがわかる。それとは逆に、かつてのマイノリティ保護制度を完全に葬り去り、⁽⁴²⁾人権の名による、個人支配と国家への同化を宣言するも

---

(39)　MILLER D.H., ibid.

(40)　「草案に賛成したのは、日本、フランス、イタリアがそれぞれ2票づつ、その他に、ブラジル、中国、ギリシア、ユーゴスラビア、チェコスロバキア。反対票はなく、ウィルソン大統領、ハウス House 大佐、セシル Cecil 卿、ポルトガルとポーランドとルーマニアの代表団は投票しなかった。」FEINBERG N., *La question des minorités*, op. cit., pp.62-63.

(41)　ひとつは国際連盟の所在地について、もうひとつは、モンロードクトリンの有効性に影響を与えるいかなるものも、連盟規約には存在しないことを宣言する留保条項に関するものであった。LAUREN P.G., op. cit., Chap.3, p.90 et note 118.

(42)　事務総長作成の別の研究（E/CN.4/367, *Étude sur la valeur juridique des engagements en matière de minorité*, 1950）は、国際連盟下のマイノリティ保護制度の消滅を結論している。さらに、以下参照。SCHECHTMAN J.B., "Decline of the International Protection of Minority Rights", *The Western Political Quarterly*, Vol.IV, N°1, 1951, p.2 ; FEINBERG N., *The Legal Validity of the Undertakings Con-*

第 2 章 「マイノリティ」概念の発展

のに他ならない。たとえば、事務総長が典拠なく示した「論争」なるものは、国連の目指す新たな「方針」に他ならない。実際、この文書のわずか一週間ほど前に、国連事務局人権部から、この文書と同じく、差別防止マイノリティ保護小委員会に提出された「『差別防止』と『マイノリティ保護』という表現の定義」と題する覚書が、すでに「差別防止」と「マイノリティ保護」を、原則と例外の形で対比していたのである。

> 「差別とは、優遇を与えたり、負担を課したりすることによる、不平等かつ不利な取り扱いを本質的に意味する。そのような不平等な取り扱いにはいかなる理由も存在しうる。憲章ではそのうち四つが言及されている。すなわち、人種、性、言語、宗教である。ゆえに、差別防止とは取り扱いの平等原則の実行なのである。[…] 一方、マイノリティ保護は、一定の権利の承認を意味する。『マイノリティ保護』という表現が、小委員会の権限という文脈のもとで差別防止"と区別されるべき意味を持つことを考えるなら、その個別的意味は、望まない同化からの保護ということになる。」[43]

こうして、ロックやシエイエスによって発展された、中央集権化という意味での平等概念が、国連によって承認されたのである。個人とは、人権の観点からは、国家の取り扱いに服する対象でしかない。そもそも、この覚書は、上に見た、差別防止マイノリティ保護小委員会の任務、すなわち、「人種、性、言語または宗教を理由とした差別防止の分野と、マイノリティ保護の分野において適用されるべき原則定義についての規定を検討すること」を出発点としている。[44] よって、論理的には、「マイノリティ保護の分野において適

---

 cerning Minorities and the Clausula Rebus Sic Standibus, Hebrew University Faculty of Law, Jerusalem, 1958 ; THORNBERRY P., "Is There a Phoenix in the Ashes ?", op. cit., p.438, note 74.

(43) E/CN.4/Sub.2/8, 1947, p.2.
(44) E/CN.4/Sub.2/8, 1947, p.1.

用されるべき原則定義」という任務はすでにここで達成されているはずである、しかし、国連事務局人権部はより進んで、マイノリティ自体を定義するよう小委員会に要請するのである。

「小委員会が国際人権章典における特別条項によるにせよ、その他の方法によるにせよ、なんらかのマイノリティ保護制度を勧告することを決定しても、委員会はあらゆるマイノリティが保護されることになるとは考えられないであろう。……権限がマイノリティの保護であるという場合、それは、数的大きさとある性質及び特徴を兼ね備えたマイノリティを想定していると考えるのが合理的である。これらの基準を決定するのが、小委員会である。」[45]

これがその後の議論全体を混乱させることになる、かの有名なマイノリティ定義の議論の起源である。アリストテレス以来、人間集団を規定するのは、支配者の意思であった。列強がマイノリティの存在を支持する意思を失った瞬間、[46]定義の議論が始まる。国連事務局人権部は、マイノリティ定義の基準を自ら提案する。

「小委員会の注意は以下の事実にひかれる。その権限における"差別防止"という表現は"人種、性、言語または宗教"という文言によって限定されているにもかかわらず、"マイノリティ保護"という表現は、人種的、言語的または宗教的マイノリティに限られていない。1つの可能な解決は、以下のような集団のみが、保護の資格があると決定することである。その集団とは、国内において、支配的なひとつのもしくは複数の集団と、ナショナルな性格、宗教または言語において異なり、かつ、自己のナショナルな性格、もしくは、言語的または宗教的アイデンティティを維持促進することを希望する集団のみであ

---

(45) E/CN.4/Sub.2/8, 1947, p.3.
(46) 「国連の主要大国は、この分野におけるいかなる明確な約束も、一切一貫して回避してきた。」SCHECHTMAN J.B., op. cit., p.8.

る。」(47)

　マイノリティの「ナショナルな性格」という表現に見られるように、マイノリティがネイションとして扱われている。第一次世界大戦後、列強がマイノリティ問題を非政治化するためにマイノリティからネイションの意味合いを剥奪しようとした事実とは反対に、国連がマイノリティに「ナショナルな性格」を再び与えようとするのはなぜか。それはまさに、マイノリティがそのナショナルな性格をかつて剥奪されたからこそ、今ふたたびマイノリティ問題を政治化するためにナショナルな性格を付与しなくてはならないのである。常設国際司法裁判所は、マイノリティの存在が「事実」に属することを認めた。国連事務総長の理解では、「保護されたマイノリティは、既述のように、『人種的、宗教的および言語的マイノリティ』すなわち、一定の客観的性格と一定の安定性を示しているカテゴリーのみであった。」(48)この定義には、語り手が自分の意思を対象に滑り込ませるための主観的要素が存在しない。語り手の意思を対象たるマイノリティに吹き込むのを禁止することこそが、まさに、常設国際司法裁判所が「事実的」という文言に込めた意図であったからである。よって、国家による個人支配を支持する国連にとっては、マイノリティに「自己のナショナルな性格……を維持促進する」希望をともなったナショナルな性格を再び付与しなくてはならないのである。「人種的、宗教的および言語的マイノリティ」という表現における主観的要素の欠如に気づいたのは、国連事務総長だけではない。国連へのデンマーク代表団の一員であり、欧州審議会諮問会議議員でもあるヘルモド・ラヌング Hermod Lannung も同様であった。彼は、1950年11月4日「人権及び基本的自由のための条約（以下、欧州人権条約）」第14条の起草にあたって「ナショナル

---

(47)　E/CN.4/Sub.2/8, 1947, p.3.
(48)　E/CN.4/Sub.2/6, 1947, p.10.

マイノリティへの所属」(49)という文言を追加するよう提案していた。それが取り入れられ、第14条は、以下のように規定する。

「この条約に掲げる権利及び自由の享受は、とりわけ、性、人種、皮膚の色、言語、宗教、政治的意見その他の意見、ナショナルの起源または社会的起源、ナショナルマイノリティへの所属、財産、出生又はその他の一切の地位などによる、いかなる理由に基づく差別もなしに、確保される。」

なぜ、ラヌングは「エスニック、宗教的または言語的マイノリティ」ではなく、「ナショナルマイノリティ」という表現を用いたのか。それは、前者の表現が「『民族感情 national sympathies』という重要な要素を排除している」(50)からである。ラヌングは以下のように強調する。

「これがあてはまるのは、たとえば、シュレウスウィヒのマイノリティである。ここでは、住民の多数部分は同じエスニック起源に属していると考えることができるが、マイノリティの性格は、南シュレウスウィヒのデンマークマイノリティが『デンマークメンタリティ』を持っていることであり、北シュレウスウィヒのドイツマイノリティが『ドイツメンタリティ』を持っているという事実に由来しているである。」(51)

こうして、語り手は、住民の「希望」という主観的要件をとおして、自己の意思を当該住民にかつてのように付与することができるようになるのである。

---

(49) LANNUNG H., "The Rights of Minorities", *Mélanges offerts à Polys Modinos, Problèmes des droits de l'homme et de l'unification Européenne*, Éditions A. Pédone, Paris, 1968, p.184.

(50) LANNUNG H., "The Rights of Minorities", ibid., p.188. national sympathies は、ドイツ語 nationale Gesinnung の英訳である。LANNUNG H., *Rapport sur les droits des minorités nationales*, Assemblée consultative du Conseil de l'Europe, Doc.1299, 1961, para.10.

(51) LANNUNG H., *Rapport*, ibid., para.10. Voir LANNUNG H., "The Rights of Minorities", ibid., p.188.

第 2 章 「マイノリティ」概念の発展

　話を覚書にもどそう。この覚書を受けて、小委員会はその第 1 回会期において、差別防止とマイノリティ保護の定義を検討する。しかし、その困難さを認めて、定義は作成せず、「差別防止とマイノリティ保護に関する用語の範囲」と題する以下の決議を行なう。

　　「差別防止とは、個人または集団に対して、彼らが希望する取り扱いの平等を否定する一切の行為の防止である。マイノリティ保護とは、一国において、非支配的集団であり、一般にマジョリティとの取り扱いの平等を希望する一方、多数派住民と異なる基本的性質を維持するための異なった取り扱いを、ある程度希望する集団の保護である。よって、そのような集団もしくはそのような集団に属する個人に対する異なった取り扱いが正当化されるのは、その取り扱いが共同体全体を満足させること、および、その福祉の確保をめざす場合である。そのような保護を正当化し得る性質とは、人種、宗教および言語である。この保護を享受するためには、マイノリティは、所在国政府に対する完全な忠誠義務に従わなくてはならない。また、その成員は、所在国の国民でなくてはならない。同化を希望するマイノリティがその同化を妨げられた場合には差別防止があり、問題はそのように取り扱われなくてはならない。(16)」(52)

　すでに、「希望」という言葉の意味は、同化の希望を意味している。つまり、この言葉は、同化への指向性を示すものに他ならない。「取り扱いの平等」という一見中立的な表現も、実は、この決議の第 1 草案に明記されていた「同化」という文言の言い換えにすぎない。(53) 個人の意思とは、統治者の意思の移し替えに他ならないのであり、これはアリストテレス以来の図式の継承である。実際、この討論において、ボリゾフ Borisov（ソ連）が、「アメリカの千五百万の黒人、五百万のユダヤ人、五百万のメキシコ人、七万七千五百の

---

(52)　E/CN.4/52, section V, 1947.
(53)　モンロー Monroe 草案、E/CN.4/Sub.2/35, 1947.

301

第 2 部 「ナショナリティ」から「マイノリティ」へ

中国人はマイノリティではないのか」(54)と問うたのに対して、ダニエルズ Daniels（米国）は、「ボリゾフの言う集団はマイノリティを構成しない。なぜなら、彼らは同化を望んでいるからである」(55)と回答している。

1948 年、国連総会は、世界人権宣言（原語の直訳は人権の普遍的宣言）を採択するが、マイノリティ保護を規定する条文案は取り入れられなかった。(56)アメリカ代表のエレノア・ルーズベルト Eleanor Roosevelt は、人権委員会において、人権は「ナショナルな規模における市民の義務」すなわち国家の権利であると宣言していたのである。

「国家の目的は同化であり、広範な外国人集団を吸収し、その者たちを国家の一部分とすることです。ある国の全市民が同一の言語を話すことができないなら、自分たちがマイノリティとなっている国において、市民としての義務を理解できない者たちによって、公の秩序が乱される危険性が生じます。問題はマジョリティと異なる言語で子供を教育することではなく、ナショナルな規模における市民の義務をはたすことのできなくなる恐れのある大人の問題なのです。」(57)

人権の普遍性は、国家の権利の普遍性を前提とする。国家は個人を支配し、個人の存在は、それ自体として認められることはなく、

---

(54) E/CN.4/Sub.2/SR.15, 1947, p.9.

(55) Ibid.

(56) 世界人権宣言の起草過程における、マイノリティの権利保護に関する議論は、以下参照。VERDOODT A., *Naissance et signification de la déclaration universelle des droits de l'homme*, Éditions Nauwelaerts, Louvain/Paris, 1964, p.287 et ss. ; VERDOODT A., "Influence des Structures Ethniques et Linguistiques des Pays Membres des Nations Unies sur la Rédaction de la Déclaration Universelle des Droits de l'Homme", INSTITUT INTERNATIONAL DES DROITS DE L'HOMME（sous la direction de）, *René Cassin, Amicorum discipulorumque liber*, Éditions A. Pédone, Paris, 1969, Tome I, pp.404-416.

(57) E/CN.4/SR.73, 1948, p.9.

国家に服するメンバーとしてしか認められない。[58]政治的動物としての人間というアリストテレスに忠実なビジョンである。実際、ブラジルは、政治的意味でのナショナリティを強調して、マイノリティ保護に反対する。

> 「多くの国とくにラテンアメリカ諸国は国家統一が乱されることになろう。……言語の使用はもっとも強いナショナリティのしるしのひとつである。」[59]

こうした国家システムの普遍性とは、ホッブスやロック以来、メンバーを労働者とする企業国家を意味するものであることは言うまでもない。世界人権宣言第23条1項は、以下のように規定する。

> 「すべての者は、労働し、職業を自由に選択し、公正かつ良好な労働条件を確保し、及び失業に対する保護を受ける権利を有する。」

個人から成り立つ企業社会としてのレスプブリカは、12、13世紀に始まる西欧における中央集権化の動きのひとつの到達点にすぎないことを、これまで見てきた。にもかかわらず、それが「普遍的」モデルとして提示されたのである。西欧の支配者が広めたい時には、宗教も、歴史も、文明も、人種も、「普遍的」なのである。

さて、国連総会は、世界人権宣言と同時に、「マイノリティの運命に関する決議217C（III）」を採択するが、「ナショナルマイノリティ」という文言を導入することによって、マイノリティ問題がネイションの問題に属していることも承認する。この導入は、デンマークが提案した。[60]

---

(58) 「ネイションとは、まさに、価値としての個人主義支配に対応するグローバル社会の典型である。[…] ネイションとは、個人として想定される人間からなるグローバル社会である。」DUMONT L., *Essais sur l'individualisme : Une perspective anthropologique sur l'idéologie moderne*, Point Essais, Éditions du Seuil, Paris, 1985, p.22.

(59) A/C.3/SR.161, 1948, p.721.

(60) VERDOODT A., *Naissance*, op. cit., p.298 ; VERDOODT A., "Influence", op. cit.,

第2部 「ナショナリティ」から「マイノリティ」へ

「総会は、国連が、マイノリティの運命に無関心でいることはできないことを考慮し、この複雑で微妙な問題は、それが起こる国によって特別な様相を呈し、一様な解決を採用することが困難であることを考慮し、人権宣言の普遍的な性格を考慮し、この宣言の条文の中で、マイノリティ問題に関する特定の条項を取り扱わないことを決定し、国連が人種的、ナショナル、宗教的、言語的マイノリティ保護のための効果的な措置をとることができるようにするため……人権委員会と差別防止マイノリティ保護小委員会がマイノリティ問題の綿密な研究をするよう要請することを求める。」[61]

この決議を受けて、小委員会の任務は修正拡大され、「ナショナル」マイノリティが含まれることになったのである。[62]これ以前は、国連事務総長が、マイノリティに「ナショナルな性格」を、何らの法的根拠なく付与していたのだが、この新たな任務によって、マイノリティを公式にネイションとして扱えるようになったのである。実際、ユネスコ、欧州審議会、欧州安全保障協力会議（CSCE）は、「ナショナルマイノリティ」という文言をそれぞれの文書で用いている。[63]

---

p.415.

(61) ORGANISATION DES NATIONS UNIES, *Annuaire des droits de l'homme pour 1948*, p.595.

(62) 「(a)とりわけ、世界人権宣言に照らして研究を行うこと、そして、人権と基本的自由に違反して取られるあらゆる種類の差別的措置と闘うことについて、ならびに、人種的、ナショナル、宗教的および言語的マイノリティの保護について、人権委員会に勧告を行うこと。

(b)経済社会理事会もしくは人権委員会が託す、その他すべての機能を遂行すること。」

ORGANISATION DES NATIONS UNIES, *Annuaire des droits de l'homme pour 1949*, p.427.

(63) 教育の分野における差別禁止に関する1960年12月14日ユネスコ条約第5条1項「1、この条約の締約国は、以下のことに同意する。［…］

(c)国内のナショナルマイノリティのメンバーが自己の教育活動（学校の維持及び、

第2章 「マイノリティ」概念の発展

　この後、国連事務総長は、『マイノリティの定義と分類』と題する覚書の中で、ネイションとしてのマイノリティに関する自説を展開することになる。小委員会は、その第2回会期において、次の会期の暫定的議題として、「マイノリティの定義と分類」を定めた。この討論を容易にするために、事務総長はこの覚書を小委員会に提出するのである。事務総長は、マイノリティをネイションとして定義する。

　「一般的に、積極的役務の付与、特別権利の承認が問題になるかぎり——差別防止原則の実現とは区別されるものとして——以下のようにいってよいであろう。マイノリティの文言が通常適用されるべきであるのは、そのメンバーが、共通のエスニック起源、言語、文化、もしくは、宗教を分かちあい、かつ、自己のナショナルな集団としての存在または、特定の性格を保持することに関心をもつ集団である。これに関して銘記しておかなくてはならないことは、小委員会の任務が、以下のように規定されていることである、"人種的、ナショナル、宗教的および言語的マイノリティ" に関する研究、勧告を行なうこと。"」[64]

　「マイノリティの概念」と題する章において、事務総長は、マイノリティをふたつのカテゴリーに分類する。「(a)そのメンバーが、差別防止の意味での支配集団との平等のみを希望するマイノリティ(b)そのメンバーが、差別防止の意味での支配集団との平等、これに

　　各国の教育政策によっては、自己の言語の使用を含む。）を実施する権利を認めることが不可欠である。ただし、次のことを条件とする。
　　　(i)この権利が、マイノリティのメンバーが社会全体の文化および言語を理解しその活動に参加するのを妨げるような仕方で、または、国家主権を害する仕方で行使されないこと。
　　　(ii)教育の水準が、権限のある機関によって定められ又は承認される一般基準よりも低くないこと。および、
　　　　(iii)その学校への出席が自由意思によるものであること。」
　　他のふたつの国際機関については、後述する。
(64)　E/CN.4/Sub.2/85, 1949, para.45.

加えて〔下線ママ〕、特別権利の承認、および、積極的役務の付与を希望するマイノリティ」とを区別する。(65) そして、この定義分類作業は、後者のカテゴリーのためにあてられるとしている。(66) このふたつのカテゴリーを分けているものは、やはり、希望である。

国際連盟のマイノリティ保護制度におけるマイノリティについて、事務総長は、それが「客観的かつ、安定した性格」をもつものでることを確認している。

> 「事務総長は既に、小委員会の注意を（E/CN. 4/Sub. 2/6 において）、以下の事実にひいた。連盟マイノリティ保護制度のもとでは、"人種的、宗教的および言語的"マイノリティのみが、保護された。なぜなら、これらのマイノリティのみが、多かれ少なかれ、客観的かつ、安定した性格のものと考えられていたからである。"人種的、宗教的および言語的マイノリティ"という文言は、その数的大きさにかかわりなく、そのような集団すべてを指すと考えられた。」(67)

すでに見たように、この指摘は正しくない。常設国際司法裁判所が問題としたのは、客観的性格でも主観的性格でもなく、判断自体を禁止するという意味での「事実的」存在だったのである。主観的要素を導入したい事務総長が、自分自身で、「客観的」なる集団を発明したのである。その方法はやはりアリストテレス的なものであった。すなわち、まず、普遍的意思に自己を同化し、自分が価値あらしめたい人間の集合体に意思を付与するのである。(68) 事務総長

---

(65) E/CN.4/Sub.2/85, 1949, para. 5.
(66) E/CN.4/Sub.2/85, 1949, para.12.
(66) E/CN.4/Sub.2/85, 1949, para.43.
(68) 事務総長覚書「差別の主要な形態と原因」参照。それによると、「マイノリティ保護と差別防止は目的が異なるので、2つの問題は、異なった方法で取り扱われなくてはならない。[…] 両者の相違は関係者の希望から生じる。」E/CN.4/-Sub.2/40/Rev.1,para.9. ところで、この目的とは誰の目的なのかを問うのが適切であろう。

自身、テンニスに依拠して、ネイションを共同体（ゲマインシャフト）、国家を社会（ゲゼルシャフト）と呼ぶ。テンニスに依拠したことで、すでに、彼の結論が見えてくる。テンニスがフィジックに対するメタフィジックの優位を主張したことはすでに見てきた。その主張は、アクトン、フュステル・ド・クーランジュ、ルナン、マイネッケなどと共有されてきたことも見てきた。実際、事務総長は、ルナンにも依拠している。つまり、ネイションとは共に生きる意思であるというのである。

「個人がネイションを構成するためには、特定のナショナル集団の歴史的運命を反映していると思われる共通の活動を行ない、発展させ、達成するためにともに密接に生きていこうとする（意識的もしくは無意識的）意思を表明するような方法で行動しなくてはならない。ルナンは、この理念を自己の所説のなかでこう述べている。ネイションとは『日々行なわれる暗黙の住民投票』である。」[69]

さらに、

「個人ならびに集団の何が類似しているかではなく、何を共有しているかが、共通の帰属意識、共通の運命を分かちあっているという感覚、共通の目的を達成するための努力を生み出しているのであり、それがネイションの構成要素だからである。」[70]

近代にあっては、国家がネイションを形成するという。

「国家はネイション建設における重要な統合要素として作用することが多い。この過程において、国家はネイションの成長にとって必要な積極的連帯の発展の表現として、かつ、そのような発展の促進要素として役立ってきた。」[71]

---

(69) E/CN.4/Sub.2/85, 1949, para.23.
(70) E/CN.4/Sub.2/85, 1949, para.24
(71) E/CN.4/Sub.2/85, 1949, para.28.

第 2 部 「ナショナリティ」から「マイノリティ」へ

　なぜなら、人種、言語、領域といった自然条件に規定されたネイションの意思よりも、国家の意思が優位するからである。オルテガ Ortega を引用して言う。
　　「『国家とは行動計画であり、協力のプログラムである。国家とは、血縁関係でも、言語的統一でも、領域的統一でもない。むしろ、動的な社会事業なのだ。』(72)言い換えると、国家は、しばしば血縁関係によって可能になることよりも大きな事業の基礎である。たとえば、イギリスやフランスのように、今日我々が知っている公的権威の支配のもとで人間の共同生活を生み出しているものは、血縁共同体でも言語的統一でもなく、今日彼らが享受している相対的同一性は、多くのナショナル集団を国家のもとに政治的に統一した結果なのである。」(73)
　マイノリティの意思は、国家の意思に同化される。
　　「マイノリティのメンバーが通常自己が支配集団と異なると考えているという事実は、必ずしも、国家の管轄権のもとで、マイノリティと支配集団によって構成されるネイションが存在しないことを意味しない。実際、以下のようなことがありうるからである、マイノリティと支配集団との差異にもかかわらず、2 者がたとえ弱くともナショナル意識において、それぞれ個々のナショナル意識より大きな意識であるナショナリティの感覚によって、結び付けられている場合である。」(74)
　結局、同一文書の前半において、事務総長自身が「客観的かつ、安定した性格のもの」と断定していた「人種的、宗教的および言語的マイノリティ」は、同一文書の後半において、事務総長が判断する意思、すなわち、個人の意思、マイノリティの意思、ネイションの意思、国家の意思を通して、国家に同化されてしまったのである。

（72）　オルテガ『大衆の反逆』桑名一博訳、白水社、1985 年、217 頁参照。
（73）　E/CN.4/Sub.2/85, 1949, para.35.
（74）　E/CN.4/Sub.2/85, 1949, para.39.

第2章 「マイノリティ」概念の発展

　国際連盟制度におけるマイノリティの「事実的」存在も現実とは何らつながりのないものであったのだから、主観的要素と客観的要素というこのような対立もやはり現実と無関係であることについては変わりない。なぜなら、すでに見てきたように、また、これからも見るように、主観的要素、すなわち、個人的意思とは、語り手の意思に他ならないからである。一方、人種または言語といった客観的（objective）要素も、歴史的にもまた文字通りにも、語り手の想定（ネイション、ナショナリティ、マイノリティなど）を価値あらしめるために、語り手が魂や精神を付与する対象（object）にすぎない。主観的・客観的というこの対立は、意思によって創造されるメタフィジック身体と、その意思の対象たる自然によって創造されるフィジック身体との対立を引き継ぐものである。モンテスキューが提示し、ヘルダーによって強化され、ノヴァリスによって融和されたあの対立である。こうして、国連事務総長は、マイノリティを国家に理論的に同化したのである。

　この事務総長の覚書をうけて、小委員会は1950年の第3回会期でマイノリティの定義案を採択するが、[75] これは翌年の第4回会期において若干の修正を受ける。[76] しかし、この定義案は、保護を必要とする者の定義というよりもむしろ保護を必要としない者の定義に重点が置かれている。

　「人権委員会は、多くの国家の国民（nationals）の間に、通常マ

---

(75)　E/CN.4/Sub.2/117, 1950. この定義案の欧州審議会における議論への影響については、以下参照。LANNUNG H., *Rapport sur les droits des minorités nationales*, Assemblée consultative du Conseil de l'Europe, Doc.1299, 1961, paras.10 et ss ; LANNUNG H., "The Rights of Minorities", op. cit., pp.187 et ss. この定義への批判については、PACKER, J., "On the Definition of Minorities", J. PACKER et K. MYNTTI (sous la direction de), *The Protection of Ethnic and Linguistic Minorities in Europe*, Åbo Akademi University Institute for Human Rights, Turku/Åbo, 1993, pp.54-55 参照。

(76)　この修正については、ORGANISATION DES NATIONS UNIES, *Annuaire des droits de l'homme pour 1951*, pp.663-664 参照。

イノリティとして知られるエスニック、宗教的または言語的伝統もしくは性質が他の住民集団とは異なった明白な住民集団が存在すること、および、それらの中には、彼らが当該伝統もしくは性質を保持発展させることができるようにするため国内的もしくは国際的な特別措置によって保護されることが必要な集団があることを承認し、

　しかしながら、マイノリティ集団の中には保護を必要としない以下のような集団が存在するという特別な要素を承認し、

　(1)　他の住民より数のうえにおいて劣りながらも、支配集団であるもの

　(2)　他の住民との完全に同一の取り扱いを求めるもの。この場合、これらの問題は国連憲章、世界人権宣言、国際人権規約草案の差別防止条項によって取り扱われる。

　同時に、国連による保護の目的で作成されるマイノリティのいかなる定義も以下のような複雑な状況を考慮に入れなくてはならないことを承認し、

　(1)　上記のような異なった性質を保持していても他の住民と異なった取り扱いを望まない個人に不本意な区別を課すこと、

　(2)　新たな環境、近代的なコミュニケーション手段などの影響が急速に人種的、社会的、文化的または言語的進歩を生み出している場合に起こる自発的発展に介入することは望ましくないということ。

　(3)　国家の市民として平穏な生活を送りたいというマイノリティメンバーの自発的願望が、当該国家に対する不忠誠を扇動することに関心ある党派によって妨げられる恐れのある状況のなかで、マイノリティに対する措置が濫用に資する危険性。

　(4)　世界人権宣言にあげられた人権と両立しない実行に保護を与えることは望ましくないこと。

　(5)　特別な取り扱いによって、たとえば、国家の財源に不相

第 2 章 「マイノリティ」概念の発展

応な負担を課すことになるほど小さい集団によるマイノリティの地位要求によって引き起こされる困難。

　国連が取ることを望むであろうマイノリティ保護措置の観点から、および、以上に述べた特別な要素と複雑さから、以下のことを決議する。
(i) マイノリティの用語が含むのは、他の住民と異なる安定したエスニック、宗教的、言語的伝統もしくは性質を保持しかつ保持することを希望する、住民の非支配的集団のみである。
(ii) そのようなマイノリティは、自分たちでそのような伝統もしくは性質を保持するのに十分な数を適切に含まなくてはならない。
(iii) そのようなマイノリティは、自己が国民（nationals）である国家に忠誠でなくてはならない。」[77]

　ここに見られるのは、語り手の意思としての法的条件と、実体として想定されたマイノリティが、定義の名の下に混同された姿である。これがアリストテレス的目的論の論理的結論である。この目的論において、語り手は、存在の意思や精神の名において、自分の思い通りに存在を判断する。たとえば、アメリカ黒人の意思を判断するのは、この定義案の起草者であるモンロー Monroe（英国）である。[78] モンローは言う。

　「住民のある要素が『マイノリティ』という言葉で指し示されることがよくあります。とくに、合衆国住民の黒人という要素がそうです。しかし、これらの集団は、小委員会が取ろうとしている措置の対象にはならないでしょう。なぜなら、彼らは、他の住民と完全に同一の取り扱いを求めているからです。」[79]

---

(77)　E/CN.4/Sub.2/140, 1951, Annexe I.
(78)　モンローはまた、「差別防止とマイノリティ保護に関する用語の範囲」と題する決議の草案も提出している。E/CN.4/52, section V, 1947.
(79)　E/CN.4/Sub.2/SR.47, 1950, para.31.

第2部 「ナショナリティ」から「マイノリティ」へ

　さらに注目すべきことは、中世において、忠誠とは、双務契約に基づく具体的な人間関係であったが、この定義案においては、国家に対する一方的かつ抽象的な服従でしかないことである。[80]マイノリティを国家に同化することを目指した国連事務総長によるマイノリティの創造は、この覚書にとどまらなかった。

　1966年12月16日、国連総会は、市民的及び政治的権利に関する国際規約を採択する。同化主義の主張が強い中で、マイノリティ保護の試みは、消極的にしか承認されなかった。すなわち、強制的同化の禁止のみが規定されたのである。その結果、第27条は以下のように規定する。

　「エスニック（公定訳は「種族的」）、宗教的または言語的マイノリティ（公定訳は「少数民族」）が存在する国において、当該マイノリティに属する者は、その集団の他のメンバー（公定訳は「構成員」）とともに、自己の文化を享有し、自己の宗教を信仰しかつ実践し又は自己の言語を使用する権利を否定されない。」

　1955年、国連事務総長が国連総会に提出した国際人権規約草案註解は、規約当事国の義務の消極的性質について、以下のように説明している。

　「『当該マイノリティに属する者は、権利を否定されない』という方式——これが採択されたのであるが——は、国家の義務がマイノリティの権利の自由な行使を許すことに限定されていることを意味しているように思われる。」[81]

　「マイノリティの定義と分類」と題する覚書において、事務総長はマイノリティ定義の必要性の根拠を、「積極的役務の付与、特別

---

(80) 以下参照。BRUEGEL J.W., "A Neglected Field : The Protection of Minorities", *Revue des droits de l'homme*, Vol.4, 1971, p.439 et ss. ; THORNBERRY P., "Is There a Phoenix in the Ashes ?", op. cit., p.433, note 52 et pp.455-456.

(81) A/2929, *Projet de pactes internationaux relatifs aux droits de l'homme, Commentaire préparé par le Secrétaire général*, Chap.VI, 1955, para.188.

権利の承認」という積極的措置に置いていた。積極的措置の前提がなくなれば、定義の必要性もなくなるはずである。しかし、この草案註解は、次のようにマイノリティを定義している。

「本条が保護するのは、一国の領域において十分明確かつ長期にわたって居住する分離別個の（separate or distinct）集団のみであることにつき合意された。これは、『エスニック、宗教的、または言語的マイノリティが存在する国において』という始まりの条項の意味であろうと思われる。」[82]

この矛盾は、どこから生じたのであろうか。事務総長がその定義を導く上で依拠した人権委員会の審議を検討しよう。マイノリティの意味について、草案註解の注は、人権委員会369、370回会合の審議と、国家の義務を消極的なものに止める小委員会案、逆に積極的な義務を課すソ連、ユーゴスラビアそれぞれの条文案、そして、チリ、ウルグアイの修正案によることを示している。しかし、註解の言う人権委員会における合意、すなわち、「本条が保護するのは、一国の領域において十分明確かつ長期にわたって居住する分離別個の（separate or distinct）集団のみであることにつき合意された」という事実は、全く存在しない。

まず、「一国の領域において十分明確かつ長期にわたって居住する」という文言は、小委員会案に対する、チリの修正案（英語版）の中にあったものである。もともとチリ修正案は、小委員会案の冒頭に、「安定し十分に明確な、エスニック、宗教的または言語的マイノリティが長期にわたり居住する国家において」という文言を、加えようとするものであった。フランス語版では、「長期にわたり居住する」という文言に相当する部分が欠落している。[83] 実際、チ

---

(82) A/2929, ibid., Chap.VI, para.184.
(83) 《チリ修正案英語版》 In those States in which stable and well-defined ethnic, religious or linguistic minorities have long been established, persons belonging to such minorities shall not be denied the right, in community with the other members

第2部 「ナショナリティ」から「マイノリティ」へ

リが「安定し十分明確」の部分を削除して、英文における「長期にわたり居住する」の文言を「存在する」に代えるという修正をおこなった際、チリ代表は以下のように説明した。

「こうして、現在の仏文と合致することになる英文は、よって今後以下のようになる。『エスニック、宗教的または言語的マイノリティが存在する（下線ママ）国において』」[84]

ところで、チリはいったいなぜ自国が提案した修正案を再び修正したのだろうか。それは、ベルギーがチリの修正案に反対したからである。ベルギー代表は言う。

「『安定し十分明確』という語は問題を引き起こすであろう。さらに、『安定し十分明確』と認められないマイノリティは規約に述べられた権利を要求できないのだろうか。チリの提案は、保護される集団が特別な権利を享有するという観点から見るなら衡平だが、小委員会案への挿入としては正当化されない。なぜなら、小委員会案は消極的に表現されているからである。この修正案は、小委員会案から多少なりともその意味を奪うことにすらなろう。」[85]

フランスもマイノリティの定義の不必要性を強調して、ベルギーと同様の批判をしていた。

「マイノリティに関して余りに法的な細分化をしたり、極端に複雑な分類を設けることは賢明ではないと思われる。人権委員会に提出する条文の起草にあたって、差別防止マイノリティ保

---

of their group, to enjoy their own culture, to profess and practice their own religion, or to use their own language. E/CN.4/L.261,1953.

《チリ修正案フランス語版》 Dans les Etats où il existe des minorités ethniques, religieuses ou linguistiques stables et bien définies, les personnes appartenant à ces minorités ne peuvent être privées, en commun avec les autres membres de leur groupe, d'avoir leur propre vie culturelle, de professer et de pratiquer leur propre religion, ou d'employer leur propre langue. E/CN.4/L.261,1953.

(84)　E/CN.4/SR.371, 1953, p.4.
(85)　E/CN.4/SR.370, 1953, p.12.

護小委員会は、予測され得るあらゆる場合を考慮したのである。」⁽⁸⁶⁾

これらの批判を受けて、チリは自国の修正案を現在見られる文言、「エスニック、宗教的または言語的マイノリティが存在する国において」に自ら再修正した。よって、この条文に、提案国が含めることのできなかった意味を読み込むのは、不可能であろう。

それでは、「分離別個の集団」という文言についてどのような合意があったのか。実は、このような文言自体を起草審議の中に見いだすことはできない。フランス語版には、「分離 séparés」ということばすら見いだせないのである。また、国家に積極的な義務を課すことになるソ連、ユーゴスラビアそれぞれの条文案にイギリスが反対した時も、イギリスは、定義の不必要性を主張している。⁽⁸⁷⁾

「『マイノリティ』の定義を追求する必要はない。なぜなら、マイノリティ集団の言語的、文化的活動に介入しないことなら、ほとんどの国が進んで引き受けるだろうからである。」⁽⁸⁸⁾

イギリスの発言も、ベルギーの発言も、定義を必要とする場合の理由を確認している。これは、事務総長自身が先に表明したものである。つまり、「積極的役務の付与、特別権利の承認」の場合である。この論理は、移民についても同様に適用される。ウルグアイは、移民はマイノリティに含まれないことを主張して、修正案を提出するが、これも否決されたのである。⁽⁸⁹⁾

---

(86) E/CN.4/SR.370, 1953, p.8

(87) 《ソ連案》「国家はナショナルマイノリティに対し、自己の母語を使用し、自分たち自身の学校、図書館、博物館ならびに他の文化的および教育的施設を所有する権利を確保する。E/CN.4/L.222,1953.」

《ユーゴ案》「すべての者は、自分があるエスニックまたは言語的集団のメンバーであることを自由に示し、自分の集団の名称を妨害されることなく使用し、この集団の言語を習得し、および公私の生活においてこれを使用し、自己の言語で教育を受ける権利ならびにかかる集団の他のメンバーとともに文化を発展させる権利を有する。E/CN.4/L.225,1953.」

(88) E/CN.4/SR.369, 1953, pp.6-7.

第2部 「ナショナリティ」から「マイノリティ」へ

　結局、草案注解で説明されている定義とは、国連事務総長自身による発明以外の何ものでもないのである。第27条の適用範囲を制限するために、彼自身がマイノリティ概念を創造したのである。シエイエスが用いたのとほぼ同じ「別個分離」という文言が、100年後になって、事務総長によって同じ目的、すなわち、国家内住民の画一化のために、用いられたのである。

　ところで、イギリスがマイノリティの定義に反対したからといって、それは、イギリスがマイノリティの同化に反対していることを意味するわけではない。逆に、イギリスにとってみれば、同化は自然法則なのだから強制する必要がないのである。イギリスは言う。

　　「この文言がいかに定義されるにせよ、新たなマイノリティの創設を奨励することや、古いマイノリティの存在を人為的に延命させることは望ましくない。［…］文明の進展につれて、時の流れとともに同化されてゆく遅れた集団がある。よって、その避けることのできない歴史の流れを遅らせることを国家に義務付けることになる条文を規約草案に加えることは望ましくない。」[90]

　注目すべきは、文明へのマイノリティの同化という主張が、すでに見たフィジオクラトのひとりであるボドの主張、すなわち、アメリカ先住民族の文明への「身体内化＝取り込み incorporation」の主張とまったく同じであることだ。後者の主張を以下に再録する。

　　「北アメリカ人の文明化は、おそらく、我が植民地を導く政策

---

(89)　ウルグアイ修正案は、ユーゴ案、小委員会案への修正案としてだされた。「こうした権利は、一国の領域内において、とくにその移民法の条件のもとに定着しているいずれかの集団に対し、特別な特権を要求する権利を与えるものとも、その国家のナショナル統一または安全を阻害するおそれのある別個の社会をその国家のうちに形成する権利を与えるものとも解釈することはできない。E/CN.4/L.260,1953.」「特別な特権を要求する」の部分は審議のなかでウルグアイ自身により、口頭修正され削除された。E/CN4/SR.371, p.4.

(90)　E/CN.4/SR.369, 1953, p.5.

第2章 「マイノリティ」概念の発展

の第一目的のひとつととみなされたはずである。［…］『彼らをキリスト教だけでなく、ヨーロッパ文明に改宗』させねばならなかったのである［…］。『これほど美しい植民地［ルイジアナ］の成功にとって最も重要な目的は、自然人を可能な限り完璧に文明化することであり、そこに持ち込まれたヨーロッパネイションに彼らを取り込む incorporer ことである。』［…］大変長く大変幸福な経験によって、アメリカの自然人民は、我々が提案する文明化に適している［…］。」[91]

一見しただけでは、確かにふたつの主張の間に違いがあるようにも思われる。ボドにおいて、自然とは先住民を意味しているのに対して、イギリス代表の発言では、自然とは文明のことである。しかし、いずれにせよ、自然とは何かを判断するのは、語り手であることに変わりない。事務総長は、マイノリティが国家に支配されるべく、マイノリティを自然に位置づけた。自然のこうした「ふたつの使用法」は、すでに確認したとおり、アリストテレス以来、一方は支配者＝主体としての自然であり、他方は被支配者＝客体としての自然である。ボドにとって、文明とは支配者＝主体としての自然を意味し、先住民とは被支配者＝客体としての自然を意味する。イギリス代表にとって、約200年にわたる世界の文明化の成功を経た今や、文明こそがトータルな自然であり、文明の外に残っているものは「人為的」でしかないのである。

(2) 「他のメンバーとともに」という表現に付与されたマイノリティの集団的性質

第27条についての草案注解に話題を戻すと、事務総長がマイノリティを同化の対象として恣意的に設定したのは、以上述べてきたことにとどまらない。討議においては、ユーゴスラビアが、個人の

---

[91] DUCHET M., *Anthropologie et histoire au siècle des Lumières*, Albin Michel, Paris, 1995, p.218.

第2部 「ナショナリティ」から「マイノリティ」へ

権利としてマイノリティの権利を規定する条文案を提出していたにも関わらず、事務総長はそれを無視して、「その集団の他のメンバーとともに」(92)という表現にマイノリティの集団的性質を付与するのである。

　「また、『すべての者は、自分があるエスニックまたは言語的集団のメンバーであることを自由に示し、自分の集団の名称を妨害されることなく使用し、この集団の言語を学習し、および公的または私的生活においてこれを使用する権利を有する』という提案も却下された。もし『すべての者』がマイノリティの権利の利益を主張することになれば、分裂的傾向が生じるかもしれないと考えられた。この理由により、『その集団の他のメンバーとともに』という条項によってマイノリティの権利の行使を条件づけることが決定された。」(93)

ここから、「権利は個人的だが、その行使は集団的」という、後に有名になるあの定式が生まれることになる。ところが、現実に、これは個人的権利行使の制限以外の何ものでもない。フッカーが「頭 head」と「頭性 headship」を分けたのと同じく、権利とその行使を分離するのは、「言葉のアクロバット」以外の何ものでもない。さらに、この集団的性質なるものもまた事務総長の発明でしかない。なぜなら、実際の審議が明らかにしていることは、この草案注解の説明とは反対に、個人的側面の尊重だからである。ベルギー代表のケッケンベック Kaeckenbeeck が以下のような発言をしていたのである。

　「しかしながら、ユーゴスラビアの提案は、すべての者が、『自

---

(92)　BOSSUYT M.J., *Guide to the "travaux préparatoires" of the International Covenant on Civil and Political Rights*, Martinus Nijhoff Publishers, Dordrecht, 1987, p.495 参照。

(93)　A/2929, ibid., Chap.VI, para.186. 芹田健太郎編訳『国際人権規約草案註解』有信堂高文社、1981年、132頁。

第 2 章　「マイノリティ」概念の発展

分があるエスニックまたは言語的集団のメンバーであることを自由に示』す権利を持つというたいへん興味深い要素を含んでいる。客観的な実体としてしか見なされない傾向のある、マイノリティやマイノリティ集団の概念に主観的かつ意思的要素がそこでは取りいれられているのである。そこには現実にたいへん重要だがたいへん微妙な問題があるので、[発言者である]ケッケンベックは、人権委員会内部で解決可能かどうか疑問である。この点に関して強調したいことは、国際司法裁判所が、マイノリティの客観的概念を支持したことである。自分としては、ユーゴスラビア提案が基礎としている主観的概念に一定の親近感を感じないわけではない。」[94]

ベルギー代表は、マイノリティの客観的性質に関する事務総長の見解を踏襲しながらも、マイノリティの権利の個人的性質を強調しているのである。ところが、このような発言をまったく無視して、マイノリティの権利の集団的性質を正当化するために、事務総長は草案注解を作成した。そして、これがその後一種の権威として、多くの人びとによってに引用されることになる。人間集団についての概念と同様に、集団的権利についての概念も、生身の人間とはなんら関係なく、語り手の意思によって創造されるのである。

集団的権利については、すくなくとも 3 種類の概念があげられる。まず第 1 が、伝統的な集団概念すなわち統治の枠組みに由来するものであり、その表現が、民族自決権や自治権である。第 2 が、個人的権利を「他のメンバーとともに」行使するという形態に関するものである。[95] そして、第 3 が、ある文書の集団的効果に関するもの

---

(94)　E/CN.4/SR.368, 1953, p.12.
(95)　RIVERO J., "Les droits de l'homme : droits individuels ou droits collectifs ?", *Les droits de l'homme, droits collectifs ou droits individuels* (Acte du Colloque de Strasbourg des 13 et 14 mars 1979), Annales de la faculté de droit et des sciences politiques et de l'Institut de recherches juridiques, Tome XXXII, R. Pichon et R. Durand-Auzias, Paris, 1980, p.17 参照。たとえば、ブノワ゠ロメール Benoît-Rohmer

第2部 「ナショナリティ」から「マイノリティ」へ

であり、しばしば例として挙げられるのが、「集団殺害罪の防止及び処罰に関する条約（ジェノサイド条約）（1948年）」である。その第2条によると、ジェノサイドとは、「ナショナル、エスニック、人種的または宗教的集団を全部または一部破壊する意図をもって行われた」条約に規定する行為をさす。(96)

　結論として、国連事務総長は、マイノリティを国家に同化するために大きな役割を果たしたのである。彼は客観的性質のマイノリティを創造し、次に、共に生きる意思という主観的要素を通してマイノリティにナショナルな性格を与えることによって、マイノリティをネイションに同化した。そして、強制的同化禁止の権利がマイノリティに認められるやいなや、今度は、マイノリティの集団的性質を強調して、その権利の適用範囲と行使方法を制限したのである。

　　は、「マイノリティに対する集団権、すなわち、個人ではなく、マイノリティ集団全体によって行使される権利の承認」について述べている。BENOÎT-ROHMER F., *La question minoritaire en Europe : vers un système cohérent de protection des minorités nationales*, Éditions du Conseil de l'Europe, Strasbourg, 1996, p.19。市民的政治的権利に関する国際規約第27条についても、「文言上、この条文は個人に対してしか権利を付与していないように見えるが、事実上、集団的権利の行使を認めている。」Ibid., p.22.

(96)　以下参照。DISTEIN Y., "Collective Human Rights of Peoples and Minorities", *International and Comparative Law Quarterly*, Vol.25, 1976, pp.105 et 118 ; ERMACORA F., "The Protection of Minorities before the United Nations", *Recueil des Cours, Collected courses of the Hague Academy of International Law, 1983*, IV, 1984, p.324 ; THORNBERRY P., *The UN Declaration on the Rights of Persons belonging to National or Ethnic, Religious and Linguistic Minorities : Background, Analysis and Observations*, Minority Rights Group, London, 1993, p.20. 逆に、ロビンソンによると、「マイノリティ保護法典の中に、『集団殺害罪の防止および処罰に関する条約』を含めるのは、行きすぎであろう。」ROBINSON J., "International protection of minorities : A global view", *Israel Year Book on Human Rights*, Vol.1, 1971, p.89.

B. 「オーガニック身体」理念の普及

(1) カポトルチ報告：同化に反対するマイノリティ

思考の枠組みが統治者とりわけ国連事務総長によって規定されているにも関わらず、人間を国家による同化から解放しようとする人々が常にいる。差別防止マイノリティ保護小委員会の特別報告者であるフランセスコ・カポトルチ Francesco Capotorti は、マイノリティの定義を追求する作業自体の政治的性格を問題視する。

> 「第27条に述べられた原則の適用を、『マイノリティ』という文言の『普遍的』定義に依らしめることはできない。そういった逆立ちしたやり方を求めると、問題点を曇らせることになる。さらに、定義を限定したり、詳細に論じようとする政府の意図が、多くの場合、問題を大変複雑なものにし、その国の領域ではマイノリティの存在が認められないことになり、結局、マイノリティ保護に関して、いかなる国際的義務も生じないということになっているのである。」[97]

にもかかわらず、カポトルチはマイノリティの定義をせざるをえない。なぜなら、この特別報告者は、1967年に採択された、小委員会決議9（XX）に明記された任務の枠内で活動しなくてはならないからである。その任務とは、「エスニック、宗教的または言語的要素を考慮に入れ、マルチナショナル社会におけるエスニック、宗教的または言語的集団の地位を考察して、マイノリティ概念を分析する」ことである。[98] このため、カポトルチは、「マイノリティの概念を分析」すること、すなわち、定義を提案することが義務づけられているのである。カポトルチは、マイノリティの定義の政治的性格をよく認識しているにもかかわらず、他方でその定義を行わなくてはならない。このジレンマから脱出するためにカポトルチに

---

(97) CAPOTORTI F., *Étude des droits des personnes appartenant aux minorités ethniques, religieuses et linguistiques*, Nations Unies, New York, 1991, para.564.
(98) CAPOTORTI F., ibid., Annexes, para.1.

第 2 部　「ナショナリティ」から「マイノリティ」へ

残された方法は、国家がマイノリティの名において介入することのないよう、十分限定された定義を追求することである。その結果、彼は、マイノリティの存在の客観性に訴えることになる。

「マイノリティの存在確認は客観的基準にもとづかなくてはならない。」[99]

実際、カポトルチは、主観的要素を含まない以下のような定義を研究の当初は提案していた。

「その属する国家の他の住民よりも数において劣り、他の住民と異なる文化的、身体的もしくは歴史的性質、宗教もしくは言語を保持している集団である。28」[100]

ところが、「定義の中に、主観的要素すなわち自己の伝統もしくは特質を保持したいという集団の希望を含む必要性」[101]を強調したのは、小委員会だった。そのため、カポトルチ自身は、マイノリティの定義を客観的要素に限定したいにもかかわらず、定義の中に主観的要素を導入せざるを得ない。

「そのような意思の存在が第 27 条の適用に先立って公式に確認されなくてはならないとすると、この規則を避けたいと望む国家は当該集団自身が望んでいないと主張することによってその回避を正当化できることになる。」[102]

こうしてカポトルチが最終的に提案した定義案は以下のとおりである。

「一国家の他の住民よりも数において劣り、非支配的な地位にあり、そのメンバーは当該国家の国民であり、他の住民と異なるエスニック、宗教的または言語的性質を保持し、その連帯感情が、自己の文化、伝統、宗教または言語を保持する方向にあ

---

(99)　CAPOTORTI F., *Étude*, ibid., para.204.
(100)　CAPOTORTI F., *Étude*, ibid., para.28.
(101)　CAPOTORTI F., *Étude*, ibid., para.46.
(102)　CAPOTORTI F., *Étude*, ibid., para.567

第2章 「マイノリティ」概念の発展

ることを、たとえ潜在的にであれ、示しているもの。」[103]

カポトルチは、「たとえ潜在的にであれ」という文言を挿入した理由を以下のように述べている。

> 「一般に、意思は、ある集団がある期間にわたり明確な性質を保持してきたという事実から導かれるといわねばならない。住民全体に対して固有の（エスニック、宗教的または言語的）アイデンティティを持つ集団又は特定の共同体の存在が確認されたら、このアイデンティティは、集団のメンバー間の連帯、したがって自己の別個の特性を保持することに貢献する共通の意思を意味しているのである。これらの考えに留意しつつ、主観的要素は基本的客観要素、すなわち、いかなる場合でも集団のメンバーの行動のなかに潜在的に表されているといえる。"マイノリティ"という用語の定義試案にこのような考慮を含むことが可能である。」[104]

定義の中に主観的要素を導入せざるを得なかったカポトルチは、「たとえ潜在的にであれ」という文言も同時に挿入することによって、客観的要素の重要性を強調したのである。このようにして、カポトルチは客観的マイノリティを認めたのである。カポトルチの方法は、人間を国家による同化から保護するための画期的な前進であった。しかしながら、ここでも、我々は認識の檻に完全に閉じこめられたままなのである。いいかえると、アリストテレス以来の思考体系、つまり、人間とは集団に「自然によって」服従する政治的もしくは社会的動物であるという認識枠組みから、我々は相変わらず抜け出していないのである。そのため、個人の国家への同化に反

---

(103) CAPOTORTI F., *Étude*, ibid., para.568. この定義に対する批判としては、PACKER, J., "On the Definition of Minorities", J. PACKER et K. MYNTTI（sous la direction de）, *The Protection of Ethnic and Linguistic Minorities in Europe*, Åbo Akademi University Institute for Human Rights, Turku/Åbo, 1993, p.55 参照。

(104) CAPOTORTI F., *Étude*, op. cit., para.567.

対することが、決して、ありのままの個人の承認に向かうのではなく、その個人が属していると想定される集団の承認に向かってしまうのである。たとえば、カポトルチは、マイノリティの権利の個人的性格を承認しているにも関わらず、事務総長の根拠なき注解に依拠して、権利行使の集団的性質を強調する。

「集団ではなく個人に権利を認めるという第27条の規定方法は、正当な理由に基づいている［…］。同時に、留意しなくてはならないことは、第27条が規定するように、この権利は権利保持者によって、『その集団の他のメンバーとともに』行使されるということである。このことは、ここに規定された権利が集団的利益に基づくことを考えれば容易に理解できる。いかなる個人でもいいというのではなく、マイノリティ集団のメンバーとしての個人に第27条の保護が認められているのである。」(105)

一方で、カポトルチは、主観的要素というものが、保護されるべき人間とは何ら関わりなく、統治者による同化促進の意思に他ならないことを見事に見破ったのだが、他方において、いわゆる客観的要素なるものも、その意思の対象にすぎないことには、気づかなかった。カポトルチ自身がモンテスキュー以来発展してきた、客観的集団なる考え方を信じ込んでいるのである。つまり、人間集団は、自然条件にもとづいて形成されるという考え方である。たとえば、上に見たように、カポトルチにとって、「固有の（エスニック、宗教的または言語的）アイデンティティは、自己の別個の特性を保持することに貢献する共通の意思を意味している」(106)のであった。よって、客観的マイノリティの存在を信じていることについては、カポトルチも事務総長と同じなのである。

それでは、カポトルチにとって、マイノリティという言葉は、何を意味するのであろうか。彼の報告書の「マイノリティの概念」と

---

(105) CAPOTORTI F., *Etude*, op. cit., para.210.
(106) 本書323頁参照。

題する第1章において、カポトルチは、「常設国際司法裁判所による"マイノリティ"の用語の解釈」を検討する。[107]彼が引用するのは、常設国際司法裁判所による「コミュニティ」の定義だけである、カポトルチにとって、マイノリティとはこの「コミュニティ」を意味するのだが、すでに見たように、この「コミュニティ」とは、国際連盟によって保護されるマイノリティの一部でしかないのであった。つまり結局のところ、いわゆる客観性なるものは、語り手の個人的な主観に依存しているのである。このことは、「エスニック」という要素についてもあてはまる。1950年、小委員会は、「人種的」という言葉を「エスニック」という言葉に置き換える。この変更は、国連事務局のローソン Lawson によって提案されたのだが、その理由について、彼はこう述べている。

「人種問題に関するユネスコ会議で人種的特性の真性な遺伝的性質なるものに対して、疑念が起こった」[108]

モンロー Monroe は即座に同意する。モンローは次の会合で、自らこう説明する。

「"人種的"という語は身体的側面しか指さないが、"エスニック"という語は、個人もしくは集団の、生物的、文化的、歴史的遺産全体を指すのでより適切である。」[109]

しかし、この決定が当てはまるのは、おもに英文のみである。なぜなら、フランス語では、すでに見たように、国際連盟のマイノリティ保護制度に関わる文書の多くは、「エスニック、宗教的または言語的マイノリティ」という表現を使っているからである、フランス語では、「人種的 racial」と「種族 ethnique」は、交換可能なものであった。さらに、エスニックマイノリティ、宗教的マイノリティ、言語的マイノリティなどと、マイノリティを別々のカテゴリーとし

---

(107) CAPOTORTI F., *Etude*, op. cit., para.21.
(108) E/CN.4/Sub.2/SR.47, 1950, para 64.
(109) E/CN.4/Sub.2/SR.48, 1950, para.12.

第2部 「ナショナリティ」から「マイノリティ」へ

て議論しだしたのは、第二次世界大戦後のことであり、かつては、ナショナリティ(またはネイション)という同一の概念の問題だったのである。⁽¹¹⁰⁾たとえ、マイノリティの類型を区別することがあっても、それは3類型への分離を意味するものではなく、いずれかの特性の強調にすぎなかったのである。逆に、同一の概念が問題であったからこそ、エスニックマイノリティがこれら3つのカテゴリーすべてを包括することもあったのである。たとえば、1928年、国際外交アカデミーは、一般的なマイノリティ問題を論じるために、「エスニックマイノリティ保護の原則に関する議論」を開催し、⁽¹¹¹⁾同年11月8日に、「エスニックマイノリティに関する諸決議」を採択している。⁽¹¹²⁾客観的といわれている要素の内容は、論者の意思に応じて多様である。つまり、いわゆる客観的要素なるものは、語り手がその中に集団の徴表を見いだしたいと考える主観的な対象にすぎないのである。

　各人が自己の持つ集団イメージに応じて、自分は定義によって集団を特定することに成功したと思って、人間集団を想像＝創造するのである。過去の歴史の中に人間集団を創造することさえあ

---

(110) 実際、マカートニー Macartney は、マイノリティに関する彼の著作の3分の1を、ナショナリティとナショナリズムの説明に費やしている。MACARTNEY C.A., *National States and National Minorities*, Oxford Universtity Press, London, 1934. 以下参照。REDSLOB R., *Le principe des nationalités. Les origines, les fondements psychologiques, les forces adverses, les solutions possibles*, Librairie du Recueil Sirey, Paris, 1930 ; REDSLOB R., "Origines du principe des nationalités", *Académie Diplomatique Internationale, Séances et Travaux*, 1929, Tomes VII-XII, pp.14-21 ; DE LAPRADELLE M.A., "Le droit international de la nationalité", *Académie diplomatique internationale*, Tome II, pp.95-103, 1930 ; STRUPP "Projet de convention internationale sur la nationalité", *Académie diplomatique internationale, Séances et Travaux*, 1930, Tome II, pp.104-105.

(111) *Académie diplomatique internationale, Séances et Travaux*, 1928, Tome II, pp.9-21. MANDELSTAM A., "La protection des minorités ethniques", *Académie diplomatique internationale, Séances et Travaux*, 1927, Tome I, pp.17-38 参照。

(112) "Résolutions concernant les minorités ethniques", *Académie diplomatique internationale, Séances et Travaux*, 1928, Tome IV, p.61.

第2章 「マイノリティ」概念の発展

る。[113]すでに見たように、ブーランヴィリエはフランク族の歴史を創造し、デュボスはガリア族の歴史を創造した。バロは、宗教的マイノリティの歴史を16世紀まで遡った。カポトルチも、フック・デュパルクやバロ、さらにはこのふたりの影響をうけた他の論者に依拠して、「国際的約束によってマイノリティの処遇改善に貢献しようという関心は、特に宗教的マイノリティに関して、すでに17世紀に表明された」ことを強調するのである。[114]

　ある人間集団を意味すると考えられている言葉も、それが人間集団の範囲を明らかにするわけではない。なぜなら、その意味づけは、語り手の意思に依存しているからである。たとえば、先述のポーランドナショナリティについて、カポトルチはこれを「ナショナルマイノリティ」と呼んでいるのだが、[115]『国際公法百科事典 Encyclopedia of Public International Law』において、カポトルチ自身が担当執筆した「マイノリティ」の項では、「エスニックマイノリティ」となっている。[116]なぜなら、彼にとって「人種的マイノリティおよびナショナルマイノリティは、エスニックマイノリティのカテゴリーに含まれるものと見なされねばならない」からである。[117]ところが、カポトルチ自身、欧州審議会の以下のような見解を紹介しているのである。それによると、「『ナショナルマイノリティ』を構

---

(113) SMITH A.D., *The Ethnic Origins of Nations*, Basil Blackwell, Oxford, 1986参照。
(114) CAPOTORTI F., *Etude*, op. cit., para. 1.
(115) Ibid., para. 9. ソーンベリー Thornberry にとっても、「1815年ウィーン会議最終議定書は、ナショナルマイノリティを保護する条項を含んだ最初の重要な国際文書である。」THORNBERRY P., "Is There a Phoenix in the Ashes ?", op. cit., p.426. 本書225頁参照。
(116) CAPOTORTI F., "Minorities", R. BERNHARDT（sous la direction de）, *Encyclopedia of Public International Law*, North-Holland, Amsterdam/New York/Oxford, Vol.8, 1985, p.386. メテルコ Metelco にとっても同様に、「1815年ウィーン会議最終議定書は、エスニックマイノリティの保護も含む最初の国際文書であった。」METELKO A., "Evolutions of International Protection of Minorities", *ELSA Law Review*, Vol.1, N°1, 1989, p.42.
(117) CAPOTORTI F., *Etude*, op. cit., para. 201.

成しないエスニック、言語的または宗教的マイノリティが存在することは明白である」。(118)クリスチャン・トムシャット Christian Tomuschat の見解は、さらにことなる。

「ナショナルマイノリティと呼びうるマイノリティは、わずかにすぎない。」(119)

人間集団の概念は、語り手個人の主観的なイメージに他ならないのだから、民族peopleとマイノリティを区別するものも、語り手の意思に依存することになる。たとえば、フェリックス・エルマコーラ Felix Ermacora にとって、エスニックマイノリティは、ナショナリティ Volkstum を意味するが、ナショナルマイノリティは、民族を意味する。

「エスニックマイノリティの特徴は、いわゆる"ナショナリティ Volkstum"であり、これは、マイノリティが保持したいと望むものである。これは単なる文化以上のものであり、歴史の記憶であり、父や祖父の記憶であり、集団意識である。この理論が、考慮されるべき主観的および客観的基準に作用してきた。ナショナルマイノリティの特徴は、民族peopleになろうとする明確な政治的意思である。ナショナルマイノリティの地位にあるマイノリティは、民族と見なされる可能性があるのである。」(120)

---

(118) CONSEIL DE L'EUROPE, DH/Exp (73) 47, CAPOTORTI F., *Etude*, op. cit., para. 51 より引用。「エスニック、言語的または宗教的マイノリティ」と「ナショナルマイノリティ」との違いに関するラヌングの説明（本書300頁）参照。

(119) TOMUSCHAT C., "Protection of Minorities under Article 27 of the International Covenant on Civil and Political Rights", *Völkerrecht als Rechtsordnung Internationale Gerichtsbarkeit Menschenrechte, Festschrift für Hermann Mosler*, Springer Verlag, Berlin/Heidelberg/New York, 1983, p.960. 以下参照。VEITER T., "Commentary on the Concept of National Minorities", *Revue des droits de l'homme*, Vol.7, 1974, pp.273-290 ; BRUEGEL J.W., "Some Observations on the Terminology Regarding National Minorities", *Revue des droits de l'homme*, Vol.8, 1975, pp.859-864.

(120) ERMACORA F., "The Protection of Minorities before the United Nations", *Re-

第 2 章　「マイノリティ」概念の発展

　1960 年 12 月 15 日、国連総会が採択した「国際連合憲章第 73 条(e)による情報送付の義務があるかないかを決定する加盟国指導原則」に関する決議 1541（XV）に関して、[121]ラッセル・ロレンス・バーシュ Russel Laurence Barsh は、マイノリティも民族 people になりうると主張する。

　「国連総会決議 1541（XV）付属書には、次のような非自治領域の定義が見られる。『施政国から地理的に分離し、エスニック的 ethniquement または文化的に異なる地域』［…］。『マイノリティ』という用語と『民族 people』という用語に関する既存の定義の間の実際的な唯一の違いは、地理的統一性 unité géographique である。しかし、マイノリティも民族と同じほど地

---

cueil des Cours, Collected courses of the Hague Academy of International Law, 1983, IV, 1984, p.294.

(121)　これはすでにふれた非自治地域に関わるものである。国連憲章第 73 条は、以下のように規定する。
　「ピープル（英語 peoples、仏語では「住民 populations」）がまだ完全には自治を行うに至っていない地域の施政を行う責任を有し、又は引き受ける国際連合加盟国は、この地域の住民の利益が至上のものであるという原則を承認し、且つ、この地域の住民の福祉をこの憲章の確立する国際の平和及び安全の制度内で最高度まで増進する義務並びにそのために次のことを行う義務を神聖な信託 a sacred trust（仏語では、神聖な使命 une mission sacrée）として受諾する。
　a. 関係ピープルの文化を充分に尊重して、このピープルの政治的、経済的、社会的及び教育的進歩、公正な待遇並びに虐待からの保護を確保すること。
　b. 各地域及びそのピープルの特殊事情並びにピープルの進歩の異なる段階に応じて、自治を発達させ、ピープルの政治的願望に妥当な考慮を払い、且つ、ピープルの自由な政治制度の漸進的発達についてピープルを援助すること。
　c. 国際の平和及び安全を増進すること。
　d. 本条に掲げる社会的、経済的及び科学的目的を実際に達成するために、建設的な発展措置を促進し、研究を奨励し、且つ、相互に及び適当な場合には専門国際団体と協力すること。
　e. 第 12 章及び第 13 章の適用を受ける地域を除く外、前記の加盟国がそれぞれ責任を負う地域における経済的、社会的及び教育的状態に関する専門的性質の統計その他の資料を、安全保障及び憲法上の考慮から必要な制限に従うことを条件として、情報用として事務総長に送付すること。」

理的に明確になる場合がある。」[122]

　ピープルpeopleの概念についても、マイノリティの概念と同様のことが言える。いずれにせよ、ふたつの概念は、オーガニック身体に由来しているのであるから、ふたつの可能性が存在する。メタフィジック（または主観的）要素とフィジック（または客観的）な要素が、それぞれピープルpeopleの異なる身体を形成するか、単一の身体を構成するかである。ロザリン・ヒギンズRosalyn Higginsは、前者を示している。

　「実際、ふたつの可能性が存在する。『ピープルpeoples』という言葉が、一国家のピープルpeople全体をを指す場合と、人種、エスニシティそしておそらくは宗教をもとにした別個の集団を構成する人々を指す場合である。」[123]

　後者の例は、『国際法用語辞典Dictionnaire de terminologie du droit international』が提供している。

　「その地理的、エスニック、宗教的、言語的などの性質、および、その政治的希望に応じて、ピープルpeupleを構成すると考えられている集団」[124]

　エスニやエスニック集団も同様である。『アシェット図説大百科事典 Grand dictionnaire Hachette encyclopédique illustré』が、「おもに同一文化、同一言語によって特徴づけられる人間集団」[125]と説明しているように、客観的要素によって形成される人間集団か、『社会科学国際百科事典 International Encyclopedia of the Social Sci-

---

(122)　E/CN.4/Sub.2/1985/SR.15, paras.20-21.
(123)　HIGGINS R., "Self-determination", *CSCE ODIHR Bulletin*, Vol.3, N°3, pp.16-29, 1994, p.26.
(124)　*Dictionnaire de terminologie du droit international*, Paris, Sirey, 1960 p.233. JOUVE E., *Le droit des peuples*, Coll. Que sais-je ?, Presses Universitaires de France, Paris, 1986, p.8 参照。
(125)　*Grand dictionnaire Hachette encyclopédique illustré*, Hachette, 1993, p.536、「エスニEthnie」の項。

第2章 「マイノリティ」概念の発展

ences』が示しているように、客観的要素と主観的要素のふたつから成る人間集団かである。

> 「エスニック集団とは、社会において、文化が一般的にその社会のものと異なる明白なカテゴリーの住民。そのような集団のメンバーは、人種、ナショナリティまたは文化の共通性によって結びついていると、自分たち自身が感じているか、または、そのように見なされている。」[126]

結局のところ、ある集団がエスニック集団と呼ばれるか、ピープルと呼ばれるか、ネイションと呼ばれるか、ナショナリティと呼ばれるか、マイノリティと呼ばれるかは、スターヴェン・ハーゲンが指摘するように、「単なる科学的探求手続の問題よりもむしろ政治的問題なのである。」[127]

かつて、あらゆる人間集団は、それぞれがひとつの身体と考えられていた。そして、この身体が頭を含むのか否かという論争が常にあった。今日、人間集団は、客観的存在ととらえられている。しかし、かつての論争は、あいかわらず言葉をかえて残っている。つまり、人間集団は、意思もしくは意識という主観的要素を含むのかどうかという論争である。アリストテレス以来、存在は、語り手が定義をとおして与える精神もしくは意思によって規定されてきた。存在は語り手の意思と、混同されていたのである。アリストテレスの時代から19世紀にいたるまで、語り手の意思は魂や精神に移し替えられ、20世紀においては主観的要素に移し替えられたのである。一方、語り手の意思の対象は、アリストテレスの時代から19世紀

---

(126) MORRIS H.S., "Ethnic Groups", D.L.SILLS (sous la direction de), *International Encyclopedia of the Social Sciences*, The Macmillan Company & The Free Press, 1968.Vol.5, p.167. BETEILLE A., "Race, Caste and Ethnic Identity", L. KUPER (sous la direction de), *Race, Science and Society*, The UNESCO Press / George Allen & Unwin, Paris / London, 1975, p.223 参照。

(127) STAVENHAGEN R., *The Ethnic Question : Conflicts, Development, and Human Rights*, United Nations University Press, Tokyo, 1990, p.60.

にいたるまでは身体に、そして、20世紀においては客観的要素に移し替えられたのである。歴史的に、人間集団の概念とは、支配従属関係にもとづく、統治の正当化であった。実際、18世紀にいたるまでは、集団の関係的側面、すなわち、支配者が統治する枠組みとしての集団という側面は、『百科全書』の「社会société」の項が示していたように、目に見えるものであった。ところが、その後、一方において、支配者は匿名となる。なぜなら、「生身の君主から抽象的な君主へ、そして、抽象的な君主から国家という匿名性に移った」[(128)]からである。また、他方においては、モンテスキュー以来、人間集団は支配者に基礎をおくのではなく、自然条件に基礎をおくと考えられるようになったからである。その結果、支配被支配という関係的側面はますます見えなくなり、ピープル、ネイション、マイノリティといった人間集団は、それ自体で存在しているように思われるようになったのである。つまり、説明の対象が実体化したのである。

同様の実体化は、法の分野でも見られる。法も、かつては支配被支配という関係の表現であった。実際、法や法律は支配者の意思の表現だったのである。ところが、後になって、ロックが主張した、個人の同意や人民の「信託」という理念が示しているように、またさらには、フランス革命が主張した、人権や民族自決権という理念が示しているように、支配の対象すなわち被支配側が、説明の中では、それ自体が自然法によって存在している主体とされたのである。こういった現象によって、法という概念の関係的意味合いがますます隠されてしまったのである。こうした法政治思想の大転換にもかかわらず、知識人は、支配者によって説明される世界の枠内に相変わらず留まって、支配者の提供する説明を現実と見なす。たとえば、ジョセフ・L・クンツ Josef L. Kunz は、大国の利害に応じて、説明

---

(128) WEILLER J. et DUPUIGRENET-DESROUSSILLES G., *Les cadres sociaux de la pensée économique*, Presses Universitaires de France, Paris, 1974, p.143.

第 2 章 「マイノリティ」概念の発展

の変化に迅速に対応する知識人の反応を皮肉に描写している。

「第一次世界大戦後は、『マイノリティの国際的保護』が一大ファッションであった。すなわち、数多くの条約、会議、国際連盟活動、膨大な著書や論文がなされたのである。最近ではこのファッションはほとんど時代遅れになっている。今日では、立派な服装をした国際法学者は、『人権』を身にまとっているのである。」[129]

支配者が説明する世界の中で、存在は支配者の説明 logos が規定する。この世界の住人は、この説明を現実として受け取る。そのため、その住人には、この世界が数々の「パラドクス」で満たされているように見える。19世紀に民主主義が進展したにのかかわらず、なぜ人種差別が拡大したのか。[130]「個人の人権は、国家からの保護を必要とする」のに、なぜ国連加盟国は人権保護に賛同したのか。[131] 確かに、人間生活の改善に向けられた、この世界の住人の善意を過小評価してはならないだろう。しかし、問題は、アリストテレス的伝統に、あまりに長く居すぎたために、意思と現実との区別が相変わらず存在しないことである。実際、国連事務総長は、「マイノリティを社会的現実とみなしている」[132] にもかかわらず、これをネイション、そして次には、国家という概念に同化しようと

---

(129) KUNZ J.L., "The Present Status of the International Law for the Protection of Minorities", *American Journal of International Law*, Vol.48, 1954, p.282.

(130) LAUREN P.G., *Power and Prejudice, The politics and diplomacy of racial discrimination*, Westview Press, Boudler/London, 1988, p.34.

(131) SCHWELB E., *Human Rights and the International Community, The Roots and Growth of the Universal Declaration of Human Rights, 1948-1963*, Quadrangle Books, Chicago, 1964, p.11. EEK H., "Some Reflections on the Development of the International Human Rights Law and on the Impact on that Law of Scientific Developments", *Revue des droits de l'homme*, Vol.4, 1971, p.443 参照。

(132) E/CN.4/Sub.2/85, 1949, para.48. フランソワ・リゴにとって、「ピープル peuple とは、集団的な現実である」。RIGAUX F., *Pour une déclaration universelle des droits des peuples, identité nationale et coopération internationale*, Chronique Sociale, Lyon, 1990, p.11.

第2部 「ナショナリティ」から「マイノリティ」へ

したのである。小委員会委員のジュール・デシェン Jules Deschênes は、先住民族と定住外国人[133]を自分が行うマイノリティ定義[134]からアプリオリに除外する。さらに、彼は、ウィルソンが、「人種的熱望」の名において、マイノリティ概念を押しつけた事実を無視して、自分が一方的に定義しているマイノリティに対して、「集団的意思」[135]の証明責任を、ウィルソンやデシェンの企図にあずかり知らぬ当事者に課すのである。デシェンはこう主張する。

「生存のための集団的意思を立証できない場合、そのマイノリティは、定義から除外される。」[136]

ところで、統治者の側は、人間集団概念の伝統的用法、すなわち、支配正当化のための概念道具としての用法を忘れていない。人間集団を形成するのは支配者の意思である。たとえば、国連規約人権委員会におけるチリ政府報告書の審理において、[137]チリ政府は、以下のように明言する。

「チリ報告書における宣言、すなわち、第27条の意味でのマイ

---

(133) E/CN.4/Sub.2/1985/31, paras. 23-49.
(134) 彼の定義は以下のとおり。「一国の市民の集団であり、その国において数において劣り、かつ、非支配的立場にあって、多数派住民と異なる、エスニック、宗教的または言語的特質を有し、相互の連帯感情を有し、存続のための集団的意思によってたとえ黙示的であるにせよ動機づけられ、多数派との事実的ならびに法的平等を達成することを目的とするもの。」E/CN.4/Sub.2/1985/31, para.181. DE-SCHÊNES J., "Qu'est-ce qu'une minorités?", *Les Cahiers de Droit*, Vol.27, N°1, 1986, pp.255-291 参照。この定義に対する批判としては、PACKER, J., "On the Definition of Minorities", J. PACKER et K. MYNTTI (sous la direction de), *The Protection of Ethnic and Linguistic Minorities in Europe*, Åbo Akademi University Institute for Human Rights, Turku/Åbo, 1993, p.55 参照。
(135) E/CN.4/Sub.2/1985/31, para.181.
(136) E/CN.4/Sub.2/1985/31, para.75.
(137) 「市民的政治的権利に関する国際規約」の締約国は、規約上の人権の「実現のためにとった措置及びこれらの権利の享受についてもたらされた進歩（40条1項）」「規約の実施に影響を及ぼす要因または障害が存在する場合には、これらの要因及び障害（同条2項）」について、第28条にもとづいて設立された規約人権委員会に報告する義務を負っている。

ノリティがこの国に存在しないというのは、政府がすべてのエスニック集団を国家共同体に統合したいという願望を表現したものである。」[138]

アリストテレス以来、支配者の意思という意味での法律が、人間集団を形成してきた。フランスは、第27条を留保している唯一の国であるが、[139] この伝統を引き継いでいる。マイノリティは、国家によって法的に組織されねばならないというのである。

「フランスではこの〔マイノリティの―引用者〕概念は常に危険視されてきた。なぜならマイノリティを法的に組織すると、その疎外、ゲットーの設立、迫害に結びつくおそれがあるからである。」[140]

ところが、シエイエスは、フランスネイションをガリアという人種に基礎づけていたのだった。この矛盾の歴史的事情については、すでに見たとおりである。人種、言語、宗教といった客観的要素なるものにせよ、意思といった主観的要素なるものにせよ、それらは、統治を正当化するためのカードにすぎない。こうした法的マイノリティの考え方に対して、規約人権委員会のディミトリジェヴィッチ Dimitrijevic は、「事実的マイノリティ」という概念を対抗する。

「フランスはマイノリティの語を、法によって構成された、ある権利の享有ができないマイノリティと理解しているように思われるが、この語はかなり長い間にわたって、むしろ制度化されていない事実的（de facto）マイノリティを意味するものとして使われてきた。」[141]

頭と身体にせよ、主観的要素と客観的要素にせよ、法と事実にせ

---

(138) CCPR/C/SR.130, 1979, para.47.
(139) 「フランス政府は、フランス共和国憲法第2条を考慮し、規約第27条がフランス共和国に関して適用の余地がないことを宣言する。」CCPR/C/2/Rev.1, p.17. 「フランスは、マイノリティの存在しない国である。」CCPR/C/22/Add.2, p.40.
(140) CCPR/C/SR.445, para.80.
(141) CCPR/C/SR.441, para.19.

よ、これらは、支配の意思とその対象との間の対立を表現したものに他ならない。アリストテレス以来、この支配の意思（ヌースまたは神）は不動にして、その説明 logos または定義によって、世界を創造し動かすのである。

　(2)　キトク事件：個人の不存在

　そもそも、人間集団に関するアリストテレス的目的論は、支配者に向けられたものであるから、多くの場合、集団概念は、それが現実のものであるという信仰にも関わらす、支配者の役に立つものである。このことを、1985 年 12 月 2 日に国連規約人権委員会に通報され、1988 年 7 月 27 日にこの委員会の見解が採択されたキトク対スウェーデン事件を通して見てみよう。[142]

　通報者は、「サミをエスニック起源とする」[143]スウェーデン市民イワン・キトク Ivan Kitok である。彼は、1 世紀以上にわたってトナカイ放牧に携わっていた「サミ家系」[144]に属しているにも関わらず、その権利行使が妨げられていると主張する。かつて「ラップバイ lappby」と呼ばれ、現在は「サムバイ sameby」と呼ばれるサミ村のメンバー資格がないためである。1971 年スウェーデン法によって、こうした村は、クローズドショップ規則をもった組合のような機能を持ち、そのメンバーでないものは、土地および水に対するサミの権利を行使することができない。スウェーデン王室およびラップ行政官の決定によって、あるサミが 3 年間他の職業に従事している場合、その者は、自己の地位を喪失し、その者の名前はサミ村の名簿から削除されるのである。

　まず、キトクは、市民的政治的権利に関する国際規約第 1 条の違反、すなわち、民族自決権違反を主張する。[145]しかし、規約人権

---

(142)　Communication No 197/1985, Kitok c. Suède, *Rapport du Comité des droits de l'homme*, A/43/40, Annexe VII, sect.G, 1988.
(143)　A/43/40, ibid., para.1.
(144)　A/43/40, ibid., para.2.1.

委員会は、以下の理由によって、この主張を退ける。

「規約人権委員会の考えでは、通報者は個人として規約第一条の民族自決権違反の被害者であると申立てることはできない。選択議定書は、自己の権利が侵害されたと申立てる個人に関する手続きを規定したものである。これに対して、規約第一条は、民族（peoples）が民族として所有する権利を取り扱っている。」[146]

この論理の基礎は、アリストテレス的な伝統的理念に基づいている。すなわち、集団は個人に先行し、かつ、メンバーとは独立して存在しているという理念である。そのため、集団的権利に関する第1条は、個人通報において援用することができない。一方、マイノリティに属する個人の権利を規定する第27条について、締約国のスウェーデンは、関係するスウェーデン法の目的が、集団としてのマイノリティ保護にあることを強調する。

「その条文から明らかなように、トナカイ放牧法の目的は、サミ文化およびトナカイ放牧それ自体を保護することである。本件で起こった紛争は、サミとしてのイワン・キトクと国家との間に起こったものではなく、むしろ、イワン・キトクと他のサミとの間で起こったものである。」[147]

---

(145) 規約第1条は、以下のように規定する。

「1、すべてのピープルは、自決の権利を有する。この権利に基づき、すべてのピープルは、その政治的地位を自由に決定し並びにその経済的、社会的及び文化的発展を自由に追求する。

2、すべてのピープルは、互恵の原則に基づく国際的経済協力から生ずる義務及び国際法上の義務に違反しない限り、自己のためにその天然の富及び資源を自由に処分することができる。ピープルは、いかなる場合にも、その生存のための手段を奪われることはない。

3、この規約の締約国（非自治地域及び信託統治地域の施政の責任を有する国を含む。）は、国際連合憲章の規定に従い、自決の権利が実現されることを促進し及び自決の権利を尊重する。」

(146) A/43/40, ibid., para.6.3.
(147) A/43/40, ibid., para.4.3.

この主張に対して、イワン・キトクは、国家の目的がサミの分割であり、スウェーデン国家によるサミ村の制度化は、反民主的であると反論する。

　「サミ村の制度化によって、トナカイ放牧に従事するサミの数は、年々減少しており、スウェーデンサミ元来の土地にあるサミ村で活動しているメンバーは、今ではわずか2,000人しかいない。スウェーデンが、これ以外のサミは同化されているという場合、それはスウェーデン政府自身が第27条違反を認めているように思われる。サミ民族にとって重要なのは、人間的連帯 folksolidaritet であり、職業的連帯 näringssolidaritet ではない。このことは、グスタフ・パーク Gustaf Park やイスラエル・ルオング Israel Ruong といった偉大なサミ指導者たちが主張してきたことである。それにもかかわらず、スウェーデンは、職業的連帯をスウェーデンのサミの中で優位させるためにできるすべてのことを行って、完全サミと半サミに分断したのである。[…]〔カッコママ〕特徴的なことは、1964年、王立委員会はラップ村をトナカイ村とよび、これを大トナカイ所有者が大きな選挙権をもつ完全な経済団体にしようとした。これが現在のサミ村となっているのであり、そこのメンバーは、100頭のトナカイが増えるごとに、新たに一票を得ているのである。このような投票制度ゆえに、イワン・キトクは自分の故郷である Sörkaitum ラップ村に入るのを認められなかったのである。」[148]

　規約委員会は、この村に関する国家の責任を認める。

　「1971年トナカイ放牧法の制定により、締約国の責任も関与している。よって、争われているのは国家の措置である。」[149]

　国連事務総長が提示した公式理論によると、テンニスが主張した意味において、マイノリティは「共同体」であり、国家は「社会」

---

(148) A/43/40, ibid., para.5.3.
(149) A/43/40, ibid., para.9.4.

である。キトクの主張も同様に、サミ民族は人間的連帯に結びつくのに対して、「サミ村 sameby」はスウェーデン法によって定義される組合すなわち経済団体である。よって、事務総長の理論に従うなら、委員会の結論は、国家によるサミ村の制度化とそれに続く非メンバーの土地と水に対する権利行使の禁止は、キトクから「その集団の他のメンバーとともに、自己の文化を享有する権利」を奪っている、とならねばならない。[150] つまり、第27条違反である。なぜなら、事務総長が確立した基準によると、サミ民族は「共同体」としてのマイノリティであるのに対して、サミ村はマイノリティではなく、「社会」だからである。ところが、規約人権委員会は、この論理には従わない。なぜなら、アリストテレス以来、人間集団を規定するのは、支配者の目的や意思だからである。「共同体」と「社会」の区別は、支配者に都合のいいようにしか機能しない。そのことは、事務総長の理論や彼以前の歴史的実例が示しているとおりである。

> 「締約国によると、トナカイ放牧法の目的は、経済的生態学的理由によりトナカイ放牧者の数を制限すること、および、サミマイノリティの保持、福祉を確保することという。両当事者ともに認めていることは、トナカイ放牧の将来とトナカイ放牧が一次的収入源である人々の生活を確保するための効果的措置が必要であるということだ。これらの目標を確保するために締約国によってとられた方法は、トナカイ放牧に従事する権利をサミ村のメンバーに限定することであった。規約人権委員会の意見では、これらの目的手段のすべては合理的であり、第27条と両立している。」[151]

結局、申立人であるキトクは、「スウェーデンサミがもとからいた土地に住んでいる約5,000人のサミの名において」申し立てを

---

(150) 市民的政治的権利に関する国際規約第27条。
(151) A/43/40, ibid., para.9.5.

第2部 「ナショナリティ」から「マイノリティ」へ

行っているにも関わらず、政府が創造した集団のメンバーになる可能性がある者としてしか考慮されなかったのである。[152]委員会は以下のように強調する。

> 「法は種族的マイノリティの生活に参加するためのいくつかの基準を規定している。それにより、種族的にサミであるものが、この法においてはサミでないと判示されうる。マイノリティのメンバー資格決定にあたり客観的な種族基準を無視すること、および、当該規則のキトク氏への適用は同法によって求められる正当な目的に対し、不相応であった恐れがあることを委員会は懸念してきた。」[153]

一方において、国家がマイノリティの範囲を定めることを、委員会は認めるが、他方において、このマイノリティに対するキトクの客観的所属をも認める。この矛盾から、委員会は、まったく非論理的な決定を行う。つまり、法的根拠無くして、申立人の請求を認めるのである。

> 「規約人権委員会の見解では、締約国による第27条違反はない。この文脈のなかで、規約人権委員会は以下のことに留意する。イワン・キトクは、権利としてではないが自己のトナカイを養い、狩猟、漁業を行なうことが認められる。」[154]

委員会は、集団的権利（第1条）の主張に対しては、通報の個人的性格を対峙し、個人的権利（第27条）の主張に対しては、国家が想定する集団を対峙する。結局、「当該マイノリティに属する者は」[155]は、集団的権利も個人的権利も享受することができないのである。これもまた、人間支配の概念道具たる、集団についてのアリストテレス的ロゴスの「論理的」結論である。アリストテレスに

---

(152) A/43/40, ibid., para.5.3.
(153) A/43/40, ibid., para.9.7.
(154) A/43/40, ibid., para.9.8.
(155) 市民的政治的権利に関する国際規約第27条。

とって、「自然によって国をなさぬものは劣悪な人間であるか、あるいは人間より優れた者であるかのいずれか」なのだから。よって、この委員会の結論が示しているように、国家支配に属さない個人は、論理 logos にも属さない。

アリストテレス以来、人間集団の概念は、支配の説明様式であった。ところが、1990年以後、人間集団に関する新しい概念が登場する。

第3節　1990年から現在：「マイノリティ」概念の変容

A.　国際連合：客観的実体としてのマイノリティ

(1)　「ナショナル、もしくは、エスニック、宗教的および言語的マイノリティに属する者の権利宣言」

1989年に始まる中東欧での共産主義体制の崩壊は、民族紛争ないしエスニック紛争と呼ばれるものを引き起こすが、これによって、マイノリティ保護に対する国際連合の態度も変更を余儀なくされる。1992年12月18日、国連総会は、「ナショナル、もしくは、エスニック、宗教的および言語的マイノリティに属する者の権利宣言（以下、国連マイノリティ権利宣言）」を採択する。[1]その前文は、「基本的人権に関する信念、人間の尊厳及び価値に関する信念、男女及び大小各ネイションの同権に関する信念をあらためて確認」する。ところが、マイノリティ保護への国連のこの新たな取り組みをもたらした動機は、マイノリティの権利保護自体というよりもむしろ、

---

(1)　以下参照。THORNBERRY P., *The UN Declaration on the Rights of Persons belonging to National or Ethnic, Religious and Linguistic Minorities : Background, Analysis and Observations*, Minority Rights Group, London, 1993; VUKAS B., "Le projet de déclaration sur les droits des personnes appartenant à des minorités nationales, ethniques, religieuses et linguistiques", *Annuaire français de droit international*, 1979, pp.281-294 ; METELKO A., "Evolutions of International Protection of Minorities", *ELSA Law Review*, Vol.1, N°1, 1989, pp.48 et ss.

第2部 「ナショナリティ」から「マイノリティ」へ

「ナショナル、もしくは、エスニック、宗教的および言語的マイノリティの権利の促進と保護は、その者たちが生活する国家の政治的、社会的安定に貢献することを考慮し」という文言に見られる、政治的関心が大きかった。やはり前文が示しているように、こういった観点から、国連総会は、「国連が、マイノリティ保護に関し重要な役割を担っている」と考えるのである。実際、第1条はマイノリティの権利について明白に言及するのではなく、国家によって取られるべき措置にしかふれていない。

「第1条
　1．国家は、自国領域内のマイノリティの存在及びそのナショナル、もしくは、エスニック、文化的、宗教的および言語的アイデンティティを保護し、そのアイデンティティ促進のための条件づくりを奨励しなくてはならない。
　2．国家は、これらの目的を達成するため、適当な立法及びその他の措置を取らなくてはならない。」

権利内容についても、国連人権センター（後の国連人権高等弁務官事務所）事務官のアルフレッドソン Alfredsson とデザヤス De Zayas,が指摘しているように、「宣言の前文および9つの条文は、おもに、既存の権利の一般的内容を確認したものである」。[2]確かに、第4条3項は、市民的政治的権利に関する国際規約第27条には明記されていない「母語での教育」を規定しているが、これは場合によっては国家が適当と認めて行うことのあり得る措置のひとつでしかない。結局、この宣言の重要性は、その内容よりもむしろ、マイノリティの同化政策から保護政策への変更という国連政策の変化にある。今や、国連事務総長自身が、マイノリティ概念を定義することが無駄であることを認め、プラグマティックな方法を取るよう勧めているのである。

（2） ALFREDSSON G. et DE ZAYAS A., "Minority Rights : Protection by the United Nations.", *Human Rights Law Journal*, Vol.14, N°1-2, 1993, p.3.

「宣言には、マイノリティという用語の定義がまったく含まれていないことが確認される。参加国は、定義を与える必要性も有用性も見いださなかった。なぜなら、マイノリティにひとつの共通の定義や共通のまとまった権利を適用しなくてはならないといった過去の信念が、むしろ問題の源だったからである。」[3]

第一次世界大戦後、ウィルソンは、彼が言うところの「人種的熱望」に応じて、ナショナルマイノリティとナショナルマジョリティを区別した。第二次世界大戦後、国連事務総長は、マイノリティを国家に同化しようとつとめた。国連が同化政策を放棄した今や、「マイノリティの存在及びそのナショナルアイデンティティ」が、ふたたび、承認されたのである。実際、1994年、規約人権委員会は、マイノリティの権利に関する第27条についての一般的意見を採択する。この意見は、マイノリティの存在に関する国家の判断を退け、「人種、言語または宗教によるいかなる区別もしていないことをもって、その国家にはマイノリティが存在しないと主張する国家があるが、その主張は誤りである」[4]ことを明らかにしている。マイノリティの存在について、今や国連は、事務総長の初期の見解、つまり、「客観的」マイノリティの存在を認める見解にもどったのである。

「ある締約国内にエスニック、宗教的または言語的マイノリティが存在すると言うことは、国家の判断に依拠するものではなく、客観的基準によって確認しなくてはならない。」[5]

---

[3] E/CN.4/1993/85, para.17.
[4] Observation générale 23 (50) (art. 27), *Rapport du Comité des droits de l'homme*, A/49/40, Vol.1, Annexe V, 1994, para.4.
[5] A/49/40, ibid., para.5.2.

第2部 「ナショナリティ」から「マイノリティ」へ

(2) 定義追求の継続

　事務総長がマイノリティ定義の無用性を主張し、プラグマティズムを主張したにも関わらず、集団概念の性質自体が理解されない限り、定義の試みすべてを止めようとすることは困難である。実際、1993年、アスビジョン・アイデ Asbjorn Eide は、作業定義として以下のような提案を行っている。

　　「マイノリティとは、主権国家に居住し、ナショナル社会の住民の半分以下を代表し、そのメンバーが、エスニック、宗教または言語について、他の住民と異なる共通の性格を持つ者の集団全体である。」[6]

　なるほど、アイデが強調しているように、これは「たいへん広範かつ一般的」な定義である。[7] なぜなら、「それは、すべてのマイノリティが同じ権利を持っているわけではないという確信に基づいているからである。最低限の権利しか持たないものもあれば、より重要な権利を持つ、または、持つはずのものもある」。[8] このように、マイノリティが固有の存在を持つという信仰が、相変わらず続いているのである。中世西欧では、権利が societas や communitas といった人間集団を創造していた。すなわち、政治的意思が人間集団を創造していたのである。ところが、今日では、意思とその対象が分離し、法適用以前に対象自体が定義を要求しているのである。アイデは、状況に応じた権利を享有する、そうした対象を定めるという方法をとっているにもかかわらず、自分の定義から、「植民地領域のピープル」[9] を排除する。なぜなら、「非自治地域のピープル（住民の意味における〔ママ〕）は、彼らが望むならば、十分完全な独立を得る権利を含めた、自決権を、集団として、持つからであ

---

(6)　E/CN.4/1993/34, para.29.
(7)　E/CN.4/1993/34, para.27.
(8)　Ibid.
(9)　E/CN.4/1993/34, para.30.

第2章 「マイノリティ」概念の発展

る」。[10]最終的に対象の定義を試みるこの定義案は、法と対象を区別するという前提にもかかわらず、法を含んでしまったのである。

1996年、小委員会内に設置されたマイノリティに関する会期間作業部会において、スタニスラフ・チェルニチェンコ Stanislav Tchernitchenko は、定義の必要性を主張する。

「作業部会は、宣言の規定に基づかねばならない。ところが、それが真に可能となるためには、活動の方向性を定めるため、たとえ大雑把なものであっても、定義を持たねばならならない。」[11]

彼にとっても、対象が目的に先行する。ところが、彼の定義案自体、マイノリティに適用されるべき制度、すなわち、法を前提にしているのである。

「第1条　マイノリティとは、一国の領域において常に居住し、原則として、この国の他の住民に数において劣る、すなわち、ナショナル住民の半分以下を代表し、ナショナル、もしくは、エスニック、宗教的および言語的性格、ならびに、その他関連した特性（文化、伝統など）で、他の住民と対応する性格が異なり、存在を保持する意思と集団のアイデンティティを表明している者の集団である。

　第2条　国家内のある地域において、常に居住する者の集団が、同一地域に生活する他の住民よりも数において劣り、上記の性格を保持している場合、これをマイノリティとみなすことを妨げるものはなにもない。

　第3条　上記の性格を保持している者の集団が、国家もしくは、これらの者が居住している国家の地域の他の住民より数において劣っていなくても、マイノリティのために想定された制度を与えるために、状況に鑑みて、マイノリティとみなすこと

---

(10)　Ibid.
(11)　E/CN.4/Sub.2/AC.5/1996/WP.1, para.1.

を妨げるものはなにもない。

　第4条　人権と基本的自由の尊重を条件として、上記の性格を保持している者の集団で、そのメンバーが関係国家の国民であるものをマイノリティと見なさないことを妨げるものはなにもない。

　第5条　マイノリティでないものは、
　　a）先住住民
　　b）ピープルと見なされることによって、自決権をもつ者の集団
　　c）上記の性格を保持しているが、自己のアイデンティティを保持する意思を明確に表明していない者の集団
　　d）上記の性格を保持しているが、数が少なすぎるため、彼らのために特別保護制度を創設することが客観的に不可能であるものの集団。

　第6条　第5条b）に規定された集団が、自己のアイデンティティを保持する意思を持たないことが確実に証明されない場合、彼らはそれを保持することを希望していると想定される。

　第7条　ある者の集団に、マイノリティの定義と併行して、他の定義を適用する場合、両定義とそれらの適用から生じる制度を調和させることが不可能であるならば、適用によってより有利な制度がこの集団に与えることになる定義が優先される。」[12]

　確かに、規約人権委員会の意見は、国家による同化支配から人間を解放する方向性を指し示しはした。しかし、自然に規定される自然集団という信仰に固執する限り、人間集団の「オーガニック身体」が進化するという18、19世紀以来の信仰に止まったままなのである。チェルニチェンコの以下の発言がこれを示している。

---

(12)　E/CN.4/Sub.2/AC.5/1996/WP.1, p.5.

「ある一定領域に集中しているナショナルマイノリティは、そのある発展段階に達すると、ピープルを構成するにいたることがありうる。その場合、問題が生じるのは、マイノリティの定義をこの集団にもはや適用すべきでないという事実からではなく、この集団の地位の変化の定義を可能にする基準を確立すること、そして、次に、適用されるべき法制度を修正することから生じるのである。」[13]

マイノリティ存在のいわゆる客観性がこのように主観的性質をもつということが明らかになり、人間集団について新しい概念の創造を可能にするのは、ヨーロッパの諸機関の活動を通してである。ところが、第一次世界大戦後1990年にいたるまで、国際法のマイノリティ保護の分野において、これらの機関は、特に活動を行ってこなかったのである。

B. OSCE (CSCE) と欧州審議会：個人的アイデンティティとしてのマイノリティ

欧州審議会[14]が採択し1953年9月3日に発効した欧州人権条約

---

(13) E/CN.4/Sub.2/AC.5/1996/WP.1, para.10.
(14) 欧州審議会とマイノリティ保護については、以下参照。BRUEGEL J.W., "A Neglected Field : The Protection of Minorities", *Revue des droits de l'homme*, Vol.4, 1971, pp.433 et ss. ; BENOÎT-ROHMER F. et HARDEMAN H., *The Minority in Europe, Towards the Creation of a Coherent European Regime*, CEPS Paper N°55, 1994, pp.10-16 ; HARTIG H., "Les travaux du Conseil de l'Europe dans le domaine des minorités", P. GRIGORIOU (sous la direction de), *Questions de minorités en Europe*, Presses interuniversitaires européennes, Bruxelles, 1994, pp.281-295 ; THORNBERRY, P. et ESTEBANEZ, M. A. M., *The Council of Europe and Minorities*, COEMIN, Conseil de l'Europe, 1994. ; WILLE P.F., "Minority Questions in the Council of Europe", *HELSINKI MONITOR*, Vol.5, N°1, 1994, pp.26-31 ; YACOUB J., *Les minorités, Quelle protection?*, Éditions Desclée de Brouwer, Paris, 1995, pp.103 et ss. ; BENOÎT-ROHMER F., *La question minoritaire en Europe : vers un système cohérent de protection des minorités nationales*, Éditions du Conseil de l'Europe, Strasbourg, 1996, pp.37-54.

には、市民的政治的権利に関する国際規約第27条に対応するマイノリティの権利も、同規約第26条に対応する一般的な差別禁止条項も存在しない。[15]確かに、欧州人権条約第14条は、この条約が認める権利と自由の享有について、「ナショナルマイノリティへの所属」を含むいくつかの理由で、差別することを禁止している。しかし、この禁止は、この条約が認める権利と自由にしか適用されないのである。

この問題を特に何度か提起したのは、欧州審議会の諮問会議であった。欧州審議会が活動を始めた最初の年である1949年、この諮問会議の法律行政問題委員会は、「本質的自由と基本的権利の集団的保障組織」に関する報告書を作成する。その中でこの委員会は、ナショナルマイノリティの権利を広範に保護する問題が重要であることを全会一致で承認した。[16]1961年4月28日、議員総会は、「ナショナルマイノリティの権利に関する決議285（1961）」を採択する。議員総会は、閣僚委員会に対して、以下のことを勧告する。

「欧州人権条約に関する諸問題を検討する任務を負った政府専門家委員会が、人権条約自体ならびに第1追加議定書にも規定されていない権利をナショナルマイノリティに保証すべく、添付された草案にもとづいて、条文もしくは同様の文言を、第2議定書に挿入することを担う。」

マイノリティの権利の条文案は、以下のように規定されていた。
「ナショナルマイノリティに属する者は、その集団の他のメンバーとともに、公序によって定められる範囲内で、自己の文化を享有し、自己の言語を使用し、独自の学校を開設し、自己が選択する言語で教育を受け、自己の宗教を信仰しかつ実践する

---

(15) なお、2000年11月、一般的な差別禁止を規定する欧州人権条約第12議定書が採択され、2005年4月1日発効した。徳川信治「欧州人権条約第12議定書の成立」立命館法学271・272号、2000年、589頁参照。

(16) Assemblée consultative, Doc. 77, 1949, para.11.

第2章 「マイノリティ」概念の発展

権利を否定されない。」

ところが、1974年、閣僚委員会は、「ナショナルマイノリティの保護を、欧州人権条約追加議定書案の対象とする必要はない」と決定する。[17]

1975年8月1日、欧州安全協力会議（CSCE）は、ヘルシンキ最終文書を採択するが、その原則7には、ナショナルマイノリティに関する以下のような言及が見られる。[18]

「自国の領域にナショナルマイノリティが存在する参加国は、これらのマイノリティに属する者の法の前の平等に対する権利を尊重し、人権及び基本的自由を効果的に享受する完全な機会を彼らに与え、このようにしてこの分野における彼らの正当な利益を擁護する。」

確かに、「最終文書に取りいれられた表現は、故意にあいまいかつ拘束力の乏しいもの」[19]ではある。しかし、欧州審議会諮問会議は、この文書に依拠して、おもに欧州審議会の非加盟国におけるマイノリティの状況について、いくつかの決議および勧告を採択している。[20]結局、1990年まで、欧州の諸機関では、マイノリティ保

(17) CONSEIL DE l'EUROPE, *Annuaire de la Convention européenne des droits de l'homme 1974*, Martinus Nijihoff, La Haye, 1976, p.123.
(18) CSCEとマイノリティ保護については、以下参照。KISS A.C., "La protection des minorités dans le cadre de la CSCE", INSTITUT D'ETUDES EUROPÉENNES et INSTITUT INTERNATIONAL DES DROITS DE L'HOMME (sous la direction de), *La Protection des Minorités et les Droits de l'Homme*, Bruxelles, 1992, pp.45-47 ; REMACLE E., "La CSCE et les droits des minorités nationales", ASSOCIATION DROIT DES GENS 1993 (sous la direction de), *Le droit international à l'épreuve*, Éditions Complexe, Bruxelles, 1993, pp.138-157 ; BENOÎT-ROHMER F. et HARDEMAN H., op. cit., pp.4-10 ; BLOED A., "The CSCE and the Minority Issue", Helsinki Monitor, Vol.5, N°1, 1994, pp.82-86 ; YACOUB J., op. cit., pp.99 et ss ; BENOÎT-ROHMER F., *La question minoritaire en Europe*, op. cit., pp.25-30.
(19) REMACLE E., "La CSCE et les droits des minorités nationales", *Politique étrangère*, 1/93, 1993, p.142.
(20) たとえば、ソ連におけるユダヤ人の状況に関する決議845（1985）、ブルガリアにおけるエスニックマイノリティおよびイスラム教マイノリティの状況に関する

第2部 「ナショナリティ」から「マイノリティ」へ

護のための特定の活動は、見られなかったのである。

(1) 個人的アイデンティティとしての集団

1990年6月29日、CSCEは、「CSCEの人道的側面に関するコペンハーゲン会合文書」を採択する。[21]この文書の第4章は、マイノリティ保護の包括的方針を明記している。それは、「アイデンティティ」という用語に新しい意味を取り入れることによって、マイノリティ概念の画期的変換を告げる第32段落を含んでいた。

「ナショナルマイノリティへの所属は、個人選択の問題であり、その選択からいかなる不利益も生じてはならない。ナショナルマイノリティに属する者は、その意思に反するいかなる同化の試みを被ることなく、自己のエスニック、文化的、言語的または宗教的アイデンティティを自由に表明し、保持し、発展させ、自己の文化をあらゆる形態において発展させる権利を持つ。」[22]

かつて「アイデンティティ」という言葉は、複数の人間の間における特徴の類似を示すにすぎなかった。この「アイデンティティ」すなわち類似性の中に、語り手は人間を結びつける力を見いだそうとしたのである。たとえば、先に見たように、カポトルチにとって、固有の（エスニック、宗教的または言語的）アイデンティティは、自己の別個の特性を保持することに貢献する共通の意思を意味していた。チェルニチェンコも同様に、「個人を結びつける特定の種族的、宗教的および言語的性質が強調されている」と主張してい

決議846（1985）、ソ連におけるドイツエスニックマイノリティの状況に関する勧告972（1983）など。Doc.6294, p.7. 参照。

(21) 1995年1月1日、欧州安全保障協力会議CSCEは、欧州安全保障協力機構OSCEに改称。

(22) Document de la Réunion de Copenhague de la Conférence sur la dimension humaine de la CSCE, 1990, para. 32.

第2章 「マイノリティ」概念の発展

た。[23] ところが、この条文が用いている「アイデンティティ」という言葉の意味は、個人的かつ主観的なものである。すなわち、人間集団をつくるのは個人であるというのである。アリストテレス以来、普遍の意思と自らを同化した支配者が、人間集団を創造してきた。そのため、全体が部分に先行していた。今や、集団をつくるのは、支配者ではなく個人であることが認められ始めたのである。こうして、部分が全体に先行するようになったのである。ところで、このような認識の変化は、どこから生まれたのだろうか。この文書の検討を始める前に、こうした変化の背景にあったものを探る必要がある。

1960年代末、アメリカの心理学者であり人類学者であるエリック・エリクソン Erik Erikson は、個人における「アイデンティティ」という新しい概念を発展させた。それは、「世界観（Weltanschauung）」、[24] すなわち、以下のことを意味する。

> 「つまり第1に、自我の綜合方法にそれ自体の斉一性 self-sameness と持続性 continuity があるという自覚である。この自我の綜合方法は自分の個性的な存在のスタイルである。第2に、このスタイルが、自分が直接接触する共同体の重要な他者に対する自己の意味の斉一と持続性に合致しているという事実の自覚である。」[25]

この「直接接触する共同体」自体が、「ある恩寵のゆえに、自分の部族や民族やカースト、さらには宗教ですらも、他のものよりも

---

(23) E/CN.4/Sub.2/AC.5/1996/WP.1, para.6.
(24) ERIKSON E.H., *Identity, Youth and Crisis*, W.W.Norton & Company, New York, London, 1968, p.189 ; ERIKSON E.H., *Adolescence et crise : la quête de l'identité*, Flammarion, Paris, 1972, p.188. エリクソン『アイデンティティ、青年と危機』金沢文庫、1974年、262-263頁。PERESSINI M., "Les deux visages de l'identité", *Le courrier de l'UNESCO*, juin 1993, p.16 参照。
(25) ERIKSON E.H., *Identity, Youth and Crisis*, ibid., p.50; ERIKSON E.H., *Adolescence et crise*, ibid., p.45. エリクソン前掲、56頁。

第 2 部　「ナショナリティ」から「マイノリティ」へ

『当然』すぐれているのだという人間の根深い確信」かつ「自分の『種』のみが、全知全能の神によって計画され、特別の宇宙的事件のなかで創造され、真正の人間のみをエリートの指導のみもとに保護すべく歴史によって定められているのだという確信」をもった政治的エリートの世界観の産物なのである。[26] エリクソンは、人間集団を「疑似種 pseudo-species」と呼び、そのもっとも巨大なものが、「最先端の技術を誇る近代諸国家」であるというのである。[27]

エリクソンによると、「アイデンティティ」の新しい意味の起源は、まさしくマイノリティ問題、ここではユダヤマイノリティの問題であるという。ジグムント・フロイト Sigmund Freud が、「アイデンティティ」という言葉を、ただ一度ではあるが、「エスニック」な意味で用いたというのである。[28] それは、1926 年、フロイトがウィーンのブナイ・ブリス B'nai B'rith 協会で行った演説においてであった。

「わたしをユダヤ民族に結びつけていたものは（私はそれを認めることを恥じるものでありますが）、信仰でもなければ民族的な誇りでもありませんでした。というのは、わたしはいままで神を信じてはきませんでしたし、また、人類文明のいわゆる『倫理的』基準に敬意を払わなかったわけではないにせよ、事実上、無宗教で育てられたのですから。わたしは、民族的熱狂にひきこまれそうになりますと、いつも、それは、わたしたちユダヤ人がともに生活している他民族のなかでもとくに警戒すべき輩

---

(26)　ERIKSON E.H., *Identity, Youth and Crisis*, ibid., pp.298-299; ERIKSON E.H., *Adolescence et crise*, ibid., pp.300-301; エリクソン前掲、424-425 頁。

(27)　ERIKSON E.H., *Dimensions of a New Identity : The 1973 Jefferson Lectures in the Humanities*, W.W. Norton and Company, Inc., New York, 1974, p.97. エリクソン『歴史のなかのアイデンティティ』みすず書房、1980 年、125 頁。

(28)　ERIKSON E.H., *Identity, Youth and Crisis*, ibid., p.21; ERIKSON E.H., *Adolescence et crise*, op. cit., p.16. エリクソン『アイデンティティ、青年と危機』前掲、13 頁。

によって引き起こされた、有害な誤った熱狂であると考えて、むしろそれを抑制しようとしたのでありました。けれども、そのほかにも、ユダヤの民の魅力を高めてやまないものが山ほどあります。それは、1つには数多くの何か薄暗い感情の力であります。それは言葉では表現できないものですから、なおさら力強く感じられるわけです。もう1つは内的アイデンティティにかんする明確なる意識であります。つまり、ユダヤ人にのみあてはまる共通の精神構造を含んだ心安らかな私事に関する意識のことです。このような一般論は別にしましても、わたしの苦難だらけの人生航路にとっては必要不可欠なものとなっていた以下の2つの特徴は、ひとえに私のユダヤ人としての性質に負うものだという自覚が、わたしにはあったのでございます。その2つの特徴とは、第1に、わたしはユダヤ人でありましたために、数多くの偏見から自由であったことであります。他の民族の人々は、まさにそのような偏見のゆえに、知性の働きが限定されていたわけです。第2の特徴とは、わたしはユダヤ人であったため、いつでも野党に組する用意ができており、『団結固い多数派』と折り合わなくともやってゆける備えができていたことであります。」[29]

「アイデンティティ」というこの新しい概念に基づいて、エリクソンは、アメリカ合衆国における黒人マイノリティや先住民族の問題を研究する。とはいえ、マイノリティ概念のコペルニクス的転換は、エリクソンのみでなく、特に、エリクソンが関わっていた人類学や精神分析学をはじめとする、60年代に現れた学問自体を批判する動きにも帰せられる。知は人間支配ではなく、人間理解にこそ役立てねばならないことが認識され始めたのである。哲学者で精神

---

(29) ERIKSON E.H., *Identity, Youth and Crisis*, ibid., pp.20-21 ; ERIKSON E.H., *Adolescence et crise*, op. cit., p.15. エリクソン『アイデンティティ、青年と危機』前掲、11-12頁。

第2部 「ナショナリティ」から「マイノリティ」へ

分析医でもあるミッシェル・フーコー Michel Foucault は、エリクソンが「アイデンティティ」という言葉を用いて行ったのと同様のことを、「エピステーメ」という言葉を用いて行う。つまり、アリストテレスとは反対に、フーコーにとって、エピステーメとは、「あらゆる永遠なるもの」[30]、つまり、普遍的なものの追求ではなく、西欧に特有な知の「考古学」[31]なのである。

「あきらかにしようとしているのは、認識論的な場、すなわち、合理的価値や客観的形態に依拠するすべての基準のそとにあるものとしての認識が、そこにおのれの実定性の根をおろし、そうやってひとつの歴史、みずからの漸次的完成化の歴史ではなく、むしろみずからの可能性の条件の歴史といえる、ひとつの歴史を明確化する、そうした場としての《エピステーメー》なのである。」[32]

ルソーは、よその民族に自分の価値判断を投影する同時代人を批判していた。同様に、1960年、クロード・レヴィ゠ストロース Claude Lévi-Strauss は、コレージュ・ド・フランスの社会人類学開講講演において、知のヨーロッパ中心主義的性格を批判する。

「われわれの学問は、西欧の人間が、地球の表面上の一人種あるいは一民族ですら物体のごとくに扱っている間はけっして身分自身を理解できないということを理解しはじめた時に、成熟期に達しました。」[33]

人間集団の存在とは個人のビジョンなのだといっても、そのことは、それが事実ではないことを意味するものではない。

---

(30) ARISTOTE, *Ethique à Nicomaque*, 1139b, Presses Pocket, Paris, 1992, pp.149-150.

(31) FOUCAULT M., *Les mots et les choses : Une archéologie des sciences humaines*, Gallimard, Paris, 1966, p.13. フーコー『言葉と物——人文科学の考古学——』新潮社、1986年、20頁。

(32) FOUCAULT M., ibid., p.13. フーコー前掲、20頁。

(33) COLLÈGE DE FRANCE, *Cahier d'anthropologie sociale, Leçon inaugurale faite le mardi 5 janvier 1960, par Claude Lévi-Strauss*, p.46. レヴィ゠ストロース『今日のトーテミスム』みすず書房、1990年、225-226頁。

第2章 「マイノリティ」概念の発展

> 「社会的事実は散財する断片に還元されうるものではなく、人々が生きているものであり、主観的意識がそれら事実の客観的性質と同様に、その現実の1つの形なのであります。」[34]

当事者によって受け取られた現実、すなわち、当事者の主観が、第1に尊重されねばならない。レヴィ゠ストロースは、視点を語り手から当事者に移している点において、マイノリティの権利をすでに予見しているかのようである。

> 「観察者は理論家に対して、そして観察者に対しては原住民が、つねに最後のことばを持つべきであります。」[35]

この考え方、つまり、全体は個人の主観から説明されねばならないという考え方においては、「文化」という言葉の意味も根本的に修正されることになる。人類学者フレデリック・バース Fredrik Barth は、1969年、『エスニック集団と境界 Ethnic Groups and Boundaries』を著す。もうひとりの人類学者であるマルコ・マルチニエロ Marco Martiniello によると、バースは、「まず、人類学において、ついで次第に、他の社会科学におけるけるエスニシティの研究領域に実際革命を起こすものである」。[36] かつて、文化とは、人間集団を枠づけるものと考えられていた。ところが、バースにとっては、

> 「ある他者を自分と同じエスニック集団に属していると見なすことは、その他者と評価基準や価値基準を享有しているということなのである。」[37]

こうして、「文化」も、個人の視点から位置づけられることにな

---

(34) COLLÈGE DE FRANCE, ibid., p.11. レヴィ゠ストロース前掲、181頁。

(35) COLLÈGE DE FRANCE, ibid., p.9. レヴィ゠ストロース前掲、179頁。

(36) MARTINIELLO M., *L'ethnicité dans les sciences sociales contemporaines*, Coll. Que sais-je?, Presses Universitaires de France, Paris, 1995, p.48.

(37) BARTH F., "Les groupes ethniques et leurs frontières" dans POUTIGNAT P. et STREIFF-FENART J., *Théories de l'ethnicité*, Presses Universitaires de France, Paris, 1995, p.213.

る。よって、文化は、客観的実体として人間集団を定義する要素ではもはやないのである。

　いかなる文化的内容も、「文化的特徴や文化的差異を描写するリストから引き出すことはできない。アクターが強調する特徴は何かとか、何が組織的特徴としてふさわしいものとなるのかということを、あらかじめ定められた原則から、予想することなどできないのである。」[38]

　1960年代に獲得されたこのような新しい知の認識枠組みが、国際法の分野に大きな影響を及ぼしたのである。

(2) 　国家とマイノリティとの間の対立から、国家アイデンティティと個人アイデンティティとの間の対立へ

　アリストテレス以来、神と同化した支配者のビジョンが、絶対的かつ普遍的真理として、被支配者に押しつけられた。今日、知における新たな認識の獲得によって、ヌースや神や理性といった意思によって彩られていたビジョンは、国家の支配者によって創造（想像）された個人的アイデンティティに他ならないことが明らかにされた。こうした解明によって、支配者の描く世界ビジョンを単なる個人の描くビジョンと同列におくことが可能になり、一方のビジョンを絶対的真理とする権威を失わせしめたのである。言い換えると、他の人間を支配しようとする者のアイデンティティと、自分および他者の世界ビジョンを確立し擁護しようとする者のアイデンティティとの間の対立なのである。承認されつつあることは、集団概念を創造するのは、支配者ではなく個人なのだということである。[39]

---

(38) 　BARTH F., ibid., p.211.
(39) 　トマス・M.フランク Thomas M. Franck は言う。「我々はアイデンティティを自由に想像する時代に入ったのである。この時代において、個人的選択は、遺伝や階級や場所や歴史といった偶然や操作によって規定されることはないのである。」FRANCK T.M., "Clan and Superclan : Loyalty, Identity and Community in Law and Practice", *American Journal of International Law*, Vol.90, 1996, p.383.

論理的には、ひとたび、個人的アイデンティティの自由が認められたら、マイノリティの定義を追求する必要はないはずである。集団概念は、個人に基礎づけられるからである。ところが、そうは決してならない。全体が部分に先行することを前提とする伝統的な認識枠組みが強固に残っているためである。たとえば、先述のコペンハーゲン文書第32段落は、一方において、個人のアイデンティティの自由を認めながらも、他方において、部分から独立した全体の存在を相変わらず想定している。(40)すなわち、メンバーに先立ってマイノリティが存在していることを前提としているのである。実際、CSCEは、アイデンティティに対する個人の権利を承認した後にも、1991年ジュネーブで開催されたナショナルマイノリティに関する専門家会議において、ナショナルマイノリティの定義を確立しようとして失敗しているのである。こうして、CSCE内部には、人間集団について相矛盾するふたつの概念が併存している。ひとつは、全体が部分に先行し、集団の存在がメンバーの所属と無関係に想定されるアリストテレス的概念であり、もうひとつは、部分に基づかなくては全体が存在しえず、集団の存在の問題とメンバーの所属の問題との間にもはや分離のない、新しい概念である。「アイデンティティ」というこの言葉自体が、すでにこの併存状態を示している。たとえば、コペンハーゲン文書は、「アイデンティティ」という文言をつねにこの新しい意味で用いているわけではない。さらに、アリストテレス的認識枠組みも相変わらず残っているため、今や心理的かつ個人的な「アイデンティティ」ということばが、集団的精神なる名の下に、再び、支配者の意思にからめ取られるおそれすらある。このため、現在、「アイデンティティ」なる言葉には、3つのことなる意味があることになる。1番目は、類似性という伝統的意味。2番目は、個人の世界観という意味。3番目は、支配者

---

(40) 本書350頁参照。

の世界観という意味である。コペンハーゲン文書には、どの意味のアイデンティティなのか判断しがたいものがある。たとえば、次の段落がその例である。

「33. 参加国は自国領域におけるナショナルマイノリティのエスニック、文化的、言語的および宗教的アイデンティティを保護し、このアイデンティティ促進に適切な条件を創造する。」

「35. 参加国は、ナショナルマイノリティに属する者の公的事柄、とりわけ、当該マイノリティの保護促進に関する事柄に効果的に参加する権利を保護する。これらの目的の一手段として、マイノリティの特定の歴史的領域的状況に応じて、また、関係国家の政策にしたがって、適切な地域的または自治的な行政機関を設置することによって、ナショナルマイノリティのエスニック、文化的、言語的および宗教的アイデンティティの促進を可能にする条件を創出し奨励するためになされる努力に、参加国は留意する。」

「40. 2. 彼ら［参加国］は、人種的、エスニック、文化的、言語的および宗教的アイデンティティが原因で、差別、敵意、暴力の脅威もしくは行為の犠牲者となる危険性がある者またはそのような者の集団を保護するために、適切かつ目的に応じたあらゆる措置を取ることを約束する。」[41]

コペンハーゲン文書に続いて、1992年、CSCEは、「可能な限り早い段階における紛争予防の一装置」[42]として、「ナショナルマイノリティのための高等弁務官」を設置する。とはいえ、CSCEはあくまで政治機関であり、コペンハーゲン文書の効力には限界がある。なぜなら、それは「政治的宣言であり、政府の義務は道徳的でしか

---

(41) 「アイデンティティ」という言葉の使用におけるあいまいさは、国連マイノリティ権利宣言第1条1にも見られる。本書342頁参照。

(42) Décisions de Helsinki, le 10 juillet 1992, II (2).

第2章 「マイノリティ」概念の発展

なく、法的なものではないから」[43]である。この政治的約束を法的規範に変換する役割を担っているのが、欧州審議会である。1990年11月パリサミットに会合したCSCE加盟国の国家政府首脳は、1991年7月ジュネーブで予定されているナショナルマイノリティに関する専門家会合に欧州審議会を招聘することを決定し、次のように宣言した。

> 「我々は人権促進、民主主義の原則、法の支配、ならびに、文化協力の発展に対する欧州審議会の大いなる貢献を認める。我々は、欧州審議会およびその欧州人権条約への加入についていくつかの参加国が表明した関心を歓迎する。我々はまた、欧州審議会がその経験を進んでCSCEのために役立てることを歓迎する。」[44]

会合に招聘された欧州審議会事務総長は、「CSCEとりわけコペンハーゲン文書でなされた約束を実施する」[45]意思を表明する。以下の欧州審議会事務総長の発言は、新しい認識枠組みの中にある。もはや、国家とマイノリティとの対立ではなく、個人アイデンティティと国家アイデンティティとの対立なのである。

> 「マイノリティへの取り組みは困難である。それを否定しても意味はない。困難の原因は、マイノリティ問題をとおして社会の根底にふれているからなのである。一方で、ひとりひとりが、個人的アイデンティティや集団的アイデンティティについて抱いている概念にかかわっている。ところが、人間にとって、人間が自分自身について抱いている概念ほど重要なものはない。他方で、国家がその均質性、統合、統一について抱いている概

---

(43) Préface de KLEBES H. dans BENOÎT-ROHMER F., *La question minoritaire en Europe : vers un système cohérent de protection des minorités nationales*, Éditions du Conseil de l'Europe, Strasbourg, 1996, p.7.

(44) CSCE, Charte de Paris pour une nouvelle Europe, le 21 novembre 1990.

(45) CONSEIL DE L'EUROPE, Contribution du Conseil de l'Europe à la réunion d'experts de la CSCE sur les minorités nationales, Genève, 1er-19 juillet 1991, p.3.

第 2 部 「ナショナリティ」から「マイノリティ」へ

念がある。」(46)

たとえば、政治的権利の分野においては実際、集団としてのマイノリティ概念の余地はもはや存在しない。

> 「政治的権利［下線ママ］、すなわち、別個の集団として、生活している市、地方、国に関する決定に、実質的に参加することについて、規範的アプローチがより困難であることは明白でしょう。」(47)

しかしこの新しい概念枠組みは、両刃の剣である。たしかに、これは個人の価値を高めることに役立ちはする。しかし、これが国家に適用されずに、個人にしか適用されないとしたら、個人の分断化を促進することだけでなく、個人に対する一層大きな国家支配を進めることにしか役立たないことになる。実際、欧州審議会事務総長は、国家への個人の服従がアプリオリに「近代化への接近」(48)となることを強調しつつ、マイノリティの集団的性格を文化の中に解消しようとする。

> 「私が広い意味で文化的権利とよぶものに関してなら、規範的アプローチが、［…］たいした困難にぶつかることはないでしょう。」(49)

政治に属さない権利は、文化に分類される。(50) たとえば、ヘルダーは文化を政治に対抗させていたのに対して、ノヴァーリスは文化を政治に従属させていた。新しい認識枠組みの誕生にもかかわらず、我々は相変わらず 18、19 世紀の政治思想の枠組みの中に止まっているのである。

---

(46) CONSEIL DE L'EUROPE, ibid., Intervention de Catherine Lalumière Secrétaire général, Genève, 1-2 juillet 1991, p.1.
(47) Intervention, ibid., p.4.
(48) Ibid.
(49) Ibid.
(50) 市民的政治的権利に関する国際規約、経済的社会的及び文化的権利に関する国際規約を見よ。

第2章 「マイノリティ」概念の発展

　マイノリティの集団的性格を文化に解消しようとする試みは、コペンハーゲン文書採択以前にも、欧州審議会の欧州地方地域当局常設会議（CLRAE）が行っていた。[51]それは、1992年11月5日、欧州審議会加盟国だけでなく非加盟国にも署名開放されることになる「地域言語またはマイノリティ言語のための欧州憲章」の作成である。[52]憲章の説明報告書が強調しているように、「憲章が使用する言語の概念は、本質的に、言語の文化的機能を中心に構成されている」。[53]「マイノリティの」という修飾語は、もはやマイノリティの集団的性格を意味するものではなく、言語が話されている「状況」を指し示すものとなったのである。[54]ところが、欧州審議会事務総長の説明に反して、説明報告書によると、「憲章は地域言語またはマイノリティ言語使用者の個人的または集団的権利を確立するものではない」。[55]憲章は、言語使用者にすら関わらないのである。

　「憲章が使用する言語の概念は、本質的に、言語の文化的機能を中心に構成されている。それゆえ、言語の文化的機能は、個人的権利、すなわち、『自己の言語』を話す権利を認めるような形で、そうした言語の定義が個人に委ねられる形で、主観的

---

(51)　Conférence permanente des pouvoirs locaux et régionaux de l'Europe, Résolution 192（1988）sur les langues régionales ou minoritaires en Europe.
(52)　憲章の邦訳と解説については、拙稿「地域言語または少数言語のための欧州憲章」渋谷謙次郎編『欧州諸国の言語法』三元社、2005年、23-39頁参照。さらに、以下参照。HERCZEGH, G., "La protection des minorités par le droit international", *Acta Juridica Academiae Scientiarum Hungaricae*, 32（3-4）, pp.215-246, 1990 ; KOVACS P., "La protection des langues des minorités ou la nouvelle approche de la protection des minorités ?（Quelques considérations sur la Charte européenne des langues régionales ou minoritaires)", *Revue Générale de Droit International Public*, pp.411-418, 1993 ; YACOUB J., *Les minorités, Quelle protection ?*, Éditions Desclée de Brouwer, Paris, 1995, pp.106 et ss.
(53)　DELA（92）2, Charte européenne des langues régionales ou minoritaires, rapport explicatif, 1992, para.17.
(54)　DELA（92）2, ibid., para.18.
(55)　DELA（92）2, ibid., para.11.

に定義されるのではない。」[56]

　憲章が関係するのは、人間から剥ぎ取られた、「文化遺産」としての言語なのである。

　　「憲章が目指しているのは、脅威にさらされたヨーロッパ文化遺産として、地域言語またはマイノリティ言語を保護し促進することである。」[57]

　言語が人間集団の意味を帯びる可能性を憲章が一切排除していることを、この説明報告書は強調する。

　　「憲章は、ある社会集団またはエスニック集団の手段として言語を特徴づけるような、政治社会的定義やエスニックな定義に依拠することもしない。これによって、憲章は言語的マイノリティの概念を定義することを免れる。なぜなら、その目的は、エスニックおよび/または文化的なマイノリティ集団の権利を定めることではなく、地域言語またはマイノリティ言語そのものを保護促進することだからである。」[58]

　言語のように客観的要素といわれているものが、実はまったく客観的ではなく、ある一定の集団を政治的かつ恣意的に特徴づけるものであることを、この憲章が認めているということに留意しなくてはならない。それでは、この憲章は、「地域言語またはマイノリティ言語そのもの」をどのように定義するのだろうか。憲章第1条によると、

　　「第1条　定義

　　この憲章において、

　　　　a　「地域言語またはマイノリティ言語」が意味する言語とは、
　　　　　ⅰ　国家内のある領域において、当該国家の他の住民よりも数において劣る集団を構成するその国家の国民によっ

---

(56)　DELA（92）2, ibid., para.17.
(57)　DELA（92）2, ibid., para.10.
(58)　DELA（92）2, ibid., para.17.

て伝統的に使用され、かつ、
>> ii 当該国家の公用語と異なるもの。
公用語の方言及び移民の言語は含まれない。
>> b 「地域言語またはマイノリティ言語が使用されている領域」とは、この言語が憲章に規定される様々な保護促進措置を正当化する数の人々の表現方法となっている、地理的範囲である。
>> c 「領域なき言語」とは、国民によって使用されているが、他の住民の使用する言語と異なり、かつ、国家領域内では伝統的に使用されているが、特定の地理的範囲と結びつけることができないもの。」

　地域言語またはマイノリティ言語は、言語学的に定義されているのではまったくなく、従来マイノリティとして議論されてきた人間に依拠して定義されている。この定義は、言語そのものにはまったく関係なく、地域言語またはマイノリティ言語という装いの下に、マイノリティ概念を別の形で取り扱ったものにすぎない。実際、地域言語またはマイノリティ言語なるものは、マイノリティの指標のひとつにすぎなかったはずである。この定義こそが、説明報告書によると、憲章が回避するはずであった、「ある社会集団またはエスニック集団の手段として言語を特徴づけるような、政治社会的定義やエスニックな定義」そのものなのである。実際、この定義においては、何と言語が領域を所有することになっている。アリストテレス的認識枠組みがどれほど人々の思考に根を下ろしているかを、この定義は如実に示しているのである。

　言語が言語学的にではなく政治的に定義されているのであるから、ある言語がマジョリティ言語であるのか、マイノリティ言語であるのかは、その言語と国家の関係を見ない限りわからない。たとえば、説明報告書によると、同一の言語が、ある国では「地域言語またはマイノリティ言語」となり、別の国ではそうならないのである。

第 2 部 「ナショナリティ」から「マイノリティ」へ

> 「よって、[地域とマイノリティという—引用者] ふたつの修飾語は、法的概念ではなく事実にもとづくものであり、いずれにせよ、ある国家において存在する状態に依拠するのである。
> （たとえば、ある国家におけるマイノリティ言語が、別の国ではマジョリティであるということがありうる。）[カッコママ]」[59]

　欧州審議会事務総長が表明した新しい認識枠組みにしたがえば、この憲章は個人のアイデンティティを犠牲にして、国家のアイデンティティを保護しているということになる。つまり、この憲章には、アリストテレスの伝統的認識枠組みがあいかわらず深く浸透しているのである。実際、国家は、憲章第 2 部が規定する一般原則を、自国領域で話されているすべての地域言語またはマイノリティ言語に適用することを約束するものの、[60]憲章第 3 部の個別的措置については、その中から国家が指定した措置を、国家が指定した言語に適用するという、[61]「アラカルト」方式がとられている。憲章実施のコントロールについては、憲章締約国は、国家報告書を欧州審議会事務総長に定期的に提出することになっている。この報告書は、憲章第 17 条にしたがって設立された専門家委員会によって審査されることになる。[62]

　1990 年 10 月 1 日、欧州審議会の議員総会[63]は、「マイノリティの権利に関する勧告 1134（1990）」において、「閣僚委員会に対して、マイノリティの権利保護のため、条約または欧州人権条約付属議定書の作成」[64]を提案する。これに続いて、議員総会は、1992 年、「マイノリティの権利に関する勧告 1177（1992）」において、「条約

---

(59)　DELA (92) 2, ibid., para.18.
(60)　Article 2-1.
(61)　Article 2-2.
(62)　Articles 15 et 16.
(63)　1974 年、諮問会議 Assemblée consultative は、議員総会 Assemblée parlementaire と改称する。
(64)　Assemblée parlementaire, Recommandation 1134 (1990), para.17.

よりも欧州人権条約追加議定書を作成するほうが好ましくかつ緊急である」(65)という見解を述べる。個人が欧州人権委員会や欧州人権裁判所に人権侵害を訴えることのできる議定書の方が、実施方法において勝っているからである。1993年2月1日、議員総会は、勧告1201（1993）において、「ナショナルマイノリティに属する者に関する、人権及び基本的自由の保護のための条約追加議定書案（以下1201案）」を自ら提案する。(66)この提案は、コペンハーゲン文書による政治的約束を法的文書にする努力の具体的現れである。(67)実際、コペンハーゲン文書の第32段落が、この追加議定書案第2条および第3条1項に、ほぼそのまま取り入れられている。

「第2条

1 ナショナルマイノリティへの所属は、個人の自由選択の問題である。

2 この所属選択またはその放棄により、いかなる不利益もあってはならない。

第3条

1 ナショナルマイノリティに属するすべての者は、自己の意思に反するいかなる同化の試みに服することなく、自己の宗教的、エスニック、言語的、および/または文化的アイデンティティを、まったく自由に表明し、保持し、発展させる権利を持つ。

2 ナショナルマイノリティに属するすべての者は、個人でまたは他の者と共同して、自己の権利を行使し、享有することが

---

(65) Assemblée parlementaire, Recommandation 1177（1992）, para.12.
(66) KLEBES H., "Projet de protocole additionnel à la CEDH sur les droits des minorités", *Revue universelle des droits de l'homme*, Vol.5, N°5-6, 1993, pp.184-189 参照。
(67) この決議の「ソフトローとしての間接的有効性 efficacité indirecte de la soft-law」については、FLAUSS J.-F., "Les conditions d'admission des pays d'Europe centrale et orientale au sein du Conseil de l'Europe", *European Journal of International Law*, Vol.5, 1994, pp.410-411 参照。

第2部 「ナショナリティ」から「マイノリティ」へ

できる。」

こうして、コペンハーゲン文書の矛盾をこの勧告も引き継ぐことになる。一方で、新しい認識枠組み、すなわち、個人アイデンティティと国家アイデンティティの対立があり、他方で、従来の枠組みとして、国家とマイノリティとの対立を残しているのである。CSCE は、マイノリティの定義を提案することができなかったが、この勧告は、第1条で、定義を明記している。しかし、これは、客観的要素と主観的要素を基礎とした従来の方法論に従ったものである。

「この条約において、ナショナルマイノリティとは、国家内の集団であり、かつ

a．国家領域内の居住者であり、その国の市民であり、

b．国家と長期にわたり、確固とした継続的つながりを維持し、

c．別個のエスニック、文化的、宗教的または言語的特性を示し、

d．国家全体又は国家の一地域の他の住民よりもたとえ少数でも、十分代表されており、

e．自分たちの共通のアイデンティティをなすもの、とりわけ、自分たちの文化、伝統、宗教または言語を共に保持しようとする意思を持つ者。」

集団概念とは価値判断の問題なのだから、つねに偏見にさらされる危険性がある。たとえば、ロマ（ジプシー）の場合がそうである。「地域言語またはマイノリティ言語のための欧州憲章」は、彼らの言語を「領域なき言語」のひとつと見なしている。[68] 1201案も、ロマが「領域なきマイノリティを構成する」としている。[69] ドイツ

---

(68) Article 1 (c). DELA (92) 2, ibid., para.36 参照。

(69) Assemblée parlementaire, Doc. 6742, *Rapport relatif à un protocole additionnel à la Convention européenne des Droits de l'Homme sur les droits des minori-*

のハイデルベルクにあるドイツスィンティ・ロマ中央委員会委員長ロマニ・ロゼRomani Roseは、「『ジプシー』に対するこの古い偏見」を批判する。なぜなら、「住居、労働、教育、宗教などに関して、7万人のドイツのスィンティ・ロマは、ドイツのマジョリティ住民の態度と異なるところはない」からである。(70)

1993年10月8－9日にウィーンで開催が予定されている欧州審議会加盟国国家政府首脳サミット（以下ウィーンサミット）の場で、ナショナルマイノリティの権利に関する議定書の採択および署名開放が可能となるよう作業予定を早めることを、議員総会は1201案において勧告する。(71)このサミットにおいて、欧州審議会加盟国国家政府首脳は、閣僚委員会に特に以下の任務を課した。

「―ナショナルマイノリティ保護を確保するため、早急に枠組み条約を作成し、その締約国が尊重を約束する原則を明らかにする。この文書はまた非加盟国による署名のために開放されるものとする。―特にナショナルマイノリティに属する者を考慮した個人的権利を保障する規定によって、文化的領域において欧州人権条約を補完する議定書の起草作業を開始すること。」(72)

この決定にしたがって、1994年11月10日、閣僚委員会は、「ナショナルマイノリティ保護のための枠組み条約（以下、枠組み条約）」を採択し、1995年2月1日、署名開放した。欧州審議会非加盟国でも、閣僚委員会の招請により署名が可能である（第27条）。(73)

---

tés, (Rapporteur M. Worms), 1993, p.13.
(70) ROSE R., "Sinti and Roma as National Minorities in the Countries of Europe", *OSCE ODIHR Bulletin*, Vol.3, N°2, 1994/95, p.41.
(71) Assemblée parlementaire, Recommandation 1201 (1993), para.9.
(72) Sommet du Conseil de l'Europe, *Déclaration de Vienne*, le 9 octobre 1993, Annexe II.
(73) 以下参照。KLEBES H., "La Convention-cadre du Conseil de l'Europe pour la protection des minorités nationales", *Revue universitaire des droits de l'homme*, Vol.7, N°4-6, 1995, pp.165-170 ; RÖNQUIST A., "The Council of Europe Framework

第2部 「ナショナリティ」から「マイノリティ」へ

　一方、文化的領域において欧州人権条約を補完する議定書の作成について、閣僚委員会は、1996年1月、その作業を一時停止する決定を行う。「欧州人権条約の既存の規定が、監督機関の解釈によって、文化的領域における権利の多くを既に（潜在的に）カバーしている」からというのである。[74]閣僚委員会は、「現時点では条約内容を実質的に増やすことは不可能」[75]と考えるが、それでもやはり、「ウィーンサミットの宣言を考慮して、文化的領域およびマイノリティ保護の領域における規範設定の可能性について、検討を継続すると決定した」[76]のである。

　枠組み条約は、マイノリティの定義作成を断念した。その説明報告書は以下のようにその理由を説明している。

　　「枠組み条約は『ナショナルマイノリティ』という概念の定義をまったく含んでいないことにも注意すべきである。こうすることによって、現段階では欧州審議会全加盟国の一般的支持を得られるような定義に達することは不可能という認識に基づいて、現実的アプローチをとることが決定されたのである。」[77]

　アリストテレス以来、人間集団の概念については、国家であれ、ネイションであれ、ナショナリティであれ、マイノリティであれ、見解の一致があったことはない。なぜなら、人間集団を枠づけるものは、語り手個人の認識だからであり、その集団を実現するのは、ウィルソンやクレマンソーが主張していたように、つねに力でった。国際連合が国家とマイノリティとの対比に基づく伝統的概念枠組み

　　Convention for the Protection of National Minorities", *Helsinki Monitor*, Vol.6, N°1, 1995, pp.38-44.
(74) H/INF（96）1, *Feuille d'information sur les droits de l'homme n°37 juillet-décembre*, 1996, p.106.
(75) H/INF（96）1, ibid, p.106.
(76) H/INF（96）1, ibid, p.106.
(77) H（94）10, Convention-cadre pour la protection des minorités et rapport explicatif, 1994, para.12.

第2章 「マイノリティ」概念の発展

を維持したのに対して、欧州審議会は、国家アイデンティティと個人アイデンティティとの対比に基づく新しい概念枠組みへますます向かいつつある。枠組み条約は、マイノリティの集団的性質を消し去ろうとする。つまり、説明報告書が言うように、「ナショナルマイノリティに対して集団的権利を承認することは、予定されていない」。[78] よって、国連事務総長が主張していたのとは異なり、たとえ個人的権利を集団的に行使しても、それは集団的権利を意味しないのである。

> 「権利と自由をともに行使することと、集団的権利の概念とは別である。」[79]

第3条1項は、ナショナルマイノリティへの所属選択の自由に関する個人的権利を認めている。

> 「ナショナルマイノリティに属するすべての者は、そのようなものとして取り扱われる又は取り扱われないことを自由に選択する権利を持ち、この選択もしくはそれに関連する権利の行使からいかなる不利益も生じてはならない。」

以下の第5条1項が明らかにしているように、宗教、言語、伝統、文化といったいわゆるマイノリティの客観的要素といわれるものは、もはや、マイノリティの客観的な徴表としてではなく、個人アイデンティティの主観的な対象なのである。

> 「締約国は、ナショナルマイノリティに属する者が自己の文化を維持し発展させ、ならびに、宗教、言語、伝統、文化遺産といった自己のアイデンティティの重要な要素を保持することを可能にする適切な条件を促進することを約束する。」

新しい集団概念がますますその地平を広げつつある。しかし、まだまだ十分ではない。たとえ、マイノリティの集団的性質を否定しても、枠組み条約は相変わらずマイノリティを客観的存在として想

---

(78) H (94) 10, ibid., para.31.
(79) H (94) 10, ibid., para.37.

定しているからである。たとえば、第3条1項について、説明報告書は以下のように説明している。

「ナショナルマイノリティに属するすべての者はそのようなものとして取り扱われる又は取り扱われないことを自由に選択する権利を持ち、この選択もしくはそれに関連する権利の行使からいかなる不利益も生じてはならない。」[80]

それでも、新しい認識枠組みの下で、個人アイデンティティと国家アイデンティティの対立は、ますます際立ってきている。説明報告書によると、第5条1項は、「単なるエスニック、文化的、言語的または宗教的違いが、ナショナルマイノリティを必然的に創造することを意味しない（1991年ジュネーブCSCE専門家会合報告書第2節第4段落参照）」。[81]参照されている1991年ジュネーブCSCE専門家会合報告書第2節第4段落によると、

「エスニック、文化的、言語的または宗教的違いが、必ずしもナショナルマイノリティの創設に結びつくわけではないことに彼ら［参加国］は留意する。」

思考枠組みが伝統的なものに止まっているなら、この説明は、マイノリティ集団における主観的要素の必要性を確認したものと解釈することができよう。ところが、実はそうではない。フランスがこの文案を提起した際、ポーランド、オーストリア、チェコスロバキア、ハンガリー、ノルウェー、スウェーデン、ユーゴスラビアの7カ国が、この規定は「コペンハーゲン会合文書第32段落に規定されたナショナルマイノリティに所属するしないに関わる個人の選択権を制限するものではない」[82]という趣旨の解釈宣言をおこなった

---

(80) H（94）10, ibid., para.35.
(81) H（94）10, ibid., para.43.
(82) *CSCE Meeting of Experts on National Minorities*（Geneva, 1991）, *Journal*, Nº15（7.c）BARCZ J., "European Standards for the Protection of National Minorities with Special Regard to the CSCE — Present State and Conditions of Development",

第2章 「マイノリティ」概念の発展

のである。この宣言が明らかにしたように、集団の問題とは、何が集団なのかといった問題では決してなく、誰が集団とみなす権限をもつかといった問題なのである。それは国家だろうか個人だろうか。未だ答えの出されていないこの問題こそが、国家アイデンティティと個人アイデンティティとの対立のなかに、集約されているのである。ところが、今のところ、新しい概念の発見は、国家権力と国家アイデンティティを強化する方向にしか役立っていない。たとえば、第1条は、「ナショナルマイノリティおよびこのマイノリティに属する者の権利と自由の保護は、人権の国際的保護の不可欠の一部」であると規定しているにもかかわらず、条文の主語が「ナショナルマイノリティに属するすべての者は」と明記されている条文は、第3条しかない。これに対して、ほとんどの条文の主語は、「締約国」なのである。欧州人権条約条文のほとんどの主語が「すべての者は」と規定されているのを見れば、どれほど取り扱いの違いが大きいかがわかる。枠組み条約では、国家は大きな「政治的裁量」[83]を享受している。さらに、その義務は、「プログラム」の形で規定されており、多くの場合、「可能な限り」または「場合によって」存在するものでしかない。[84] 条約前文で、締約国は、「国内法および適切な政府政策によって、この枠組条約に明記された諸原則を実施することを決心し」ているが、この意味するところは、説明報告書によると、「この枠組み条約の諸規定が［国内裁判所において──引用者──］直接には適用され得ないことを示すことである」[85]。また、条約の実施監督メカニズムについてみると、人権条約に見られるような個人申立制度は存在せず、国家の義務は事務総長に対する報告

BLOED A. et JONGE W. (sous la direction de), *Legal Aspects of a New European Infrastructure*, Europa Institut and Netherlands Helsinki Committee, Utrecht, 1992, p.98 より引用。

(83) H (94) 10, ibid., para.8.
(84) BENOÎT-ROHMER F., *La question minoritaire en Europe*, op. cit., p.43.
(85) H (94) 10, op. cit., para.29. Voir para.11.

のみにとどまっている（第25条）。[86] さらに、条約実施監督機関は、法的機関ではなく政治機関たる閣僚委員会である。第26条によると、「閣僚委員会は、この枠組条約に明記された原則のするため締約国がとった措置の妥当性を評価するにあたって、ナショナルマイノリティ保護の分野において能力を認められた委員からなる諮問委員会の補佐を得る。」条約上、国家報告もそれに対してなされる閣僚委員会の措置も、公表が義務づけられていない。これに対して、議員総会は、1995年1月31日、勧告1255（1995）を採択し、「監督方法が完全に政府にゆだねられる危険性」[87] を指摘し、閣僚委員会に対して、「枠組み条約発効時に設立される予定の諮問委員会が、可能な限り独立性、実効性、透明性をもつこと」を勧告した。[88]

　アリストテレスは、自己の支配の意思を、その認識対象に投影した。その瞬間、対象は意思に規定される身体のように見えてくる。キリスト教は、この認識を取り入れて強化した。政治史の流れの中で、この身体は、ピープル、ネイション、ナショナリティ、そして、ついにマイノリティと呼ばれた。名称がいかなるものであれ、その認識方法はつねに同じである。その認識が、説明 logos をとおして、現実として押しつけられる。しかし、アリストテレスから2300年後、人間集団とは個人の認識にすぎないことに人々はようやく気づきはじめたのである。OSCE ナショナルマイノリティに関する高等弁務官は言う。

　　「あえて言えば、私がマイノリティを知るのは、私がそれを見るときである。まず第1に、マイノリティは、マジョリティと区別される言語的、エスニックまたは文化的特徴をもった集団

---

(86) Les articles 24-26 de la Convention-cadre.
(87) Recommandation 1255（1995）, para.7.
(88) Recommandation 1255（1995）, para.12. 1997年12月17日、閣僚委員会は、決議（97）10において、枠組み条約第24条から第26条に規定されたフォローアップメカニズムに関する規則を採択する。

であり。第 2 に、マイノリティは、通常、アイデンティティの維持を求めるだけでなく、アイデンティティにより一層力強い表現を与えようとする集団である。」[89]

---

(89) VAN DER STOEL M., "The OSCE High Commissioner on National Minorities", *OSCE, ODIHR Bulletin*, Vol.3, N°3, 1995, p.43.

結　論

　人間はひとりひとり、他の人間とのコミュニケーションの中で、生きてきたし、生きているし、これからも生きていく。存在するのは、個人の間の関係のみである。ひとりひとりが、これらの人間関係を、自己の利害に応じて、集団としてとらえる。いいかえるならば、個人は、家族集団、言語集団、職業集団、宗教集団など、いくつかの集団に同時に所属することが可能である。[1]一方、他者を支配することを望む人間が、過去にも、現在も、そして未来にもいる。支配の意思の前にあっては、人間関係は支配服従関係としてしか存在しない。彼にとって、人間関係は人間関係として存在するのではなく、実体化して「身体」をまとう。なぜなら、統治とは、この支配関係を、ある実体として押しつけ、固定することだからである。そこから生まれたのが、「レスプブリカの身体」という理念である。この実体化は力によってなされ、言葉によって正当化される。力も言葉もどちらも権力者の手の中にあるからである。こうして、人間集団を定義する言葉によって、現実が規定される。たとえば、「社会 society」という言葉は、ラテン語の動詞「sociare つなげる」に由来すること、「宗教 religion」という言葉は、やはりラテン語の動詞「religare 結びつける」に由来することを想起しよう。どちらも、もともとは人間関係を意味したにすぎないのだが、現在では、集団的実体を意味するものとなっている。[2]

（1）　PACKER, J., "On the Definition of Minorities", J. PACKER et K. MYNTTI（sous la direction de）, *The Protection of Ethnic and Linguistic Minorities in Europe*, Åbo Akademi University Institute for Human Rights, Turku/Åbo, 1993, 特に pp.42 et ss.

（2）　「ロックの『市民政府論』に、１つの反論を見出すが、それはあまりにもっともらしくて、知らぬふりをすることは許されないであろう。この哲学者は言う、

結 論

アリストテレス以来、存在は支配者が与える説明によって規定されてきた。存在とは、支配者の意思の対象だったのである。いかなる人間集団も、魂または主観的要素という名をまとった、支配者の意思と、身体または客観的要素という名をまとった、意思の対象から成り立っている。人々は、賛成だろうが反対だろうが、支配者が課したルールに従わざるを得ない。なぜなら、説明や定義は、絶対的真理として上から押しつけられるからである。ピープル、ネイション、ナショナリティ、マイノリティといった概念は、政治支配の意思とそれに対抗する意思との間の拮抗関係の中から発展したものである。つまり、人間集団に関する議論は、生身の人間の問題にもとづくものではなく、政治権力の問題にもとづくものである。たとえば、ストラスブール国際人権研究所の副所長アレクサンドル・キス Alexandre Kiss は、「真正な平等」[3]を主張する。この平等の願いが、集団という形を取るのである。[4] また、マイノリティの客観的存在を認めた国連規約人権委員会の一般的意見は、大きな意味を持つものではあるが、それは、マイノリティの存在が客観的だからではなく、この見解が国家の同化意思を制限する決意を表明してい

『雄と雌のあいだの社会の目的はたんに生殖ではなく、種を継続することであるから、この社会 société は、[…] つづかなければならない。』」ROUSSEAU J.J., *Discours sur l'origine et les fondements de l'inégalité parmi les hommes*, 1755, note XII, Presses Pocket, 1990, p.166 et ss. ルソー「人間不平等起源論」、『ルソー全集第4巻』白水社、1978 年、282 頁。「社会の絆 le lien de la société は従属であり [⋯]」 *Encyclopédie ou Dictionnaire raisonné des sciences des arts et des métiers* (1751-1780). 百科全書の「社会（道徳的意味）」の項、本書 118 頁参照。

(3) KISS A.C., "Le concept d'égalité : définition et expérience", *Les Cahiers de Droit*, Vol.27, p.145, 1986, p.150.

(4) 「実際、マイノリティができるのは、ある人間集団が自衛の必要を感じた時からである。なぜなら、マジョリティが彼らを同化し、吸収し、さらには、消滅させようとするからである。マイノリティの問題に取り組もうとするときには、この『心理学的』定義を心に留めておかねばならない。」KISS A.C., "La protection des minorités dans le cadre de la CSCE", INSTITUT D'ETUDES EUROPÉENNES et INSTITUT INTERNATIONAL DES DROITS DE L'HOMME (sous la direction de), *La Protection des Minorités et les Droits de l'Homme, Bruxelles*, 1992, p.45.

結　論

るからなのである。
　たしかに、支配者の観点からは、存在はあいかわらず、彼らの支配意思の対象にすぎない。彼らによって説明される世界の中でしか、一切の存在は意味を持たない。ところが、必ずしもそうとはかぎらないことがある。ひとたび、支配者の意思が「現実」として押しつけられれば、この「現実」は一人歩きしはじめる。たとえば、イギリスの貴族は、国王に対抗するために、国王が押しつけた人民（ピープル）の「身体」を活用し主張した。また、1982年、国際連合の当時の国連事務局人権部長テオ・ファン・ボーヴェン Theo Van Boven は、人権委員会において、「人権概念が豊かになった」[5]ことを強調した上で、国家によって構成される人権委員会の議論が「時に幾分抽象的に止まっている」と批判した。[6]こうした「現実」は、すでに国家の意思とはかなりかけ離れたものとなり、その溝が、たとえば、欧州審議会人権部長ピーター・ラウプレヒト Peter Lauprecht にしてみれば、「ことばの濫用」に見えるほどなのである。彼はいう。

　「国際的議論において、すさまじいことばの濫用が支配している。『人民』『発展』『自由』『民主主義』『平和』……といった基本的概念ですら、それを用いる者にとって、同じ意味を持っていない。」[7]

　結局、問題のありかは、ピープル、ネイション、ナショナリティ、マイノリティ、自由、アイデンティティといった客体は何なのかと

（5）　E/CN.4/1982/SR.1, para.6. VAN BOVEN T., "A Runaway Train or a Re-orient Express? A Reponse to US Criticism of the UN Sub-Commission on the Prevention of Discrimination and the Protection of Minorities", D. GOMIEN（sous la direction de）, *Broading the Frontiers of Human Rights, Essays in Honour of Asbjoern Eide*, Scandinavian University Press, Oslo, 1993, pp.13-25 に見られる同様の主張参照。
（6）　E/CN.4/1982/SR.1, para.6.
（7）　LAUPRECHT P., "Le Conseil de l'Europe et les droits des minorités", *Les Cahiers de Droit*, Vol.27, pp.203-213, 1986, p.210.

結　論

いったところにあるのではなく、それらを定義する権利をもった主体たる語り手にある。どれほど美しく理想的な言葉であっても、それが支配の意思によって説明される限り、それらはやはり支配の道具であることにかわりない。神の名において一切の精神を独占し、一切の存在を規定するというアリストテレス的方法論は、「すさまじいことばの濫用」であることが明らかになった。これは、個人の精神的自由に対する重大な侵害である。存在をどのように認識するかは、個人の精神的自由に属することがらである。人間ひとりひとりが、それぞれ、世界の説明方法をもっているのである。人間集団の概念は、そうしたさまざまな説明のひとつにすぎない。ストラスブール国際人権研究所の元事務総長であったジャン＝ベルナール・マリ Jean-Bernard Marie は、文化的アイデンティティの権利を主張するが、それは、「文化的認識は、ある一定の共同体の価値、伝統、慣行の中で自己を自由に認識し、それらを分かち合う、基本的に各個人固有の選択に属するものである」という意味である。[8]

　集団をどうとらえるかは、もはや、支配者によって独占されるものではなく、個人に属する。個人が人間集団をどのようにとらえるかは、精神的自由という奪うことのできない基本的人権の一部なのである。国家をふくめて誰も、あるアイデンティティを他者に押しつける権利をもってはいない。人間は、もはや、支配者によって、メタフィジックな方法論をとおして、ある集団に統合されることを運命づけられた操り人形でもなければ、支配者によって、フィジックな方法論をとおして、外的な性質に応じて、ある集団に分類されることを運命づけられた対象でもないのである。

　真生な平等と個人的アイデンティティの自由というふたつの原則

---

(8)　MARIE J.-B., "Les droits culturels : interface entre les droits de l'individu et les droits des communautés", P. MEYER-BISCH (sous la direction de), *Les droits culturels : une catégorie sous-développée de droits de l'homme*, Éditions Universitaires Fribourg, Suisse, 1993, p.210.

から出発して、国際文書を読み直そう。理論的には、この作業は国家の意図に反することは何もない。むしろ反対に、それこそが民主主義を標榜するすべての国家が望んでいるはずのことである。[9]国家は制度にすぎないのであるから、原則として、人々の意思について直接語る権利をもはや持たず、個人が自己の意思を表明することができるよう最大限の機会を個人に与える義務を負っている。[10]これによって、人権の普遍的宣言たる世界人権宣言第1条「すべての人間は、生まれながらにして自由であり、かつ、尊厳及び権利について平等である」はその真の意味を発揮することになる。それは、国家の宣言ではなく、人間の宣言だからである。ピーター・ラウプレヒトもこう述べている、

「いわゆる国際社会に対して明らかに期待すべきは、この社会が国家だけの社会となるのではなく、人間の社会となることである。」[11]

---

(9)　ハンガリー憲法裁判所の裁判官であり副所長（1990-1993）のゲザ・ヘルチェグ Géza Herczegh は、「当該地域住民以外に、誰が地域行政を決める権利を持っていると言うのか」と問い、「民主主義の基本原則としての」地域自治を強調する。HERCZEGH G., "Les accords récents conclus entre la Hongrie et ses voisins, stabilité territoriale et protection des minorités", *Annuaire français de droit international*, Vol.XLII, 1996, pp.270.

(10)　本研究の結論は、空想的かつユートピア的と思われるかもしれない、しかし、人的自治に向けたハンガリーの努力は、その成果を実らせつつある。以下参照。KOVACS, P., *L'articulation de l'autonomie personnelle dans la loi hongroise sur les minorités*, Rapport à la deuxième journée du Colloque du Programme Mercator (Études pluridisciplinaires sur les minorités) consacrée aux droits culturels et aux revendications des minorités, le 21 mars 1994, Paris, 1994 ; PIERRÉ-CAPS S., "Le principe de l'autonomie personnelle et l'aménagement constitutionnel du pluralisme national, L'exemple hongrois", *Revue du droit public*, Tome 110, 1994, pp.401-428.

(11)　LAUPRECHT P., "Le Conseil de l'Europe et les droits des minorités", *Les Cahiers de Droit*, Vol.27, 1986, p.209.

参考文献

I. 資　　料

A. 歴史資料

Fundamental Constitutions of Carolina: March 1, 1669.
Déclaration des droits de 1689 (Grande-Bretagne).
Déclaration des droits de l'homme et du citoyen du 26 août 1789 (France).
Constitution du 3 septembre 1791 (France).
Traité entre la Russie et la Prusse signé à Vienne, le 3 mai 1815.
Traité entre la Russie et l'Autriche signé à Vienne, le 3 mai 1815.
Acte du Congrès de Vienne signé le 9 Juin 1815.
Message adressé par le Président Wilson au Congrès des Etats-Unis, le 8 janvier 1918.
Message adressé par le Président Wilson au Congrès des Etats-Unis, le 11 février 1918.
Discours prononcé par le Président Wilson, à Mount Vernon, le 4 juillet 1918.
Discours prononcé par le Président Wilson, à New York, le 27 septembre 1918.

B. 国際連盟文書および常設国際司法裁判所文書

Pacte de la Société des Nations, 1919.
C. P. J. I., Avis du 15 septembre 1923 concernant l'affaire de l'acquisition de la nationalité polonaise, Série B, N° 7.
SOCIÉTÉ DES NATIONS, *Protection des minorités de langue, de race et de religion par la Société des Nations, Recueil des stipulations contenues dans les différents instruments internationaux actuellement en vigueur*, Publications de la Société des Nations, I. B. MINORITES, 1927. I. B. 2, Genève, 1927.
C. P. J. I., Arrêt du 26 avril 1928, Droits des minorités en Haute-Silésie (écoles minoritaires), Série A, N° 15.
C. P. J. I., Avis consultatif du 31 juillet 1930 sur la question des "communautés" gréco-bulgares, Série B, N° 17.
SOCIÉTÉ DES NATIONS, Journal Officiel, XIIIe année, N° 7, 1932.
C. P. J. I., Avis consultatif du 6 avril 1935 sur les écoles minoritaires en Albanie, Sé-

参考文献

rie A/B 64.

C．国際連合文書

Charte de l'Organisation des Nations Unies.

Mandat de la Commission des droits de l'homme, *Annuaire des Nations Unies 1946*, p. 524.

Mandat de la Sous-Commission de la lutte contre les mesures discriminatoires et de la protection des minorités, *Annuaire des Nations Unies 1946*, p. 529.

Secrétaire général, *La protection internationale des minorités sous le régime de la Société des Nations*, E/CN.4/Sub.2/6, 1947.

Division des droits de l'homme, Définition des expressions "lutte contre les mesures discriminatoires" et "protection des minorités", E/CN.4/Sub.2/8, 1947.

Sous-Commission de la lutte contre les mesures discriminatoires et de la protection des minorités, *Portée de la terminologie concernant la lutte contre les mesures discriminatoires et la protection des minorités*, E/CN.4/52, Section V, 1947.

Assemblée générale, Résolution 217 C (III) relative au sort des minorités, *Annuaire des droits de l'homme pour 1948*, New York, p. 595.

Mandat modifié et élargi de la Sous-Commission de la lutte contre les mesures discriminatoires et de la protection des minorités, *Annuaire des droits de l'homme pour 1949*, New York, p.427.

Secrétaire général, *Définition et classification des minorités*, E/CN.4/Sub.2/85, 1949.

Secrétaire général, *Formes et causes principales de la discrimination*, E/CN.4/Sub.2/40/Rev.1, 1949.

Secrétaire général, *Étude sur la valeur juridique des engagements en matière de minorité*, E/CN.4/367, 1950.

Sous-Commission de la lutte contre les mesures discriminatoires et de la protection des minorités, *Définition des minorités en vue de leur protection par l'Organisation des Nations Unies*, Résolution adoptée par la Sous-Commission à sa 3e session, E/CN.4/Sub.2/117, 1950.

Sous-Commission de la lutte contre les mesures discriminatoires et de la protection des minorités, *Définition des minorités aux fins des mesures de protection qu'entendrait prendre l'Organisation des Nations Unies*, Résolution adoptée par la Sous-Commission à sa 3e session et amendée à sa 4e session, E/CN.4/Sub.2/140, Annexe I, 1951.

Assemblée générale, Résolution 637 (VII) Droit des peuples et des nations à disposer d'eux-mêmes, adoptée à la 403ème séance plénière, le 16 décembre 1952, *Assemblée générale, Documents officiels: septième session*, supplément N°20 (A/2361), New York, 1953.

Secrétaire général, *Projet de pactes internationaux relatifs aux droits de l'homme, Commentaire préparé par le Secrétaire général*, A/2929, 1955.

芹田健太郎編訳『国際人権規約草案註解』有信堂高文社、1981年。

Séminaire sur la promotion et protection des droits de l'homme dans les minorités nationales, ethniques et autres, ST/TAO/HR/49, Ohrid, Yougoslavie, 1974.

Observation générale 12 (21) (article premier), *Rapport du Comité des droits de l'homme*, A/39/40, 1984.

DESCHÊNES J, Proposition concernant une définition du terme "minorité" présentée par M. Jules Deschênes, E/CN.4/Sub.2/1985/31.

Communication No 197/1985, Kitok c. Suède, *Rapport du Comité des droits de l'homme*, A/43/40, Annexe VII, Sect.G, 1988.

CAPOTORTI F., *Étude des droits des personnes appartenant aux minorités ethniques, religieuses et linguistiques*, Nations Unies, New York, 1991.

EIDE A., *Protection des minorités, Moyens possibles de faciliter la solution par des voies pacifiques et constructives de problèmes dans lesquels des minorités sont impliquées*, E/CN.4/1993/34.

Observation générale 23 (50) (Art. 27), *Rapport du Comité des droits de l'homme*, A/49/40, Vol.1, Annexe V, 1994.

TCHERNITCHENKO S., *Groupe de travail sur les minorités, Définition des minorités*, E/CN.4/Sub.2/AC.5/1996/WP.1.

D. 欧州審議会文書

Assemblée consultative, *Mesures à prendre en vue de l'accomplissement du but déclaré du Conseil de l'Europe, Rapport présenté par M. TEITGEN au nom de la commission des Questions juridiques et administratives sur l'organisation d'une garantie collective des libertés essentielles et des droits fondamentaux*, Doc. 77, 1949.

Convention de sauvegarde des Droits de l'Homme et des Libertés fondamentales, 1950.

LANNUNG, H., *Rapport sur les droits des minorités nationales*, Assemblée consultative, Doc.1299, 1961.

参考文献

Assemblée consultative, Recommandation 265 (1961) relative aux droits des minorités nationales.

Conférence permanente des pouvoirs locaux et régionaux de l'Europe, Résolution 192 (1988) sur les langues régionales ou minoritaires en Europe.

Assemblée parlementaire, Recommandation 1134 (1990) relative aux droits des minorités.

Contribution du Conseil de l'Europe à la réunion d'experts de la CSCE sur les minorités nationales, Genève, 1er-19 juillet 1991.

Contribution du Conseil de l'Europe à la réunion d'experts de la CSCE sur les minorités nationales, (Genève, 1er-19 juillet 1991), Intervention de Catherine Lalumière Secrétaire général, Genève, 1-2 juillet 1991.

Assemblée parlementaire, Recommandation 1177 (1992) relative aux droits des minorités.

Charte européenne des langues régionales ou minoritaires, 1992.

Charte européenne des langues régionales ou minoritaires, rapport explicatif, DELA (92) 2, 1992.

Assemblée parlementaire, *Rapport relatif à un protocole additionnel à la Convention européenne des Droits de l'Homme sur les droits des minorités*, (Rapporteur : M. Worms), Doc. 6742, 1993.

Assemblée parlementaire, Recommandation 1201 (1993) relative à un protocole additionnel à la Convention européenne des Droits de l'Homme sur les droits des minorités nationales.

Sommet du Conseil de l'Europe, *Déclaration de Vienne*, le 9 octobre 1993.

Convention-cadre pour la protection des minorités et rapport explicatif, H (94) 10, 1994.

Assemblée parlementaire, Recommandation 1255 (1995) relative à la protection des droits des minorités nationales.

Feuille d'information sur les droits de l'homme n° 37 juillet-décembre, H/INF (96) 1, 1996.

Comité des Ministres, Résolution (97) 10, Règles adoptées par le Comité des Ministres relatives au mécanisme de suivi prévu aux articles 24 à 26 de la Convention-cadre pour la protection des minorités nationales, 1997.

E. 欧州安全保障協力会議書・欧州安全保障協力機構文書

Acte final de Helsinki, 1975.

Document de la Réunion de Copenhague de la Conférence sur la dimension hu-

maine de la CSCE, 1990.
Charte de Paris pour une nouvelle Europe, 1990.
Rapport de la réunion d'experts de la CSCE sur les minorités nationales, Genève, 1991.
Décisions de Helsinki,1992.

F．辞書・百科事典

Dictionnaire de terminologie du droit international, Paris, Sirey, 1960.
Dictionnaire Français-Allemand Deutsch-Französisch, Coll. Apollo, Larousse, Paris, 1976.
Dictionnaire Historique de la langue française, Le Robert, Paris, 2000.
Dictionnaire Latin-Français, Hachette, Paris, 1934.
Encyclopédie générale, Hachette, Vol.9, 1976.
Encyclopedia of Public International Law, North-Holland, Amsterdam/New York/Oxford, 1985.
Encyclopédie ou Dictionnaire raisonné des sciences des arts et des métiers, Samuel Faulche, Neufchastel, 1751-1780.
Grand dictionnaire Hachette encyclopédique illustré, Hachette, 1993.
International Encyclopedia of the Social Sciences, The Macmillan Company & The Free Press, 1968.
『広辞苑（第5版）』岩波書店、1998年。
Oxford English Dictionary Being a Corrected Re-Issue with an Introduction, Supplement, and Bibliography of a New English Dictionary on Historical Principles, Clarendon Press, Oxford, 1933.

II．著書および論文

AARON R. I., *John Locke*, Oxford University Press, New York, 1937.
ACADÉMIE DIPLOMATIQUE INTERNATIONALE, "Résolutions concernant les minorités ethniques", *Académie diplomatique internationale, Séances et Travaux*, Tome IV, p.61, 1928.
ACTON, *History of Freedom and other Essays*, Macmillan, London, 1907.
ALFREDSSON G. et DE ZAYAS A., "Minority Rights : Protection by the United Nations", *Human Rights Law Journal*, Vol.14, N° 1-2, pp. 1-9, 1993.
ANDRYSEK O., *Report on the Definition of Minorities*, SIM Special N° 8, 1989.

参考文献

D'ANGEBERG, *Le congrès de Vienne et les traités de 1815*, Amyot, Paris, 4 tomes, 1863.
ARISTOTE, *Métaphysique*, Presses Pocket, Paris, 1991.
ARISTOTE, *Rhétorique*, Coll. Le Livre de Poche, traduit par Charles-Emile RUELLE, Librairie Générale Française, Paris, 1991.
ARISTOTE, *Éthique à Nicomaque*, traduit par Jean DEFRADAS, Presses Pocket, Paris, 1992.
ARISTOTE, *Politique (Livres III et IV)*, traduit par Jean AUBONNET, Les Belles Lettres, Paris, 1971.
ARISTOTE, *Politique*, traduit par Jean AUBONNET, Gallimard, Paris, 1993.
ARISTOTE, *De l'âme*, traduit par Richard BODÉÜS, GF-Flammarion, Paris, 1993.
『アリストテレス全集6、12、13、15、16』岩波書店、1968-73年。
AUGUSTIN, *La Cité de Dieu*, Livre XIX, XXIII, traduit par Louis MOREAU, Éditions du Seuil, Vol.3, Paris, 1994.
『アウグスティヌス著作集15』教文館、1983年。
BACON F., *Novum Organum*, traduit par Michel MALHERBE et Jean-Marie POUSSEUR, Presses Universitaires de France, Paris, 1986.
ベーコン「ノヴム・オルガヌム」『世界の大思想6』河出書房、1971年。
DE BALOGH A., *La protection internationale des minorités*, Les Éditions Internationales, Paris, 1930.
BARCZ J., "European Standards for the Protection of National Minorities with Special Regard to the CSCE — Present State and Conditions of Development", BLOED A. et JONGE W. (sous la direction de), *Legal Aspects of a New European Infrastructure*, Europa Institut and Netherlands Helsinki Committee, Utrecht, pp.87-99, 1992.
BARKER E., *National Character and the Factors in its Formation*, Methuen, London, 1927.
BARTH F., "Les groupes ethniques et leurs frontières" dans POUTIGNAT P. et STREIFF-FENART J., *Théories de l'ethnicité*, Presses Universitaires de France, Paris, 1995.
BENOÎT-ROHMER F. et HARDEMAN H., *The Minority Question in Europe, Towards the Creation of a Coherent European Regime*, CEPS Paper N° 55, 1994.
BENOÎT-ROHMER F., *La question minoritaire en Europe : vers un système cohérent de protection des minorités nationales*, Éditions du Conseil de l'Europe, Strasbourg, 1996.
BERMAN, N., "But the Alternative is Despair : European Nationalism and the

参考文献

Modernist Renewal of International Law", *Harvard Law Review*, Vol.106, N° 8, pp. 1792-1903, 1993.

BETEILLE, A., "Race, Caste and Ethnic Identity", L. KUPER (sous la direction de), *Race, Science and Society*, The UNESCO Press / George Allen & Unwin, Paris / London, pp. 211-233, 1975.

BLOCH M., *La société féodale : La formation des liens de dépendance*, Albin Michel, Paris, 1949.

BLOCH M., *La société féodale : Les classes et le gouvernement des hommes*, Albin Michel, Paris, 1949.

ブロック『封建社会』岩波書店、1996 年。

BLOED A., "The CSCE and the Minority Issue", *Helsinki Monitor*, Vol.5, N° 1, pp. 82-86, 1994.

BOKATOLA I. O., *L'Organisation des Nations Unies et la protection des minorités*, Établissements Emile Bruylant, Bruxelles, 1992.

BOSSUET J. B., *Œuvres complètes de Bossuet*, 12 volumes., Outhenin-Chalandre Fils, Besançon, 1836.

BOSSUET J. B., *Politique tirée des propres paroles de l'Écriture Sainte*, Coll. Les classiques de la pensée politique, Droz, Genève, 1967.

BOSSUYT M. J., *Guide to the "travaux préparatoires" of the International Covenant on Civil and Political Rights*, Martinus Nijhoff Publishers, Dordrecht, 1987.

DE BOURGOING P., *Les guerres d'idiome et de nationalité*, Librairie de G. A. Dentu, Paris, 1849.

BOUTMY E., "La Déclaration des droits de l'homme et du citoyen et M. Jellinek", *Annales des Sciences Politiques*, Tome 17, pp.415-443, 1902.

VAN BOVEN T., "A Runaway Train or a Re-orient Express? A Reponse to US Criticism of the UN Sub-Commission on the Prevention of Discrimination and the Protection of Minorities", D. GOMIEN (sous la direction de), *Broading the Frontiers of Human Rights, Essays in Honour of Asbjoern Eide*, Scandinavian University Press, Oslo, 1993, pp.13-25.

BRUEGEL J. W., "A Neglected Field : The Protection of Minorities", *Revue des droits de l'homme*, Vol.4, pp.413-442, 1971.

BRUEGEL J.W., "Some Observations on the Terminology Regarding National Minorities", *Revue des droits de l'homme*, Vol.8, pp.859-864, 1975.

BRUNNER O., *Neue Wege der Verfassungs- und Sozialgeschichte*, Vandenhoeck & Ruprecht, Göttingen, 1968.

ブルンナー『ヨーロッパ——その歴史と精神』岩波書店、1974 年。

参考文献

BURKE E., *Réflexions sur la Révolution de France*, traduit par J.-A. A*** [anonyme], A. Égron, Paris, 1823.

BURKE E., *Reflections on the Revolution in France*, Penguin Books, Middlesex, 1987.

バーク『フランス革命の省察』みすず書房、1989年。

CANNAN E., *Inquiry into the Nature and Cause of The Wealth of Nations by Adam Smith*, Methuen, London, 1961.

CANU J., *Histoire de la nation américaine*, Éditions du Chêne, Paris, 1947.

CAPOTORTI F., "Minorities", R. BERNHARDT (sous la direction de), *Encyclopedia of Public International Law*, North-Holland, Amsterdam/New York/Oxford, Vol. 8, pp. 385-395, 1985.

CARR E.H., The Twenty Year's Crisis 1919-1939, *An Introduction to the Study of International Relations*, Macmillan, London, 1939.

カー『危機の二十年』岩波書店、1996年。

CAVARE L., *Le Droit International Public Positif*, Éditions A. Pedone, Paris, Tome I, 1961.

CHABOT J.-L., *Le nationalisme*, Coll. Que sais-je ?, Presses Universitaires de France, Paris, 1986.

CICÉRON, *La république*, traduit par Esther BRÉGUET, Les Belles Lettres, 2 tomes, 1980.

CITRON S., *Le mythe national*, Les éditions ouvrières/Études et documentation internationales, Paris, 1989.

『キケロー選集8』岩波書店、1999年。

CLAUDE I. L., *National Minorities : An International Problem*, Greenwood Press, New York, 1969.

Codex : Imperatoris Iustinani Codex, Francoys Frandin, Lugduni, 1527.

COLLÈGE DE FRANCE, "Cahier d'anthropologie sociale, Leçon inaugurale faite le mardi 5 janvier 1960, par Claude Lévi-Strauss", 1960.

CONDORCET A.-N. C., *Œuvres de Condorcet*, A.C. O'CONNOR et M. F. ARAGO (sous la direction de), Paris, Firmin-Didot Frères, 1847.

Corpus Iuris Civilis, Volumen Primum, Intitutiones, Digesta, Weidmann, Hildesheim, 1988.

CORVISIER A., *La France de Louis XIV*, Sedes, Paris, 1994.

DANTE, "Monarchie", *Œuvres complètes*, traduction et commentaires par André Pézard, Coll. Bibliothèque de la Pléiade, Éditions Gallimard, Paris, 1965.

ダンテ「帝政論」『世界思想全集哲学・文芸思想編4』河出書房、1961年。

DARWIN C., *La descendance de l'homme et la sélection sexuelle*, traduit de l'anglais par Edmond Barbier, 2 volumes., Edmond Barbier, Éditions Complexe, Bruxelles, 1981.

DARWIN C., *L'origine des espèces au moyen de la sélection naturelle ou la préservation des races favorisées dans la lutte pour la vie*, traduit de l'anglais par Daniel Becquemont, Flammarion, Paris, 1992.

ダーウィン『人類の起源』中央公論社、1979 年。

DENIS H., *Histoire de la pensée économique*, Coll. Thémis Sciences économiques, Presses Universitaires de France, Paris, 1983.

DESCHÊNES J., "Qu'est ce qu'une minorité ?", Les Cahiers de Droit, Vol.27, N° 1, pp. 255-291, 1986.

DIDEROT D., "Essais sur les règnes de Claude et Néron", *Œuvres complètes*, H. DIECKMANN et J. VARLOOT (sous la direction de), Herman, Paris, Tome XXV, 1986.

DINSTEIN Y., "Collective Human Rights of Peoples and Minorities", *International and Comparative Law Quarterly*, Vol. 25, pp. 102-120, 1976.

DROZ, J., "Concept français et concept allemand de l'idée de nationalité", *Europa und der Nationalismus*, Verlag für Kunst und Wissenschaft, Baden-Baden, pp. 109-133, 1950.

DUCHET M., *Anthropologie et histoire au siècle des Lumières*, Albin Michel, Paris, 1995.

DUMONT L., *Essais sur l'individualisme : Une perspective anthropologique sur l'idéologie moderne*, Coll. Point Essais, Éditions du Seuil, Paris, 1985.

DUPONT-FERRIER G., *La formation de l'État français et l'unité française*, Armand Colin, Paris, 1929.

DUPUIS C., "Liberté des voies de communication. Relations internationales", *Recueil des Cours de l'Académie de Droit International 1924 I*, 1925.

DURANT W. et A., *Rousseau et la Révolution*, Histoire de la civilisation XXIX, traduit de l'anglais par Albert CAVIN, Éditions Rencontre, Lausanne, 1969.

デュラント『世界の歴史 29、31、32』日本ブック・クラブ、1970 - 1973 年

EEK H., "Some Reflections on the Development of the International Human Rights Law and on the Impact on that Law of Scientific Developments", *Revue des droits de l'homme*, Vol. 4, p. 443-452, 1971.

EHRARD J., *L'idée de nature en France dans la première moitié du XVIIIe siècle*, S. E. V. P. E. N.,Tome I, Paris, 1963.

ELIAS N., *La civilisation des mœurs*, traduit par Pierre KAMNITZER, Calmann-Lévy, Paris, 1973.

ELIAS N., *La dynamique de l'Occident*, traduit par Pierre KAMNITZER,

参考文献

Calmann-Lévy, Paris, 1975.
ELIAS N., Über den Prozeß der Zivilisation, Suhrkamp, Frankfurt am Main, 1981.
エリアス『文明化の過程（上）（下）』法政大学出版局、1994‐1995年。
ERIKSON E.H., *Adolescence et crise : la quête de l'identité*, traduit de l'anglais par Joseph NASS et Claude LOUIS-COMBET, Flammarion, Paris, 1972.
ERIKSON E. H., *Dimensions of a New Identity : The 1973 Jefferson Lectures in the Humanities*, W. W. Norton and Company, New York, 1974.
エリクソン『アイデンティティ、青年と危機』金沢文庫、1974年。
エリクソン『歴史のなかのアイデンティティ』みすず書房、1980年。
ERMACORA F., "The Protection of Minorities before the United Nations", *Recueil des Cours, Collected courses of the Hague Academy of International Law*, 1983, IV, 1984.
ESCHMANN I. T., "Studies on the Notion of Society in St. Thomas Aquinas, I. St.Thomas and the Decretal of Innocent IV, Romana Ecclesia Ceterum", *Medieval Studies*, Vol. VIII, pp. 1-42, 1946.
FEINBERG N., *La question des minorités à la Conférence de la paix de 1919-1920 et l'action juive en faveur de la protection internationale des minorités*, Rousseau, Paris, 1929.
FEINBERG N., *The Legal Validity of the Undertakings Concerning Minorities and the Clausula Rebus Sic Standibus*, Hebrew University Faculty of Law, Jerusalem, 1958.
FENE A. et SOULIER G., *Les minorités et leurs droits depuis 1789*, L'Harmattan, Paris, 1989.
FILMER R., *Patriarcha or the Natural Powers of Kings* adjoint par les éditeurs à l'ouvrage de LOCKE J., *Two Treaties of Government*, Hafner Publishing Company, New York, 1961.
FLAUSS J.-F., "Les conditions d'admission des pays d'Europe centrale et orientale au sein du Conseil de l'Europe", *European Journal of International Law*, Vol. 5, pp. 401-422, 1994.
FLEMING D. F., *The United States and the League of Nations 1918-1920*, Russell & Russell, New York,1968.
FORTESCUE J., *De Laudibus Legum Angliae*, traduit par S. B. CHRIMES, Cambridge Universtity Press, Cambridge, 1942.
フォーテスキュー『イングランド法の礼賛について』北野かほる、小山貞夫、直江眞一共訳、法学（東北大学）、53巻、1989年。
FOUCAULT M., *Les mots et les choses : Une archéologie des sciences humaines*, Gallimard, Paris, 1966.

参考文献

フーコー『言葉と物——人文科学の考古学——』新潮社、1986 年。
FOUQUES DUPARC J., *La protection des minorités de race, de langue et de religion*, Dalloz, Paris, 1922.
FRANCK T.M., "Clan and Superclan : Loyalty, Identity and Community in Law and Practice", *American Journal of International Law*, Vol. 90, pp. 359-383, 1996.
FRITZ G., *L'idée de peuple en France du XVIIe au XIXe siècle*, Presses Universitaires de Strasbourg, 1988.
GAIRDNER J., *The English Church in the Sixteenth Century from the Accession of Henry VIII to the Death of Mary*, Macmilan, London, 1904.
VON GIERKE O., *Les théories politiques du moyen âge*, traduit de l'allemand et de l'anglais par Jean de PANGE, Recueil Sirey, Paris, 1914.
ギールケ『中世の政治理論』ミネルヴァ書房、1985 年。
GOMEZ T., *Droit de conquête et droits des Indiens*, Armand Colin, Paris, 1996.
HACHWORTH G.H., *Digest of International Law*, United States Government Printing Office, Washington, Vol. I, 1940.
塙浩『フランス憲法関係資料選』信山社、1998 年。
HARTIG H., "Les travaux du Conseil de l'Europe dans le domaine des minorités", P. GRIGORIOU (sous la direction de), *Questions de minorités en Europe*, Presses interuniversitaires européennes, Bruxelles, 1994.
HAUSER H. et al., *Du libéralisme à l'impérialisme*, Presses Universitaires de France, Paris, 1952.
HAZARD P., *La crise de la conscience européenne 1680-1715*, Fayard, Paris, 1961.
アザール『ヨーロッパ精神の危機』法政大学出版局、1973 年。
HEGEL G. W. F., "Philosophische Propädeutik, Gymnasialreden und Gutachten über den Philosophie=Unterricht", *Sämtliche Werke*, H. GLOCKNER (sous la direction de), Fr. Frommann Verlag, Stuttgart, 1961.
HEGEL G.W.F., "Vorlesungen über die Philosophie der Geschichte", *Sämtliche Werke*, H. GLOCKNER (sous la direction de), Fr. Frommann Verlag, Stuttgart, 1961.
ヘーゲル『哲学入門』岩波書店、1996 年。
ヘーゲル『歴史哲学講義（上）』岩波書店、1997 年。
HERCZEGH, G., "La protection des minorités par le droit international", *Acta Juridica Academiae Scientiarum Hungaricae*, 32 (3-4), pp. 215-246, 1990.
HERCZEGH G., "Les accords récents conclus entre la Hongrie et ses voisins, stabilité territoriale et protection des minorités", *Annuaire français de droit international*, Vol. XLII, pp. 255-272, 1996.

参 考 文 献

HERDER J. G., *Idées sur la philosophie de l'histoire de l'humanité*, traduit par Edgar QUINET, F. G. Levrault, Paris, 3 tomes, 1834.

ヘルデル『歴史哲学』東京第一書房、1933 年。

ヘルダー『人間史論 I ～ IV』白水社、1948 - 1949 年。

HIGGINS R., "Self-determination", *CSCE ODIHR Bulletin*, Vol. 3, N° 3, pp. 16-29, 1994.

樋口陽一・吉田善明編『解説世界憲法集』三省堂、1991 年。

HOBBES T., "Element of Philosophy. The First Section, concerning Body, Written in Latin by Thomas Hobbes of Malmesbury and translated into English", *The English Works of Thomas Hobbes of Malmesbury*, Vol. 1, John Bohn, London, 1839.

HOBBES T., *Leviathan*, or The Matter, Forme, & Power of a Common-wealth ecclesiasticall and civil, London, Printed for Andrew Crooke, at the Green Dragon in St.Pauls Church-yard, 1651.

HOBBES T., *Léviathan : traité de la matière, de la forme et du pouvoir de la république ecclésiastique et civile*, traduit de l'anglais et du latin par François TRICAUD, Sirey, Paris, 1971.

ホッブズ『リヴァイアサン 1 ～ 4』岩波書店、2004 年。

HOBBES T., *Le citoyen ou les fondements de la politique*, traduit du latin par Samuel SORBIÈRE, Flammarion, Paris, 1982.

HOOKER R., *The Works of that Learned and Judicious Divine, Mr. Richard Hooker*, 2 volumes, Clarendon Press, Oxford, 1890.

HUME D., *Essays : Moral, Political and Literary*, Oxford University Press, London, 1963.

IOANNIS S., *Episcopi carnotensis policratici sive de nvgis cvrialivm et vestigiis philosophorvm*, Minerva, Frankfurt, 1965.

JAHN F.L., *Recherche sur la nationalité, l'esprit des peuples allemands et les institutions qui seraient en harmonie avec leurs mœurs et leur caractère*, traduit de l'allemand par P. LORTET, Bosange frères - Baudouin frères - Dupont et Roret, Paris, 1825.

JANOWSKY O. I., *The Jews and Minority Rights*, Columbia University Press, New York, 1933.

イェリネック『人権宣言論争』みすず書房、1981 年。

イェリネク『少数者の権利』日本評論社、1989 年。

JOHANNET R., *Le principe des nationalités*, Nouvelle librairie nationale, Paris, 1918.

JOUVE E., *Le droit des peuples*, Coll. Que sais-je ?, Presses Universitaires de

France, Paris, 1ère éd. 1986, 1992.

JULIA D., *Les trois couleurs du tableau noir : la Révolution*, Éditions Belin, Paris, 1981.

兼平昌昭「ヨアンニス・サレスベリエンシスとレース・プーブリカ概念」西洋史学 LXXXI、1969 年。

KANT E., *Opuscules sur l'histoire*, Flammarion, Paris, 1990.

KANT E., *Théorie et Pratique, D'un prétendu droit de mentir par humanité, La fin de toutes choses*, Flammarion, Paris, 1994.

KANTOROWICZ E., *The King's Two Bodies : A Study in Medieval Political Theology*, Princeton University Press, Princeton, 1957.

KANTOROWICZ E., *Les deux corps du roi, Essais sur la théorie politique du moyen âge*, traduit de l'anglais par Jean-Philippe GENET et Nicole GENET, Gallimard, Paris, 1989.

カント『啓蒙とは何か』岩波書店、1995 年。

カントーロヴィチ『王の二つの身体』平凡社、1994 年。

KANTROWICZ H., "Volksgeist und historische Rechtsschule", *Historische Zeitschrift*, Band 108, S 295-325, 1912.

ケルゼン『ダンテの国家論』木鐸社、1977 年。

KISS A. C., "Le concept d'égalité : définition et expérience", *Les Cahiers de Droit*, Vol. 27, pp. 145-153, 1986.

KISS A. C., "La protection des minorités dans le cadre de la CSCE", INSTITUT D'ETUDES EUROPÉENNES et INSTITUT INTERNATIONAL DES DROITS DE L'HOMME (sous la direction de), *La Protection des Minorités et les Droits de l'Homme*, Bruxelles, pp. 45-47, 1992.

KOVACS P., "La protection des langues des minorités ou la nouvelle approche de la protection des minorités? (Quelques considérations sur la Charte européenne des langues régionales ou minoritaires)", *Revue Générale de Droit International Public*, pp. 411-418, 1993.

KOVACS P., *L'articulation de l'autonomie personnelle dans la loi hongroise sur les minorités*, Rapport à la deuxième journée du Colloque du Programme Mercator (Études pluridisciplinaires sur les minorités) consacrée aux droits culturels et aux revendications des minorités, le 21 mars 1994, Paris, 1994.

KLEBES H., "Projet de protocole additionnel à la CEDH sur les droits des minorités", *Revue universitaire des droits de l'homme*, Vol.5, N° 5-6, pp. 184-189, 1993.

KLEBES H., "La Convention-cadre du Conseil de l'Europe pour la protection des minorités nationales", *Revue universitaire des droits de l'homme*, Vol. 7, N° 4-

参考文献

6, pp. 165-189, 1995.
KOHN H., *The Idea of Nationalism, A Study in Its Origins and Background*, Macmillan, New York, 1961.
窪誠「地域言語または少数言語のための欧州憲章」渋谷謙次郎編『欧州諸国の言語法』三元社、2005年。
KUNZ J.L., "The Present Status of the International Law for the Protection of Minorities", *American Journal of International Law*, Vol. 48, pp. 282-287, 1954.
LACOSTE Y., *Les pays sous-développés*, Coll. Que sais-je ?, Presses Universitaires de France, 1989.
DE LAGARDE G., *La naissance de l'esprit laïque au déclin du moyen âge, I : Bilan du XIIIe siècle*, E. Nauwelaerts, Louvain, 1956.
LANGBEHN J., "L'Allemagne: Aristocratie du monde (1891)", R. GIRARDET (sous la direction de), *Nationalismes et nation*, Éditions Complexe, Bruxelles, 1996.
LANNUNG H., "The Rights of Minorities", *Mélanges offerts à Polys Modinos, Problèmes des droits de l'homme et de l'unification Européenne*, Éditions A. Pédone, Paris, pp.181-195, 1968.
DE LAPRADELLE M.A., "Le droit international de la nationalité", *Académie diplomatique internationale, Séances et Travaux*, Tome II, pp.95-103, 1930.
LARRÈRE, C., *L'invention de l'économie au XVIIIe siècle, Du droit naturel à la physiocratie*, Presses Universitaires de France, Paris, 1992.
LAS CASES, GOURGAUD, MONTHOLON, BERTRAND, *Napoléon à Sainte-Hélène*, Robert Laffont, Paris, 1981.
LAUPRECHT P., "Le Conseil de l'Europe et les droits des minorités", *Les Cahiers de Droit*, Vol. 27, pp. 203-213, 1986.
LAUREN P. G., *Power and Prejudice, The politics and Diplomacy of Racial Discrimination*, Westview Press, Boudler/London, 1988.
LAUTERPACHT H., *An International Bill of the Rights of Man*, Columbia University Press, New York, 1945.
LE BRAS G., "Le droit romain au service de la domination pontificale", *Revue historique de droit français et étranger*, Tome XXVII, pp. 377-398, 1949.
LEFEBVRE H., *Le nationalisme contre les nations*, Méridiens Klincksieck, 1988.
LEGOHÉREL H., *Histoire du droit international public*, Coll. Que sais-je?, Presses Universitaires de France, Paris, 1996.
LEIF J., *Les catégories fondamentales de la sociologie de Tönnies*, Thèse, Uni-

versité de Paris, Faculté des Lettres, 1946.

LE MERCIER DE LA RIVIÈRE, *L'ordre naturel et essentiel des sociétés politiques*, Librairie Paul Geuthner, Paris, 1910.

レヴィ゠ストロース『今日のトーテミスム』みすず書房、1990年。

LIAUZU C., *Race et civilisation, L'autre dans la culture occidentale*, Syros/Alternatives, Paris, 1992.

LOCKE J., "The Second Treatise of Civil Government", *Two Treatises of Government*, Hafner Publishing Company, New York, 1961.

LOCKE J., *Deuxième traité du gouvernement civil*, traduit par Bernard GILSON, Vrin, Paris, 1977.

LOCKE J., *Traité du gouvernement civil*, traduit par David MAZEL, Flammarion, Paris, 1992.

LOCKE J., *Le second traité du gouvernement*, traduit par Jean-Fabien SPITZ, Presses Universitaires de France, Paris, 1994.

ロック『市民政府論』岩波書店、1995年。

ロック『全訳統治論』柏書房、1997年。

LOUIS XIV, *Mémoires de Louis XIV pour l'instruction du Dauphin, première édition complète, d'après les textes originaux avec une étude sur leur composition*, Tome 2, Didier, Paris, 1860.

LOUIS XIV, *Mémoires de Louis XIV*, Introduction de Jean LONGNON, Jules Tallandier, Paris, 1927.

LOYER O., *L'Anglicanisme de Richard Hooker*, Thèse présentée à l'Université de Paris III, Atelier de reproduction des thèses Université de Lille III, 2 tomes, 1979.

DE LUBAC H., *Corpus Mysticum : L'Eucharistie et l'Eglise au moyen âge*, Aubier, Paris, 1949.

MACARTNEY C. A., *National States and National Minorities*, Oxford University Press, London, 1934.

MAITLAND F. W., *The Consitutional History of England*, Cambridge University Press, Cambridge, 1961.

MANCINI P. S., *Della nazionalitá come fomdamento del diritto delle genti di Pasquale Stanislao Mancini*, G. Giappichelli Editore, Torino, 1994.

MANDELSTAM A., "La protection des minorités ethniques", *Académie diplomatique internationale*, Séances et Travaux, Tome I, pp. 17-38, 1927.

MARIE J.-B., "Les droits culturels: interface entre les droits de l'individu et les droits des communautés", P. MEYER-BISCH (sous la direction de), *Les droits culturels : une catégorie sous-développée de droits de l'homme*, Éditions

参考文献

Universitaires Fribourg, Suisse, 1993.
MARIE J.-B., *La Commission des droits de l'homme de l'O. N. U.*, Éditions A. Pedone, Paris, 1993.
MARLING J. M., *The Order of Nature in the Philosophy of St. Thomas Aquinas*, Thèse, The Catholic University of America, Washington, D. C., 1934.
MARTENS G. F., *Nouveau recueil de traités*, Dietrich, Göttingue, 1818.
MARTIN H., *Histoire de France*, Furne - Jouvet et Cie, Paris, Tome XVI, 1878.
MARTINIELLO M., *L'ethnicité dans les sciences sociales contemporaines*, Coll. Que sais-je ?, Presses Universitaires de France, Paris, 1995.
MEINECKE F., *Weltbürgertum und Nationalstaat*, Werke, R.Olenbourg Verlag, München, Band V, 1962.
マイネッケ『世界市民主義と国民国家 I』岩波書店、1968 年。
METELKO A., "Evolutions of International Protection of Minorities", *ELSA Law Review*, Vol. 1, N°1, pp. 41-50, 1989.
MILLER D. H., *The drafting of the Covenant*, G. P. Putnam's Sons, New York, 2 volumes, 1928.
MINTZ S.I., *The Hunting of Leviathan : Seventheenth-Century Reactions to the Materialism and Moral Philosophy of Thomas Hobbes*, Cambridge University Press, London, 1962.
MIRABEAU, Marquis de, *L'Ami des hommes ou traité de la population*, Guillaumin, Paris, 1883.
MONTESQUIEU, *De l'esprit des lois*, Garnier-Flammarion, Paris, 2 volumes, 1979.
モンテスキュー『法の精神（上）（中）（下）』岩波書店、1995 年。
MORAS, J., *Ursprung und Entwicklung des Begriffs der Zivilisation in Frankreich (1756-1830)*, Hamburger Studien zu Volkstum und Kultur der Romanen, Hambourg, 1930.
MORE T., *L'Utopie ou Le traité de la meilleure forme de gouvernement*, traduit par Marie DELCOURT, GF-Flammarion, Paris, 1987.
モア「ユートピア」『世界の名著エラスムス、トマス・モア 17』中央公論社、1969 年。
MORREAU P.-F., *Hobbes : philosophie, science, religion*, Collection Philosophies, Presses Universitaires de France, Paris, 1989.
Nouveau Testament, Traduction œcuménique de la Bible, Les Éditions du Cerf, 1972.
NOVALIS F., *Œuvres complètes*, traduit de l'allemand par Armel GUERNE, Gallimard, Paris, 1975.

『ノヴァーリス全集第2巻』牧神社、1977年。
NOVICOW J., *La politique internationale*, Félix Alcan, Paris, 1886.
大沼保昭「遥かなる人種平等の理想——国際連盟規約への人種平等条項案と日本の国際法観」大沼保昭編『国際法、国際連合と日本』弘文堂、1987年。
オルテガ『大衆の反逆』白水社、1985年。
PACKER, J., "On the Definition of Minorities", J. PACKER et K. MYNTTI (sous la direction de), *The Protection of Ethnic and Linguistic Minorities in Europe*, Åbo Akademi University Institute for Human Rights, Turku/Åbo, pp. 23-65, 1993.
PARRY C. (sous la direction de), *The Consolidated Treaty Series*, Oceana Publications, New York, Vol.62, 1969.
PERESSINI M., "Les deux visages de l'identité", *Le courrier de l'UNESCO*, juin 1993, pp. 14-18, 1993.
PIERRÉ-CAPS S., "Le principe de l'autonomie personnelle et l'aménagement constitutionnel du pluralisme national, L'exemple Hongrois", *Revue du droit public*, N°2, pp. 401-428, 1994.
POIRIER J., *Histoire de l'ethnologie*, Coll. Que sais-je ?, Presses Universitaires de France, Paris, 1969.
POLANYI K., *La Grande Transformation : Aux origines politiques et économiques de notre temps*, traduit de l'anglais par Catherine MALAMOUD, Gallimard, Paris, 1983.
ポラニー『大転換』東洋経済新報社、1993年。
POLIAKOV L., *Le mythe aryen : Essai sur les sources du racisme et des nationalismes*, Coll. Agora, Calmann-Lévy, Paris, 1994.
ポリアコフ『アーリア神話——ヨーロッパにおける人種主義と民族主義の源泉』法政大学出版局、1992年。
POUTIGNAT P. et STREIFF-FENART J., *Théories de l'ethnicité*, Presses Universitaires de France, Paris, 1995.
QUESNAY F., *Œuvres de Quesnay*, Burt Franklin, New York, 1969.
RAULET G., *Aufklärung : Les lumières allemandes*, Flammarion, Paris, 1995.
REDSLOB R., "Origines du principe des nationalités", *Académie diplomatique internationale, Séances et Travaux*, Tomes VII-XII, pp. 14-21, 1929.
REDSLOB R., *Le principe des nationalités. Les origines, les fondements psychologiques, les forces adverses, les solutions possibles*, Librairie du Recueil Sirey, Paris, 1930.
REMACLE E., "La CSCE et les droits des minorités nationales", *Politique étrangère*, 1/93, pp. 141-154, 1993.

参 考 文 献

REMACLE E., "La CSCE et les droits des minorités nationales", ASSOCIATION DROIT DES GENS 1993 (sous la direction de), *Le droit international à l'épreuve*, Éditions Complexe, Bruxelles, pp. 138-157, 1993.

RENAN E., *Qu'est-ce qu'une nation?*, Agora les classiques, Presses Pocket, Paris, 1992.

ルナン他『国民とは何か』河出書房、1998 年。

RÉMOND R., *Introduction à l'histoire de notre temps : I. l'Ancien Régime et la Révolution 1750-1815*, Coll. Points, Seuil, Paris, 1974.

RIGAUX F., *Pour une déclaration universelle des droits des peuples, identité nationale et coopération internationale*, Chronique Sociale, Lyon, 1990.

RIVERO J., "Les droits de l'homme : droits individuels ou droits collectifs?", *Les droits de l'homme, droits collectifs ou droits individuels* (Acte du Colloque de Strasbourg des 13 et 14 mars 1979), Annales de la faculté de droit et des sciences politiques et de l'Institut de recherches juridiques, R. Pichon et R. Durand-Auzias, Paris, Tome XXXII, 1980.

ROBINSON J., "International Protection of Minorities : A Global View", *Israel Year Book on Human Rights*, Vol.1, pp. 61-91, 1971.

ROSE R., "Sinti and Roma as National Minorities in the Countries of Europe", *OSCE ODIHR Bulletin*, Vol. 3, N°2, pp. 41-45, 1994/95.

ROULAND N., PIERRÉ-CAPS S. et POUMARÈDE J., *Droit des minorités et des peuples autochtones*, Presses Universitaires de France, Paris, 1996.

ROUSSEAU J.-J., *Émile*, GF-Flammarion, Paris, 1966.

ROUSSEAU J.-J., *Du contrat social*, Éditions du Seuil, Paris, 1977.

ROUSSEAU J.-J., *Discours sur l'origine et les fondements de l'inégalité parmi les hommes*, Presses Pocket, Paris, 1990.

ROUSSEAU J.-J., *Discours sur l'économie politique, Projet de constitution pour la Corse, Considération sur le gouvernement de Pologne*, Garnier-Flammarion, Paris, 1990.

『ルソー全集 1、4、5、7』白水社、1978 - 1981 年

RÖNQUIST A., "The Council of Europe Framework Convention for the Protection of National Minorities", *Helsinki Monitor*, Vol.6, N°1, pp. 38-44, 1995.

RUYSSEN T., *Les minorités nationales d'Europe et la Guerre mondiale*, Dépôt des publications de la conciliation, La Flèche, 1923.

SANTAMARIA Y. et WACHÉ B., *Du printemps des peuples à la Société des nations*, La Découverte, Paris, 1996.

佐々木力「リヴァイササン、あるいは機械論的自然像の政治哲学 (上)(下)」思想、787 - 788 号、1990 年。

SCELLE G., "L'Elaboration du Pacte", P. MUNCH (sous la direction de), *Les origines et l'œuvre de la Société des Nations*, Gyldendalske Boghandel, Copenhague, 1923.
SCELLE G., *Précis de droit des gens : Principe systématique*, Libraire du Recueil Sirey, Paris, Tome 2, 1934.
SCHECHTMAN J.B., "Decline of the International Protection of Minority Rights", *The Western Political Quarterly*, Vol. IV, N°1, pp. 1-11, 1951.
SCHWELB E., *Human Rights and the International Community, The Roots and Growth of the Universal Declaration of Human Rights, 1948-1963*, Quadrangle Books, Chicago, 1964.
SENAULT J.F., *Le monarque ou les devoirs du souverain*, Pierre le Petit, Paris, 1664.
SÉNÈQUE, *De la clémence*, Les Belles Lettres, Paris, 1921.
『セネカ道徳論集(全)』東海大学出版会、1989年。
SHACKLETON R., *Montesquieu : a Critical Biography*, Oxford University Press, London, 1961.
SIEYÈS E., *Qu'est-ce que le Tiers Etat ?*, Flammarion, Paris, 1988.
シエイェース『第三身分とは何か』実業之日本社、1948年。
シエイエス『第三階級とは何か』岩波書店、1976年。
SMITH A., *Recherche sur la nature et les causes de la richesse des nations*, Flammarion, Paris, 2 tomes, 1991.
スミス『諸国民の富1～3』岩波書店、1995年。
SMITH A. D., *The Ethnic Origins of Nations*, Basil Blackwell Ltd., Oxford, 1986.
SOUTOU G.-H., "Les grandes puissances et la question des nationalités en Europe centrale et orientale pendant et après la Première Guerre mondiale : actualité du passé ?", *Politique étrangère*, N°3, pp. 697-711, 1993.
STAVENHAGEN R., *The Ethnic Question: Conflicts, Development, and Human Rights*, United Nations University Press, Tokyo, 1990.
VAN DER STOEL M., "The OSCE High Commissioner on National Minorities", *OSCE, ODIHR Bulletin*, Vol. 3, N°3, pp. 41-45, 1995.
STRUPP, "Projet de convention internationale sur la nationalité", *Académie diplomatique internationale, Séances et Travaux*, Tome II, pp. 104-105, 1930.
SURATTEAU J.-R., *L'idée nationale de la Révolution à nos jours*, Presses Universitaires de France, Paris, 1972.
SUREDA R., *The Evolution of the Right of Self-Determination, A Study of United Nations Practice*, Sijthoff, Leiden, 1973.
高木八尺・末次三次・宮沢俊義編『人権宣言集』岩波書店、1996年。

参考文献

田中克彦『ことばと国家』岩波書店、1986年。
田畑茂二朗『国際化時代の人権問題』岩波書店、1988年。
TAWNEY R.H., *The Agrarian Problem in the Sixteenth Century*, Burt Franklin, New York, 1912.
TEMPERLEY H.W.V. (sous la direction de), *A History of the Peace Conference of Paris*, Henry Frowde and Hodder & Stoughton, London, 1921.
THOMAS D'AQUIN, *Du Royaume : De Regno*, traduit par Frère Marie MARTIN-COTTIER, Egloff, Paris, 1947.
THOMAS D'AQUIN, *Somme théologique*, Éditions du Cerf, Paris, Tomes 2 et 3, 1984-1985.
THOMAS D'AQUIN, *Somme contre les Gentils*, traduit par R. BERNIER et M. CORVEZ, Les Éditions du Cerf, Paris, 1993.
トマス・アクィナス『神学大全13』創文社、1993年。
THORNBERRY P., "Is There a Phoenix in the Ashes ? International Law and Minority Rights", *Texas International Law Journal*, Vol. 15, pp. 420-458, 1980.
THORNBERRY P., *International Law and the Right of Minorities*, Clarendon Press, Oxford, 1991.
THORNBERRY P., *The UN Declaration on the Rights of Persons belonging to National or Ethnic, Religious and Linguistic Minorities : Background, Analysis and Observations*, Minority Rights Group, London, 1993.
THORNBERRY, P. et ESTEBANEZ, M. A. M., *The Council of Europe and Minorities*, COEMIN, Conseil de l'Europe, 1994.
TIERNEY B., *Foundations of the Conciliar Theory, The Contribution of the Medieval Canonists from Gratian to the Great Schism*, Cambridge University Press, Cambridge, 1955.
TIMBAL P.-C. et CASTALDO A., *Histoire des institutions publiques et des faits sociaux*, Dalloz, Paris, 1993.
TOCQUEVILLE A., *De la démocratie en Amérique*, Gallimard, Paris, 1951.
トクヴィル『アメリカの民主政治（上）』講談社、2001年。
徳川信治「欧州人権条約第12議定書の成立」立命館法学271・272号、2000年。
TOMUSCHAT C., "Protection of Minorities under Article 27 of the International Covenant on Civil and Political Rights", *Völkerrecht als Rechtsordung Internationale Gerichtsbarkeit Menschenrechte, Festschrift für Hermann Mosler*, Springer Verlag, Berlin/Heidelberg/New York, pp. 949-979, 1983.
TÖNNIES F., *Gemeinschaft und Gesellschaft : Grundbegriffe der reinen Soziologie*, Karl Curtius, Berlin, 1912.
TÖNNIES F., *Communauté et société : Catégories fondamentales de la soci-

ologie pure, traduit par LEIF J. dans sa thèse intitulée Les catégories fondamentales de la sociologie de Tönnies, Université de Paris, Faculté des Lettres, Presses Universitaires de France, 1946.

TÖNNIES F., *Community and Association (Gemeinschaft und Gesellschaft)*, traduit par Charles P. LOOMIS, Routledge & Kegan Paul, London, 1955.

テンニエス『ゲマインシャフトとゲゼルシャフト（上）（下）』岩波書店、1987 - 1988 年

TREVELYAN G. M., *A Shortened History of England*, Penguin Books, London, 1987.

トレヴェリアン『イギリス史 1、2』大野真弓監訳、みすず書房、1992 年。

TRIEPEL H., *Nouveau recueil général de traités et autres actes relatifs aux rapports de droit international*, Librairie Theodore Weicher, Leipzig, 1922.

TURGOT, *Œuvres de Turgot*, Otto Zeler, Osnabrück, 2 Tomes, 1966.

チュルゴ『チュルゴ経済学著作集』岩波書店、1962 年。

上田辰之助『聖トマス経済学』みすず書房、1991 年。

ULLMANN W., "The Influence of John Salisbury on Medieval Italian Jurists", *The English Historical Review*, Vol. LIX, p. 384-392, 1944.

VAUGHAN C.E., *The Political Writings of Jean Jacques Rousseau*, Basil Blackwell, Oxford, Vol. I, 1962.

VEITER T., "Commentary on the Concept of National Minorities", *Revue des droits de l'homme*, Vol. 7, pp. 273-290, 1974.

VERDOODT A., *Naissance et signification de la déclaration universelle des droits de l'homme*, Éditions Nauwelaerts, Louvain/Paris, 1964.

VERDOODT A., "Influence des Structures Ethniques et Linguistiques des Pays Membres des Nations Unies sur la Rédaction de la Déclaration Universelle des Droits de l'Homme", INSTITUT INTERNATIONAL DES DROITS DE L'HOMME (sous la direction de), *René Cassin, Amicorum discipulorumque liber*, Éditions A. Pédone, Paris, Tome I, 1969.

VEYSSET P., *Situation de la politique dans la pensée de St Thomas d'Aquin*, Cèdre, Paris, 1981.

VOLTAIRE, *Œuvres complètes de Voltaire*, Garnier Frères, Paris, Tomes 12, 30, 44 et 45, 1878-1881.

VOLTAIRE, *Le siècle de Louis XIV*, Garnier-Flammarion, Paris, Tome 2, 1966.

VUKAS B., "Le projet de déclaration sur les droits des personnes appartenant à des minorités nationales, ethniques, religieuses et linguistiques", *Annuaire français de droit international*, pp. 281-294, 1979.

WARRENDER H., "Hobbes's Conception of Morality", *Rivista critica di storia*

参考文献

della filosofia, Vol. 17, pp. 434-449, 1962.
WEILL G., *Europe du XIXe siècle et l'idée de nationalité*, Éditions Albin Michel, Paris, 1938.
WEILLER J. et DUPUIGRENET-DESROUSSILLES G., *Les cadres sociaux de la pensée économique*, Presses Universitaires de France, Paris, 1974.
WILLE P. F., "Minority Questions in the Council of Europe", *HELSINKI MONITOR*, Vol. 5, N°1, pp. 26-31, 1994.
XYDIS, S. G., "Modern Greek Nationalism", P. F. SUGAR et I. J. LEDERER (sous la direction de), *Nationalism in Eastern Europe*, University of Washington Press, Seattle & London, 1969.
クシーディス「近代ギリシアのナショナリズム・歴史と現在」P. F. シュガー、L. J. レデラー編『東欧のナショナリズム』刀水書房、1981年。
横田喜三郎『国際判例研究I』有斐閣、1933年。

〈著者紹介〉

窪　誠（くぼ　まこと）
1959 年　東京生まれ
1986 年　京都大学法学部卒業
1995 年　京都大学法学研究科博士課程公法専攻単位
　　　　修得退学
1998 年　フランス・ストラスブール・ロベール
　　　　シューマン大学より法学博士学位取得
現　在　大阪産業大学経済学部教授

マイノリティの国際法
――レスプブリカの身体からマイノリティへ――

2006 年 6 月 30 日　第 1 版第 1 刷発行
　　　　5635-01011　P 424：Y 8000 E：b 065

著　者　　窪　　　　誠
発行者　　今　井　　　貴
発行所　　株式会社信山社
〒113-0033 東京都文京区本郷 6-2-9-102
Tel 03-3818-1019
Fax 03-3818-0344
henshu@shinzansha.co.jp
出版契約 5631-01010　Printed in Japan

©窪　誠　2006　印刷・製本／松澤印刷・大三製本
ISBN 4-7972-5635-4　C3332　分類 329.100-a005
禁コピー　信山社 2006

―――― 既刊・新刊 ――――

日本立法資料全集
―国際法先例資料1・2―
柳原正治編著

不戦条約（上）（下）
植木俊哉編著　2,100円

ブリッジブック国際法
広瀬善男著作

国連の平和維持活動
―国際法と憲法の視座から―

主権国家と新世界秩序
―憲法と国際社会―

日本の安全保障と新世界秩序
―憲法と国際社会―

力の行使と国際法

国家・政府の承認と内戦 上・下

―――― 信山社 ――――

―――― 既刊・新刊 ――――

国際人権法学会編
国際人権 1 (1990年報)　人権保障の国際化
国際人権 2 (1991年報)　人権保障の国際基準
国際人権 3 (1992年報)　人権保障の国際基準
国際人権 4 (1993年報)　人権保障の国際基準
国際人権 5 (1994年報)　人権保障の国際基準
国際人権 6 (1995年報)　人権保障の国際基準
国際人権 7 (1996年報)　人権保障の国際基準
国際人権 8 (1997年報)　人権保障の国際基準
国際人権 9 (1998年報)　人権保障の国際基準
国際人権10(1999年報)　学会創立10周年記念
国際人権11(2000年報)　最高裁における国際人権法
国際人権12(2001年報)　人権と国家主権ほか
国際人権13(2002年報)　難民問題の新たな展開
国際人権14(2003年報)　緊急事態と人権保障
国際人権15(2004年報)
国際人権16(2005年報)　NGO・社会権の権利性
国際人権17(2006年報)

―――― 信 山 社 ――――

―――― 既刊・新刊 ――――

国際私法学会編
国際私法年報 1 (1999) 3,000円
国際私法年報 2 (2000) 3,200円
国際私法年報 3 (2001) 3,500円
国際私法年報 4 (2002) 3,600円
国際私法年報 5 (2003) 3,600円
国際私法年報 6 (2004) 3,000円
国際私法年報 7 (2005) 3,000円
国際私法年報 8 (2006) 　続刊

香城敏麿著作集
1　憲法解釈の法理　　12,000円
2　刑事訴訟法の構造　12,000円
3　刑法と行政刑法　　12,000円

―――― 信山社 ――――

―――― 既刊・新刊 ――――

内田力蔵著作集

1 イギリス法入門　　　16,000円
2 法改革論　　　　　　11,000円
3 法思想
4 司法制度
5 私法（上）契約法・不法行為法・
　　　　　　商事法
6 私法（下）家族法
7 公　法
8 法と市民

　穂積陳重立法関係文書の研究
　法典論
　法典質疑録
　民法正義
　商法正義

―――― 信山社 ――――

―――― 既刊・新刊 ――――

日本立法資料全集
皇室典範
皇室経済法
信託法・信託業法
議院法
会計法
行政事件訴訟法１
行政事件訴訟法２
皇室経済法
民事訴訟法（明治36年草案）
民事訴訟法（大正改正編）
民事訴訟法（戦後改正編）
明治皇室典範
大正少年法
刑　法
旧刑法

―――― 信山社 ――――